현실 문제를 극복하는

믿소?사랑!
성경 관통

프롤로그 _ 한눈에 성경이 보인다

아주 옛날에 한 부부가 파라다이스 섬에 살고 있었다. 섬의 주인이었던 선한 왕은 그들에게 자신의 섬에 있는 농장들을 관리할 권한을 주었다. 그러던 어느 날 사기꾼이 찾아와 자신과 계약을 하면 더 좋은 것을 누릴 수 있다고 부부를 유혹하였다. 부부는 사기꾼에게 속아 자신들의 계약서를 넘겨주고 말았다. 그 후로 그들은 사기꾼의 노예로 살게 되었고 사기꾼이 왕으로 군림하면서 섬은 완전히 타락하고 말았다.

그 땅의 주인이었던 선한 왕은 이 소식을 듣고, 구출 작전을 세웠다. 그 부부와 딸린 가족들을 사랑했기 때문이었다. 자신의 아들을 보내 악한 왕의 군대를 물리치고 노예로 사는 부부와 그 가족들을 섬에서 빠져나오게 하는 계획이었다. 이것은 부부에게 '좋은 소식'임이 분명했다.

단, 선한·왕은 그들에게 자신들을 따르도록 강요하지 않았다. 아무리 선한 왕이라도 강요는 또 다른 독재가 될 뿐이었다. 왕은 그저 "너희는 나의 아들을 따라 자유가 있는 나의 나라로 들어올 수 있다. 그러나 만약 너희가 우리나라의 국민이 된다면 이 나라의 법에 따라 살아야 할 것이다. 이 제안에 동의한다면 우리 국민들이 누리는 혜택을 누리면서 살게 해주겠다"라고 알려 주었다.

만일 그들이 선한 왕을 따르지 않는다면 어떻게 될까? 그들은 여전히 악한 왕의 통치 아래 노예로 살게 될 것이다. 그리고 선한 왕은 때가 되면 강력한 무기로 그 섬은 전멸시키기로 계획하였다. 선한 왕을 따르지 않기로 선택한 사람들은 악한 왕과 그의 패거리들 같이 망하고 말 것이며, 선한 왕을 따랐던 사람들은 왕이 베푼 새로운 파라다이스에서 잔치하며 먹고 즐기는 행복한 순간을 맞이하게 될 것이다. 이 이야기는 성경에 대한 간단한 비유다.

그렇다면 성경은 무엇을 이야기 하는 책일까? 첫째, 성경은 '먹는 이야기'이다. 창세기에는 에덴동산에서 아담과 하와를 먹이시는 하나님이 나온다. 예수님이 오셔서 제일 먼저 베푸신 기적이 가나의 혼인잔치 집에서 물을 포도주로 변화시켜 먹이신 것이었다. 예수님은 또 하늘 만나도 먹이셨다. 계시록은 혼인 잔치로 끝난다. 하나님의 나라는 '혼인 잔치'와 같은 먹을 것이 풍성한 곳이라는 것을 보여 준다.

둘째, 성경은 '생수를 마시는 이야기'이다. 에덴동산에 네 강이 흐른다. 예수님은 다시는 목이 마르지 않는 생수를 주시겠다고 하셨다. 계시록에는 생수의 강이 흐른다.

셋째, 성경은 '옷 입는 이야기'이다. 창세기에서 죄를 범한 인간에게 하나님은 가죽옷을 입히셨다. 예수님은 자신이 십자가에 피를 흘리심으로 우리에게 '의의 옷'을 입혀 주셨다. 계시록에서 의의 옷을 입은 사람들이 혼인잔치에 참석하게 될 것이다.

넷째, 성경은 '집 이야기'이다. 창세기에 하나님은 에덴동산이라는 집을 주시고 아담과 하와가 그곳을 누리며 살도록 하셨다. 고대 근동에서 신의 집을 관리하는 것은 오직 왕과 제사장만 할 수 있는 일이었다. 아담은 왕이나 제사장 같은 특권을 받았다. 그러나 선악과를 탐하는 죄를 지었고, 결국 신의 집에서 쫓겨나게 되었다. 이스라엘에게 하나님은 성막을 통해 만나 주시고 임해 주셨다. 그들이 범죄 함으로 결국 이스라엘은 집을 떠나 바벨론에 포로로 잡혀 갔다.

예수님은 우리의 마음에 말씀으로 거하기 위해 오셨다. 예수님이 말씀으로 거하신다는 것은 성막에 거한다는 의미이다. 계시록에는 하나님의 임재로 가득한 예루살렘 집이 우리를 위해 예비 되어 있다.

 다섯째, 성경은 '혼인 이야기'이다. 창세기에서 하나님은 아담과 하와의 결혼을 주례하셨다. 예수님이 제일 먼저 가나의 혼인 잔치에 오셔서 기적을 베푸셨다. 이것은 주께서 신랑으로 오실 것을 보여 주신 것이다. 예수님을 신랑으로 믿는 우리는 주님의 신부가 되는 것이다. 계시록에서 신랑과 신부의 혼인잔치가 예비 되어 있다. 성경은 하나 됨의 비밀을 '혼인 이야기'를 통해 알려 준다.

 여섯째, 성경Bible은 '생명나무 이야기'이다. '창세기'에는 선악과와 생명나무가 있었다. '모세오경'에서 '나무를 심고' 이는 곧 시작Begin을 의미한다. '역사서'에서 '자라난 생명'은 최고Best를 향해 도전한다. 그렇게 자라난 나무는 '시가서'에서 '아름다운Beautiful 꽃'을 피운다. '선지서'에서 회복을 위해 선지자들이 '불에 타들어 가는 심정Burn'으로 외친다. 신약에 와서 '복음서'는 승리를 외친다Battle. 생명나무 되신 주님으로 '열매'를 맺은 것이다. '사도행전과 서신서'에서는 '최상의 열매를 계속해서 맺는 방법Better'을 보여준다. 일종의 '재생산'인 것이다. 마지막으로 '계시록'에서는 재림을 믿고 기대하라Believe고 말한다. 우리는 주님께서 허락하신 '열매의 수확'을 믿고 기대해야 한다. 앞서 말했듯, 창세기에는 선악과와 생명나무가 있었다. 우리는 아담과 하와에 원죄로 인해 선악과로 전락했으나 생명나무 되신 주님이 오셔서 선악과 대신 생명나무에 접붙여 살 수 있도록 해 주셨다. 계시록에서는 선악과는 사라지고 오직 생명나무만 있다.

 일곱째, '마귀와의 싸움 이야기'이다. 태초에 마귀는 인간을 유혹하여 권세를 빼앗지만, 예수님이 오셔서 십자가에서 마귀에게 승리함으로 권세를 우리에게 돌려주셨다. 계시록에서 마귀는 예수님께 패한다.

 이 일곱 가지 성경 이야기들은 결국 '하나님 나라 이야기'이다. 하나님의 나라는 자녀씨가 이 땅에서 혼인잔치와 같은 풍성한 복을 누리는 것이다.

이 나라가 계속 회복해 가는 과정이 성경 이야기다.

나는 "성경의 핵심 사상이 무엇일까요?"라는 질문하면 사람들은 "사랑"이라고 말한다. 이것은 틀린 말이다. 성경의 핵심은 '사랑'이라고 할 수 있지만, 핵심 사상은 '하나님 나라'이다. 성경의 핵심을 '사랑'이라고 말하면 절반만 말한 것이다. 하나님 나라의 핵심 원리는 믿음.소망.사랑이 함께 움직인다. 나는 하나님의 나라 안에 있는 믿음.소망.사랑의 힘으로 현실 문제를 극복하는 것을 경험하였다.

믿음 때문에 낙망하는 자들이 믿음을 가지게 되고, 절망에 빠진 자가 소망을 가지고, 용서할 수 없는 사람도 사랑하는 것을 보았다. 그래서 믿음.소망.사랑의 힘으로 가정과 교회, 나아가 사회를 살릴 수 있다는 확신을 가지게 되었다.

안타깝게도 이에 대해 체계적으로 연구한 신학자나 목회자를 찾기 어려웠고, 설교자들이 부분적으로 '믿음'이나 '사랑'에 대해 다루어 성경 관통이 쉽지 않았다. 그래서 나는 창세기부터 계시록까지 믿음, 소망, 사랑의 관점으로 성경을 꿰뚫는 연구를 한 결과 문제가 해결 되었다. 앞으로 믿.소.사랑의 관점으로 성경을 보는 연구를 계속해서 한국교회를 섬기고 싶다.

이 자리를 빌어서 감사를 드리고 싶은 분들이 있다. 한국 교회에서 복음의 열정을 가지고 외치시는 분들에게 감사드린다. 목사님들의 복음의 열정에 많은 도전과 도움을 받았다. 이 책이 나오기까지 기다려 주고 함께해준 아내와 찬미와 찬희를 사랑한다.

Contents

3. 번성의 꽃을 피우는 지혜의 힘 _ 시가서(지혜서) • 182
꽃 피우기 | 왕정시대 (B. C 1,000 - 500년)

4. 다시 회복하는 힘 _ 선지서 • 212
가지치기 | 포로 • 귀환 시대 (B. C 1000 - 400년)

5. 예수님처럼 승리하는 힘 _ 복음서와 역사서 • 267
열매 맺기 | 복음 시대 (B. C 4- A. D 30년)

6. 더 풍성한 열매를 맺는 힘 _ 서신서 • 330
열매 재생산하기 | 교회 • 선교시대 (A. D 30-100년)

7. 최후 승리를 성취하는 힘 _ 계시록 • 434
열매 수확 | 성취시대

최근 이슈 _ 왜 성경만으로 충분하지 않다고 보는가?

최근 트렌드를 알아야 사람들의 관심사를 알 수 있다

사람들의 관심사와 시대의 흐름을 알려면 최근 트렌드를 알아야 한다. 전 세계가 경제적으로 위축되고 여러 가지 사건들이 쏟아져 나오면서 사람들은 심리적으로 큰 충격에 빠졌다. 이러한 시대에 스스로 살아나가는 힘을 키우고, 공허하고 지친 마음을 위로받기 위해 사람들은 점차 책으로 눈길을 쏟기 시작했다. 이 시대에 '책'이라는 것을 통해 트렌드를 분석함으로 사람들의 관심의 변화를 알아보고자 한다.

최근 1인 가구의 증가에 따라 큰 변화가 나타나고 있다. 그들은 꿈꾸지만 돈도 없고 외롭다. 점차 '나'를 잃어간다고 느끼는 사람들이 스스로를 지키기 위해 '진짜 나'로 살아남는 법에 집중하기 시작한 것이다.

최근에 100만부 이상 판매된 베스트셀러 『나는 나로 살기로 했다』『미움 받을 용기』『자존감 수업』 등의 도서를 관통하는 공통적 주제는 '나'다. 이런 흐름의 변화는 10년 전 자기계발서의 선풍적인 인기와 비교했을 때 더욱 확연히 드러난다. 많은 책은 시대를 반영하지만, 그 중에서도 자기계발서는 특히나 '사람들이 원하는 삶이 어느 곳을 향하고 있는가'를 나타내주는 지표와 같다. 자기 개발서는 인간의 욕망을 그 시대에 잘 나타내 보여주기 때문이다.

2000년대부터 최근까지 자기개발서 베스트셀러 책을 간단히 살펴보면 다음과 같다. 『부자 아빠 가난한 아빠』(2000), 『누가 내 치즈를 옮겼을까?』(2000), 『인생을 두 배로 사는 아침형 인간』(2003), 『성공하는 사람들의

7가지 습관』(2003), 『마시멜로 이야기』(2005), 『긍정의 힘』(2005), 『시크릿』(2007), 『멈추면, 비로소 보이는 것들』(2012), 『미움받을 용기』(2014), 『자존감 수업』(2016), 『나는 나로 살기로 했다』(2016), 『신경끄기 기술』(2018) 등이 있다. 여전히 인기 있는 것은 '나'의 자존감을 찾는 것이 대세가 되었다. 『미움받을 용기』, 『자존감 수업』같은 책들은 여전히 사랑을 받고 있다.

최근 '노력'을 강조하는 자기계발서는 10년 전에 비하여 절반 가까이 줄었다. 사람들은 "취업도 불가능해 보이는데 노력만을 강조하는 자기계발서를 읽어서 무슨 소용이냐는 생각이 든다"라고 말한다. 한 출판 평론가는 "요즘 트렌드에 자기계발서가 마약 같은 일시적 마비 효과를 줄 수 있지만 실제 해결책은 못 되어 인기가 사라지고 있는 추세이다"라고 한다. 다음 세 권의 책을 살펴봄으로 최근의 흐름을 보고자 한다.

『자존감 수업』에서 자존감이란 '내가 나를 어떻게 생각하는지'에 대한 만족감 지표이다. 다시 말해 자신이 사랑받을 만한 가치가 있는 소중한 존재이며, 어떤 성과를 이루어낼 만한 유능한 사람이라고 '믿는 마음'이다. 왜 이토록 사람들이 자존감 책에 열광하는 것일까? 사람들은 불안정한 사회 속에서 혼란을 겪는다. 그러다보니 자기 자신을 못났다 생각해 자존감의 붕괴가 시작되어 대처할 수 있는 방법을 찾은 것이다.

(자존감 높이기의 위험성에 대해 『현실 문제를 극복하는 감정, 성경이 관통되네!』에서 자세히 다룸)

『긍정의 힘』 조엘 오스틴은 미국의 차세대 종교지도자로 꼽히는 목사이다. 『긍정의 힘』은 전 세계 1,500만부가 판매된 책이다. 그의 핵심 메시지는 "우리는 우리 뜻대로 인생의 행로를 결정할 수 있다." 이 책이 말하는 마음의 힘은 '하나님 안에서 품는 긍정의 힘'이다. 그는 부정적인 생각을 벗어던져야 축복을 받을 수 있다고 말한다.

문제는 조엘 오스틴의 설교에서 '죄'와 '십자가'에 대한 주제가 거의 등장하지 않는다는 사실이다. 그는 그냥 '하나님은 긍정적이시며 우리를 축복하시기 위해 존재하실 뿐이다'라는 것을 자주 강조한다. 긍정의 힘에서는 예수님의 고통스런 십자가도 아예 필요 없게 만들었다.

옥성호는 『심리학에 물든 부족한 기독교』에서 "조엘 오스틴은 하나님이 인간을 끝없이 신뢰하시는 단계를 넘어서서 이제 하나님의 신뢰를 너무 받은 인간이 하나님을 좌지우지하는 단계가 되었다고 선언하고 있다"라고 하였다.

이슈1_ 말한 대로, 상상한 대로 이루어진다?

『시크릿』은 론다 번이 쓴 책이다. 호주 태생인 이혼녀였던 그녀는 가난한 가정형편으로 어렵게 삶을 영위하다가 미국으로 건너가게 된다. 그리고 오프라 윈프리 쇼에서 알려지며 대박을 터트리고 그녀의 책은 전 세계에서 2,000만부 이상 판매 되었다. 2003년 릭워렌의 『목적이 이끄는 삶』의 3,000만부를 위협하는 숫자이다. 우리는 이 책이 왜 사람들에게 인기를 끌었고 어떤 영향력이 있었는가를 주목해 보아야 한다.

이 책은 한 마디로 수 세기 동안 단 1%만이 알았던 부와 성공의 비밀을 알려 주는 것으로 "당신은 무엇이든 바꿀 수 있다"는 메시지이다. 자기계발과 명상을 결합해 건강과 부, 행복을 가져다주는 '비밀'을 알려준다는 책이다. 왜 이렇게 인기를 끌게 되었는가?

이 책에서 말하고자 하는 것은 '긍정적인 생각'과 '간절한 믿음'이 만났을 때 '강력한 힘'을 발휘한다는 것이다. 미래의 삶을 창조하는 원동력이 '당신 안에 있다는 믿음'은 원하는 것을 실제로 이루어지게 하는 창조력을 지닌다고 말하고 있다. 부자가 되기로 마음을 먹으면 부자가 될 수 있다고 말하는, 다소 허황되어 보이는 이야기지만 이 책은 사람들을 끌어당겼다. 누구나 부자가 될 수 있다고 하니 열광할 수밖에 없었다.

문제는 많은 목사님들이 설교에서 이 책에 나온 성경 구절과 예화를 사용했다는 점이다. 이 책은 성경 구절을 많이 인용하고 특히 감사와 용서를 강조하며, 긍정적인 생각을 가지며 살라는 등의 내용들이 들어 있어 마치 기독교의 책으로 착각하는 분들이 많았다. 이 책을 구입한 미국과 한국의 독자들 가운데 대다수가 기독교인들이었다.

우리가 분명하게 알아야 할 사실은 '시크릿은 없다'는 사실이다. 『시크릿』의 가장 큰 오류는 이 책에 나오는 위인들이 『시크릿』의 비밀을 활용한 것처럼 기술한 것이다. 책 곳곳에 등장하는 위인들의 명언들은 실제로 위인들이 한 말이 아니라, 위인들을 묘사하는 누군가의 말을 인용한 것이다. 앞서 말했듯 론다 번은 오프라 윈프리 쇼를 통해 이름을 알렸다. 사람들은 오프라 윈프리를 기독교인으로 알고 있는데 그녀는 기독교인이 아니라 뉴에이지 종교의 지도자이다. 오프라 윈프리는 방송에서 영향력뿐만 아니라 많은 기부를 하면서 각종 사회 활동을 활발하게 하기 때문에 많은 사람들에게 존경과 찬사를 받고 있다.

그럼에도 불구하고 기독교인이라면 우리는 뉴에이지를 경계할 필요가 있다. 뉴에이지는 위험하기 때문이다. 그들은 성경 구절을 인용하며 설교하고 목사라는 명칭을 달며 교회라는 건물에서 설교 형식으로 강의를 한다. 그들의 강의 핵심은 우주의 에너지를 '끌어당김의 법칙'을 사용하면 무엇이든지 이룰 수 있다고 주장한다. 또 무엇이든지 될 수 있다고 한다.

『시크릿』을 통해 인기를 끈 '끌어당김 법칙'은 대가 지불 없이 부자가 될 수 있고 성공할 수 있다고 주장하는 자기계발이론이다. 부자가 되지 못하는 이유는 우주와 주파수 맞지 않기 때문이라는 엉터리 이론을 주장한다. 우리가 알아야 할 것은 무엇이던 생각만 해서는 절대로 현실로 만들 수 없다는 것이다.

이 책의 사상적 뿌리인 신사상 운동의 추종자들은 자신들의 주장에 대한 근거로 양자론을 들기를 즐긴다. 그러나 양자론은 물리학 이론에 불과하다. 새로운 이론이나 새로운 실험결과가 나오면 언제든 수정될 수 있다. 또 양자론이 다루는 세계는 원자 이하의 세계다. 현실세계에 몸담고 있는 우리에게 직접적으로 적용하는 것은 무리가 있다. 우리가 몸담고 있는 세계는 원자 이하의 세계가 절대로 아니다!

우리가 익히 알고 있는 서구의 자기계발 작가들 중에는 힌두교의 영향을 강하게 받은 사람들이 많다. 나폴레옹 힐이 원조이다. 이중에는 노만 빈센트 필, 로버트 슐러 등 의외의 작가들도 있다. 이들은 기독교 목사이지만, 정통 기독교 신학자들로부터는 이단과 마찬가지의 판정을 받았다는 이야기가 나돌고 있다. 로버트 슐러의 공식 제자인 조엘 오스틴도 역시 논란이 많다. 뿌리를 찾아가 보자.

1960년대 중반에 미국의 이민법이 개정되었다. 이때 힌두교 지도자들을 비롯한 신사상 운동가들이 대거 미국으로 들어왔는데, 그들은 "신은 우주이고 우주는 신이다. 인간은 신이다. 모든 종교는 하나다!"라고 주장하면서 초월명상, 마인드컨트롤, 자기암시, 에너지전환치유, 요가수행 등을 가르쳤다. 여기에 큰 영향을 받아 심리학과 종교를 과학화하여 시각화, 잠재의식혁명, 인간능력개발, 적극적사고 같은 현대적 의미의 자기계발이론을 만들어 냈다.

신지학의 뿌리는 영지주의다. 종교학자들의 공통된 주장에 따르면, 뉴에이지의 사상적 뿌리는 고대 바빌론 종교, 고대 이집트 신비주의, 힌두교, 불교, 고대 유대교 이단, 초기 기독교 이단이라고 한다. 뉴에이지는 초자연주의, 심령술, 정신분석학 등에도 큰 영향을 받았다고 한다. 정신분석학은 프로이트와 융에 의해 탄생했다.

성경은 끌어당김의 법칙이 아니다. 그들은 미국식 힌두교 교리를 전파하는 데 성경을 이용했다. 대표적으로 '믿음의 힘'을 강조한 성경구절을 힌두교의 관점으로 풀어서 물질적 성공과 결부시켰다. 성경에서 말하는 믿음은 자기계발에서 말하는 성공의 믿음이 아니다. 뉴에이지는 힌두교 신들의 이름이 개신교도인 미국인들에게 격렬한 반감을 불러일으킬 수 있다는 사실을 잘 알았기 때문에 '우주'라는 단어를 사용했다. 그들이 말하는 우주는 과학에서 말하는 우주가 아니다. 힌두교의 우주는 힌두교의 신인 '브라만' 자체다.

책의 내용 가운데 "구하라. 믿어라. 받아라. 당신은 구하고 또 구할 필요가 없다. 한 번만 요청하라. 주문은 한 번만 한다"라고 언급하였다. 우리가 구해야 할 것은 성령인데 『시크릿』은 성령과 반대되는 세속적인 것을 구하는 데 성경을 끌어들이고 있다.

이 책에서 부정적인 생각을 하지 않으면 좋은 일이 일어난다고 강조했는데, 출판 2년 후에 미국에 2008년 금융위기가 왔다. 그녀의 주장대로 금융위기가 긍정적으로 생각하지 못하고 부정적인 생각을 했기 때문이라고 주장한다면 정말 황당하지 않는가?

오늘날 기독교인들에게 가장 위험한 것 중 하나가 바로 '혼합주의'다. 믿음을 변질시키는 것이다. '긍정의 힘'은 성경이 말하고 있는 믿음과 거리가 멀다. 그런데도 적극적인 사고방식이 긍정의 심리학과 합해져서 설교 시간에 '감동 예화'로 많이 사용되고 있는 것이 현실이다.

시크릿의 뿌리	
영지주의	영과 정신은 선하고 구원에 이르게 하는 비밀한 지식을 추구
신지학	신비적인 체험, 특별한 계시에 의하여 알게 되는 종교적 지식
뉴에이지	기존 서구식 가치와 문화를 배척하고 요가,선,명상 등을 도입함

ⓒ 믿소사랑 성경 관통 by 신주식

이슈2_ 마음의 문제는 심리학 기법을 사용해야 좋다?

오늘날 설교에서 자주 등장하는 예화가 있다. 바로 데이터를 근거한 자료다. 최근 나온 자료를 가지고 설득하면 사람들이 고개를 끄떡인다. 데이터를 사용한 심리학적 해석은 고상해 보이기 때문이다. 심리학으로 진단을 하는 유용한 측면도 있지만, 그 이상의 한계를 넘을 경우 '위험한 도구'로 바뀔 수 있다는 것을 알고 있는가?

옥성호의 『심리학에 물든 부족한 기독교』에서 심리학의 위험성에 대해 말한 것을 간단하게 요약해 보았다. 심리학은 진화론을 바탕으로 세워졌다. 진화론은 과학인가? 아니다! '과학적'이라는 것은 어떤 가설에 대한 반복적 실험이 가능해야 하고 그 실험 결과가 항상 동일하게 나올 때 사용하는 말이다. 이런 의미에서 진화론은 과학이 아니다. 의학은 반복 실험을 통한 결과가 나온다. 하지만 심리학은 과학이라는 도구를 사용하지만 결과가 심각하게 차이가 난다. 심리학은 동일한 결과의 반복적 발생에 대한 보장은 없다. 불확실한 미래를 그저 '추측하고 추리'할 뿐이다. 자신의 이론대로 이루어지길 믿고 바랄 뿐이다. 심리학에서 '객관적 데이터'는 대부분 관찰 대상자의 '주관적 고백'으로 가득 차 있다. 누구나 인정하는 관찰 가능한 객관적 데이터가 전혀 아니다 라는 것이 문제다. 심각하지 않은가?

칼 포퍼는 심리학에 대해 평가하기를 "심리학 이론들은 마치 과학인양 행세하고 있지만 사실 원시적 미신들과 공통점을 가지고 있다. 심리학 이론들은 천문학이 아닌 점성술을 훨씬 더 닮은 것들이다. 이 이론들은 사실들에 대한 미신적인 방법으로 해석을 한다. 이 이론들은 참으로 흥미를 끄는 많은 인간 심리와 관련된 제안들을 제시하지만 그 제안들은 전혀 테스트를 통해 검증할 수 없는 것들이다"라고 혹평하였다.

기독교 심리학은 프로이트와 융의 이론에 기초를 둔 일반 심리학과 별로 다르지 않다는 점이 문제다. 기독교 상담과 비기독교 상담의 사례를 보아도 기독교 심리학과 일반 심리학은 차이가 거의 없다. 기독교 심리학의 가장 심각한 문제점은 성경을 심리학 이론에 맞춰 왜곡하는 것이다.

기독교 심리학은 인간의 가장 긴급한 문제가 하나님의 진노로부터의 구원이 아니라 '내면의 치료'라고 생각한다. 최근 유행하는 '내적치유'라는 것이 여전히 인기를 끌고 있다. 기독교 심리학이 교회 안에 변장하고 들어와 있는 것이 '모더니즘'이다. 심리학이 인간의 본성의 선함 혹은 중립을 주장한다는 점에서 반기독교적이다. 심리학은 자존감을 높일 수 있으며 무엇이든지 옳고 좋은 것이며 나의 자존감을 낮추는 것은 나쁘고 피해야 한다는 '자기 사랑'을 기초로 하고 있다.

심리학은 '긍정적 사고'라는 가면을 쓰고 등장한다. 긍정적 사고방식을 교회 안으로 수입한 대표적인 세 사람이 노만 빈센트 필, 로버트 슐러, 조엘 오스틴이다. 그리고 세속적의 원조인 나폴레온 힐이 있다.

오늘날 교회에서 '긍정적 사고방식' '적극적인 사고방식'을 가르치지 않으면 마치 문제아처럼 취급하는 것이 문제다. 교회에서 긍정적 사고방식을 외치는 설교들이 넘쳐나고 있다. 긍정적인 사고방식으로 보면 하나님은 어떤 분인가? 가장 부정적인 분이고, 도리어 사탄은 가장 긍정적인 존재가 된다. 기독교에서 가르침은 철저히 '희망이 없는 존재이다'라고 주장한다. 사탄은 '너는 죽지 않아, 너는 하나님처럼 될 거야'라는 긍정적인 메시지를 던진다.

특히 뉴에이지의 근간을 이루는 법칙은 '마음먹은 대로 된다'이다. '마음과 생각이 현실을 창조한다'라는 법칙으로 마음만 먹으면 되는 것이고, 안 된다는 마음을 먹으면 안 된다는 것이다. 내가 생각 속에 품는 현실이 실제 일어난 현실보다 우선이라는 것이다. 뉴에이지에서도 '상상하는 대로 이루어진다'는 것을 강조한다. 인간은 우주 에너지의 일부이기 때문에 우주 에너지를 끌어당기면 소원이 이루어진다고 주장한다. 마음먹은 대로 현실을 만들어 주는 마술봉이 '말과 상상'이다. 현실을 만들어 내는 긍정적이고 적극적인 말이 '믿음'이라는 말로 둔갑하여 기독교에서 판을 치고 있다. 믿음은 긍정적인 말을 이용하여 하나님을 조정하고 자기 소원 성취를 위해 사용하라고 주신 것이 아니다.

이런 사상의 성공법칙은 '상상하는 대로 된다'이다. 오늘날 교회 안에서도 널리 사용되고 있는 상상을 통한 시각화 기법은 문제가 있다. 심리학의 기법이 마치 '믿음'인 것처럼 오해하고서 상상기법을 사용하라고 가르치는 설교가 많다. 오늘날 교회에서 '꿈을 가져라' '비전을 품으라'는 말을 많이 유통하고 있다.

꿈과 비전을 품는다는 것 자체는 문제가 아니다. 문제는 세상 사람들이 말하는 '성공'과 별로 다를 바 없는 자신의 욕구와 욕망을 채우기 위한 슬로건으로 사용할 때 문제이다. '말한 대로 된다' '상상한 대로 된다'는 성공의 법칙을 주장하면서 자기의 욕망을 달성하려고 하는 사람은 사실 자기 자신을 우상화 하는 것이다. '믿음을 발휘해서 원하는 것을 얻으라'는 식의 잘못된 가르침은 포장만 다를 뿐 내용은 뉴에이지와 다를 바가 없다. 다가오는 시대의 가장 무서운 종교는 뉴에이지이다. 뉴에이지는 '과학적' 용어들과 '종교적' 용어들로 포장되어 인간을 안심시키고 있다. 그리고 그 꿈을 실현시킬 힘은 인간의 말과 상상에 있다고 가르친다.

성경으로 돌아가는 데 방해가 되는 것은 무엇인가? '성경만으로는 뭔가 충분하지 않는 것 같아'라는 불신이다. 불신의 가장 큰 원인은 성경의 가르침을 깊이 이해하지 못하고 있기 때문이다. 성경을 모르니까 성경만으로 충분하다는 것을 믿지 못함으로 설교 듣는 것도 성경 연구하는 것도 건성으로 여긴다. 그래서 더욱 수박 겉핥기를 한다. 성경에 대해 우리가 가지고 있는 일반적인 오해가 있다. 우리가 성경을 대할 때 가장 잘못된 자세 중의 하나가 바로 '느낌이 안 온다'는 것이다. 말씀을 읽으면 '나한테 뭔가 확 느낌을 주는 것이 있어야 되는데, 그것이 부족한 것 같아. 하나님이 나에게 말씀하는 것 같지 않아'라고 오해한다. 얼마나 많은 사람들이 '감동, 감동'만을 찾는가? 감동만 찾으면 깡통된다. 성경은 '느낌'이 아니라 '믿음'으로 반응해야 말씀이 살아있다는 감동까지 온다. 귀를 즐겁게 해주는 설교를 통한 '느낌'에 취중하면 하나님의 온전한 능력을 체험을 놓칠 수 있다.

또 기도를 통한 응답을 통한 '뿌듯함'을 느끼는 것을 맛본 사람들은 말씀 연구보다 기도에 치중하는 경향이 많다. 자신의 '의지력'으로 성취된 것을 맛보면 말할 수 없는 뿌듯함을 느낀다. 그런데 말씀을 읽으면 지루하고 힘들기 때문에 뒷전으로 밀려난다. 말씀을 모른 채 기도와 찬양에만 열중하는 이유가 무엇인가? 성경이 가슴에 와 닿지 않기 때문이다. 성경을 읽기 힘들어 하는 이유 가운데 하나는 '오늘의 현실과 맞지 않는다. 너무 시대에 뒤떨어진 이야기만 있다'라고 오해하는 것이다. 오늘날 동성애의 죄, 낙태의 문제, 이혼 등의 설교는 거의 없다. '죄'라는 단어를 거의 사용하지 않을 뿐만 아니라 '복음' '보혈의 능력' 등에 대한 사람들이 거부감을 느끼는 설교를 피함으로 성도들도 피하게 된다. 우리가 진리를 포기할수록 현실 문제는 더 커져만 간다.

결국 성경으로 돌아가는 길만이 인간의 최대 행복을 누릴 수 있는 지름길이다. 성경으로도 충분하다는 것을 알기 위해 성경이 말하는 복음을 더 깊이 알고자 간절히 연구해야 한다. 우리가 성장하려면 하나님의 말씀으로 무장하는 길이 최선의 길임을 알아야 한다. 인간의 심리학의 이론을 따라 성공을 위해 살 것이 아니라 하나님의 말씀만으로도 충분하다는 진리를 받아들이고 살아갈 때, 진정한 행복과 만족을 맛보게 될 것이다. 심리학이 아닌 말씀과 성경만으로 충분하다!

이슈3_ 마음의 성처는 내적치유가 되어야 한다?

최근까지 내적치유에 대한 관심이 여전히 인기 폭발 중이다. 주○○ 목사의 내적치유는 26년 동안 5만 3천명이상 참석하였다. 『내 마음 속에 울고 있는 내가 있어요』는 120쇄 이상으로 초대형 베스트셀러가 되었다. 주○○ 목사는 "한국교회가 이제는 복음의 영향력으로 내면의 아픔을 돌보고 치유와 회복에 집중해야 한다. 지금은 전인적인 구원의 영역을 감당할 때"라고 강조했다.

내적치유의 인기가 날로 증가되고 있는 가운데 정태홍의 『내적치유의 허구성』은 내적치유의 실상을 드러낸 책이다. 그가 주장하는 것을 살펴보자. 정태홍 목사는 '중고등부 친구들을 어떻게 더 잘 양육해 갈 것인가?' 하는 당면한 문제를 고민했으나 현실 목회에서 대안을 찾는 중에 '내적치유세미나'의 실상을 알게 되었다고 한다.

요즘 성도들에게 내적치유는 아주 매력적인 사역으로 여겨지고 있다. 수많은 성도들이 내적치유 세미나를 다녀오고 은혜를 받았다고 당당하게 간증을 한다. "과거의 상처와 쓴뿌리에서 자유하게 되었다"라고 자랑한다. 심각한 스트레스를 받은 사람들이 참석한 집회에서 예수님을 만나는 환상도 보고 예수님의 음성도 들었다는 간증이 나오기도 한다. 누군가 펑펑 울면서 간증하면 옆에 있는 사람들도 함께 은혜 받았다고 자랑한다. 하지만 신혼여행 같은 짜릿함이 끝나고 교회에 돌아오면 또 교회생활의 지겨움과 생활고에 시달린다. 그러면 비싼 돈을 지불하며 '나는 교회에서 은혜를 못 받을 것 같아. 이 집회에 참석하면 뭔가 또 달라질 수 있을 거야'라고 여기며 참석한다. 이런 현상이 계속 반복되는 문제가 생긴다. 자신에게 고난이 생기면 현실을 극복하려고 믿음으로 살기 보다는 과거에 받은 상처를 해결해야만 한다는 거짓된 가르침에 속아 계속 치유만 받으려고 한다는 것이다.

왜 그럴까? 그렇게 은혜 받았다고 생각하는 내적치유 세미나가 과연 성경적일까? 그렇지 않다. 오히려 신앙생활에 치명적인 문제를 낳게 되고, 결국 이상한 방향으로 나아가게 된다. 오늘날의 신도들은 심리학으로 가르치는 여러 가지 형태의 내적치유 세미나에 대하여 호의적인 자세로 접근하고 있다. 많은 사람들이 내적치유에 대하여 쉽게 접근을 하게 된 것은 내적치유를 가르치는 분들이 내적치유가 '성경적'이라고 말해왔기 때문이다. 그러나 거기에는 쉽게 파악되지 않는 교묘한 속임수가 있다고 정태홍은 말한다.

심리학의 문제점을 지적하면, '심리학에도 좋은 점들이 많이 있지 않느냐?'라고 반문할 수 있다. 일견 옳은 말처럼 들리는 이 말이 가지고 있는 위험성을 알지 못한다. 심리학자들이 온갖 형태의 심리검사와 프로그램들을 오늘도 쏟아내고 있다. 오늘날 심리치료의 방법이 500개가 넘는다고 하는 것은 심리치료가 얼마나 내적 모순을 가지고 있는 것을 스스로 증명하고 있는 셈이다.

오늘날 교회 지도자들이 가지는 중대한 오류 중에 하나는 '성경만으로 충분하지 않다'는 '성경의 충분성'에 확신을 가지지 못하는 것이 문제이다. 종교개혁의 원리는, '오직 믿음' '오직 성경' '오직 그리스도' '오직 은혜' '오직 하나님께만 영광' 이었다. 그에 반해서 오늘날 뉴에이지 시대와 종교다원주의 시대를 살아가는 지도자들은 대안을 내놓지 못함으로 '기독교심리학'이라는 '기독교'라는 타이틀 앞에 붙는 것에 대해서는 너무나 관대하다. 하나님의 말씀을 성경대로 가르치려고 하니 '성경의 충분성'에 확신을 가지지 못하고, 현실의 성도들은 상처와 아픔이 있다고 아우성이다. 그래서 선택한 것이 '절충주의'이다. 성경과 심리학을 적당히 섞어서 가르치기로 한 것이다.

효과적인 기독교 상담 모델은 '절충주의'다. '절충주의' 또는' 취사선택주의'는 다양한 자원으로부터 호환 가능한 특색들을 채택하고 있다.

이 그럴듯해 보이는 문장의 치명적인 오류는 무엇일까? 그것은 바로 '절충주의'라는 혼합주의 사상이다. 절충주의자들이 겉으로는 '장점'을 취한다고 하나, 결국에 가서는 자기 집 안방을 내어 주고 그저 밥 한 끼라도 주면 감사히 받아먹는 추악한 신세로 전락하게 된다. 그 자명한 이치를 알면서도 왜 이런 '절충주의'라는 용어를 사용하고 있을까? 그것은 저들이 "오직 성경만으로"라는 자리를 세상에 내어 주었기 때문이다. 하나님의 말씀과 세상의 사상을 섞어서 더 좋은 작품으로 만들어 내겠다는 것은 사탄의 유혹이요 인간의 죄악 된 욕망이다.

교회의 설교는 감동이 없고 자기가 묵상하고 자기가 들은 하나님의 음성에는 영감이 흘러넘치는 시대가 되었다. 하나님의 음성은 '거울아, 거울아, 이 세상에서 누가 제일 예쁘니?' 하고 물어보는 왕비에게 들려주는 거울의 목소리와 같아져 버렸다. 이제는 더 이상 하나님의 영광을 위한 신학이 아니라 인간에 의한 인간을 위한 인간의 종교가 되었다.

내적치유를 말하면서 왜 이렇게 성경의 충분성과 절충주의에 대하여 길게 말해야 하는가? 그것은 요즘 교회가 '성경의 충분성'을 포기하고 '절충주의'를 선택했고, 그 결과로 뉴에이지에 물들어 있는 줄도 모르고 있기 때문이다. 그런 곳에 가서 치유을 받았다고 울고불고 돌아와서 간증을 하고 다니는 우스운 꼴이 되고 말았다.

이제 내적치유는 단순한 심리요법 정도의 수준을 넘어서 뉴에이지 영성에 맞물려가고 있다. 이미 넘어서는 안 되는 선을 넘었다는 것이 위험한 점이다. 흔히들 내적치유의 두 가지 핵심은 "용서와 회개"라고 말한다. 그러나 그렇지 않다. 내적치유의 두 가지 핵심은 "내면아이와 구상화"이다. 내면아이Inner child를 치유하기 위해 사용하는 구상화는 비성경적이고 뉴에이지에 속하는 구상화visualization이다. 이런 내적치유의 두 가지가 원리가 무너지면 더 이상 교회 안에 발붙이지 못하고 여지

없이 무너지게 된다.

내면아이에 대한 잘못된 논리와 접근은 그 가르침을 받는 분들로 하여금 성경적이라고 여기게 만들었다. 구상화 역시 마찬가지이며 그 과정이 무당이 하는 짓과 똑같음에도 불구하고 성경적이라고 믿었다. 그러나 구상화를 통하여 만난 예수는 성경이 말씀하는 예수님이 결코 아니다. 성경 어디에도 성자 하나님을 내 마음대로 오라 가라 할 수 있다고 말씀하는 구절은 아무데도 없다. 그렇게 증명하는 말씀도 없다. 하나님 그분께서 우리에게 계시하여 주시고 하나님 그분께서 주장하신다.

이제는 내적치유가 심리학과 뉴에이지에 물든 비성경적인 방법이라는 것을 분명히 알아야 한다. 강단에서는 하나님의 말씀을 선포하면서도 가정사역이라는 미명 하에 심리학과 뉴에이지로 물든 것들로 오염시키고 있다. 이런 일들은 사라져야 한다. 그리고 확실하게 대답해야 한다. "예수 그리스도의 종이 될 것인가? 심리학의 종이 될 것인가?"

정태홍은 『내적치유의 허구성』에서 "오직 성경의 권위와 충분성에 기초를 두고, 이 시대의 화두로 등장한 내적치유에 대하여 무엇이 잘못되어 있는지 함께 고민해 보고 그 허구성을 드러내고자 한다. 그리하여 우리가 과연 어디로 나아가야 하는지 하나님의 말씀 안에서 그 해답을 찾고 진정한 치유와 평안이 넘쳐 나기를 소망한다"라고 강조하였다.

(내적치유의 허구성에 대해 『현실 문제를 극복하는 감정, 성경이 관통되네!』에서 자세히 다룸)

세 가지 문제점과 세 가지 해결책			
믿음	혼합주의	적극적인 사고, 긍정의 힘	성경의 충분성
소망	절충주의	심리학에 물든 기독교	하나님의 충분성
사랑	세속주의	세속에 빠져드는 기독교	회복의 충분성
ⓒ 믿소사랑 성경 관통 by 신주식			

한눈에 성경을 보는 세가지 관점

믿음은 바라보는 것이다

오늘날 우리에게는 '혼합주의' '절충주의' '세속주의'가 깊숙이 파고 들어와 있다. 이러한 문제에 대해 '성경만으로도 충분합니다!'라고 주장할 수 있는 '성경의 충분성'과 오직 예수 그리스도의 복음으로 충분하다고 주장하지 못하는 것이 현실이다. 이런 문제들 앞에 한국 교회는 2020~2040년에는 기독교 인구가 절반이 줄어들 수 있다는 안타까운 현실을 눈앞에 두고 있다.

나는 '과연 현실 문제를 믿음으로 극복할 수 있을까?' '우리는 이 세상에 닥친 문제를 해결할 수 있을까?'라는 것을 30년 동안 고민해 오면서 '말씀만이 해결책이다!'는 확신을 가지게 되었다. 하지만 '말씀을 어떻게 쉽게 적용할 것이냐?'라는 문제가 남아 있었다. 수많은 성경공부도 해보고 제자훈련을 받았지만 아쉬운 점이 있었다. 고민 가운데 믿음, 소망, 사랑의 관점으로 성경을 보았을 때에 새로운 세계가 열리는 것을 경험하였다. 이제 세 가지 관점으로 성경을 보자.

그리스도인들이 가장 많이 사용하는 단어 가운데 하나는 "믿습니다"일 것이다. '믿으면 천국은 따 놓은 당상이다'라고 생각하거나 '믿으면 무슨 문제든지 해결 될 수 있다'라는 믿음을 강조하는 것이 위험하다.

사람들에게 "믿음이 무엇라고 생각합니까?"라고 물으면 대답하기를 난감해 한다. '믿음'은 신앙생활에 가장 기본이어서 알고 있다고 생각했는데 정작 정의를 내리자니 모호하고 혼란스러워진다. 신앙의 기초인 믿음의 개념이 흔들리므로 삶도 흔들린다. 성경적 믿음은 '자기 확신'이나 '지적 동의'가 아니며 '적극적인 사고방식' '긍정의 힘'이 아니다.

우리는 우리의 믿음에 대해서도 속고 살아간다는 것을 아는가? 신학적인 진리나 지적인 동의를 믿음이라고 착각할 때가 있다. 성경에서는 그러한 것을 믿음이라고 한 적은 없다. 내가 믿는다고 하면서 '내가 믿기는 믿는데… 동의는 하는데…'라는 지적인 동의로 뒤꽁무니를 살짝 빠지는 것은 믿음이라고 할 수 없다. 우리가 아는 믿음이 실제가 되지 않으면 우리 자신이 괴롭다. 성경이 말하는 믿음이란 무엇인가?

우리는 "믿음이란 자기가 소원하는 것을 이루어 주실 것이라는 것을 믿는 것이다"라는 설교를 많이 들었다. 또는 "우리는 기도할 때, 하나님이 자기의 소원한 바를 꼭 이루어 주실 것이라는 것을 의심하지 않는 것이 믿음이다"라고도 말한다. 곧이어 장황하게 믿음의 인물이나 간증들을 예화를 들면서 믿음의 예로 설교하는 경우가 참으로 많다.

안타까운 것은 '자기가 소원하는 바가 이루어질 것이라고 믿는 것'을 '믿음'으로 생각한다는 것이다. 하나님이 기뻐하시는 일을 이루는 방법이 믿음이라고 착각한다. 믿음은 우리의 '소원 성취를 위한 도구'나 혹은 '문제 해결을 위한 열쇠'가 아니다. 히브리서 11장에 나온 믿음의 영웅들은 '소원을 성취한 인물'이거나 '문제 해결한 인물'이 아니다. "믿음으로" 승리한 삶을 보여 준다. 아브라함이 부르심을 받고 갈 수 있었던 이유가 "믿음으로" 된 일이라고 말한다. 그는 "하나님이 계획하시고 지으실 터가 있는 성"^{히 11:10}을 바라보았다고 한다. 모세는 그리스도를 위하여 "상 주심을 바라"^{히 11:26}보았다고 말한다.

히브리서 11장의 나온 인물들은 '믿음이란 무엇인가'를 가장 잘 보여 준다. 여기에 "보이지 않는 것들의 증거"는 감각적인 눈으로 보이지 않지만 말씀에 대한 확신으로 보이는 삶에서 증거를 나타낸 사람들의 이야기이다. 믿음은 내가 원하는 것을 이루는 소원 성취가 아니라, 믿음이 인생을 얼마나 찬란하게 만들어 주는가를 보여주는 보화이다. 믿음은 "바라보는 것"이다. 믿음은 '보이지 않는 것을 보는 힘'이다. 감각적인 눈으로 보이지 않지만 찬란하게 변화시킬 주님을 바라보는 것이다. 히브리서의 믿음을 정의하면 "믿음이란, 감각적으로 보이지 않는 하나님의 말씀을 보이는 것보다 더 확실하게 믿어서, 그것을 삶 속에서 실체로 나타내는 것"이다. 이것을 원어로 보면 의미가 확실해진다.

'믿음'은 헬라어로 '피스티스'와 '피스토스'가 있다. '피스티스'는 '율법을 하나씩 진리로 알아가는 과정의 믿음'을 말하고, '피스토스'는 '그렇게 율법을 진리로 하나씩 알아가다 보니 나중에 내 안에 진리가 되어버린 것'을 말한다. 진리가 내 안에 된 상태가 '피스토스'이다. "실상"은 헬라어 '휘포스타시스'는 '진리로 서다'라는 단어로 '본질' '실체' '계획'의 의미를 가진다. 또한 이것은 '아래'라는 의미를 가지고 있으며, '밑 받침대' '보증물'로 표현하기도 한다.

믿음 = 피스티스(진리 알아감) + 피스토스(진리가 되어버림) = 바라는 것 = 실상

또 믿음의 "증거"는 '엘렝코스'는 '엘렝코'에서 왔는데 '죄를 깨닫게 하다'는 뜻이다. 죄를 깨달아지는 것으로 성령님에 의해 알아지는 선물이다. "믿는 것들의 증거"는 '죄는 하늘의 의를 깨닫게 하려고 준 것으로 죄를 알게 해서, 의를 완성하게 만들려고 준 것이다.' 믿음피스티스을 정리하면, '이 땅에 하나님이 보이지 않는 하늘의 진리를 보이게 주신 것들을 하나씩 알아가는 것'이다. 믿음은 '증거를 찾는 과정'이다!

우리가 믿음으로 바라보지 못하는 이유는 무엇일까? 우리는 하나님의 말씀을 다 받아들인다고 생각한다. 그러나 우리가 알지 못하는 사이에 '뿌리 믿음'이 우리에게 영향을 미친다. '뿌리 믿음'이란 말씀을 들을 때 우리가 가지고 있던 가치관과 사상의 영향을 받는 것이다. 우리는

어릴 적에 부모가 가르쳐 준 것을 그대로 받아들인다. 성장을 하면서 상처 받은 자아는 세상의 가치관과 환경에 의해 영향을 받는다. 우리의 판단은 '문화'라는 틀과 '사상'이라는 무의식에 지배를 받게 된다. 이런 것들이 익숙해지면서 습관이 된다. 믿음은 한순간에 바뀌기 어렵다.

그래서 바울은 "너희는 이 세대를 본받지 말고 오직 마음을 새롭게 함으로 변화를 받아 하나님의 선하시고 기뻐하시고 온전하신 뜻이 무엇인지 분별하도록 하라"롬 12:2고 한 것이다. 이 세대의 '문화의 가치관'과 '사상의 패턴'을 본받지 말라고 권하고 있다. 무엇보다 믿음으로 살려면 마음이 새롭게 변화 되어야 한다. 그래야 하나님의 선하시고 기뻐하시고 온전한 뜻을 알고 살 수 있다. 이것을 알아가고 주님 뜻대로 살고자 하는 삶이 믿음이다. 오직 믿음의 주되신 주님만 생각하고 바라보는 것이다.

믿음을 성장할 수 있는 지름길이 있다면 그것은 24시간 예수님을 바라보는 것이다. 예수님만 바라보며 '예수님이라면 어떻게 했을까?'를 물어보고 또 물어보는 것이다. 성도들은 주님의 임재를 갈망하지만 지속되지 못하고 현실 속에서 실패와 좌절을 거듭한다. 그럴 때 영성일기를 기록하면 믿음 성장에 큰 도움이 된다. 하루의 삶 속에 주님의 임재하신 경험과 감사, 깨달음 등을 기록하는 영성일기를 실제로 써보면서 24시간 주님을 바라볼 수 있고 임재를 경험할 수 있다.

믿음, 소망, 사랑 비유						
믿음	싹	심기	씨 뿌리기	길	소명	바라보기
소망	이삭	자라기	가지치기	진리	사명	선포하기
사랑	곡식	열매	추수하기	생명	계명	열매맺기
→ 믿소사랑은 나무처럼 성장하는 과정을거쳐 열매를 맺는다						

ⓒ 믿소사랑 성경 관통 by 신주식

소망은 진리를 믿음으로 고백하는 것이다

최근 많이 사용되고 있는 단어가 '헬조선'이다. 헬은 '지옥'hell과 한국을 뜻하는 '조선'을 합성한 조어이다. '헬조선'이란 표현 속에 고통과 절망, 체념과 분노의 말들이 섞여 있다. '헬조선'에는 지나친 노력을 요구하는 사회에 대한 조소도 담겨있다. 아무리 노력해도 취직이나 승진의 가능성이 보이지 않는 암울한 현실을 말해주고 있다. 우리 기독교가 이러한 암울한 시대에 소망이 될 수 있을까? 취업을 위해 고군분투하는 청년, 직장 생활에 시달리는 직장인에게 소망이 되고 있는가?

소망은 '소원 성취'나 '원하고 바라는 것이 이루어지는 것'이 아니다. 소망을 마치 알라딘 램프에게 빌고 빌면 소원이 성취될 것이라고 착각한다. 소망은 진리를 믿음으로 받아들이고 자라남으로 이루어지는 과정이다. 예수님께서는 소망을 잃은 자들에게 무엇을 했는가? "네 소원이 무엇이냐?"라는 물으시고 소원을 이루어 주셨다. 선지자들은 소망에 대해 예언하며 힘을 불어 넣어 주었다. 성령님은 우리를 도우심으로 소망을 꿈꿀 수 있게 하신다. 우리에게는 소망을 기대할 수 있다.

하나님의 심판이 소망이 될 수 있다고 생각하는가? 우리는 하나님의 심판이 저주라고만 생각하고 싫어한다. 이것을 이해하지 못하면 우리 신앙의 절반을 이해하지 못할 수도 있다. 하나님은 사랑의 하나님뿐만 아니라 공의의 하나님도 되신다. 하나님이 죄에 대해 심판하지 않으면 우리에게 구원이 없다! '징계'는 구원을 위한 회복 과정 중 하나이다.

우리가 온전한 구원을 받은 것은 하나님의 의가 나타남으로 이루어진 축복이다. 하나님의 의는 하나님이 죄에 대한 심판을 통해 이루어진 것이다. 심판이라는 것은 믿지 않는 자에게 내리는 하나님의 공의이며, 믿는 자에게는 '징계'로 하나님의 자녀를 세우는 과정이다. 우리가 성화의 과정을 통과할 때 반드시 하나님께서 사랑하는 자녀에게 징계를 주신다. 성경에서는 "징계는 다 받는 것이거늘 너희에게 없으면 사생자요 친아들이 아니니라"(히 12:8)라고 말한다. 하나님은 심판을 통해서 우리가 마땅히 내가 심판을 받아야 할 자리에 주님이 대신 징계를 받음으로 구원 받을 수 있음을 알게 하신다. 징계는 마땅히 죄를 지었을 때 받아야 할 것을 주님의 은혜로 구원해 주심으로 우리는 회복 될 수 있다는 소망을 가지게 한다. 우리는 선지서를 통해 소망의 하나님을 만날 수 있다. "너희를 향한 나의 생각을 내가 아나니 평안이요 재앙이 아니니라 너희에게 미래와 희망을 주는 것이니라"렘 29:11. "상한 갈대를 꺾지 아니하며 꺼져가는 등불을 끄지 아니하고!"사 42:3.

믿음(진리를 바라고 믿고)+ 인내(참아내며)+ 연단(단련=훈련) = 소망을 이룸(롬 5)

소망이 있는 사람과 없는 사람과는 큰 차이가 있다. 소망이란 앞날에 대해서 하나님이 이루어 주실 것이라는 어떤 기대와 소원을 갖고 사는 것을 말한다. 잘 될 것을 믿음을 가지고 가능성을 바라보고 소망을 품으며 꿈과 포부와 비전을 향해 나아가는 것이다. 이는 우리의 모든 생활, 영적인 생활이나 정신적인 생활에서도 꼭 필요한 요소가 된다. 하나님은 우리가 하나님이 주신 소망을 확신하여 우리가 소망 넘치는 세상의 주인공이 되길 원하신다. 소망은 절망 가운데에서도 '예수님 한 분만으로 충분합니다!'라는 고백을 계속하는 것이다. 오직 '성경만으로도 충분합니다!'라는 것을 믿고 나아가는 것이다. 이것이 소망이다.

Jesus(예수)와 Everthing(전부)	
믿음	Jesus(예수)-Nothing(내려놓음)=Everthing(모든 것)
소망	Jesus(예수)+Something(어떤 것)=Nothing(소망 없음)
사랑	Jesus(예수)-Something(어떤 우상)=Everthing(모든 것)
→ Jesus All 우리는 믿소사랑으로 예수님 한 분이면 충분합니다!	

© 믿소사랑 성경 관통 by 신주식

사랑은 마음을 다하는 것이다

기독교인들은 '사랑'이라는 단어를 가장 많이 사용하기도 하며 설교를 듣기도 한다. 그런데 왜 오늘날 사랑의 역사가 약해지는 것일까? 여러 가지 이유가 있겠지만 나는 세상의 방식과 섞이는 '혼합주의'와 세상의 방식을 따르는 '절충주의', 세상에 물들어가는 '세속주의'의 영향이라고 본다. 사랑을 마치 자신이 못다 한 꿈을 이루어 줄 백마를 탄 왕자가 와서 구해 주거나 자신의 이상형인 백설 공주를 만나야 행복해 질 것이라고 착각한다. 사랑을 소유하면 모든 것이 아름답게 변화될 것이라는 동화에서 나오는 일들을 꿈꾼다. 우리는 세속주의 영향으로 혼합주의에 빠져 성경에서 말하는 사랑의 힘을 알지 못하고 있지 않는가?

이러한 문제는 성경만이 해답을 줄 수 있다는 '성경의 충분성'과 예수님으로 '예수 충분성', 성령님의 능력으로 회복 될 수 있다는 '회복 충분성'이 다시 살아난다면 현실 문제는 회복이 될 것이다.

왜 기독교인과 교회가 힘을 잃어 가는지를 고민하다가 깨달은 것이 있다. '사랑하며 살자'라고 외치는 구호는 마치 '밑 빠진 독에 물 붓기'와 같다는 점이다. 믿음과 소망의 힘없이 사랑하자 라는 구호만으로는 일으킬 힘이 부족하다. 그래서 바울도 사랑의 동기를 가지고 믿음과 소망이 함께 움직여야 제 기능을 발휘할 수 있음을 강조하였다.

믿음은 '길'이다. 소망은 '진리'이다. 사랑은 '생명'이다. 사막과 같은 광야의 '길'을 갈 때에는 반드시 '진리의 표지판'을 따라 가야지 그렇지 않으면 결국 죽는다. 진리의 표지판을 따라 가야 살 수 있는 '소망'이 생긴다. 그래야 생명을 얻을 수 있는 것이다.

믿음은 '생각하고 바라보는 눈'이라면, 소망은 '믿음으로 선포하는 입'이고, 사랑은 '가슴으로 사랑하는 마음'이다. 사탄은 우리의 생각과 말과 마음을 전쟁터임을 알고 공격한다. 우리는 사랑하는 마음이 작동하기 위해서는 먼저 우리의 생각이 냉철해야 하는데 무엇보다 예수님을 바라보는 삶을 살아야 이길 수 있다.

주님께서 주신 새 계명은 "서로 사랑하라 내가 너희를 사랑한 것 같이 너희도 서로 사랑하라"요 13:34이다. 십계명도 '하나님 사랑과 이웃사랑'이다. 성령의 열매도 '사랑'이다. 바울도 고린도전서에서 제일 좋은 길이 '사랑'이라고 말한다. 구약의 메시지와 신약의 메시지는 동일하게 '사랑'을 말하고 있다. 그런데 왜 사랑이 안 되는 것일까?

사랑이 변질되었기 때문이다. 그것은 '우상' 문제다. 우상은 어떤 것이 우리의 삶에서 하나님의 자리를 차지하는 순간, 그 자체가 목적이 되는 것이다. 어떤 사람이나 어떤 것이 우리 삶에서 주님의 자리를 대신할 때 그것이 우리의 신이 된다. 그러므로 우리의 삶에 어떤 것이 자리를 차지하고 있는지 '무엇을 추구하고 있는지'를 점검해 보아야 한다. 어떤 것이든지 우리 삶에서 하나님을 대신하게 되면 우상이 된다.

영적인 전쟁터는 '마음'에 있다. 사탄은 세 가지를 공격한다. 그것은 생각과 말, 마음이다. 마음이 전쟁터가 된다. 주님은 우리가 지켜야 할 것이 마음이라고 하셨다. "모든 지킬 만한 것 중에 더욱 네 마음을 지키라 생명의 근원이 이에서 남이니라"잠 4:23.

사랑 = 율법(하나님 사랑 + 이웃 사랑)의 완성 = 희생 = 십자가 = 생명(마음)

마음은 히브리에서는 인격의 중심, 핵심을 나타내는 상징이다. 신들의 전쟁터가 된 우리의 마음에 '무엇을 우선순위에 두느냐?' '무엇을 더 추구하느냐?'에 따라서 우리의 사랑은 우상이 된다. 사탄은 돈과 쾌락, 성공을 통해 우리를 유혹한다. 우리는 하나님을 사랑하고자 한다면 마음의 전쟁터에서 하나님을 모셔야 한다. 이것이 풍성한 삶을 사는 비결이다. 풍성한 삶을 사는 비결을 믿소.사랑 관점으로 함께 살펴보자.

구약이 한눈에 보인다

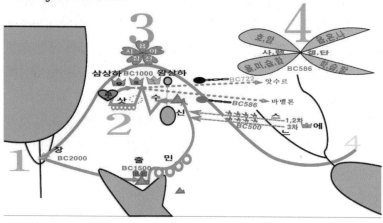

Old Testament
Object Teach **구약은 하나님의 목적을 보여 준다**

1. 창조와 광야 시대 | 하나님의 나라 시작 _ 모세오경
하나님의 나라 모형인 에덴동산은 아브라함과 언약을 통해 하나님의 목적을 보여
주셨다. 출애굽한 백성들에게 시내산 언약을 통해 하나님의 나라의 개국을 선언한다.

2. 정복 시대 | 하나님의 나라 정복 _ 역사서
하나님의 나라는 여호수아를 통해 나아갔지만 사사기는 타락을 보여준다.

3. 왕국 시대 | 하나님의 나라 왕국 실현 _ 역사서와 지혜서
다윗을 통해 하나님 나라의 왕권이 실현 됨을 보여 주며, 왕국의 지혜가 돋보인다.

4. 포로 • 귀환시대 | 하나님의 나라 회복 _ 선지서
하나님 나라의 왕국은 범죄로 파괴되지만 새언약을 통해 회복 될 것을 예고한다.

하나님의 나라 창조와 실현 _구약			
창조와 광야시대	정복시대	왕정시대	포로•귀환시대
하나님 나라 시작 백성, 땅 약속	주의 나라 성장 영토 확보, 정복	하나님 나라 왕권 실현	하나님 나라 파괴, 재건설
언약하심	언약 실현	언약 중심	언약파괴+새 언약

ⓒ 믿소사랑 성경 관통 by 신주식

4_ 회복
선지서

5_ 승리   믿소사랑   3_ 지혜
복음서   평안 안식 풍성   시가서

                7_ 성취
6_ 풍성   계시록   2_ 정복
서신서   역사서

                1_ 창조
                모세오경

1. 새 비전을 창조하는 힘 – 모세오경

나무 심기 | 창조 • 족장시대 (창조 - 1500년)

민수기

신명기

레위기

창세기

출애굽기

모세오경Pentateuch은 '하나님 나라의 기초 공사'이다. 창세기에서 하나님의 계획Plan, 출애굽기에서 유월절 사건Passover, 레위기에서 하나님의 목적Purpos)을 보여주며, 민수기에서 백성의 숫자를 세며People, 신명기에서 하나님께서 예비하신 선물Present이 무엇인지를 보여준다.

모세오경은 '씨앗 심기'이다. 하나님이 시작하신 일은 씨앗과 같다. 씨앗은 미약해 보이지만 그 속에는 엄청난 열매가 담겨 있다. 씨앗을 심는 사람은 작은 씨앗에서 무한한 가능성을 본다. 하나의 씨앗을 심는 것은 미래를 심는 것이다. 하나님이 주시는 풍요로움을 누리기 위해서는 작은 씨앗에서 큰 비전을 바라보아야 한다. 하나님 나라는 한 사람이 씨앗이 되어 자라가는 과정이다.

또한 하나님의 나라를 '나무'라고 본다면, 어떤 토양에 씨앗을 심느냐에 따라 열매는 달라진다. 성경적인 토양 위에 뿌리 내린 나무는 줄기가 잘 자랄 것이다. 그리하여 '풍성'과 '번영'이라는 풍성한 열매를 맺게 될 것이다. 만약 나쁜 토양 위에 나무가 자라면 '가난'이라는 열매가 맺힐 것이다. 열매 속에 있는 씨는 다시 나무로 자라는 과정을 반복하게 된다. 한 알의 밀알에서 많은 열매를 맺게 된다. 그 작은 씨앗은 미약하지만 나중에는 심히 창대케 된다. 작은 씨앗 안에 '번영'과 '창대함'이 담겨 있기 때문이다.

모세오경은 '흙'이라는 토양에서 시작하여 '약속의 땅'인 가나안 정복 준비로 끝을 마친다. 젖과 꿀이 흐르는 가나안 땅을 누리기 위해 필요한 것은 군사적인 준비나 힘이 아니라 '믿음'이다. 믿음은 작은 씨앗과 같이 보이지 않지만 그 안에 무한한 가능성이 잠재되어 있다.

하나님은 우리가 이 땅을 다스리는 창조 사역으로 하나님의 복을 누리기를 원하셨다. '창조의 씨앗'을 받은 아브라함은 순종함으로 자손과 땅 그리고 복의 근원이 되는 축복을 받았다. 하나님은 우리가 아브라함의 축복을 누리고 살기를 원하신다.

창 _ 창문을 열라 시작이다
Genesis

  성경의 시작은 창세기다. 모세는 출애굽을 하고 약속의 땅을 들어갈 세대들에게 이야기해 주고 싶은 것이 있었다. 이 세상의 주인은 가나안의 왕이 아니라 '창조주 하나님'이라는 것과 우리 조상들이 '믿음으로 약속의 땅을 기업으로 받았다'는 것이다. 우리도 믿음으로 받는다!

  모세는 후손들이 창세기에서 창조, 타락, 홍수, 바벨탑 네 사건과 아브라함, 이삭, 야곱, 요셉의 네 사람을 통해 믿음을 배우고 선조들이 가졌던 소망으로 전진해 가길 원했다. 하나님은 믿음의 조상 아브라함을 통해 땅과 자손, 축복의 비전을 주셨다. 아브라함이라는 한 사람과의 약속을 시작으로 전 인류를 구원하려는 역사가 이삭, 야곱, 요셉으로 이어진다. 이삭을 통해 성자 예수님의 '희생과 순종', 야곱을 통해서 우리의 삶을 인도하시고 '연단을 통해 성화'시켜 가는 모습을 보여 주신다. 요셉을 통해 '사랑의 열매를 맺는' 영광스러운 모습을 보여 주신다.

창조와 구원이 시작되다		시작 | 12:1-3 | 모세+에스라 | BC 1446-1406년	
	1-11장	창조,타락,홍수,바벨탑	일반역사
믿음	12-24장	아브라함	구원역사
소망	25-36장	이삭,야곱	성화과정
사랑	37-50장	요셉(30% 분량)	용서와 사랑
→ 창세기는 하나님의 나라의 시작을 알리고 여는 문과 같다			

© 믿소사랑 성경 관통 by 신주식

왜 선악과는 현재까지 영향을 미치는가?

우리가 살고 있는 세상은 무엇이 잘못된 것일까? 어쩌다가 이 지경까지 왔는가? 왜 오늘날 이런 궁지에 빠지게 되었을까? 이러한 많은 질문에 대해 성경은 말해주고 있다. 인간의 문제는 환경의 문제가 아니라 '마음의 문제'라는 것을!! 모든 문제의 뿌리는 무엇인가? '하나님과의 관계의 문제'이다. 성경을 제외한 모든 교육이나 문화에서는 인간에게 좋은 환경만 주어진다면 아무런 문제가 없을 것이라고 말한다. 사람들이 환경에 많은 관심을 두는 이유가 바로 이런 이유 때문이다. 좋은 환경이나 여건이 주어지면 인류는 괜찮아 질 것이라고 믿는다. 인간의 문제를 환경 때문이라고 믿는다. 과연 환경성형만으로 행복해질까? 20세기 초에 낙천주의자들은 교육 환경 개선을 통해 지상낙원주의를 꿈꾸었다. 그러나 1, 2차 세계대전을 통해 그 꿈은 산산조각 나고 말았다. 이를 통해 사람들은 모든 문제는 그가 처한 여건이나 상황, 환경의 문제가 아니라 마음의 문제라는 것을 보게 되었다.

이런 문제들이 생기는 뿌리는 '하나님과의 관계'에 있다. 모든 것이 뒤틀려 불행의 씨앗이 된 것은 하나님과의 관계에서 이탈했기 때문이다. 눈앞에 탄탄대로가 있다고 해도 운전사가 술에 취해 길을 찾지 못하면 사고가 나는 법이다. 하나님이 예비하신 포장대로를 달리지 않고 이탈해서 운전하면 사고가 난다. 도로 이탈은 '죄'이고, '죄'는 우리가 겪는 모든 문제의 뿌리이다. 성경에서 제일 먼저 죄가 발생한 사건을 보여주는 것은 비극적인 실수를 되풀이하지 않기를 하나님이 바라기 때문이다.

성경은 먹는 이야기로 시작한다. 인간은 먹어야 산다. 사람들은 먹는 것을 최우선으로 취한다. 에덴동산에는 생명나무와 각종의 열매로 먹을 것이 풍성했다. 특히 생명나무는 '건강'육신과 '부귀'범사, '평강'영혼이 넘쳐났다(잠 3:16). '생명나무의 열매'는 영혼이 잘 되고 범사가 잘 되며 강건하게 하는 열매다. 우리는 '생명의 길'(지혜)을 따를 때 우리가 생명나무가 되는가? 성경은 "지혜는 그 얻는 자에게 '생명나무'라 지혜를 가진 자는 복되도다"잠 3:18라고 말한다. 참 지혜 = 생명나무 = 예수

행복하게 사는 것은 인류의 꿈이다. 그렇다면 과연 풍성하게 살면 행복할까? 아담과 하와는 모든 면에서 완벽하게 풍성한 가운데 살았다. 또한 그들은 동산에서 하나님과 함께 '동행하는 임재의 축복' 가운데 있었다. 그런데도 하와는 뱀에게 속아 선악과를 먹고 말았다. 전혀 부족함이 없는 완벽한 환경 가운데에서도 속임을 당했다면, 부족하며 불완전한 것으로 가득한 부패한 사회에 사는 우리는 어떻겠는가?

뱀은 다른 수많은 나무와 생명나무 열매들은 보지 못하게 하고, 오직 금지된 한 열매에만 초점을 가지도록 질문을 유도하였다. 선악과를 먹도록 유혹한 것이다. 이에 하와는 말씀하지도 않은 '나무 열매를 만지지도 말라'라는 말을 첨가하고, 또 '먹으면 죽는다'는 하나님의 말씀을 '죽을까 하노라'라는 것으로 변질시켰다. 왜 변질시켰을까?

하나님은 우리를 사랑해서 인간에게 완전한 자유를 주셨다. 그러나 뱀은 그에게 주어진 '슬기'를 '교활함'으로 바꾸어 하나님 말씀을 왜곡하는데 사용했다. 여자는 "하나님과 같이"3:5 될 수 있다는 속임수에 속아 말씀을 왜곡했다. 탐심이 들어오니 말씀을 자기 마음이 원하는 대로 해석하여 버렸다. 이처럼 욕망과 탐심을 위해 주어진 말씀을 왜곡하는 것이 '죄의 출발'이자 '죄의 뿌리'이다. '탐욕'은 하나님의 말씀과 정반대로 역주행하는 것이다. 탐욕을 내려놓지 않고 오직 자기 욕심을 채우기 위해 사용하려는 것이 '자기 집착'이다. 그러한 점에서 탐심의 뿌리는 '자기 사랑'이다. 자기 사랑이 '원죄의 뿌리'이다. 자기 욕망을 위해 하나님의 말씀을 자기 마음대로 해석하고 적용하는 것이 '자

기애'이다. 이것이 가득하면 다른 것이 들어올 틈이 없다.

우리는 돈에 대해 잘못 이해하고 있다(딤전 6:10). 돈을 악의 근원으로 보는 것이다. "돈을 사랑함이 일만 악의 뿌리가 되나니." 돈은 단지 도구에 불과하다. 그것뿐이다. 당신은 도구를 잘못 사용할 수도 있고 바르게 사용할 수도 있다. 칼은 도구다. 요리사의 칼은 우리에게 맛있는 식사를 제공하는 도구가 된다. 그러나 강도 손에 들인 칼은 사람을 죽일 수 있는 도구가 된다. 이와 같이 돈은 하나의 도구이지 악의 뿌리는 아니다. 돈을 사랑함이 온갖 악의 뿌리인 것이다. 돈은 인간의 삶을 풍요롭게 하는 유용한 도구이지만 자신의 유익을 위해 남에게 피해를 주는 것이 악의 뿌리가 되는 것이다.

돈 집착 = 돈이 목적 = 탐심 = 자기 사랑 = 자기 욕망 = 자기애 = 악의 뿌리

어느 날 하와가 나무를 유심히 바라보았다. 이때에 뱀이 속이는 말로 유혹하니 하와는 생각하길 '선악과는 좋아 보이는데 하나님이 그걸 먹지 말라고 하신 것은 뱀의 말대로 우리가 신과 같이 되는 지혜를 감추고 계신 것이 아닐까? 어쩌면 우리가 이것을 먹으면 진짜 더 지혜롭게 되는데 하나님이 우리에게 좋은 것을 감춰 두신 것인지도 몰라.' 이런 생각이 그녀의 마음에 파고들었을 때, 더 먹고 싶은 열망이 가득하여 자꾸 선악과를 보는 순간 유혹을 이길 수가 없게 되었다. 유혹은 계속 바라보면 빠진다.

하와가 유혹에 빠진 이유는 "하나님과 같이"3:5 될 수 있다는 매혹적인 말 때문이다. 선악과만 먹으면 '우리는 하나님보다 더 문제를 잘 처리할 수 있어'라는 착각에 빠졌다. '지혜롭고 탐스러운 선악과'를 먹으면 하나님처럼 잘 알 수 있다고 생각했기 때문이다.

우리는 먼저 하나님이 왜 에덴동산기쁨에 선악과를 두셨는가를 알아야 한다. 사람들은 하나님이 선악과를 만들어 죄에 빠져 인류가 이렇

게 고생하게 만들었다고 착각한다. 사실이 아니다. 하나님이 선악과를 세운 것은 "내가 너희에게 엄청난 자유를 준다. 다만 이것만은 하지 말고 내가 일러준 대로 살면 행복하게 살 수 있어"라고 하신 것이다. 인간과 '언약'을 하셨는데 계약서가 바로 '선악과'이다. 하나님과 체결한 계약서에는 인간이 마음껏 먹을 수 있고, 에덴동산을 창조한 최고경영자와 함께 교제하는 「특」별한 「권」세도 누릴 수 있도록 하였다.

왜 계약서를 선악과를 통해 하셨는가? 하나님은 분명하게 아담과의 '관계설정'을 하고 출발하고자 하셨다. 관계 설정을 분명히 하는 것이 선악과라는 아이디어이다. 누가 주인이냐? 누가 인도할 것인가? 누가 다스릴 것인가? 누가 왕이냐? 라는 문제다. 쉬운 말로 해보면, "아담아 너는 나와 같은 형상을 가진 존재야. 너는 나를 닮은 아들이지. 나는 너를 만든 아빠이니 너는 네게 붙어 있어야 살 수 있어. 만약 나에게서 끊어진다면 그것은 죽음이야"라고 하신 것이다. 하나님이 "나는 '하나님 노릇'을 할 것이니 너는 '분봉 왕'의 지위를 잘 지키면 모든 것이 너의 것이다"라는 엄청난 축복을 주신 것이다. 엄청난 축복? 왕의 위치를 받은 것이다!

나무에서 가지가 떨어지면 죽음이 오듯이 하나님과의 관계에서 끊어지면 죽음이 찾아온다. 하나님은 이러한 원리를 가르쳐 주신 것이다. 선악과는 바로 '하나님은 나무이고 인간은 가지'라는 것을 눈에 보이도록 '표지판'을 세운 것이다. 표지판대로 살아가면 풍성함을 누리며 살지만, 만약 표지판을 무시하고 다른 길로 가면 교통사고가 나고 죽게 되는 것과 같은 이치이다. 하나님은 선악과라는 표지판대로 따르면 책임지시고, 관리해주시고, 보호해주시며, 사랑으로 돌보아 주실 것을 약속하셨다. 그분은 우리를 창조한 아빠이기 때문이다. 하나님이 '왕 노릇' '아빠 노릇'해 줄 것이니 자녀는 순종만 하면 복은 굴러 들어오는 것이다. 왜 굴러오는 복을 차 버릴까? 왜 멍청한 짓을 할까?

도대체 선악과가 무엇 이길래? 선과 악을 구분하는 열매다. 아기 때는 무엇이든지 자기에게 편하면 좋은 것이고, 불편하면 나쁜 것이다. 학생들은 잘 대해주면 좋은 것이고, 잔소리하면 나쁜 것으로 여긴다. 청년이 되면 옳으면 좋은 것이고, 틀리면 나쁜 것으로 본다. 장년은 진실이면 좋은 것이고, 거짓이면 옳지 않은 것이다. 노년은 내 편이 되면 좋은 것이고, 남의 편이 되면 나쁜 것으로 여긴다. 정치인은 나를 지지하면 좋은 사람으로 여기고, 남의 편을 밀면 나쁜 사람으로 여긴다.

이와 같이 선악과라는 다림줄을 사용하면 모든 것은 자기 편한 것, 자기에게 유익 되는 것이 기준이 된다. 하나님도 이웃도 없다. 내가 하나님이 되고 기준이 되어 내 세상이 좋은 것이고, 나를 무시하면 나쁜 것이 된다. 이처럼 모든 사람이 자기 유익만 추구하면 어떻게 될까? 그 결과는 '불안'이 찾아온다. 내 것보다 남의 것이 크게 보이기 때문에 '비교의식'이 작동되어 '두려움'과 '염려'로 가득 찬다. 하와가 이것을 알았다면 선악과를 먹지 않았겠지만, 선악과는 눈에 보기에 탐스럽고 너무 멋지기 때문에 유혹을 이길 수가 없었던 것이다.

선악과 = 내게 좋은 것 = 자기 유익 = 내 기준 = 내가 왕 = 자기 사랑

선악과를 먹는다는 것은 하나님과는 상관없이 '내 마음대로 내 인생을 산다! 내 인생은 내가 왕이다!'는 것이다. 한마디로 하나님 없이 하나님과 같이 되어, 내 마음대로 한번 살아보고 싶다는 것이다. 사람은 하나님 없이 내 힘으로 내 마음대로 살고자 하는 욕구가 있다. 왜냐하면 내가 왕이 되면 편안해진다고 믿기 때문이다. 자기 소견에 옳은대로 행하는 왕이 되고 싶어 한다!

뱀은 하와의 왕이 되고 싶다는 마음을 알고서 과대 거짓광고를 한다. 포장만 번지러한 상품 광고를 통해 구매하도록 하는 미끼를 던졌

다. 아마 뱀은 하와가 하나님과 언약을 파기하면 더 좋은 축복을 받을 것이라고 유혹했을 것이다. 뱀은 마귀에게 사주 받은 사기꾼 앞잡이로 아담과 하와에게 거짓 상품 광고를 해 아무것도 보상이 없는 사기극을 펼친다. 결국 아담과 하와는 보상이나 혜택을 하나도 받지 못하고 자신들이 누렸던 세상의 권세와 지위를 마귀에게 통째로 넘겨주고 말았다.

사기꾼에 속아 모든 재산을 날리는 비극적인 뉴스가 아담과 하와에게도 일어난 것을 무엇 때문일까? 아무것도 모르는 사춘기 청소년이 다단계나 일확천금을 약속하는 사람들을 무분별하여 믿고 투자했다가 완전 거지가 된 꼴이다. 하와는 하나님의 '성품'에 대한 지식이 부족하여 왜곡된 '상품'에 넘어가고 말았다. 뱀은 하와에게 좋은 것을 하나님이 안 주고 계신다고 믿게 만들어 속도록 하였다. 오늘날도 타락한 세상에서 원수가 얼마나 우리를 속이고 있는가? 지금도 여전히 속이고 있다!

사기꾼에 속은 아담에게 찾아오신 하나님은 "네가 어디 있느냐"(3:9)라고 부르신다. 하나님의 낯을 피한 인간이 어디 있는지 몰라서 물었을까? 아니다. 하나님이 회개할 기회, 즉 다시 관계를 '회복할 기회'를 주신 것이다. 사기를 당한 아들을 아버지가 조용히 타이르듯이 하나님은 "아들아 네가 잘못한 것은 다 알고 있으니 숨지 말고 나에게 잘못을 고백해 보아라"고 하신다. 아담은 하나는 알고 둘은 몰랐다. 자신의 잘못을 하와에게 뱀에게 책임 전가를 하고 피하면 된다고 생각했다. 이것은 착각이다. 하나님은 어쩔 수 없이 모델 하우스를 폐쇄 시켰다.

여기에서 우리는 인간이 왜 계속 고통을 받게 되었는지를 알게 된다. 그 이유는 하나님이 인간과 언약을 하면서 책임을 묻겠다고 말씀하시고, 심판이 있을 것이라고 공표하였음에도 불구하고 무시한 것이다. 하나님이 「심」하게 노하시어 죄를 「판」결하심을 잊어 버린다. 인간이 에덴에서 쫓겨나 비참한 바닥에서 출발해야 하는 심판이 있다는 사실을 진지하게 생각하지 않았기 때문에 발생한 것이다. "설마? 하나님이 우리를 심판하실까?" 설마가 사람 잡는다. 아담이 "하나님 제가 생각이 짧았습니다. 한번만 봐 주세요"라고 했더라면 좋았을 것인데 그렇게 하지 못했다. 무조건 도망치면 하나님이 모를 것이라고 착각했다. 착각이 사람 잡는다!

아담과 하와가 금지된 열매를 먹고 난 후에 육체적 죽음을 경험하게 되지만, 죽음은 이미 그들의 영안에 즉시 일어났다. 그들은 생명을 주신 하나님에게서 분리되는 순간 마치 나뭇가지가 나무에서 잘려 나간 때처럼 서서히 죽어갔다. 너무 천천히 죽어 가서 그것을 모르더라도 말이다. 선악과를 먹고 난 후의 결과는 어떻게 되었는가?

금지된 나무 열매를 먹고 나니 '결핍'이 찾아왔다. 인간의 지혜로 살면 선악과는 '해로운 나무_{선악과}'가 된다. 그 열매는 땀을 흘리는 노역과 그에 따르는 질병과 스트레스라는 부산물이 따랐다. 점점 질병_육, 스트레스_혼, 공허함_영으로 전에 알지 못했던 죽음의 늪으로 빠져들게 되었다. 더 심각한 것은 하나님이 인간에게 세상을 맡기셨으나 인간이 사탄에게 속아 자신들의 권위를 아무런 보상도 못 받고 넘겨준 것이다. 원통한 일이다. 염려 말자. 「원」수를 「통」쾌하게 박살내신 분이 있다!

선악과 = 통치권 넘어감 = 노예 = 결핍 = 질병+스트레스+공허함 = 죽음

수천 년 후에, 마귀는 예수님을 유혹하면서 "이 모든 권위와 그 영광을 내가 네게 주리니 이것은 내게 넘겨준 것이므로 내가 원하는 자에게 주노라"_{눅 4:6}고 말할 수 있는 것은 에덴동산에서 통치권이 그에게 넘어왔기 때문이다. 인간이 포기한 권리는 오직 인간만이 되찾을 수 있다. 예수님은 인류의 자유를 위해 '땀 대신 피'를 흘리셔야만 했다.

다시 돌아갈 길을 준비해 놓으신 하나님

다시 돌아갈 길이 있는가? 하나님은 아담과 하와의 불순종으로 죄의 노예 상태가 된 후손들에게 관계를 회복할 수 있는 길을 여셨다. 하나님은 뱀에게 "내가 너로 여자와 원수가 되게 하고 네 후손도 여자의 후손과 원수가 되게 하리니 여자의 후손은 네 머리를 상하게 할 것이요 너는 그의 발꿈치를 상하게 할 것이니라"3:15고 복음을 주셨다.

먼 훗날, 예수 그리스도를 통해 사탄에게 인간이 빼앗긴 통치권을 가져오게 하는 '원시 복음'을 이루겠다고 약속하셨다. 이것이 바로 '구원의 회복'이다. 구원은 하나님이 인간을 창조하시고 처음 '약속하신 복'을 되찾아 주는 것이다. 하나님이 인간에게 주고 싶어 하셨던 결론, '인간이 복을 받아 누리는 삶'이다. "그들에게 복을 주시며"1:28라는 하나님의 원래 프로젝트를 찾아 주는 것이다. 예를 들어, 아이가 길을 가다가 집 열쇠를 잃어버렸다면 그것을 찾아주는 것이 그 아이에게는 구원의 사건이 되는 것이다. 하나님은 인간이 잃어버린 통치권의 열쇠를 다시 찾을 수 있는 길을 알려 주셨다. 그것은 바로 '제사'이다. 제사는 「제」대로 「사」해주시는 통로를 여셨다. 죄사함의 길이 열렸다.

아빠에게 돌아가기 _ 하나님 노릇 해 주심으로			
믿음	제물	화목제물로 하나님과 화목(대적 그침)	화해
소망	제사	제사 통해 하나님께 나아감(뜻 맞음)	화목
사랑	제사장	제사장이 하나님과 연결 다리(샬롬)	화평

구원은 창조주 '아빠에게로 돌아가기'이다. 아빠에게 돌아가기 위해 '다리'가 필요했다. 그 다리가 '희생제물'이라는 제사를 통해 이룰 수 있다. 인간은 돌아갈 다리마저 부수고 집을 떠났지만, 하나님은 집에 다

시 돌아오도록 다리를 만들어 주셨다. 이것이 하나님의 두 번째 아이디어다. 진노를 받아 심판을 받을 수밖에 없는 인간에게 제사라는 다리를 통해 아버지 집에 돌아갈 수 있게 되었다. 예수님이 다리가 되어 하나님께로 갈 수 있게 되었다.

하나님은 인간이 다시 에덴동산으로 돌아갈 수 있는 방법을 알려 주셨다. 인간 회복 프로젝트로 '생명 접붙이기'이다. 떨어져 나간 가지도 원나무에 접붙이면 생명을 얻을 수 있는 원리다. 인간과 관계를 회복하고자 '좋은 소식'을 알려 주셨다. "인간들아 다시 에덴동산으로 돌아가자. 나는 너희의 생명이니 나에게 붙어 있으면 살 수 있어. 생명은 피에 있다. 피를 수혈 받으면 살 수 있는 것과 같아"라고 알려 주신 것이다. 사람은 생명인 피를 쏟으면 죽음에 이른다. 죽음 직전까지 가더라도 수혈을 하면 생명은 회복 될 수 있다. 자녀를 너무나 사랑하는 아빠가 교통사고로 피 흘리며 죽어가는 자식을 보고 가만히 있겠는가?

이것은 선악과에서 하나님이 가르쳐 주었던 것과 같은 원리다. "너희가 나를 생명의 근원으로 알고 나에게 붙어 있으면 살 수 있어. 나를 떠나면 죽게 돼!"라는 외침이다. 생명나무에 붙어 있으면 가지가 살지만 붙어 있지 않으면 서서히 죽어 가게 된다. 하나님은 생명 접붙이기를 위해 짐승을 가져와 '화목제물'로 드리라고 하셨다. 그 제물을 가지고 온 것을 보면 '너희가 나를 만나러 온 줄로 알겠다'라고 여기시는 것이다. 나를 만나러 온 사인이 바로 '희생 제물'이다. 「희」귀한 「생」물을 「제」사를 위해 바친 「물」건이 되신 예수님으로 통해서 이룰 것을!

희생 제물 제사는 세계 역사 속에서 널리 사용되어져 왔던 종교의식이다. 고대 어디에서나 짐승의 피를 흘러 신에게 제사를 드렸다. 그들은 이러한 제사가 신과 소통할 수 있는 방법으로 알았다. 오늘날에도 사람들은 돼지머리를 올려놓고 제사를 한다. 피에는 생명이 있음을 알고 피를 바치는 것이다. 피의 제사를 어떻게 알았을까?

아벨 제사는 무엇을 보여 주고자 하는가?

첫 제사를 볼까? 가인(헛됨)과 아벨은 제사를 통해 아담이 하나님과 만났던 자리로 돌아갈 수 있는 기회가 생겼다. 가인은 곡식으로 제사를 드리고 아벨은 양의 첫 새끼를 드렸다(4장). 하나님이 아벨의 제사는 열납 하셨지만, 가인의 제사를 열납 받지 않자 가인은 '분노' 하였다. 심지어 동생을 죽이는 '살인'을 저질렀다. 분노는 곧 살인이 되었다.

왜 하나님은 가인의 제사는 받지 않고 아벨의 제사를 받았을까? 그것은 아벨이 '믿음으로' 제사를 드렸기 때문이다히 11:4. 가인이 곡식을 바치는 정성이 부족했거나 재물을 양으로 드리지 않았기 때문이 아니다. 성경은 '믿음'의 문제라고 했다. 믿음 때문에 사람이 죽거나 살기도 한다. 하나님이 기뻐하시기도 하고 슬퍼하시기도 한 중요한 문제다.

그러면 믿음이란 무엇인가를 집고 넘어 가보자. 「믿」는 다는 것은 대상을 신뢰하며 그분의 「음」성을 따라 행동하는 것이다. 믿음은 '들음'에서 나온다고 하였다롬 10:17. 들음이라고 하는 것은 하나님이 말씀하신 것을 마음으로 받아 새겨 사는 것이다. 내가 원하는 내용만 듣는 것이 아니라 하나님이 들려주시는 것을 그대로 받아들이는 것이다. 가인은 분명히 하나님의 말씀을 들었지만 그 '들음'을 자기가 원하는 대로 해석하여 자신 생각대로 한 것이다. 하와처럼 말씀을 왜곡하여 자기 방식대로 해석하고 적용한 것이 문제다.

아벨은 하나님의 음성을 '들은 대로' 하나님이 원하시는 '방법대로' 한 것이다. 제물의 문제가 아니라 하나님의 음성을 듣고 행하는 '믿음'의 문제다. 믿음만이 하나님을 기쁘시게 할 수 있으며 하나님이 받아 주신다. 아벨은 비록 죽임을 당했지만 "그가 죽었으나 그 믿음으로써 지금도 말"히 11:3하고 있다고 성경은 말한다. 믿음이 하나님께 드리는 '화목제물'이다. 화목제물을 가지고 제사를 드렸다는 것은 '믿음으로'

행하였다는 증거다. 하나님이 원하시는 것은 바로 '믿는 마음'이다. 그 마음이 믿음이라는 통로를 통해 하나님을 섬길 때 기쁘게 받으시는 것이고, 그 마음이 욕심과 비교하는 마음으로 가득차면 믿음의 통로가 막혀 하나님이 받으시지 않는 결과로 나타난다. 믿음은 정말 중요하다.

아벨이 죽고 난 후에 셋을 통해 하나님의 새로운 역사를 계속 이어가도록 하셨다. 가인은 자신이 인류 역사의 첫 왕이 되고 싶어 에덴 동편 놋 땅에 도시를 건설하였다4:16-17. 인류의 역사는 '왕'의 역사이다. 누가 더 힘이 있느냐? 누가 더 크냐? 누가 다스릴 것인가? 라며 왕위를 놓고 싸우는 스토리이다. 힘 있는 자가 세상의 왕이 된다. 세상은 힘으로 다스리고, 다스리는 사람은 왕이다. 힘이, 곧 왕이다.

독재 = 힘 = 왕 = 자기 과시 = 복수. 이 역사는 지금도 반복된다!

왜 왕들은 싸우는가? 권력을 잡은 사람들은 경쟁자를 죽일까? 왕들은 힘으로 세워지기 때문에 힘 있는 자가 반드시 일어날 것을 알고 있다. 그래서 왕들은 두려워한다. 왕은 권력을 얻기 위해 왕을 죽이고, 또 다른 사람이 일어나 왕이 되기 위해 등에 칼을 꽂는다. 항상 긴장 속에서 두려움을 떨면서 살아간다. 왕의 역사는 복수이며 칼의 역사이다. 가인의 후손 라멕은 가인보다 77배의 무력을 행사한다4장. 제국주의는 그 누구도 자신을 침범하지 못하도록 힘으로 제압하는 세력이다. 인류의 세계사는 제국주의 역사이다. 왕의 역사, 힘의 역사, 곧 복수의 역사다!

인류의 역사 vs 구원의 역사				
믿음	가인↔아벨	시작	창조	아브라함
소망	라멕↔셋	타락	심판(연단)	이삭, 야곱
사랑	네피림↔노아	홍수	재창조	요셉

ⓒ 믿소사랑 성경 관통 by 신주식

노아 방주 _ 하나님의 대 청소 사건

죄는 강하다. 힘이 있다. 죄라는 바이러스는 죽지 않는다. 한 번 들어온 죄는 사람을 지배하며 다스리고 사람을 그 원하는 대로 끌고 간다. 죄는 하나님을 못 보게 만든다. 이웃에 대해 '탐욕'을 가진다. 아담과 하와를 감염시킨 죄 바이러스는 가인에게도 전이되어 동생을 죽이기까지 했다. 죄는 '확장성'이 있어 가인의 후손인 라멕은 77배의 죄를 짓는 것을 자랑할 정도로 타락했다. 셋의 후손인 에녹은 하나님과 300년을 「동」무같이 지내며 「행」진하다가 하나님이 데리고 가셨다5장. 셋의 후손하나님의 아들들은 가인의 후손의 '딸들의 아름다움을 보고 자기들이 좋아하는 모든 여자를 아내로 삼는'6:2 선악과를 취하였다. 하나님이 취하지 말라고 한 선악과를 따먹은 역사는 반복해서 일어났다.

셋의 후손들은 가인의 후손들과 섞여 버리고 말았다. '혼합주의'로 진리를 상징하는 생명나무를 버리고 선악과를 취하였다. 「혼」자는 살 수 없으니 「합」해서 함께 「주」인 노릇하며 「의」지하며 지내자 라는 것은 타락으로 이어진다. 당시에 그 땅에 네피림이 등장하는데 이들은 힘이 장사인 사람이다. 힘 센 사람이 통치하는 시대가 되었다. 이 네피림이 만들어 놓은 시대가 노아의 시대까지 이어진다. 힘센 장사들이 다스림으로 세상은 부패하고 포악해졌다. 그 시대는 "여호와께서 사람의 죄악이 세상에 가득함과 그의 마음으로 생각하는 모든 계획이 항상 악할 뿐임을 보시고"6:5 너무나 안타까워 하셨다. 전적으로 타락하였다. 죄악이 사람들의 마음을 지배하여 항상 악을 생산하는 공장이 되고 말았다. 그곳에서 뿜어져 나오는 죄악의 가스로 사람들이 질식해서 죽을 수밖에 없는 처지가 되었다. 미세먼지 수준이 아니다. 완전한 오염으로 한치 앞을 볼 수 없게 되었다. 노아 시대와 소돔과 고모라의 공통점은 그 당시 사람들의 관심거리가 오직 먹고 즐기는 것이었다는 것이다. "노아가 방주에 들어가던 날까지 사람들이 먹고 마시고 장가들고 시집가더니 홍수가 나서 그들을 다 멸망"^{눅 17:27}시킬 때까지 세상의 쾌락에 취해 있었다. 또 한 가지는 동성애가 난무 하였다. 성적 타락은 곧 심판으로 이어진다.

이런 세상에 대해 하나님은 대청소를 계획하셨다. 노아시대에 홍수 심판을 통해 세상을 청소하시기로 계획하셨다. 그 가운데도 노아에게는 「방」의 「주」인을 하나님으로 모신 방주를 예비하여 피할 길을 여셨다.

이때 노아는 '의인'으로 '하나님과 동행' 하였다고 평가한다. 여기에서 '의로움'이란 의미가 중요하다. 의로움의 근본적인 의미는 이웃과 올바른 관계, 이웃과 '마음을 같이' 함이라고 할 때 사용하는 단어이다. 노아는 하나님과 '마음을 같이'하며 하나님의 뜻을 따른 인물이다. 이웃과도 '마음을 같이' 하여 불쌍히 여기며 한 영혼이라도 구원하고자 하였다. 하나님이 찾으시는 사람은 '마음을 같이' 하는 사람이다.

노아(완전한 자=타밈) = '끈질김, 변함없음, 한결같음' 의미 = 의인 = 동행

노아 홍수 심판 후에 인류는 청소가 되었는가? 안타깝게도 금방 다시 오염되고 말았다. 인류의 죄의 바이러스는 사람들의 몸속 깊은 곳까지 죄의 DNA가 심겨져 있었다. 노아도 홍수전에는 당대 의인이었지만 홍수가 끝나자마자 포도주에 취해 옷을 벗는 추태를 보였다. 그는 믿음으로 조상들을 이었지만, 소망을 자녀들에게 보여주지 못했다.

노아의 자녀들은 결국 이 땅에 바벨탑을 쌓는 일에 동참하고 말았다. 바벨탑 사건은 니므롯 같은 왕이 만들어낸 '사회'가 '국가'로 발전 된 것이다. 인류는 '왕 싸움' 역사에서 국가라는 형태를 지키며 이어져 갔다. 니므롯 같은 힘센 왕이 나타나 "그 탑 꼭대기를 하늘에 닿게 하여 우리 이름을 내고 온 지면에 흩어짐을 면하자"^{11:4}라고 하였다.

왜 바벨탑을 쌓고자 하였을까? '바벨'이라는 말은 '하나님의 문'이라는 의미이다. '하늘에 이르는 문'으로 해석할 수 있다. 바벨은 '하나님과 같이 될 수 있는 문'을 쌓고자 하는 선악과다. 당시 그들은 벽돌을 사용할 정도의 경제력과 문명을 갖고 있었다. 그들은 자신들의 성취와 업적을 하늘까지 쌓아서 하나님과 비교해보고 싶었다. 결국 인간의 영광을 드러내고자 했다. 인간 스스로의 힘으로 하나님의 자리까지 올라가고자 하였다. '하나님과 같이' 되고자 하는 것이 바벨의 실체이다.

계시록에 나오는 바벨론으로 상징되는 힘과 권력과 문명은 인간의 승리를 나타내며, 인간의 노력과 성취를 하늘에 닿으려는 시도다. 바벨론은 하나님을 대적하여 높아진 세력이며 하나님을 대신하려는 세력이다.

바벨 = 흩어짐을 면하자 = 힘,권력,문명= 하나님 같이 = 하나님 대신

바벨탑을 쌓을 수 있는 힘은 어디에서 나왔는가? 탑을 쌓고 나라를 세우는 힘은 '언어'에 있었다. 그들을 하나로 연합하여 '하나님 같이' 되려고 할 수 있는 것이 인간의 '말'에서 나왔다. 언어는 엄청난 힘을 가능케 했다. 제국들이 약소국을 지배할 때 언어를 통제하는 것을 보면 이해할 수 있다. 언어를 통일하고 제압하는 것은 폭력이고 지배 수단이었다. 바벨탑 건설할 때 강제 노동으로 착취할 수 있는 것도 '언어'의 힘으로 가능했다. 세상 나라와 반대되는 하나님나라 건설인 오순절에 '언어의 통일'이 이루어졌다. 열방에 사람들이 모여 함께 한 방언이다.

바벨탑을 쌓은 그들은 하나님의 주권을 거부하고 힘으로 자신들의 이름을 세우는 나라를 만들고자 하였다. 바벨의 목표는 천하 통일하여 그 힘이 하늘까지 높아지는 것이다. 왕이 나타나면 정복하여 나라를 세우고, 나라를 통일 하여 제국을 통치하는 것이 '세계사'이다. 세계사는 제국주의 역사로 힘으로 통치하는 세상을 건설하는 것이다. '하늘

'에 닿게' 하고자 하는 것은 그들의 목표가 세상 천하통일임을 보여준다. 또한 창조주 하나님 나라까지 대적하고자 하는 것이다. 결국 계시록에 예언한 바벨론은 등장하게 될 것이다. 사람들은 세상 끝 날까지 바벨탑을 쌓고자 한다. 이것은 어디에서 나온 것인가?

사탄은 "하나님과 같이"될 수 있다는 속임수를 사람들에게 심어주어 사람들을 모아 하나님을 대적하게 만든다. 세상 사람들은 이러한 사탄의 속임수라는 것도 모르고 눈앞에 보이는 재물과 쾌락, 그리고 권력에 취해서 살아간다. 그러나 하늘까지 쌓아 올리고자 했던 교만은 결국 무너진다. 하나님이 '언어의 혼잡'을 통해 흩어지게 하셨기 때문이다. 바벨의 뜻은 '흩어지다'는 뜻을 가지고 있다. 하나님이 개입하시면 인간의 힘은 흩어질 수밖에 없다. 하나님은 원래 의도하신 "땅에 충만하라"는 명령을 성취하기 위해 인류를 흩어버리셨다.

하지만 바벨 같은 제국은 인류 역사 속에 계속 나타난다. 바벨론 제국, 페르시아 제국, 헬라 제국, 로마 제국 등이 그 뒤를 잇게 된다. 요한계시록에는 바벨론이 다시 나타난다. 결국 큰 성이요 견고한 성읍 같은 바벨론은 무너지고 말 것이다. "화 있도다! 화 있도다! 큰 성, 견고한 성 바벨론이여 한 시간에 네 심판이 이르렀다"계 18:10. 결국 하나님은 바벨론을 심판하심으로 바벨탑의 욕심은 끝나게 된다. 그리고 새로운 하나님 나라가 완성되어진다. 하나님이 다스림으로 힘이 아닌 사랑으로 다스리는 나라가 이뤄질 것이다. 이러한 나라를 이루기 위하여 겨자씨 같은 아브라함의 믿음을 통해 하나님 나라를 만들어 가시고자 계획하셨다12장. 창세기 11장까지는 '인류 일반 역사'를 다루고 12장부터는 아브라함을 통한 '구원의 역사'를 다룬다. 드디어 구원의 역사를 이루기 위해 믿음의 행진이 시작된다. 그것은 겨자씨 같이 아주 작고 약해보이지만 때가 되면 강국으로 등장하게 될 것이다.

아브라함 _ 어떻게 믿음의 조상이 되었는가?

아브라함을 부르신 목적 - 축복의 통로(12:1-3)		
믿음	씨	후손으로 큰 나라 이룰 상속자 약속15장 - '믿음'을 의로 여기심 이스마엘 낳음고통의 시간. 이삭을 바침22장 - '행함'으로 인정
소망	땅	사라를 묻을 가나안 땅을 샀다. 후손의 기업이 될 것이다23장
사랑	뜻	그로 말미암아 자손들은 복을 받고, 모든 족속이 복을 받을 것임

© 믿소사랑 성경 관통 by 신주식

우상숭배 장사꾼이었던 아브라함이 하나님의 선택을 받은 것은 전적으로 하나님의 은혜였다. 아브라함이 "갈 바를 알지 못하고"히 11:8 "가라"라는 부르심에 순종하고 가는 길은 '믿음의 길'이었다. 믿음은 「믿」을 수 있는 분의 「음」성만을 듣고 따르는 것이다. 그러면 그의 믿음의 길은 「믿」음이 「음」지가 아닌 양지 바른 빛나는 길이 된다. 그 당시 문화를 생각했을 때, 가족과 살던 땅을 떠나는 것은 죽음과 같았다. 먹고 사는 문제는 모두 공동체 안에서 이루어졌기 때문이다. 그곳을 떠나는 것은 죽음을 각오해야 하는 일이었다. 아브라함이 본토 친척 아비의 '집'을 뒷전으로 하고 나아갔을 때, '새집'을 하나님이 예비해 주신다.

아브라함은 자신의 모든 것을 내려놓고 따랐고 3가지의 축복을 받는다12:2-3. '씨'자손와 '땅'과 그리고 '복'축복의 언약=하나님의 통치을 받는다12:3. 축복의 약속은 한마디로 '너는 복의 근원이 되어 땅의 모든 족속이 너로 말미암아 복을 받을 것이다!'라는 내용이었다. 아브라함의 축복의 언약은 아브라함을 '통해서'가 아니라 아브라함으로 '말미암아' 이루어지는 것이다. 하나님의 복은 아브라함이 모든 족속에 돈 뭉치를 나눌 정도의 부자가 되어 나누어 주는 것을 말하는 것이 아니다. 이것은 아브라함의 후손인 예수 그리스도를 통해서 성취될 것을 말하는 것이다. 믿음을 통해 이루어질 하나님 나라를 보여 주는 것이다.

하나님나라 = 씨·땅·복 = 평안·안식·샬롬. 세상나라=불안·불만·불행

아브라함의 축복의 언약은 아브라함의 공동체_{하나님 나라}가 니므롯 공동체_{세상 나라}에게 복_{구원}이 되어야 하는 사명도 받았다. 셋의 계열은 가인 계열과 섞이면 안 되고 정복해야 할 대상이다. 믿음으로 정복해야 한다! 믿음은 오직 주님의 '사랑'으로 이루어지는 구원의 역사이다. 사랑의 하나님이 선악과 취한 인류에게 하나님과 교제할 수 있는 길을 예비하셨다. 그것은 제물을 가지고 하나님께 나아가야만 하나님을 닮은 사람이 될 있다는 비밀을 받은 자이다. 그 비밀은 '구원'이다. 구원이라는 무기는 사람을 살릴 수 있는 보물지도와 같다.

여기서 먼저 질문을 던져 보아야 할 것이 있다. 이런 놀라운 축복을 약속 받은 아브라함은 믿음으로 본토, 친척, 아비 집을 바로 떠났는가? 대부분 사람들은 아브라함이 이미 믿음으로 갖고 떠났다고 말한다. 사실은 아니다! 아브라함이 믿음을 가지고 떠나갔다면 우리는 아브라함에게 배울 수 있는 것은 '깊은 절망감' 밖에 없다. 왜냐하면 아브라함을 처음부터 '믿음의 영웅'으로 출발했다면 우리는 완전히 기가 죽을 수밖에 없다. "아브라함은 원래 믿음의 영웅이기 때문에 하나님께 축복의 약속을 받은 것이고, 우리와는 차원이 달라"라고 여긴다.

분명히 알아야 할 사실은 아브라함은 출발할 때에 믿음이 없었다. 아브라함은 믿음의 사람으로 믿음의 영웅으로 출발한 것이 아니다. 성경에서는 '믿음이 없는 사람으로 출발해서 믿음의 사람으로 되어져 간다'는 것을 보여 준다. 이것이 중요하다! 그는 원래 우상 장사꾼의 아들이었다. 그는 꿈에서 '본토 아비 집을 떠나 가나안 땅으로 가라'는 계시를 받고서도 아버지 데라에게 결정을 넘겼다. 아브라함이 집을 떠나자고 한 것이 아니었다. 오히려 혹시 신의 노여움을 살까봐 걱정을 하게 된 데라가 아브라함을 이끌고 하란까지 간 것이다. "가나안 땅으로 가라"

는 명령에 주도권을 데라가 가지고 있던 것이다. 만약 아브라함이 믿음 있는 사람이었다면 우상을 숭배하는 아버지에게서 벗어나 믿음을 지키기 위해 도망쳐 나와야 하는데 아브라함은 그렇게 하지 못했다.

아브라함은 여전히 우상을 섬기는 데라와 한 통속이었다. 데라는 우상숭배를 한 사람이라서 신이 꿈에 나타난 것에 대해 엄청난 두려움을 갖고 있었다. 데라_{지연시키다}는 '종교적인 겁'을 먹고 하란에서 머물렀다. 아브라함은 더 이상 나아갈 믿음도 없으니 그저 세월을 보내고 머물면서 밥벌이 하며 살았다. 결국 데라가 죽고 하나님이 다시 나타나 말씀하시자 그때서야 겨우 따라 나섰다. '축복받을 만한 사람이 복을 받는 법이야'라고 생각하는 것은 '불신앙'이다. 아브라함이 구원받을 자격, 축복 받을 자격이 있어 성경에 남은 것이 아니다. 하나님이 축복 주시고 구원해 주셨기 때문에 성경에 남게 되는 것이다.

아브라함이 믿음으로 "가나안 땅으로 가자. 하나님이 지시한 땅으로 가자"한 것이 절대로 아니다. 하나님이 아브라함을 축복 주시려고 작정했지만 아비 집을 떠날 믿음이 없으니 데라의 등을 밀어 같이 왔고, 데라가 죽자 하나님이 또 계속 아브라함의 등을 밀어서 '마침내' 가나안 땅으로 끌고 오신 것이다. 하나님의 열심이 아무 것도 모르고 겁 많은 아브라함을 설득시켜 가나안 땅으로 이끌어 오시고야 말았다는 것이다. 마침내 가나안에 들어 온 것은 하나님이 '아버지 노릇'해 주신 것이다. 하나님이 그를 거기까지 인도해 오시고 강권하시고 '목덜미를 쥐고' 끌고 오신 것이다. 하나님의 열심을 보라. 아버지 노릇해 주시는 사랑을 통해 변화되어져 가는 것을 보라!

박영선은 『하나님의 열심』에서 믿음을 다음과 같이 말한다. "믿음은 내가 하나님을 설득하는 것이 아닙니다. 하나님, 이렇게 해주실 줄로 믿습니다. 이렇게 기도하면서 우리가 이미 결제 도장을 다 찍어서 올립니다. 그리고 좋은 믿음 가졌다고 착각합니다. 그러나 이것을 믿음이 아닙니다. 믿음은 다만 하나님이 우리를 '설득하는 작업'인 것입니다. 모든 신자는 한결같이 하나님 앞에 설득당한 자들입니다. 설득 당하는 것 중에 맨 나중에 설득하는 것이 '이해'입니다. 우리들이 인정하고, 이해하고, 공감하게 해달라고 요청하기 이전에 우리들의 인생이 하나님 손에 인도되고 있다는 사실로 기뻐해야 합니다. 그것이 아브라함 생애에서 하나님이 표현하고 싶어 하는 하나님의 깊은 계획입니다."

이런 축복을 받은 아브라함이지만 가뭄이 오자 약속은 휴지조각처럼 믿음을 버리고 애굽 '땅'으로 내려간다. 기근에 먹고 살기 편하다는 '선악과'를 취하고 만다. 그곳에서 아내를 누이라고 속인 것이 애굽 왕에게 발각이 되어 죽을 운명에 처해졌다.

아브라함이 애굽으로 내려가서 당한 꼴이 '타락'인가? 사람들은 "봐라! 그가 하나님을 믿어야 하는데도 불구하고 믿지 않고 애굽에 내려가서 수치를 당하고 아내까지 빼앗겼다." 이 사건을 믿음이 떨어져 타락한 것이라고 말하면 이해하기 쉽다. 하지만 '믿음의 타락'으로 해석하면 어려움이 생긴다. 이것을 아브라함이 출발 때부터 '믿음의 영웅'이라고 볼 수 없다'라고 시작하고 보아야 이 사건을 풀 수 있다.

분명히 아브라함이 잘못했는데, 하나님이 바로 왕의 꿈에 나타나서 바로가 회개한다. 회개해야 할 사람은 아브라함인데, 바로가 회개를 하고 아브라함에게 금은보화까지 얹어준다. 아브라함은 믿음과 하나님과 관계없이 이 사건을 통해 자신이 가장 놀라게 된다. "하나님이 도대체 어떤 분이시기에 바로가 꼼짝 못한다 말인가?" 하나님이 어떤 분인가?

아브라함은 이 사건을 통해 처음으로 믿음의 눈을 뜨게 된다. '하나님이 이런 분이시구나' 하는 것을 이해하게 되었고, '하나님은 대단하신 분이구나. 바로 왕 보다 훨씬 세구나'를 이해하게 되었다. 이러한 배움을 통해 하나님이 은혜로우시고 사랑의 열정으로 구해 주심을 알게 되었다. 하나님은 우리를 이렇게 설득해 오신 것이다. 우리의 모든 사건은 하나님의 열심이 '은혜'로 이루어진 것이다. 하나님은 일정 수준에 이르지 않는 사람에게 심지도 않고 거두시는 분이 아니다. 반드시 되도록 하신 후에 달라고 하신다. 하나님은 처음부터 다섯을 요구하지 않으신다. 우리가 믿음의 분량이 다섯 달란트가 되면 다섯 달란트를 주신다. 하마터면 아브라함에게 '씨'가 끊어질 뻔하였다. 하지만 하나님이 개입하여 자손의 축복, 곧 "네 자손"12:7을 통해 복을 받으리라는 예언을 성취해 가신다.

　하나님의 열심 ⇒ 은혜로 채우심 + 축복 주심 ⇒ 약속을 성취하심

'재산 불리기'라는 욕심은 롯과의 관계까지 갈라놓는다. 롯은 더 많은 소유물을 취하기 위하여 소돔과 고모라 성을 간다. 롯이 계산적인 눈으로 볼 때 소돔과 고모라는 '여호와의 동산' 같았다. 소돔은 '남색'이라는 뜻으로 동성끼리 성관계를 한다는 뜻이다. 남색 행위는 율법으로 엄히 금지된 가증스런 죄악인 것으로 이런 행위자는 사형에 처해졌다. 롯은 눈에 좋아 보이는 선악과를 취함으로 그 문화에서 재판장이라는 높은 지위를 얻었지만 결국에는 불로 심판 받음으로 재 밖에 남지 않는 인생이 되었다19:4-5. 하나님은 롯이 떠난 후에 눈을 들어 동서남북을 바라보게 하시며 "내가 너와 네 자손에게 주리니 영원히 이르라"13:15는 자손과 땅의 축복을 약속해 주셨다.

　이 후에 하나님은 아브라함에게 "네 몸에서 날 자가 네 '상속자'가 되리라"15:4라고 분명하게 말씀하셨다. 하나님이 "두려워 말라. 나는 너의 방패요 너의 지극히 큰 상급이니라"라고 하시자 아브라함은 "무엇을 내게 주실 수 있겠습니까? 저는 자식이 없으니 나의 상속자는 종 다메섹 엘리에셀이면 족하겠습니다"라고 하였다. 여기에서 아브라함이 드디어 하나님께 '대꾸를 하기 시작했다'는 것이다. 그 전까지는 아브라

함은 그냥 끌려 다니고만 있었다. 아브라함이 인간적으로 이해를 못하니 다시 말하신다. "네 몸에서부터 날 자손이 하늘의 별과 같고 땅의 모래와 같을 것이다." 재미있게도 그제야 아브라함이 여호와를 '믿은 것'이다. 아브라함이 믿을 수 있도록 실물 교육을 하셨다. 믿음을 통한 바라봄의 법칙을 적용하셨다. "그를 이끌고 밖으로 나가 이르시되 하늘을 우러러 뭇별을 셀 수 있나 보라 또 그에게 이르시되 네 '자손'이 이와 같으리라. 아브라함이 여호와를 믿으니 여호와께서 이를 그의 '의'로 여기"15:7-8셨다. 믿음은 하나님의 말씀대로 '바라보는 것'이다. 이것이 하나님이 우리에게 의로 여기시는 옷을 입혀주시는 것이다.

　의 = 지켜야 할 도리 = 말한 대상 믿음 + 이룰 것을 바라봄

이렇게 하나님을 믿는 '의'를 얻은 것에 대해 박영선은 "여태까지 하나님께서 아브라함을 이방신을 섬기고, 이방신밖에 모르던 곳에서부터 불러내어 이상 중에 나타나시고, 사건 속에서 역사하시고, 그의 생애를 주장하사 발걸음을 지도하시고 인도하셔서 그를 납득시킨 하나님의 설득 작업의 결과입니다"라고 하였다. 의를 얻는 것도 은혜로 된 것이다.

　하나님이 11장에 불러서 15장에 와서야 비로소 '믿음'이 나왔다. 하나님의 설득이 아브라함으로 하여금 드디어 '의로 의롭다 하심을 받은 자리'에 이르게 한 것이다. 그러면 우리가 할 수 있는 것은 무엇인가? 하나님께서 우리에게 이루신 것이 무엇인지 이해되는 날, 내 입으로 "주님을 믿습니다"라는 자발적인 '항복의 고백'을 하는 것이다. 이 고백을 하나님은 그가 이루어 주실 구원의 조건으로 삼으시고 칭찬해 주시는 것이다. 바울은 이것을 "너희가 무슨 조건이 있어서 구원 얻은 것이 아니라 그저 값없이 받은 선물이다. 너희가 남과 달라서 구원 받은 것이 아니다. 다만 하나님의 사랑이 너를 구해낸 것이다"라고 한다. 구

원은 우리의 믿음으로 받는 것이 아니다. 그것은 하나님의 전폭적인 '은혜의 행위로 말미암아 준 선물'이다. 우린 자발적 항복만으로 구원받는다.

박영선은 "우리가 어떻게 구원을 얻었을까요? 우리가 믿어서 얻은 것이 아니고 하나님이 우리들을 이 자리까지 끌어다 놓으신 것입니다. 그랬더니 어느 날 우리가 "주여, 제가 주를 믿습니다!" 이렇게 고백을 한 것입니다"라고 하였다. 한마디로 "아 하나님의 은혜입니다!"

아브라함은 '의'로 여겨 주시는 믿음의 출발17장부터 사랑으로 완성22장까지 소망을 가지고 인내하며 주님을 의지하는 시간을 보내야 했다. 하나님은 아브라함에게 자손씨을 주신다는 약속을 받았지만, 25년이라는 세월이 흘러도 자식이 없었다. 생물학적으로 출산이 불가능했다. 아내 사라에 등살에 못이기는 척하며 하갈을 통해 이스마엘을 낳는다. 이것은 믿음의 조상이 될 아브라함의 큰 실수였다. 하나님이 축복하신 약속이 이루어지지 않자 당시 문화로는 통하는 방법이었던 인간의 생각으로 처리하였던 것이다. 하지만 이것은 하나님과 계약을 위반하여 선악과를 취한 실수이다. 이것을 범하여 큰 고통을 받게 된다.

아브라함에게 주신 약속은 땅과 자손, 열방에 미치는 복이다. 이 축복을 주시는 까닭을 무엇인가? "여호와의 도를 지켜 '의와 공도'를 행하게 하려고 택"18:19하여 하나님께서 아브라함에게 대하여 말한 일을 이루고자 하신 것이다. 아브라함에게 자녀를 주신 까닭은 '공평'과 '정의'를 행할 주인공인 사람이 필요했다. 그것을 이룰 공간인 땅이 필요했다. 아브라함이 이러한 삶을 살 때에 아브라함으로 '말미암아' 복을 받게 되는 것이다. 그러므로 아브라함의 특권은 열방에 공평과 정의를 행하는 삶으로 부름 받은 축복을 받은 것이다.

결국 아브라함은 백세에 이삭을 낳았다17:17. 하나님은 약속하셨지만 약속이 성취되기 까지는 큰 대가가 따랐다. 아브라함의 믿음은 연단을 통해 소망의 아들을 얻게 된다. 그 당시 문화는 아들이 곧 재산이며 전부였다. 자녀를 바라는 사람은 자식만 낳으면 모든 문제가 해결될 것이라고 믿는다. 아브라함은 그가 간절히 원했던 이삭을 얻었을 때, '이제는 행복하게 살다가 죽으면 여한이 없다'고 생각하며 살았다. 그런데 뜻밖에 하나님은 "네 아들 네 사랑하는 독자 이삭을 데리고 모리아 땅으로 가서 내가 네게 일러 준 한 산 거기서 번제로 드리라"고 하셨다. 아브라함에게는 단순한 한 아들이 아니라 "네 아들 네 사랑하는 독자"로 애정이 아들 숭배로 변해 있었다. 그는 하나님을 모셔야 할 자리에 이삭을 두었다. 그 문화에서는 가문의 모든 희망과 꿈은 장남이라는 자식에게 달려 있었다. 장자를 잃어버리는 것은 마치 자신의 목숨을 잃어버린 것과 같았다. 왜 하나님은 자녀를 잃어버려야만 한다고 했는가?

출애굽 할 때, 왜 애굽의 장자들이 목숨을 잃었는가? 장남은 곧 집안이고 재산이었기 때문이다. 애굽의 죄 때문에 장자가 대신 죽었다. 이스라엘의 장자도 죽을 수밖에 없었다. 하지만 어린양의 피로 장자의 목숨을 대신하여 죽었기 때문에 목숨을 잃지 않게 되었다. 하나님이 아들을 태워서 죽이는 제사인 번제로 바치라고 한 것은 집안의 죄 때문이다. 죗값은 곧 죽음이다. 이삭이 죽어야 하는 이유는 우리의 죄 때문이라는 것을 보여준다. 죄는 죽지 않으면 절대로 문제는 해결될 수 없다.

아브라함은 어떻게 하나님의 부르심에 순종하는 믿음으로 산에 올라갔을까? 아브라함은 종들에게 "우리가 너희에게로 돌아오리라"(22:5)라고 했다. 하나님은 아브라함이 하나님이 어떻게 하실지 구체적으로 알려주지도 않았다. 그는 '갈 바를 알지 못하고' 첫 발걸음을 옮긴 것처럼 '일러 주신 산'으로 갔다. 다만 아브라함은 과거에 인도하셨던 하나님이 미래를 인도하실 것이며 지금도 함께 하실 것이라는 믿음만 가지고 갔다. 믿음의 발걸음에 하나님은 모든 것을 미리 알려주지 않는다. 단지 하나님이 인도하실 것이라는 믿음만 가지고 내 계획, 내 생각, 내 방법을 내려놓고 하나님이 예비하신 곳으로 가는 것이다.

그는 "나는 방법은 모르지만 하나님이 인도하실 것이다"라고 믿으며 올라갔다. 그가 가는 삼일 길은 자신보다 귀중한 아들을 내어 놓는 길은 고난의 길이며 죽음의 길이었다. 만약 아브라함이 아들을 죽이는 제사를 드리는 것에 순종하지 못했다면 끙끙거리며 들어 누웠을 것이다. 하지만 아브라함은 아내와 자신의 고민을 뒤로하고 새벽 일찍 하나님이 지시한 산으로 한 걸음씩 한 걸음씩 올라갔다. 그 길은 주님이 십자가를 지고 가신 것과 같은 고난의 길이었다. 십자가의 길이었다.

아브라함이 제단을 쌓고 이삭을 잡으려 하자, 그 순간 하늘에서 음성이 들여왔다. "네가 네 아들 네 독자까지 내게 아끼지 아니하였으니 내가 이제야 네가 하나님을 경외하는 줄을 아노라"22:12고 하셨다. 그때 양을 잡아 아들 대신 제사를 드렸다. 하나님은 번제를 드리라고 했지만 그의 순종을 보시고 어린 양을 화목제물로 바꾸어 바치게 하셨다. 번제는 죄를 완전히 태우는 의미로 도저히 먹을 수 없는 것이지만, 화목제물은 제사를 드린 후에 함께 나누어 먹었다. 아브라함은 아들과 함께 화목 제물 된 어린 양을 먹으면서 자신들이 죽어야 하는데 양이 대신하여 죽은 것에 감사하며 눈물 흘리며 먹었을 것이다. '나와 내 자식이 죽어야 하는데 대신 양이 죽었구나!'

아브라함의 순종 = 이삭을 바침 = 양을 바침 = 예수님 십자가 죽음

이에 아브라함은 '여호와께서 준비하신다'는 "여호와 이레"의 하나님을 만난다. 아브라함은 이삭을 번제로 드리려고 할 때, 환상 가운데 하나님이 2천년 후에 예수님이 자신들의 죄를 위해 죽을 어린양임을 계

시해 주셨다. 이삭을 바치고자 했던 하나님이 지시한 산에서 2천년 후, 예수님이 우리의 어린 양이 되어서 십자가에 번제물이 되셨다.

하나님은 아브라함이 믿음으로 반응한 것에 대하여 "내가 이제야 네가 우상인 아들을 내려놓고 아들을 준 하나님을 사랑하는 것을 내가 인정하노라"고 칭찬하셨다. '경외'는 주님만 전심으로 바라보며 살기다.

22장에서 제일 중요한 부분은 18절에 "또 네 씨로 말미암아 천하 만민이 복을 얻으리니"라는 것이다. 12장에서는 씨에 관한 이야기는 없지만, 22장에서 씨에 관한 말씀을 하신다. 22장의 이삭을 바치는 사건은 이것 하나를 가르치기 위한 것이기 때문에 제일 중요하다. 여기 제일 중요한 단어는 '말미암아'이다. 아브라함이 이삭을 바친 것은 이삭이 예수 그리스도의 모형으로 예수 그리스도로 말미암아 모든 민족과 모든 신자가 생겨날 것이라는 복음을 상징적으로 보여준 드라마다!

만약 아브라함에게 이삭을 바치라는 말씀이 없었다면 어떻게 되었을까? 아브라함은 이삭이 우상이 된 것도 잊어버리고 살다가 죽었을 것이다. 하나님의 개입으로 하나님보다 자식을 더 사랑했던 것을 내려놓게 되었다. 하나님의 큰사랑을 경험했을 뿐만 아니라 하늘의 별과 같은 많은 후손들을 거느리는 믿음의 아버지가 되었다. 믿음은 '보이지 않는 길'을 말씀에 순종하여 걸어가는 길이다. 그 길이 복된 길이 된다.

아브라함 믿음의 행진				
믿음	15장	85세	의롭다 여기심	믿음으로 의로움
소망	21장	100세	상속자를 주심	소망으로 바라봄
사랑	22장	말년	이삭을 바침	행함으로 인정받음
→ 신앙은 의롭다함을 받는 칭함에서 의롭다 여김받는 자리로!				

© 믿소사랑 성경 관통 by 신주식

이삭 _ 소망을 보지 못하고 가다

이삭은 아브라함과 함께 모리아 산에서 번제로 드려지는 것을 순종한 믿음의 사람이었다. 하나님은 아브라함 후손의 혈통을 통해 세상을 구원하실 약속을 하셨다. 대대로 자녀들이 물러 받아 마침내 때가 되면 아브라함의 후손으로 메시아가 오실 것이다.

이삭에게도 먹는 문제가 생겼다. 흉년이 들어 애굽으로 내려가고자 했으나 하나님이 "애굽으로 내려가지 말고 지시한 땅에 거주하라"는 명령에 순종하면 자손과 땅의 복을 주시겠다고 하셨다26장. 이삭이 그 땅에서 농사했을 때에 그 해에 백배나 수확하는 초자연적인 일이 있었고 하나님이 복을 주심으로 "그 사람이 창대하고 왕성하여 마침내 거부가 되어"26:13지는 축복을 주셨다. 어떻게 백배의 수확이 있었을까? 당시 농사가 잘 되면 2~3배의 수확이 되었다. 100배가 되었다는 것은 초자연적인 역사로 하나님의 풍성함을 상징적으로 묘사한 것이다.

이삭 = 은혜 = 100배 축복, 은혜 망각 = 에서의 분노 + 야곱의 떠남

세월이 흘러 이삭은 쌍둥이를 낳았다. "큰 자가 어린 자를 섬기리라"25:23라는 예언을 들었음에도 불구하고 이삭은 맏아들을 편애 하였다. 이삭의 편애 때문에 에서는 거만하고 충동적인 사람으로 자랐고, 야곱은 약삭빠르게 자기 이익을 챙기는 사람으로 자랐다. 이삭은 자신이 죽을 날이 얼마 남지 않음을 알고 차세대 족장을 세우기 위해 축복을 하고자 했다. 그런데 이삭은 하나님의 예언을 무시하고 에서를 축복하려고 했다. 하나님을 무시하고 자식을 편애함은 문제가 되었다. 왜 이삭은 에서를 축복하려고 했을까? 분명 하나님의 말씀을 들었음에도 불구하고 이삭이 에서를 축복하려는 이유는 무엇이었을까?

당시 고대 근동 지역에서는 싸움을 잘하고 용맹하며, 자기의 가족과 부족을 능히 지킬 수 있는 남자가 가장 인기 있었다. 그래서 당시 가

장 인기 있는 직업은 '사냥꾼'이었다. 또 남성다움의 상징으로 중요했던 것은 남자의 몸에 난 털이었다. 그래서 중동 지역의 남자들은 대부분 털을 밀지 않고 기르기를 좋아한다. 사실 당시의 문화를 보면 이삭의 선택이 훨씬 좋아 보이고 타당하게 보인다. 하지만 우리가 이 세상의 풍속과 상식, 환경을 따라 갈 때 하나님이 주시고자 하는 진짜 축복을 놓칠 수 있다. 이 세상의 상식과 환경보다 더 신뢰하고 따르는 영적인 눈이 있어야 한다. 이삭은 영적인 눈이 아닌 세상의 눈으로 본 것이 문제였던 것이다. 늙은 이삭이 차세대 족장을 세우기 위해 축복할 때에 그의 눈이 멀었다. 눈이 멀었다는 것은 '믿음의 분별력'을 갖추지 못했다는 것을 의미한다. 이에 야곱은 영적 축복을 받고자 형처럼 꾸미기 위해 털옷을 입고 감쪽같이 축복을 받아 냈다. 이 사실을 안 에서가 야곱을 죽이려고 하자 야곱은 광야로 피난 갈 수밖에 없었다.

늙은 이삭은 예언을 무시함으로 소망의 하나님께서 예비하신 축복을 보지 못함으로 두 아들은 원수가 되고 가정은 파탄 나고 말았다. 리브가도 잠시 피해 있으면 야곱을 다시 만날 것이라고 기대했지만 다시 만나지 못하고 죽고 말았다. 야곱의 인생은 절망으로 빠지고 말았다. 가족도 유산도 잃고 생전에 부모님을 다시 보지 못하는 유랑자의 신세가 되었다. 그럼에도 불구하고 하나님의 열심은 절망 가운데 있는 야곱을 '소망의 아버지'로 빚어 가셨다. 소망은 다시 살릴 수 있다!

신앙의 과정과 의미			
믿음	아브라함	창조	대리자	기초
소망	이삭,야곱	타락+언약	구원사역	건설
사랑	요셉	종말(재창조)	오는 세대	완성
→ 창조주 하나님은 타락한 인간도 구원하심으로 재창조사역회복 하신다			

© 믿소사랑 성경 관통 by 신주식

야곱 _ 소망의 아버지가 되다!

야곱의 삶은 공허했다. 그는 아버지의 사랑을 받지 못했고 어머니마저도 잃었다. 그리고 하나님의 사랑도 몰랐다. 그렇게 때문에 그는 무엇이든지 성공하여 쟁취하고 싶은 욕구가 강하였다.

우리는 야곱이 '형을 속여 장자의 권리를 빼앗았다'는 사실 때문에 그를 이해하는데 어려움을 겪는다. 비겁하고도 남자답지 못하게 먹는 것을 가지고 사기를 쳐서 장자의 명분을 빼앗았다고 생각하기 때문이다. 또한 '발꿈치를 잡았다'는 '야곱'이라는 이름의 뜻을 '약탈자' 혹은 '강도'라고 해석하기 때문이다. 그래서 우리는 야곱을 '비열하고 치졸한 놈'이라고 인식한다. 그러나 과연 야곱이 사기꾼이며 비열한 사람인가?

우리의 오해는 장자의 명분을 왜 뺏으려고 했는가를 이해하지 못해서 생긴다. 하나님이 야곱을 택했다고 하는 것은 '조건이 없다'는 말이다. 하나님이 도덕적인 시험을 봐서 합격해서 택한 것이 아니라 일방적으로 하나님이 우리를 붙잡으셨기 때문에 붙잡혔다는 뜻이다. 하나님에게 뽑힌 것은 전적으로 하나님의 은혜다.

야곱이 장자의 명분을 빼앗으려고 한 것은 "나는 예수가 필요하다" "나는 하나님의 약속된 축복을 받아야 산다"는 고백이다. 에서가 뭐라고 하는지를 보라. "내가 죽게 되었으니 이 장자의 명분이 내게 무엇이 유익하리요"25:31라고 말한다. 그는 먹고 사는 문제가 예수 그리스도보다 더 중요하다고 분명하게 말한다. 성경에서는 "에서가 장자의 명분을 경홀히 여김이었더라"고 설명해 주고 있다. '경홀히 여겼다'는 것은 '망령되게 행했다'는 말이다. 장자의 명분을 판 것이 그의 영혼을 망하게 한 일이라는 것이다. 이것은 마땅히 하나님의 징계를 받을 일이다. 야곱이 유산을 더 받기 위해 한 일이 아니라는 것을 분명히 알아야 한다. 유산의 문제라면 바보 멍청이가 아닌 이상 에서가 그런 일을 할 사람이 아니다. 이 문제는 도덕적인 문제가 아니다. '장자권이 필요 없다'고 여긴 것은 '하나님 없이 자족할 수 있다'는 것으로 '교만하다'는 것이다. 예수 그리스도의 구속은 필요 없으니 당장 먹을 것만 있으면 충분하다는 것이다. 야곱이 장자권을 얻고 나서 그것을 이용하여 유산을 챙긴 것은 전혀 없지만, 오해를 살 행동을 한 것은 안타까운 일이다.

야곱을 약삭빠르고 치사하고 비열한 놈으로 낙인찍는 것이 맞는지 더 살펴보자. 우리는 야곱을 생각할 때 도적적인 기준으로만 평가하기 때문에 함부로 폄하하는 경향이 있다. "야곱은 '조용한 사람'이었으므로 장막에 거주하니"25:27에서 '조용한' 이라는 단어에 중요한 함정이 있다. '조용한'을 영어 성경에서도 '순진한' '평이한' '얌전한' 이라고 번역하였다. 히브리어에서는 '탐'인데 이것은 전혀 '조용하다'의 의미가 아니다. 이것이 중요하므로 원어로 살펴보아야 한다.

'탐'은 '완전한' '도적적으로 완전한' '순결한' '흠없는' 뜻으로 사용되었다. 마틴 루터는 '경건한 자'로 번역하였다. 야곱은 유약하여 비열한 짓을 하는 인간으로 보는 것은 오해이다. 유대 랍비 전승에서도 야곱은 '위대한 족장'이라고 말한다. 그가 '인간적인 꾀'로 장자권을 얻으려고 했지만 이것은 '하나님의 복'에 대한 열정이었다. 아버지가 거절하자 '믿음으로 기다리지 아니하고 조급하게 인간적인 꾀를 의지한' 사람이다. 성경은 야곱이 조급함에 휩싸여 잔꾀를 부리는 사람이었지만 하나님의 열심이 그를 '경건한 자' '위대한 족장'으로 변화시켰다고 증언해 준다. 그는 청년 때, 믿음으로 기다리기보다는 인간의 꾀를 사용했지만 나중에 위대한 믿음의 영웅이 된 사람으로 바뀐다. 죽음 앞에서 아들들을 믿음으로 축복하며 세운 것을 보라. 그것은 성화의 과정에서 야곱을 빚어내신 하나님의 열심이 이루어 낸 위대한 작품이다.

야곱의 첫사랑 이야기를 볼까? 야곱은 로맨스의 사랑을 하고 싶다는 꿈을 꾸었다. 사랑에 목말라하던 야곱은 아리따운 이상형의 여자를 만났다. '저 여자와 같이 살면 내 비참한 인생도 해결 될 거야'라고 생각했다. 라헬은 몸매도 좋은 데다 예쁘기까지 했다 라고 성경은 말한다. 야곱은 그런 그녀에게 홀딱 반했다. 그는 라헬과 결혼하기 위해 엄청난 액수의 보상도 받지 못하고 7년을 일하겠다고 약속을 했다. 그래서 그는 사랑에 빠져서 7년을 며칠같이 여기며 일만 했다29장.

팀 켈러는 『내가 만든 신』에서 "야곱의 내면이 공허했기 때문에 '로맨틱한 사랑'이라는 우상숭배에 빠지기 쉬웠다"고 한다. 특별히 젊은 이들에게는 자신이 꿈꾸는 이상형을 만나면 내 모든 문제가 치유되고 회복 될 것이라고 꿈꾼다. 꿈꾸는 로맨스의 상대는 하나님이 되어 버린다. 하지만 꿈꾸었던 로맨스가 환멸로 바뀌는 것은 시간문제다. 보통 로맨스 환상은 3~7년이다! 젊은 남녀의 로맨스는 일회성 성관계 문화로 변질되기 쉽다. 실제 사랑은 없고 섹스만 즐기는 것으로 욕망을 채운다.

7년이 지났을 때, 야곱은 라반에게 속아 레아와 사랑 없는 결혼을 해야 했다. 7년을 더 일해야만 라헬과 결혼 할 수 있게 되었다. 야곱이 쉽게 속아 넘어간 것은 그가 사랑에 중독되었기 때문이다. 로맨틱한 사랑은 마약처럼 '이것만 가지면 나는 행복할 거야'라는 생각에 빠져 헤어 나오지 못하게 만든다. 삶의 고통과 두려움을 달랠 수 있는 '마취제'와 같은 것이다. 마약처럼 빠지면 헤어 나오기가 힘들다.

야곱은 라헬이 아내가 아니라 자신의 아픈 과거를 치유해줄 '특효약' 같은 존재로 여겼다. 라헬이 그의 구세주가 되었다. 반면 레아는 야곱의 사랑도 시선도 받지 못했다. 그녀의 시력이 약했다고 표현한 것은 눈에 총기가 없는 못생긴 얼굴이었다는 표현이다. 레아는 아버지와 남편 모두에게 사랑 받지 못할 여자의 운명을 가지고 살게 되었다.

그런 그녀가 할 수 있었던 것은 무엇이었을까? 당대에 아들을 낳는 것이 최선의 방법이었다. 하지만 그것도 야곱에게는 통하지 않았다. 남편의 관심을 받는 것이 그녀가 가진 유일한 희망이었다. '아들만 낳으면 남편이 나를 사랑해 주고 내 불행도 해결 될 것이다'는 생각으로 아기를 낳았지만 야곱의 사랑을 받지 못해 더 비참해져 갔다. 야곱이 추구한 사랑과, 아들을 낳아 자기 정체성을 찾아보려는 레아의 의도가 서로 맞지 않았다. 레아는 슬픈 여인으로 살아야만 했을까?

레아는 희망마저 잃어버린 여인이었지만, 그녀는 소망의 끈을 놓지 않았다. 아브라함에게 주어진 후손의 축복에 대한 이야기를 야곱에게 들었던 것이다. 그녀는 믿음으로 그것을 붙잡는 순간 소망을 찾았다. 이전에 낳은 아들은 남편의 사랑을 받고자 이름을 지었다. 하지만 넷째 아들 유다를 낳고서 그녀는 "내가 이제는 여호와를 찬송하리로다!"라고 하였다29:35. 마침내 그녀는 남편과 아들에게서 희망을 거두고 하나님께 희망을 두었다. 그녀는 남편에게 받지 못한 것을 주님께 돌려드림으로써 운명을 바꿔 나갔다. 그녀가 믿음으로 반응하였을 때에 유다를 통해 메시아의 계보를 이은 소망의 여인으로 기록되게 되었다. 하나님은 아버지에게도 남편에게 사랑 받지 못한 여자를 찾아오셔서 예수님의 조상이 되게 하셨다. 세상을 구원한 통로로 아리따운 라헬이 아니라 아무도 원하지 않고 멸시받고 천대 받은 레아를 선택하셨다. 믿음을 가지고 소망의 끈을 붙잡은 레아를 하나님은 사랑으로 감싸 주시고 위로해 주셨다. "내가 너의 참 신랑이 되어 주겠다. 아무도 사랑해 주지 않지만 나는 너를 사랑해 주는 남편이다"라고 하신다. 믿음이 소망의 끈으로 연결되어 사랑으로 열매 맺게 한다.

왜 예수님은 레아의 후손으로 오셨을까? 왜 아무도 원하지 않는 여인을 통해 구원의 계획을 이루고자 하셨을까? 그것은 바로 당신과 나를 위해서이다. 예수님은 이 땅에 오셨을 때 아무도 원하지 않는 사람이 되기로 하셨다. 우리가 흠모할 만한 아름다운 것도 없고 멸시와 천대를 받으셨다. 백성들은 그분을 영접하지 않았고 결국 그분은 거부를 당하셨다. 왜 그렇게까지 하셨는가? 예수님은 아무도 사랑해주지 않는 백성들을 위해 죽으시기까지 사랑하기로 작정하셨기 때문이다.

그러면 라헬은 어떻게 되었을까? 야곱의 사랑을 많이 받은 것은 라헬이다. 그런 과분한 축복을 받았지만 그녀는 더 많은 사랑을 받기만을 갈망하였다. 결국 남편과 자식이 그녀의 우상이 되고 말았다. 그녀는 자신의 삶이 행복하기를 진심으로 원했다. 더 많은 사랑을 받기 위해 시기와 질투로 레아와 경쟁하였다. 그녀는 야곱이 라반의 집을 떠나 올 때에 드라빔이라는 우상을 가지고 나왔다. 일종의 '영적보험'을 둔 것이다. 힘들고 어려울 때 하나님을 찾다가 안 되면 드라빔 우상에게 빌어 볼 작정이었다. 이것이 그녀를 파멸로 몰고 갔다. 야곱은 우상을 가지고 나온 것을 몰랐다. 그는 라반에게 맹세하기를 "외삼촌의 신을 누구에게서 찾든지 그는 살지 못할 것이요"라고 하였다31:32.

그녀는 하나님을 믿는 신앙보다 우상을 더 신뢰하였다. 그 결과 그녀는 하나님의 약속한 집으로 가는 길에서 베냐민을 낳고 죽었다. 야곱이 드라빔 우상을 가진 자는 살지 못할 것이라는 말이 성취되고 말았다. 그녀가 그토록 얻고자했던 남편과 자식의 사랑을 온전히 받지도 못하고, 자식을 돌보지도 못한 채 죽고 말았다. 결국 우상이 저주를 부른 것이다.

많은 시간이 지나고, 야곱에게 인생 최대의 고비가 찾아왔다. 야곱의 가족이 고국으로 돌아오고 있었을 때, 형 에서가 400명을 거느리고 자신을 쫓아 온 것이다32장. 야곱은 많은 고비를 넘겼지만 형이 자기를 죽이러 온다는 사실에 두려움의 포로가 되었다. 잔꾀 많은 야곱은 먼저 기도로 하나님의 도움을 구한 뒤에 첫 번째 종들 편으로 수많은 가축을 예물로 두 떼를 나누어 에서에게 보냈다. 두 번째는 가족과 전체 무리를 둘로 나누어 보냈다. 에서가 한 쪽을 공격하면 다른 한쪽은 피하게 하겠다는 계산이었다. 야곱은 '문제는 에서야 내가 재산을 주어 형을 잘 구워삶을 수 있다면 모든 문제는 해결 될 거야!'라고 생각했다. 하지만 이 계산을 마친 후에도 도저히 자신은 얍복강을 건널 자신이 없었다. 혼자 밤에 남아서 끙끙거리며 기도를 해본다. 평생 이렇게 간절히 기도해 본적이 없었다. 하나님은 야곱을 홀로 남게 함으로 하나님과 단둘이 씨름을 하게 만드셨다. 야곱에게 재산과 처자식은 야곱의 모든 것이었다. 그래서 하나님은 여러 가지 방법으로 분리 작업을 하셨다. 우리에게도 하나님은 질병이나 사업 혹은 승진 등의 실패들을 통해 그것을 떼어 놓게 하신다. 온통 그곳에 관심을 쏟아 하나님을 잊고 산 것에서 분리시킴으로써 하나님을 만나도록 하신다. 그리고 하나님과 개인적이며 인격적인 만남으로 이끄신다.

하나님은 야곱의 진짜 문제는 에서가 아니라 하나님과의 관계 회복이라는 것을 알려 주셨다. "사랑하는 야곱아, 네게 필요한 것은 에서를 구워삶는 것이 아니라 나와 화해하는 것이다." 우리는 문제의 본질을 까맣게 잊어버리는데 복음은 진짜 문제가 무엇인가를 알려준다. 복음은 본질을 찾게 한다.

야곱은 이때까지 종교를 이용하는 사람에 지나지 않았다. 그는 하나님을 믿는다고 하였지만 곤란한 일이나 어려움이 생길 때에 기도하는 사람에 불과했다. 그는 집을 떠날 때, 꿈에 나타난 하나님에게 자신을 도와주겠다는 약속을 받았다. 하지만 야곱은 돈 벌기에 바빴고 결혼해서 애들을 키우기에 바빠서 기도하는 것을 거의 잊고 살았다. 이제는 그런 것들이 소용이 없게 되었다. 죽음을 앞에 두고 밤새 기도를 한다.

한참을 기도하던 야곱의 눈앞에 누군가 나타났다. 야곱은 그와 씨름을 했다. 그는 하나님이 직접 인간의 모습으로 나타나신 것이었다. 하나님이 야곱의 삶에 직접 찾아와 기도하고 있는 그를 만나 주신 것이다. 야곱은 고집으로 버텼다. 그러자 주께서는 야곱을 평생 절름발이로 살게 만들었다. 고집이 꺾인 야곱은 하나님만을 찾게 되었다. 그는 하나님의 얼굴을 보면 죽을 수 있다는 것을 알고 있었기에 "당신이 내게 축복하지 아니하면 가게 하지 아니하겠나이다"32:26라고 매달렸다.

우리는 여기에서 '하나님을 붙잡고 응답해 주실 때까지 붙들고 늘어지면 야곱처럼 축복을 받을 수 있습니다'는 식으로 이해하고 기도하면 곤란하다. 이 씨름은 야곱이 하나님께 무슨 요구 조건이 있어 하나님께 매달렸고, 하나님이 들어주시지 않아서 기를 써서 나중에 얻어 낸 것이 아니다. 오히려 하나님 쪽에서 야곱에게 요구할 것이 있어서 씨름을 걸었다. 하나님은 야곱의 고집이 꺾이지 않자 버려두고 가려고 했다. 야곱은 이때까지 하나님의 필요성을 알고는 있었지만 자신의 힘에 의지하고 해결하며 살아왔다. 최후의 순간까지도 자기 인생을 자기 힘으로 할 줄로 착각하고 살았다. 하나님이라는 분이 직접 나타나서 고집을 꺾으라고 하는데도 우기기만 하였다. 이때 하나님은 어떻게 하셨는가?

이에 하나님이 야곱의 환도뼈를 치신다. 야곱은 주께서 떠난다고 하니 덜컥 겁이 났다. "내 힘으로 에서 문제를 해결해 보려고 했는데, 절름발이가 된 내가 에서를 만나면 죽겠구나"라는 것을 깨달았다. 지금까지 무시했던 하나님을 만나 '내 힘으로 아무것도 할 수 없구나'를 알았다. 그제야 "하나님이 제 인생의 주인이십니다. 나의 생사화복은 하나님 손에 달려 있군요. 저를 살려 주세요! 하나님이 살려 주시지 않으면 저는 죽은 목숨입니다"라고 통곡이 터져 나왔다. 드디어 처음으로 진지하게 하나님을 붙잡은 것이다. "하나님! 축복해 주시지 않으면 보내드릴 수 없습니다. 이제 주님 밖에 없군요. 주님만이 나의 유일한 도움임을 이제야 깨달았습니다." 야곱의 이런 고백은 그를 제자리로 인도하신 하나님의 열심을 볼 수 있다. 야곱을 버리지 않고 회복시키고자 하신 열심!

'야곱'이란 이름은 '사기꾼' '비열한 놈'으로 불리고 살아왔다. 그는 한 번도 하나님에 의해 자기의 인생이 만들어지도록 맡겨 보지 못한 사람이었다. 자신이 자신의 삶의 주인이었다. 그러자 하나님께서 찾아 오신다. "네 이름이 무엇이냐?" "예, 강도이고 비열한 놈입니다." 야곱은 스스로 자신의 이름을 대며 회개를 말한다. 이때에 자신을 낮추고 고백하는 회개를 한 것이다. 그래서 주어진 이름이 '이스라엘'이다.

이스라엘은 '하나님과 겨루어 이겼다'로 번역 되지만 정확한 의미는 '하나님이 다스리시기를!'이다. 야곱의 전 생애는 어떻게 하면 축복을 얻어내는가 하는 싸움의 인생이었다. 이제는 하나님이 도와주시지 않으면 죽은 인생임을 알게 되었다. 그는 항복한다. 항복함으로 하나님을 주인으로 모셨다. 이스라엘은 하나님이 져주시는 사랑이다. 하나님이 아들을 너무 사랑해서 일부러 져주시고 야곱의 인생 안에 주인으로 오신 것이다. 야곱은 '하나님이 다스리시기를!' 받아들임으로 변화됐다.

야곱은 결핍이 있는 사람이었다. 아버지에게 받지 못한 축복이 한이 되었다. 그리고 어머니를 뒤로 하고 집을 떠나 올 때에 어머니의 온전한 보살핌도 받지 못했다. 그래서 자신의 힘으로 얻은 재물과 자식을 통해 보상을 받고 싶어 했다. 그러나 죽음의 위기에서 재물이나 자식 같은 우상들은 아무런 복을 줄 수 없다는 것을 깨달았다. 그는 그제야 벧엘에서 나타나셨던 하나님이 자신을 축복하기로 한 약속을 기억해냈다. 축복을 받은 야곱은 십일조를 바치며 살겠다고 서원까지 하였다. 그는 하나님께 복을 달라고 구했다. '다른 무엇으로도 할 수 없습니다. 이제 하나님이 약속하신 축복을 주소서!'라고 부르짖게 된 것이다.

야곱은 그날 밤 엄청난 복을 받았다. 재물과 처자식이 모든 것이라고 생각했던 그에게 큰 비전을 보여 주셨다. 인간이 생각하거나 꿈꾸거나 상상한 어떤 것보다 훨씬 크고 초월적인 인생의 축복을 계시해 주신 것이다. 야곱은 '후손 중에서 메시아가 나올 것이다'라는 것을 어렴풋이 깨닫게 되었다. 이것은 깨닫는 순간 재물과 자식보다 더 위대한 복이 있다는 것을 알게 된 것이다. "주님 이제는 당신을 가게 하지 않겠습니다. 이제 저를 통해 이 나라를 구원하실 구세주가 오실 것을 알게 되었으니 이 땅의 재물이나 목숨이 무엇이 중요하겠습니까? 나는 저희 후손을 통해 약속하신 주님만 있으면 됩니다. 오직 주님이 다스리시기를 바랍니다"라고 부르짖게 되었다. 이것이 진정한 축복이다. 이제는 더 이상 사기꾼 야곱이 아니라 세상을 구원할 이스라엘로 변하였다. 내가 지배하는 삶이 아닌 주님이 다스리는 삶으로!

예수님이 야곱 같은 우리를 살리기 위해 일부러 져주시고 예수님 안에 있는 승리를 우리에게 안겨 주신 것이다. 우리 안에 비열하고 치졸한 '이름표'를 자신이 가져다가 '십자가'에 붙이시고, 예수님에게 있는 '하나님의 사랑'이라는 이름표를 우리 심령에 붙여 주셨다. 야곱을 항복시킨 하나님의 사랑은 '하나님의 열심이 이룬 십자가'이다.

옛 야곱은 없어지고 새사람으로 전혀 다른 삶을 살 수 있도록 해주셨다. 야곱의 이름을 바꾼 것은 '정체성'을 바꾼 것이다. 사기꾼 인생에서 하나님의 자녀의 권리를 누리는 인생으로 바뀌었다. 그리스도 안에서 새피조물이 되었다. 브니엘의 체험은 내가 죽고 예수께서 내 안에 삶을 살고자 할 때, 우리에게도 이루어진다. 브니엘의 축복이 당신에게도 있기를! 하나님의 다스림을 받는 축복이 있기를 바라며.

얍복강(흐르다) = 자아 내려놓음 + 브니엘 축복 = 하나님이 다스리시길!

야곱이 만난 하나님은 우리에게도 나타나 복되게 하신다. 예수님은

72

십자가를 지시기 전 어두운 밤에 홀로 목숨을 걸고 우리를 위해 기도 하셨다. 야곱 같은 우리를 이스라엘이 되게 하려고 홀로 기도 하셨다!

 팀 켈러는『내가 만든 신』에서 "야곱이 왜 하나님을 그렇게 가까이 대하고도 살아남을 수 있었을까? 예수님이 연약한 모습으로 오셔서 십자가에서 죽으심으로 우리 죄의 형벌을 치르셨기 때문이다"라고 했다. 하나님이 예수님에게 "너는 내 사랑하는 아들이라 내가 너를 기뻐하노라"라고 하셨다. 이렇게 복을 주신 하나님은 이제 우리의 이름을 부르시고 복을 주신다. 예수 그리스도를 통해 우리에게 이 복이 오게 되었다. 당신이 비록 하나님의 뜻대로 살지 못하고 실패에 빠져 있을 지라도 하나님의 복을 찾으면 만나 주신다. 하나님을 만나기 위해 다리를 저는 연약함을 경험할 수도 있지만, 그 계기로 하나님의 자녀의 축복을 받게 될 것이다. 야곱에 마음엔 조금의 믿음밖에 없었지만, 그런그라도 하나님의 축복을 구하자 하나님이 그에게 소망이 되어 주셨다. 점점 성화되어지는 야곱은 소망의 사람으로 변했다. 죽음을 앞두고 자녀들을 축복하면서 소망을 심어 준 사람으로 변해 있었다49장.
 믿음은 약속의 말씀을 찾아 돌아가는 것이다. 벧엘로 올라가자!
 소망은 그 말씀을 붙잡고 축복을 구하는 것이다. 얍복강에서 만나자!
 사랑은 복을 주시는 주님을 만나 변화되는 것이다. 브니엘의 하나님!

성화의 과정과 의미					
믿음	칭의	죄책의 제거	믿을때 단번에	영적 출생	중생
소망	성화	부패성의 제거	전 생애를 통해	영적 성장	형상 회복
→성화는 사람편에서 성실한 노력이 필요하다. 성화의 과정에서는 자발적 자원적, 능동적이다. "두렵고 떨림으로 너희 구원을 이루라"(빌 2:12)					

© 믿소사랑 성경 관통 by 신주식

요셉 _ 사랑으로 용서한 사람이 되다

하나님 나라를 세우기 위한 열심을 하나님은 요셉을 통해 이루어 가신다. 히브리인들은 하나님이 다스리는 곳에는 평화샬롬, 안식웰빙, 풍요가 있다고 믿었다. 하나님은 요셉을 통해 아브라함의 후손들이 하나님의 주시는 평화, 안식, 풍요를 누리는 삶을 누리길 원하신다. 요셉은 예수님의 모델로 평화, 안식, 풍요의 삶을 보여 주는 자가 되었다.

고대 시대에 큰 민족을 이루기 위해서는 땅을 차지하고, 먹고 사는 문제가 해결 되어야 했다. 하나님은 이러한 문제를 해결하기 위해 애굽을 사용하신다. 주님은 저비용 고효율로 일하신다. 주님은 요셉을 애굽으로 팔려가게 하셨다. 일명 '적진 속에 알까지 작전'이다.

요셉은 아버지 야곱의 품에서 채색 옷을 입으면서 사랑 받고 지냈다. 그는 민족을 구원할 위대한 계획을 알려주는 꿈 때문에 형제들의 미움을 받고 애굽에 팔려 가게 되었다. 왜 하나님은 요셉이 살려달라고 간절히 구했는데 응답해 주지 않았을까? 만약 요셉이 아버지 품에만 있었다면 그는 일개 족장의 지도자 밖에 되지 않았을 것이다. 그리고 잔뜩 들떠서 꿈을 자랑하는 우월감으로 살았을 것이다. 이런 소년은 비현실적인 자아상으로 인해 남들을 사랑하고 공감해주지 못하는 망나니로 성장할 가능성이 높다. 하나님이 야곱의 편애와 요셉의 우월감이라는 독소를 제거하기 위해 요셉을 애굽행으로 가게 하셨다.

노예가 되는 끔찍한 삶이 이어지는 세월을 경험했지만, 그 사이에 요셉의 성품은 다듬어지고 단단해졌다. 하나님은 인간의 연약함에도 불구하고 더 큰 꿈을 이루기 위하여 당시 최강대국 애굽에 보내서 준비시키신다. 우리가 생각하는 것보다 하나님은 더 크고 위대한 계획으로 우리를 연단시키기도 한다. 연단이 우리를 더 크게 만든다는 사실을 알아야 할 것이다. 「연」약한 자를 「단」단한 사람으로 빚어 작품으로 요셉은 아무리 힘들고 고통스러워도 하나님이 주신 꿈을 포기 하지 않았다. 요셉은 오히려 고통을 통해 다른 사람의 아픔을 헤아릴 줄 아는 사람으로 변했다. 나중에 형들이 찾아 왔을 때, 그는 형들이 자신에게 절을 한다는 사실보다 하나님이 자신에게 주신 꿈을 이루어 주셨다는 것에 감격하였다. 이것은 하나님의 열심이 이룬 사랑이다.

예수님은 하늘에서 채색 옷을 입으며 평안히 지내셔도 되는 분이셨다. 주님은 하늘 영광을 버리고 이 땅에 왔을 때 자기 동족에게 미움을 받았다. 요셉처럼 옷이 빼앗기고 피투성이가 되셨다. 주님도 '적진 속에 알까기'를 통해 죄 많은 세상에서 자기 백성들을 구출하기 위해 오셨다. 요셉이 30살에 총리가 되었듯이 주님도 30살에 왕으로 등장하셨다. 요셉이 형들을 돌보듯이 주님도 우리를 돌보아 주신다!

요셉은 보디발 아내의 유혹을 뿌리치는 바람에 강간 미수범으로 감옥에 갔다. 요셉은 보디발의 집이나 감옥에서도 하나님이 함께 하심으로 형통하였다. 그가 형통했던 비결은 '하나님과 함께' 살아가는 임재 의식 가운데 살았기 때문이다. '하나님 앞에서' 살아가는 삶이다코람데오.

우리는 요셉이 종으로 간 보디발의 집과 감옥에서도 '형통'하게 해 주셨다는 것을 너무 좋아한다. 우리는 '보라! 요셉이 신앙을 갖고 사니까 어느 곳에 가든지 무엇을 하든지 형통하게 된다'라고 생각한다. 하나님이 함께 하면 평탄하게 살 수 있다고 본다. 우리는 요셉이 형통하게 살았다는 것이 무엇을 말하는지 깊이 생각해 보지 않는다.

시편 105편 18절을 보자. "그 발이 차꼬에 상하며 그 몸이 쇠사슬에 매였으니." '차꼬'는 발에 채우는 나무형틀이다. 요셉은 그가 비전이나 신앙으로 승리한 것이 아니라 할 수 없이 버티고 견디어야 할 상황이었다. 형통이란 만사형통이 아니라 고통 중에도 하나님과 통한 것이다. 요셉이 감옥에서 2~3년을 보내면서 그는 육신적으로는 차꼬에 의해 몸이 상했다. 그의 몸은 쇠사슬에 매어 있었다. 히브리어에서 '그의 몸'

은 '그의 혼'을 말하는 것이다. 따라서 그는 쇠사슬에 꽁꽁 묶여 정신이 없고 혼이 나간 상태까지 간 것이다. 그럼에도 그가 형통할 수 있었던 것은 "곧 여호와의 말씀이 응할 때까지 그 말씀이 저를 단련"하였기 때문이다. 그는 몸이 상하고 혼이 나갈 정도로 힘들었지만 말씀, 곧 꿈을 통해 주셨던 약속을 붙잡고 기도함으로 시험을 이겨 냈다. 그 약속이 성취되기까지 몸이 상할 정도임에도 불구하고 기도하며 기다리고 기다리는 인내의 시간이 찼을 때 기적은 일어난다. 정권이 바뀌고 새 왕이 등극함으로 새로운 일꾼을 찾을 때에 하나님이 일하실 시간이 되었다. 요셉은 예수님처럼 아무런 죄도 없으면서 죄인 취급을 받고 고난을 받았고 형벌을 받았다. 요셉은 감옥에서 예수님이 자신을 위해 고난을 받고 십자가를 지실 것을 연단이라는 과정을 통해 깨닫는 계시를 받았다. 그에게 부활의 날이 주어졌다. 역전 드라마가 펼쳐졌다.

형통 = 하나님 앞에서의 삶(코람데오) = 하나님을 인식 = 함께 하심

요셉이 30세 되었을 때, 애굽의 총리가 되게 하시는 하나님의 방법을 보라. 하나님께서 바로에게 꿈을 꾸게 하시고 정답지는 요셉에게만 보여 주셨다. 모범 답안지를 다 보고 가서 꿈 풀이로 총리가 된 것이다. 주님은 이렇게 돈 들이지 않고 애굽을 접수하셨다. 요셉이 총리가 될 수 있었던 것은 보디발 집에서 경제와 행정을 배웠고, 정치범 수용 감옥에서 정치와 궁중 문화를 터득하였기 때문이다. 하나님은 애굽에 새로운 왕조가 바뀌는 시기에 요셉이 등극시키셨다. 모든 시간이 하나님의 때에 이루어진 것이다. 요셉은 하나님의 때를 준비 했다는 사실을 잊지 말라. 때가 되자 야곱의 가족 75명이 고센 땅이라는 가장 좋은 지역에 거주하게 하셨다. 나중에 이들이 이스라엘 나라를 탄생시킨다.

요셉이 총리가 된 지 약 9년이 지난 후에, 흉년이 2년째 접어들어서 야곱의 가정도 양식을 구하기 위해 요셉을 찾아왔다. 20년 전에 요셉

이 꾸었던 꿈대로 형들이 찾아왔다. 요셉은 형들을 시험하기 위해 시므온을 가두고 베냐민을 데리고 올 것을 요구했다. 집에 돌아 간 르우벤이 설득할 때는 듣지 않다가 유다가 나서 "내가 자식을 잃게 되면 잃으리로다"라고 하면서 야곱이 집착을 내려놓는다.43:14 야곱이 자신의 욕심과 집착을 포기 하였을 때, 거기에 문제가 해결의 시작이 되었다. 야곱이 비울 때, 하나님은 채우는 일을 시작하셨다. 비움이 곧 채움이 된 것이다. 비움의 자리가 만들어 질 때 하나님이 그 자리를 채우신다.

애굽의 총리가 은잔을 훔친 혐의를 입은 막내 베냐민을 종으로 삼겠다고 위협했다. 유다가 "내가 막내아우 대신 종으로 남겠으니, 아버지를 위해서 동생은 돌려보내 주소서"라고 간청한다. 이 순간 유다의 말을 들은 요셉은 도단에서 있었던 '아픔이라는 필름'을 갈아 끼운다. 유다가 베냐민을 향한 사랑에 감격하여 요셉은 대성통곡 한다. 이때 요셉은 "나를 이곳에 보내신 이는 하나님"45:7-8이라는 고백으로 형들이 가진 죄책감과 불안감을 덜어 준다. 용서가 '죄책감'이라는 꼬리표를 뗀 것이다!

요셉 이야기는 창세기의 30%를 차지한다. 선조들과 모세를 잇는 중간다리 역할을 수행했기 때문이다. 우리는 그가 총리가 되고 난 뒤에 이야기가 더 많은 비중을 차지하는 것에 주목해야 한다. 이것은 요셉의 꿈보다 유다의 희생과 요셉의 용서가 더 중요하다는 메시지를 하나님이 주고 싶어 하시기 때문이다. 창조는 한 장이지만 용서는 몇 배나 더 요구된다.

유다의 희생 + 요셉의 용서 = 진노의 잔을 마심 = 구원의 역사

요셉의 용서는 위대하였지만, 유다의 희생이 없었다면 진노가 임했을 것이다. 유다는 동생 요셉을 파는데 앞장 선 인물이다. 그는 마땅히 진노를 받아야 마땅한 짓을 하였다. 그런 그가 어머니가 지어준 이름대로 부르심의 길을 간다. 다시 요셉 앞에 섰을 때 그는 마치 하나님

앞에 선 것 같이 자신의 죄를 고백하며 자신이 '가장 아끼는 아들을 내어 놓겠다'고 한다. 아브라함이 자기 아들을 내어 놓은 그 자리에 이번에는 유다가 자신의 아들을 주님께 드렸다. 그에게 우상은 오직 자식이었다. 그는 자신이 죽을 것을 알면서 '진노의 잔'을 마셨다. 그 결과 그는 죽지 않고 생명을 살리는 '한 알의 밀알'이 되었다. 그는 요셉의 용서를 받았을 뿐만 아니라 하나님께서도 '자식만을 끔찍이 사랑하는 욕심 덩어리 자아'를 처리한 유다를 통해 예수님을 보내 주시겠다고 야곱을 통해 예언해 주셨다. 욕심 덩어리 자아가 처리 된 자를 주님은 쓰신다!

유다에게서 메시아가 탄생 할 것이라는 예언, "규가 유다를 떠나지 아니하며 통치자의 지팡이가 그 발 사이에서 떠나지 아니하기를 실로가 오시기까지 이르리니"49:10는 축복을 받았다. 하나님 나라의 역사는 자아가 죽은 유다를 통해 하나님은 역사를 이어가신다.

믿음의 조상 아브라함과 소망의 아버지 야곱을 통해 후손의 축복을 약속하시고, 요셉의 용서를 통해 새로운 역사를 만들어 가신다. 용서가 가장 위대한 힘이다.

요셉의 생애			
믿음	젊은 17세	채색옷	상속자	칭의 (아들)
소망	노예 13년	노예복	임재경험	성화 과정
사랑	총리 30세	총리복	잔치 베풂	영화 상징

© 믿소사랑 성경 관통 by 신주식

야곱과 요셉의 생애		
야곱	성화 과정	뿌리 뽑는 과정	연단으로 성숙한 자녀 만들기
요셉	영화까지	환난 통해 연단	연단과 징계로 아들 되기
→ 성화의 수준을 넘어 영화의 자리까지 가도록 연단함으로 더 높이 나아감			

© 믿소사랑 성경 관통 by 신주식

출 _ 출발이다! 약속의 땅을 향해
Exodus

출애굽의 영어 제목은 '엑소더스Exodus'이다. 이 헬라말을 직역하면 '길 떠남out of a way'이라고 할 수 있다. 애굽에서 떠나 하나님께서 이끄시는 새로운 삶으로 떠나는 것이다. 억압과 압제로 상징되는 삶에서 떠나 하나님의 통치 가운데 거하는 삶으로 나아가는 것이다. '길 떠남'은 예수님께서 걸어가신 고난과 십자가의 길을 말한다고 볼 수 있다. 주님의 길 떠남은 주님을 믿고 신뢰하는 수많은 힘겹고 연약한 사람들에게 구원과 생명이 되었다. 주님의 출애굽은 모든 사람을 살리기 위한 '고난과 십자가에로의 순종'이었다. 출애굽은 십자가의 길이다!!

모세는 주께서 히브리 민족을 약속의 땅으로 데리고 가기 위해 어떻게 기적적으로 구원하셨는가를 말해 주고 싶었다. "약속의 땅에 들어갈 너희들은 들으라! 하나님이 우리를 바로의 노예에서 구원하여 홍해를 건너 약속의 땅으로 가게 하셨다. 그것은 온 세상을 축복하는 '제사장의 나라'가 되게 하려는 것이다. 제사장이 성막과 제사를 통해 하나님을 임재를 체험하는 길을 가르쳐 줄 것이니 잘 들으라!"고 외친다.

제사장 나라로 부르셨다			구원 | 19:4-6 | 모세+에스라 | 1445-1405년		
믿음	1-14장	어떻게 구원받았나?	출애굽(430년)	애굽
소망	15-18장	어떻게 인도하시는가?	광야 인도(2개월)	광야
사랑	19-40장	왜 구원받았나?	십계명, 성막	시내산
→ 출애굽은 죄의 종살이에서 해방되어 하나님과 혼인하는 과정이다				

© 믿소사랑 성경 관통 by 신주식

40년 왕궁, 40년 미디안 광야, 40년 부르심의 땅으로

무려 430년이 흐르는 동안, 히브리 민족은 애굽의 노예로 살았다. 요셉 시대의 영광은 찾아 볼 수 없었다. 히브리인들은 가혹하고 극심한 노동으로 말미암은 고통 가운데서 하나님께 부르짖었다. 하나님은 그들의 소리를 들으셨다. 사람들의 눈은 화려한 것을 따라가지만 하나님은 신음하는 자신의 백성들의 부르짖음과 탄식소리를 들으신다. 그들의 형편과 눈물을 보시고 구원자를 보내신다. 하나님이 예비한 구원자는 장차 올 예수 그리스도의 모형인 모세였다. 모세 그는 누구인가.

모세는 40년 동안 바로 공주의 아들로 왕궁에서 살았다. 40세에 노예생활하는 자기 백성을 구원하기 위해 혈기로 애굽 병사를 죽인 일이 탄로가 났다. 미디안 광야로 도망을 가서 40년 동안 양을 치며 세월을 보내고 있었다. 모든 소망이 끊어졌다고 생각할 80세에 하나님이 불타는 가시떨기 나무에 임하여서 만나 주셨다3장. 소망이 사라져 갈 때.

모세는 이상한 가시떨기를 보고 조사해 보려고 다가갔었다. 이때 하나님이 "모세야 연구하고 조사하려고 하지 말고 네가 선 곳은 거룩한 땅이니 네 발에서 신을 벗으라"고 하셨다. 하나님은 모세에게 불꽃이라는 현상에 초점을 주지 말고 나를 인격적으로 만나 대면해 보라고 하셨다. 주님의 인격과 만남을 위해 모세가 신고 있었던 신을 벗어야 했다. 기독교는 신비한 현상을 추구하는 종교가 아니다. 하나님을 인격으로 대면하는 것이다. 모든 것을 내려놓고 오직 거룩하신 주님을 만나는 일이 우선되어야 한다. 헌 옷을 벗어야 새 옷을 입을 수 있다. 동양 문화에서는 밖에서 신발을 신고 활동을 하고 집안에 들어갈 때는 신발을 벗고 들어간다. 가족들과 함께 있는 공간인 집에서 시간을 보내기 위해서는 신발을 신을 필요가 없다.

왜 하나님은 모세에게 가시떨기에 나타났을까? 하나님이 사과나무와 같이 멋진 나무에 나타시지 않고 가시떨기 나타나셨다. 가시떨기 나무는 광야에서 흔히 볼 수 있는 쓸모없는 나무다. 열매를 구할 수도 없을 뿐 아니라 땔감으로 사용하기도 곤란한, 광야로 도망친 모세의 인생과 비슷한 존재였다. 하나님은 이런 가시떨기 같은 모세에게 불로 임하여 주셨다. 쓸모없는 인생, 광야에 버려진 인생, 아무도 주목하지 아니한 인생에 찾아와 주셨다. 불꽃 가운데 임하신 주님을 만남으로 모세의 인생은 더 이상 버려진 인생이 아니었다. 부르심을 받은 인생, 사명을 받은 인생, 능력을 받은 인생으로 바뀌었다.

모세는 40년간 왕궁에 있으면서 "나는 모든 것을 할 수 있다. 민족을 구원할 수 있을 것이다"라고 다짐했을 것이다. 미디안 광야 40년을 지내면서 "나는 아무 것도 할 수 없는 쓸모없는 인생이다. 나는 민족에게 버림받은 존재이다"라고 푸념하며 살았다. 그러나 그 외침들은 또다시 40년이 지나면서 "하나님은 아무것도 아닌 나를 사용하실 수 있다. 나는 이제 민족을 구원할 사명을 받은 사람이다"는 고백으로 바뀌었다. '난 할 수 없다'라고 할 때 주님은 일하신다! 내려놓을 때 역사하신다.

모세 믿음의 행진					
믿음	40년	왕궁	나는 할 수 있다	자기 확신	Something
소망	40년	미디안	나는 아무것도 못한다	자아 무기력	Nothing
사랑	40년	광야	나의 끝, 하나님 시작	참자아 신뢰	Everthing
→ 나의 끝은 하나님의 시작이며, 내려놓을 때에 하나님이 일하실 시간					

ⓒ 믿소사랑 성경 관통 by 신주식

내가 시도한 Something어떤 것은 전부 Nothing아무 것도 아님이 될 수 있다. 나를 내려놓고 예수님만을 따를 때, 나의 모든 것은 Everything전부이 되어 질 수 있다. 예수님만을 나의 전부로 받아들일 때, 구원의 역사는 시작된다. Something - Nothing = Everything 된다. 모세는 하나님의 사명을 받았다. 하나님은 "이제 내가 너를 바로에게 보내어 너에게 내 백성 이스라엘 자손을 애굽에서 인도하여 내게 하리라"³ː¹⁰고 하셨다. 모세는 바로에게 가서 전하면 하나님의 이름이 무엇이냐고 물으면 "무엇이라고 대답할까요?"라고 물었다. 하나님은 그에게 함께 해 주겠다고 하시면서 "스스로 있는 자"가 보내셨다 하라고 하셨다³ː¹⁴ 이는 "너는 쓸데없는 걱정은 집어 치워라. 나는 여호와이다. 나는 모든 것을 할 수 있는 내 마음대로 하는 전능한 하나님이다. 내가 너를 보내니 하나님이 모든 것을 할 수 있는 분이라고 똑바로 말해주라"고 하신 것이다.

여호와 = 나는 나다 = 스스로 있는 자 = 전능한 자 = 하나님 마음대로

우리는 여기에서 질문을 품을 수 있다. '모세가 특별한 사람이기 때문에 하나님이 위대한 일을 맡긴 것이 아닌가?' '모세는 대단한 위인이기 때문에 큰 기적을 행하는데 쓰임 받은 것이 아닌가?'라고 말이다. 그러나 그것은 정답이 아니다. 모세는 의지가 충만했던 40세에는 하나님이 도와주시지 않다가 80세 노인이 되서야 부르신 것에 불만이 가득하였다. 하나님이 "이제 내가 너를 바로에게 보내어 너를 내 백성 이스라엘 자손을 애굽에서 인도하여 내게 하리라"³ː¹⁰ 라고 말씀하시면, "제가 그동안 기다리고 기다렸습니다. 빨리 바로에게 가서 이스라엘 자손을 애굽에서 인도해 내도록 해보겠습니다"라고 답을 해야 정상이다. 그런데 모세의 말을 직역을 하면 "제가 왜 가야합니까?"라고 답한다. 마치 졸병이 상관에게 대들듯이 반말까지 한다. 모세는 자신이 원하는 때에 하나님이 도와주지 않은 것에 대해 '반발심'이 컸다.

"왜 이제 와서 나를 보낸다고 하십니까? 나는 늙어서 힘도 의지도 없습니다" 또 모세가 핑계하기를 "그들이 나를 믿지도 않고 내말을 듣지도 않을 것입니다. 가서 괜히 혼자 설치다가 창피당하여 도망가야 합니다. 그렇기 때문에 싫습니다"라고 한다. 모세는 자신이 없었다.

이에 하나님은 세 가지 기적을 통해 구원의 역사를 보여 주셨다. 첫 번째는 지팡이를 던지라고 해서 뱀이 되게 하셨고, 다시 꼬리를 잡으라고 해서 잡았더니 도로 지팡이가 되었다. 뱀의 머리는 예수님이 상하기로 되어 있기 때문에 우리가 할 일은 주님께서 하신 '구원'을 취하기만 하면 된다. 둘째는 품속에 손을 넣었다가 꺼내보라 해서 그렇게 했더니 손에 문둥병이 발하고 다시 넣었다 꺼내자 나았다. 여기서 '품속'은 우리의 '마음'의 상태가 문둥병처럼 죄에 오염되어 있다는 것을 뜻한다. 우린 모두 죄에 감염된 죄인인데 꺼내는 순간 보혈의 능력으로 깨끗해졌다. 출애굽의 역사가 구원의 역사로 '죄사함'이 있을 것을 의미한다. 세 번째는 물이 피로 변하는 사건이다. 구원의 메시지를 듣지 않으면 '심판' 밖에 없다. 모든 것을 하나님이 하시겠다고 하시는데 무엇을 주저하겠는가.

모세는 이러한 기적을 보았음에도 "나는 본래 말에 능하지 못한 자라. 주께서 명하신 후에도 그러하니 나는 입이 뻣뻣하고 혀가 둔한 자니이다"라고 변명한다. 직역을 하면 "그래도 나는 가기 두렵습니다. 가서 내가 바로 왕 앞에서 말 한번 잘못하면 바로 죽는 것을 수없이 목격했기 때문에 하는 가기 싫습니다"라고 한다. 모세는 광야에 있으면서 말을 별로 사용하지 않고 늙었기 때문에 혀가 둔해질 수도 있다고 하지만 원래 왕궁에서 자랄 때는 말을 잘했다. 모세는 피할 구멍만 찾고 있던 것이다. 하나님은 그래도 모세를 설득하신다. "누가 사람의 입을 지었느뇨?" 그런데도 모세는 "주여, 보낼 만 한 자를 보내소서"라고 대꾸한다. 모세는 여전히 고집불통이다. 그래도 하나님은 "말 잘하는 아론을 붙여줄게"라고 하시니, 겨우 모세는 "할 수 없이 가보기는 하겠습니다"라고 대답하며 간다. 하나님도 한 사람을 세우기 위해 끈질기게 설득하신다. 하나님의 열심이 모세를 사명의 자리로 이끌어 가신다.

우리는 모세가 얼마나 신앙 없는 사람인지를 보았다. 40년 동안 광야에서 연단을 받아도 사람이 변하는 것은 쉽지 않다. 우리는 모세를 부러워하지 말자. 모세를 항복의 자리까지 오게 하신 하나님이 지금 우리를 이 자리에 인도하셨다는 사실에 오늘도 우리는 기쁨과 감격 속에서 살아야 한다. 오늘 우리는 하나님 앞을 감격 속에 걷는다. 하나님께서 여전히 역사하시기 때문에 지금 이 자리까지 우리가 와 있을 수 있는 것이다. 하나님은 열심히 일을 이루신다!

믿음은 하나님의 설득에 항복하며 받아들이는 것이다.

소망은 희망이 없음을 인정하고 내어 드리는 것이다.

사랑은 억지라도 믿음의 발걸음으로 나가는 것이다.

이러한 믿음, 소망, 사랑이 하나가 될 때 기적은 일어난다.

출애굽의 역사는 무엇을 보여 주는가? 12-13장

출애굽 사건은 가장 드라마틱한 '구원의 역사'를 보여준 사건이다. 여기서 말하는 구원은 하나님이 백성을 「구」해주고 「원」수를 박살내는 사건이다. 하나님은 애굽이 섬기던 10가지 가짜 신을 완전히 초전박살 냈다. 하나님은 "진짜 신은 나이다. 애굽이 섬기는 가짜 신은 껍데기에 불과하다. 내가 박살을 내고 진짜가 무엇인지 보여 주마"라고 하신다. 10번이나 반복된 이적을 통해서 "나는 못 봤는데" "어쩌다 그럴 수도 있는 우연이겠지"라는 말을 하지 못하도록 실물 현장 교육을 하셨다. 결국 그들은 애굽 사람들이 주는 은금 패물까지 받고 걸어 나온 당당한 승리의 행진을 했다. 이러한 승리는 마지막 이적인 어린양의 죽음으로 이루어진 사건 때문에 일어난 일이다. 구원은 어린양의 피로.

모세는 10가지 재앙을 통해 애굽 신들을 징계하는 것을 보고 "하나님은 진짜 전능하신 분이구나. 하나님은 우리 민족을 구원할 것이 틀림없구나"라는 확신했다. 10번째 재앙은 어린양을 잡아 집의 문설주와 문지방에 피를 바르면 살 수 있다는 해괴망측한 명령이었다_{12장}. 아마 히브리인들 중에 '피를 바른다고 장자가 안 죽을 수 있는가?'라고 생각했을 수도 있다. 그러나 피를 바른 집은 살고 설마 하다가 안 바른 집은 초상집이 되었다. 이것은 과학적으로 상식적으로 이해되는 것은 아니다. 어린 양의 피를 바르는 유월절은 어린양 되신 예수님의 피로 말미암아 진노_{죽음}가 지나가게 된다는 것을 실제적으로 보여준 사건이다. 하나님은 어린 양의 피를 바르게 하시고 백성들에게 양고기를 먹도록 하셨다. 예수님이 '화목제물'이 되심을 보여 주면서 어린 양의 고기를 먹어야 살 수 있음을 말씀하셨다. 우리도 예수님의 피로 진노를 지나가게 하시며, 적의 공격에서 보호해 주신다. 또한 생명 양식 되신 주님의 살, 곧 말씀을 먹어야 우리가 살 수 있음을 보여 준다.

출애굽 할 때, 왜 하나님은 백성들을 홍해 앞바다로 인도 하셨는가? 이스라엘 백성들에게 바다는 두려움의 대상이었다. 그들의 두려움은 두 가지 이유가 있었다. 첫째로, 하나님이 땅을 창조하기 전 "땅이 혼돈하고 공허하며 흑암이 깊음"_{창 1:2} 위에 있는 상태를 생각하며 무서워했다. 우리가 밟고 있는 '땅'은 성경에서는 '뭍'이라고 하여 하나님께서 셋째 날 창조하신 것이다_{창 1:9}. 따라서 창세기 1장 2절에서 말하는 '땅'은 인류의 입장에서 보자면 바다라고 할 수 있다. 히브리인들은 바다를 보며 태초의 혼돈을 떠올렸다. 고대 전설에서의 바다는 무시무시한 '혼돈'과 '누구도 통제할 수 없는 힘'을 상징했고, 오직 진정한 신만이 사나운 바다를 통제할 수 있다고 믿었다. 고대 근동에서는 바다의 신인 '얌'을 섬겼다. 둘째로, 그들은 자신들의 조상 노아가 겪은 대홍수의 기억을 가지고 있었다. 대홍수는 바다가 육지를 완전히 삼켜버리는 사건이고 앞서 말했듯 바다는 '혼돈'의 상징이다. 대홍수가 범람하면 우리는 모두 죽고 세상은 혼돈의 상태에 잠겨버릴 것 이라는 두려움을 안고 있었던 것이다. 바다는 그들에게 공포와 두려움의 대상일 수밖에 없었다. 히브리인들은 바다를 완전히 다스리고 새 하늘과 새 땅을 가져다 줄 메시아를 기대했다. 바다 같은 두려움을 극복시켜 줄 구원자를 찾았다.

하나님은 어린 양의 피를 통해 구원의 의지를 확고하게 내비치셨다. 이스라엘 백성들은 10가지 재앙을 통해 하나님의 전능하심과 그들을 건져 주시는 주권을 알게 되었다. 그래서 하나님은 의도적으로 백성들을 홍해 앞으로 이끄셨다. 이스라엘 백성들은 졸지에 앞에는 홍해, 뒤에는 애굽 군사들을 사이에 둔 형국에 처했다. 하나님은 자신의 백성들이 의심하거나 두려워하지 않기를 바라셨다. 그러나 두려운 상황이 닥치자 하나님을 향한 믿음은 모조리 사라지고 말았다. 그들이 알고 있던 하나님에 대한 지식도 전혀 도움이 안 되었다. 그들은 애굽에서 탈출한 것을 후회하기 시작했다. 그들 안에 숨어 있던 악이 고개를 든 것이다. 그들 안에 숨어있던 악은 바로 '두려움'이었다. 두려움이 눈앞을 가리고 말았다. 두려움은 하나님을 보지 못하게 하고 현실만 보게 만든다.

무엇이 두려운가? 우리는 극복하거나 해결 할 수 없는 것을 두려워한다. 그러나 역설적으로 두려움은 우리가 '극복할 수 없다고 생각하는 것'의 노예가 되게 만든다. 하나님이 10가지 재앙을 통해 애굽에서 건져주셨다. 어마어마한 사건이다. 교회에서, 설교시간에 지겹도록 들은 이야기이다. 그렇지만 우리는 한쪽 귀로 흘려보낼 뿐이다. 구원에 대해 수천, 수만 번 들어도 그것은 세례 문답용일 뿐 우리에게 실제가 되지 못하는 것이 현실이 아닌가? 그렇다면 우리는 '현실'을 '극복'하고 '구원'을 이루는 것을 불가능하다고 생각하는 것일지도 모르겠다. 우리는 우리도 모르게 '현실에 대한 두려움'과 '현실 그 자체'의 노예가 되어 버린다.

왜 사람들은 두려움의 노예로 살아가는 것일까? 노예근성 때문이다.

사람들은 지금 당장 괴롭고 힘든 것을 해볼 시도도 하지 않고 어쩔 수 없다는 핑계를 대면서 그럭저럭 살아간다. 이것이 노예근성이다. 노예 생활을 해도 먹고 살만 한 것 같다. 왜 그런 것 같을까. 노예를 다스리기 위해서는 당근과 채찍을 사용한다. 당근은 유혹이다. 당근을 눈앞에 보여주면 그 눈앞에 당근이 먹고 싶어서 일을 한다. 채찍은 두려움이다. 제대로 일을 안 하면 맞아 죽을지도 모른다는 두려움. 이 당근과 채찍이 합쳐져 노예가 가지고 있는 '노예근성'을 만든다. '노예근성'에 길든다는 것은 유혹과 두려움에 빠져 벗어나지 못하는 것이다. 앞서 말했듯 노예근성에 길들어지면 그저 먹고 사는 것에 만족하며 버틴다. 그럭저럭 살 만한 세상이라고 여기며 살아간다. 노예생활에도 직급이 있다. 같은 노예라도 친일파처럼 앞잡이가 되면 높은 직급에서 조금 더 편하게 살 수 있다. 직급이 높다고 자랑하며 산다. 하지만 결국은 노예로 살다가 노예로 죽는 인생이다. 세상에서 높은 지위에 있다고 해도 결국은 노예처럼 살다가 죽는다는 것은 별반 차이가 없다. 죄와 싸우기 보다는 양심을 속이면서 성공하고 살면 세상은 괜찮아 보일지 모른다. 죽음이 다가오지 않는다면 말이다.

안타깝게도 모든 사람은 죽는다. 죽은 후에 심판이 있다. 먹고 살만하다고 대충 살다가 인생을 마치면 안 되는 이유다. 하나님은 우리가 비록 죄의 노예로 태어났지만 '두려움'이라는 숨은 적을 박살내어 주길 원하신다. 두려움의 뿌리인 죄를 뽑고 그 자리에 '사랑의 열매'를 심어주길 원하신다. 그래서 '홍해'라는 두려움 앞에 서게 하신 것이다. 모세는 홍해와 애굽 병사들 사이에 서 있다는 두려움 가운데에서도 하나님을 의지하였다. 우리도 그래야한다. 질병이라는 두려움, 어떻게 먹고 살까하는 두려움 등을 박살내지 않으면 평생 우리는 노예가 되어 살다가 복음도 모르고 죽는다. 복음을 누리지 못하는 가장 큰 뿌리는 '두려움'이다. 하나님은 두려움에 떨고 있는 백성들과 모세에게 말씀하셨다. "오늘 너희를 위하여 행하시는 구원을 보라"[14:13]고 하시고 이 싸움은 하나님께서 하실 것이라고 하셨다. 두려움을 박살 낼 분을 바라보아야 산다. 하나님을 보지 않고 현실 문제만 보면 해결점이 안 보인다.

하나님의 「구」출하고자 하는 「원」대한 계획은 인간의 힘이 아니라 오직 하나님의 도우심으로 해결 될 수 있다. 우리는 하나님이 적군과 싸워주시고 길을 열어 주실 것이니 두려워하지 말고 믿기만 하면 된다. 믿음은 두려워하지 않고 하나님이 행하시는 구원을 바라보는 것이다. 그들은 바다를 바라보지 않고 하나님을 바라보았을 때, 바다가 갈라지는 것을 경험하였다. 그들은 홍해의 바닥을 직접 걸으면서 무슨 생각을 했을까? 그들은 집단 무의식에 빠지게 한 바다에 대한 뿌리 깊은 두려움과 상처가 치유되는 것을 경험했을 것이다. 바다의 신인 '얌'을 정복하신 하나님을 알게 되었다. 히브리 민족은 구원을 받았고, 애굽 군대는 물에 빠져 죽고 말았다. 이것이 하나님의 구원이자 복음이다.

홍해는 눈앞에 있는 '두려움'이라면, 뒤를 쫓아오는 애굽 군대는 '죄의 세력'이라고 할 수 있다. 우리는 살면서 한 번쯤, '두려움'과 '죄의 세력'들 가운데에 놓이게 된다. 그럼에도 하나님의 구원은 너무나 쉽다. 하나님만 바라보면 된다. 이것이 믿음의 능력이다. '믿음의 힘'이 우리를 구원의 길로 인도한다. 우리가 알아야 할 것은 이 모든 구원을 위해, 하나님의 기적을 베풀기 위해, 예수님의 희생이 있었다는 것이다.

예수님의 제자들도 홍해의 기적을 경험한 적이 있었다. 예수님의 제자들과 함께 거친 파도가 일어나는 바다를 건너고 있을 때, 제자들은 감당 못할 큰 파도에 두려움에 떨었다. 제자들은 바다의 신인 '얌'이 자신들을 집어 삼켜 물에 수장 될 것이라는 두려움에 사로 잡혀 있었다. 그때 주님은 바다를 향해 "잠잠하라"고 명령하시자 잠잠해졌다. 예수님은 제자들의 믿음 없음을 책망하셨다. 이 책망은 "너희 믿음을 도대체 무엇에 두고 있느냐?"라고 물으신 것이다. 믿음은 대상이 중요하다.

제자들은 풍랑을 능히 잠잠하게 하실 주님을 믿는 믿음이 필요했다. 그러면 두려움이 잡아 삼켜 죽이려고 해도, 모든 것이 해결되어졌을 것이다. 제자들은 예수님이 함께 계심에도 불구하고, 그분에게 부탁하지 않았기 때문에 두려움에 떨면서 지냈다. 파도라는 현실 문제만 보면 두려움에 빠진다. 주님은 두려움을 넘어 건너가게 하셨다. 소원의 항구로 인도하신다! 구원의 길로 인도하신다. 그 길이 생명의 길이다.

요나의 표적은 또 하나의 홍해 사건이라고 할 수 있다. 요나의 시대에 바다의 신 '얌'은 어떤 세력도 이길 수 없다고 여겼다. 그래서 풍랑 앞에 선원들은 두려움에 떨었다. 그 당시 사람들은 바다에 사람을 던져야 잠잠해질 수 있다는 미신이 있었다. 요나를 바다에 던지자 바다는 잠잠해졌다. 요나가 물속에 들어가자 다른 길이 예비 되어 살아났다. 요나 자신이 죽을 때, 하나님은 물고기를 통해 새 길이 열어 주셨다.

예수님은 "요나보다 더 큰 이가 여기 있다"라고 말씀하시면서 "진짜 요나는 바로 나다"라고 하셨다. 예수님은 요나처럼 우리를 죽게 만드는 죽음의 풍랑에 자신의 몸을 던져 우리를 구하셨다. 예수님이 몸을 던지신 후에야 비로소 죽음의 풍랑은 잠잠해졌다. 예수님은 풍랑을 다스리는 신으로 우리의 삶에 두려움과 절망, 죽음까지도 잠잠하게 하실 수 있다. 주님이 십자가에 몸을 던지심으로 우리에게 홍해와 같은 풍랑 가운데서도 잠잠해지는 '평안함'과 죽을 수밖에 없는데 살게 하신 생명의 '풍성함'을 얻을 수 있다. 홍해 같은 현실을 이길 힘은 십자가이다.

구원의 여행지도			
믿음	애굽	구원	죄의 노예에서 해방, 죄사함(속량)
소망	광야	성화	만나(말씀)와 물(성령의 생수) 주심 구름불기둥(성령인도)+성소(성령내주)
사랑	가나안	영화	젖과 꿀(임재)이 흐르는 풍성한 삶

ⓒ 믿소사랑 성경 관통 by 신주식

우리를 구원하신 목적 _출애굽기 19:1-6				
믿음	소유된 백성	특별보호 받은 자녀	소명	보물
소망	제사장 나라	이웃과 다리 역할	사명	위치
사랑	거룩한 백성	전체 유익을 위해 구별	계명	축복
→ 하나님 나라를 이 땅에 세우기 위해 위대한 선물을 주셨다				

© 믿소사랑 성경 관통 by 신주식

하나님의 백성 됨으로 누리는 축복 _시내산 언약(모세 언약) 19:1-25	
배경	당시 나라를 세우기 위해 왕과 신하가 언약을 맺듯이, 하나님의 나라의 개국 선포하며 백성과 언약을 맺는다.
기초	출애굽, 광야 인도, 시내산까지 인도하심은 하나님의 주권적 의지이다
내용	나는 너의 하나님이 되고 너희는 내 백성이 될 것이다
축복	하나님의 소유, 제사장 나라, 거룩한 백성
의미	씨가 감옥에서 나와 하나님의 뜻을 이루는 공동체를 통해 하나님과 인격적이고 법적인 관계를 맺는 것이다
목적	하나님은 백성이 아브라함같이 '축복의 통로'가 되어 이스라엘 나라를 통해 열방이 복을 받기를 원하셨다.

© 믿소사랑 성경 관통 by 신주식

십계명은 하나님의 신부로써 살아갈 구체적인 법규를 주신 것이다					
1	하나님만 섬김	경배 대상	6	살인금지	생명 보호
2	우상숭배 금지	경배 방법	7	간음 금지	결혼 보호
3	이름 존귀	경배 정신	8	도둑질 금지	사유재산 보호
4	안식일 지킴	시간•안식보호	9	거짓증거 금지	진실 보호
5	부모 공경	가정 보호	10	탐심 경계	마음 보호
→우상 '아무것도 아님', '텅 빈'이란 뜻의 허상. 우상 본질은 자기만족과 탐심					

© 믿소사랑 성경 관통 by 신주식

보는 자마다 살아나는 신비한 나무

에덴동산을 떠올려보자. 하나님은 동산 한 가운데에 있는 '선악을 알게 하는 나무의 열매'를 제외하면 그곳에 있는 모든 열매를 먹을 수 있는 자유를 주셨다. 에덴동산에서 인간은 하나님의 보호 아래 마음껏 '먹는 기쁨'을 누리면 되었다. 이는 지금도 인간은 그 때의 '먹는 기쁨'을 느끼고 싶어 한다. 삶이 힘들고 허기질 때 '맛있는 것 먹고 싶다'는 생각이 드는 것도 그런 이유일 것이다. 비록 에덴동산에 있던 열매만큼은 아니겠지만 지금도 음식은 간편하고 쉽게 우리를 위로해준다. 그러므로 '먹는 즐거움을 찾는 것' 자체가 문제가 되지는 않는다. 문제가 되는 것은 하나님을 외면하고 '즐거움'만을 추구하는 것이다. 앞서 말했듯, 음식으로 위로받는 것은 쉽고 간편하다. 그래서 사람들은 스트레스를 받고 영혼이 곤궁해지면 먹고 마시며 그 스트레스를 풀려고 하는 것이다. 그러나 이러한 '즐거움', 즉 '쾌락'에는 반드시 끝이 찾아오기 마련이다. 소위 말하듯 질려 버리는 것이다. 가벼운 쾌락에 점차 질려버린 사람들은 조금 더, 조금 더 큰 쾌락을 찾아 나선다.

결국 술과 담배, 섹스나 마약처럼 더 큰 쾌락에 빠져버린다. 그러나 우리는 그런 쾌락을 주는 것들이 결국 무슨 결과를 초래하는지 알아야 할 것이다. 더 맛있는 음식에 탐하는 사람들은 비만과 영양 불균형에 문제가 생긴다. 섹스를 추구하는 사람들은 성적 기능장애를 겪는다. 오락이나 유흥에 푹 젖은 사람들은 공통적으로 '권태'라는 것을 느낀다. 참으로 아이러니하게도 추구할수록 만족도가 떨어진다는 것이다.

출애굽 한 백성들이 먹는 문제는 어떠했나? 백성들은 하나님에게 '만나'와 '메추라기 고기'라는 음식을 선물로 받았다. 그럼에도 불구하고 그들이 하나님과 모세를 원망하며 소리쳤다. "왜 우리를 이집트에서 끌어내어 이 광야에서 죽이려 하시오? 이제 이 지겨운 만나도 신물이 나서 못 먹겠소!" 더 잘 먹고 싶은 욕심에서 나온 불평이었다. 음식에 대한 불평은 하나님에 대한 거부감이다. 하나님이 만나에 대해 불평하는 백성들에게 얼마나 진노하셨는지 많은 사람들이 독사에 물려 죽었다. 그들이 죽은 것은 하나님께서 주신 선물에 대한 원망 때문이었다. 그럼에도 불구하고 하나님은 치료할 수 있는 해독제를 주셨다.

여호와께서 모세에게 "놋뱀을 만들어 장대에 매달아 뱀에 물린 자마다 그것을 보고 살게 하라"고 말씀하셨다21:8. 모세는 놋뱀을 만들어 장대에 매달아 두었다. 뱀에 물린 자들이 그 놋뱀을 쳐다보자 독이 치료되기 시작했고, 결국 그들은 모두 치료되었다.

어떻게 놋뱀을 쳐다보면 살아났는가? 이것은 상식적으로 과학적으로 안 통한다. 성경에서는 뱀은 '저주'를 상징한다. 하나님은 뱀을 저주까지 하셨다. 여기에는 놀라운 의미가 숨어 있다. 놋뱀의 히브리어 숫자값과 히브리어로 '기름부음을 받은 자'를 의미하는 '메시아'의 358이라는 숫자값이 같다. 이것은 메시아가 십자가에서 저주를 받음으로 구원을 이룰 것을 예표한 것이다. 놋뱀을 보면 살게 된다는 것은 십자가를 지실 메시아이신 예수님을 바라보면 살게 될 것이라는 의미이다.

놋뱀 = 저주를 담당 = 358 = 메시아, 예수 = 십자가 = 생명의 떡

우리에게는 '죽음'이라는 독이 퍼져 있다. 인간은 원죄에서부터 지금까지 끝없이 죄에 전염되어 있다. 하나님은 우리의 죽음을 해독하기 위해 극독을 사용하셨다. '예수님의 죽음'이라는 강력한 독을 통해 우리에게 퍼져있던 '죄'와 '죽음'이라는 독을 해독하신 것이다.

뱀에 물린 사람들이 살 수 있는 길은 '놋뱀을 바라보는 자는 산다'라는 말씀을 믿는 것 외에는 없다. 상식이 아닌 진리만이 살 길이다. 믿음

은 우리에게 생명 양식을 공급해주는 가장 중요한 연결통로이다. 믿음이라는 파이프를 통해 생명을 투여 받으면 살아날 수 있다.

그래서 예수님은 육신의 배고픔을 채우는 것과 영혼을 채우는 것 중에서 하나를 택하라고 촉구하셨다. "내가 너희에게 분명히 말하지만 너희가 나를 찾아온 것은 기적을 보았기 때문이 아니라 빵을 실컷 먹었기 때문이다. 썩어 없어지는 양식을 위해 일하지 말고 영원한 생명을 누릴 때까지 있는 양식을 위해 일하라. 이것이 내가 너희에게 줄 양식이다. 아버지께서는 나를 인정한다는 도장을 나에게 찍어 주셨다"요 6:26-27 현대인의 성경. 썩을 양식만 추구하는 사람은 살아있는 동안은 실컷 배를 불리겠지만 결국 죽기 마련이다. 예수님이 주시는 '생명 양식'을 위해 살면 영원히 주리거나 목마르지 않는다. 주께서 십자가를 지시며 우리에게 생명의 떡을 주셨다. 당신의 배를 불리기 위해, 육신의 만족을 위해 살 것인가. 영혼의 참 만족을 주는 양식을 먹으면 반드시 살아나게 될 것이다.

당신은 예수님이 식권을 주지 않아도 그분을 따를 것인가? 아니면 당신의 배를 위해 살 것인가? 육신의 만족을 주기 위해 살 것인가? 영혼의 참 만족을 주는 양식을 먹으면 반드시 살아나게 될 것이다!

믿음은 십자가에 달리신 예수님을 바라보는 것이다.

소망은 상황과 현실에 상관없이 말씀에 순종하는 것이다.

사랑은 영혼의 참 만족을 주시는 양식을 먹으면서 사는 것이다.

레 _ 레스토랑에 음식을 준비하듯이
Leviticus

　레위기는 히브리어로 '봐이이크라'이다. 이는 '그리고 그가 부르셨다'는 뜻이다. 모세오경에서 중심이 레위기라는 것을 아는가. 대부분의 그리스도인들은 레위기를 지루하고 따분한 책으로 여긴다. 하지만 창세기가 출애굽 사건의 배경을 설명하기 위해 보여주고, 신명기는 가나안 땅에 들어가서 행하여야 할 삶에 대한 고별 설교를 다루며, 출애굽기와 민수기는 출애굽에서 광야를 통해 백성 형성과 그들과 맺은 언약의 내용을 보여 주듯이, 그 가운데에서 레위기는 시내산에서 주어진 율법을 소개한다. 이렇게 보면 레위기는 오경의 중심이다. 구약의 핵심 중의 핵심은 레위기이다. 하나님께서 주시는 복을 아브라함이 받게 될 것이라는 구체적인 내용, 즉 '공평과 정의를 행하는 삶'이 어떤 것인지를 알려 준다. 그래서 히브리인들은 레위기를 핵심으로 알고 철두철미하게 지키도록 하였다. 성경의 핵심은 하나님 사랑과 이웃 사랑이다. 그것은 공평과 정의의 삶을 말한다. 이러한 곳에는 풍성함과 안식이 넘친다.

　레위기의 핵심 용어는 '거룩'이다. 거룩함을 히브리어로 '따로 떼어둠' '구별'이다. 원래 평범했던 것이라도 거룩하신 하나님을 위해 따로 떼어놓는 순간 그것은 거룩해진다. 똑같은 양이라도 제사를 위해 따로 떼어 놓으면 거룩해지는 것처럼 말이다. 거룩은 누구와 관계를 맺고 있느냐에 따라 결정되는 것이다. 기독교도들에게 요구되는 '구별된 삶'

은 세상과 '다른 삶', 우월하며 탁월한 삶을 뜻한다.

모세는 제사장 나라가 되기 위한 교육을 시킨다. 제사, 제물, 제사장을 통해 어떻게 하나님께 나아가는 길과 동행하는 법, 즉 하나님 사랑과 이웃 사랑을 할 수 있는 방법을 가르쳐 준다.

하나님과 동행하는 법			거룩 | 19:2 | 모세+에스라 | BC 1405년		
믿•소	1-16장	하나님께 나아가는 길	제사와 제사장을 통한	예배	율법
사랑	17-27장	하나님과 동행하는 법	이웃 사랑 하는 삶	섬김	성결법
→ 하나님과 동행하는 삶(거룩한 삶)은 예배와 섬김으로 드러나야 한다					

ⓒ 믿소사랑 성경 관통 by 신주식

하나님께 나아가는 길이 있다 1-16장

이스라엘 백성들이 가나안 땅에 들어가기 위해서는 하나님의 "법"^{하나님의 뜻}을 아는 것이 급선무였다. 그리고 세상 나라를 향해 나아가서 어떻게 살아야 하는지를 구체적으로 알아야 했다. 가나안 땅 문화를 정복하기 위한 준비가 필요했기 때문에 모세는 레위기를 기록하였다. 1-17장은 하나님의 백성들이 어떻게 하나님께 나아가 교제해야 하는 '예배'에 관한 지침이며, 18-27장은 이웃을 사랑함으로써 여호와께로부터 받은 사랑에 대한 감사를 표현하는 '삶'에 대한 지침이다.

레위기에는 제사, 제물, 제사장, 3가지 이야기를 한다. '제사'는 에덴동산에서 쫓겨나서 하나님과 교제가 단절된 인간이 하나님과 직통으로 통화 할 수 있는 채널을 복원한 것이다. 제사에는 반드시 '제물'이 있어야 한다. 우리가 통화하기 위해서는 통화료를 지불해야 하듯이 이 '지불료'가 바로 제물이다. 우리가 전화 통화를 하는데 통신기지국이 필요하듯이 제물을 바치며 제사를 지내는데도 하나님과 우리 사이를 연결 할 수 있는 사람이 필요하다. 그것이 바로 '제사장'이다. 하나님은

'제사장'을 세워 통신기지국으로 만들었다. 인간은 '믿음'이라는 제사를 통해, '소망'의 제물을 가지고, '사랑'의 하나님과 제사장을 통해 통화할 수 있는 길이 열렸다. 이것은 아주 기쁜 소식이다. 복음은 "예수님이 우리의 화목제물이 되어서 대제사장으로 우리의 제사를 받아 주셨다"고 말한다. 우리는 직통으로 하나님과 통하는 길이 열렸다.

오늘날 "꼭 예배를 드려야 합니까?"라고 반문하는 사람들이 있다. 최근 교회에서 예배의 감동이 사라지고, 사람들은 습관처럼 무덤덤하게 예배를 드리는 사람이 많다. 히브리인들은 인생의 기본을 '예배하는 삶'으로 보았다. 그런데 의외로 오늘날 많은 사람들은 이 기본을 가볍게 여긴다. 우리가 일상생활에서 먹고, 자고, 쉬는 것, 즉 기본적인 생활패턴을 무시하면 육신의 건강이 무너지는 것처럼 인생의 기본인 예배를 무시하면 영혼도 무너질 수밖에 없는 것이다.

히브리인은 시대가 바뀌었다고 해서 기본적인 것을 떠나면 질서가 무너진다고 보았다. 예배는 그리스도인의 '기본'이자 '생명'이며 '영혼의 양식'이다. 기본이 무너지면 모든 것이 서서히 무너진다. 생명의 공급함이 부족해지면 말라 죽고 만다. 밥을 먹는 것은 기본이다. 기본은 거를 수 없다. 기도와 말씀과 찬송이 있는 예배는 성도의 생명을 유지하는 '영적인 종합 비타민'이다! 예배가 곧 생명이다!

성도에게 예배는 존재의 이유이자 목적이며, 삶의 구심점이고 원동력이다. 그러므로 예배에 모든 것을 집중해야 한다. 그런데 요즘 예배에 집중하지 못하는 성도들이 늘어나고 있다. 왜 예배가 회복되지 않는가? 그것은 예배 중에 하나님을 만나지 못하기 때문이다. 이제 하나님을 만날 준비를 하라. 예배를 잘 드리기 위해서는 나 자신부터 참된 예배자가 되겠다는 결심을 해야 한다. 예배를 통해 하나님의 능력을 공급받지 않고서는 삶의 현장에서 승리할 수 없다. 예배를 잘 드릴 때 비로소 현장에서 승리할 수 있고 영적인 주도권을 쥐고 사람들을 이끌 수 있다.

레위기에서는 예배하는 방법에 대해 제사를 통해 설명해 준다. 제사를 할 때 죄를 지은 인간들이 제물로 드릴 짐승을 가지고 와서 "저는 이러이러한 죄를 지었습니다. 저는 이 죄 때문에 벌을 받아 죽어야 합니다. 그런데 하나님의 언약을 따라 이 제물에게 죄를 전가합니다"라고 하는 말하는 순간 이 제물은 그 자신이 된다. 그러면 자신의 죄로 마땅히 자신이 받아야 할 심판을 제물에게 집행한다. 제사장은 짐승의 목을 따고, 가죽을 벗기고, 내장을 꺼내고, 물로 씻고 불로 태운다.

왜 제사를 드려야 하는가? 궁극적인 목표는 '생명 살리기'이다. 그것은 하나님과 교제를 회복하기 위한 방법으로 제사, 즉 예배를 드리는 방식을 취하는 것이다. 이것이 하나님과 교제를 회복함으로 '영적 생명'을 얻게 한다. 생명은 단순한 목숨을 말하는 것이 아니라 우리 삶 전체를 원래 하나님이 창조한 원형으로 살리는 것이다. 우리가 살아가기 위해 생명이 있어야 하듯이 영적 생명이 있기 위해서도 에너지가 필요하다. 레스토랑에서 음식을 먹음으로 우리는 힘을 얻는다. 그러나 만약 그 음식에 바이러스가 있으면 힘은 커녕 병에 걸릴 뿐이다. 우리의 생명에 죄의 바이러스가 침투하여 완전히 망가지고 말았다. 이것을 회복할 수 있는 긴급 수혈 방법이 제사이다. 그래서 제사가 중요하다.

하나님은 짐승을 잡아 「대」신 「속」죄의 값을 지불하는 '대속'을 알려주기 위해 예수님을 희생하셨다. 짐승의 목을 따는 것은 나의 '생각'을 꺾는 것이고, 가죽을 벗기는 것은 누더기 같은 나의 '자기의'를 벗어내는 것이고, 각을 뜨는 것(머리나 다리 부분을 나누어 자르는 것)은 하나님 없는 '사상과 철학'을 잘라내는 것이고, 내장을 꺼내는 것은 내 마음 속에 숨은 '자아'를 꺼내는 것이며, 물로 씻고 태우는 것은 나의 죄 된 것을 정결하게 하는 작업이다. 「정」한 방법대로 해야 좋은 「결」과가 나온다.

하나님이 성도들을 부르신 이유는 '제사장 나라'가 되어 열방에 복의 근원으로서 사역을 감당하라고 부르신 것이다. 우리는 왕 같은 제사장으로서 하나님의 뜻대로 하나님의 복을 전하는 하나님의 나라 백성이 되는 특권을 받았다. 「특」별한 「권」세를 받은 자답게 살아야 된다.

	제사	드리는 방법	의미
믿음	번제	희생 제물을 태워 드림	죄의 진노 삭제+온전한 헌신
소망	소제	고운 가루 구움 - 희생	감사과거,자원현재,서원미래
	화목제	제사 드린 후 나눠 먹음	화평케 됨+친교와 교제
사랑	속죄제	죄 지은 자는 제물 드림	예수님이 죄의 삯을 지불함
	속건제	이웃 피해를 배상함	손해 배상함20% 배상해야 함
→ 제사 목적은 하나님을 만나기 위해 다리를 놓아 주신 주님의 은혜 통로			

믿음으로 죄를 태우고 온전한 헌신을 바치는 것이다.
소망은 자원함으로 감사하며, 화평케 하신 명령대로 친교하는 삶.
사랑은 오직 주의 죄사함에 예배하며, 이웃에게 피해는 보상하는 삶.

	성막	내용	의미	해석
믿음	문	누구나 들어올 수 있는 넓은 문	믿음	만민 구원의 초대+들어감
	번제단	제물을 번제단 위에 놓고 태움	칭의	완전한 화평+온전한 헌신
	물두멍	꼭 손발을 씻고 성소 들어감	회개	의롭게 여기심+구별된 삶
소망	진설병	매일 12개의 떡을 가져다 놓음	말씀	그리스도의 양식+섬김 삶
	등대	올리브기름으로 성소 불을 밝힘	성령	그리스도의 빛+빛 된 삶
	분향단	아침과 저녁으로 향을 태움	기도	하나님 임재+성도의 기도
사랑	증거궤	십계명 돌판, 만나, 싹난 지팡이	임재	임재하심+임재로 나아감
→ 성막의 목적은 하나님의 임재 가운데 교제할 수 있는 특권을 주신 것이다				

믿음으로 문에 들어가 죄를 태우고 정결함으로 받아 구별되어 살기.
소망은 말씀, 기도, 성령의 인도하심을 받아 빛 된 삶을 살기이다.
사랑은 하나님의 임재 안에 살기 위해 말씀으로 열매 맺는 삶이다.

	절기	날짜	내용	의미
믿음	유월절	1월 14일	애굽에서 해방을 기념	십자가 죽음+죄 씻음
	무교절	1월15-21	출애굽의 나온 것 기념	출애굽 역사+거룩한 생활
	초실절	1월 17일	첫 안식일 다음날주일	주의 부활+교회 성별
소망	오순절	50일 후	매년 수확을 경축함	성령의 강림+성령 충만 삶
	나팔절	7월 1일	인도 받음을 기념함	백성을 모으심+깨어 있음
	속죄일	7월 10일	매년 민족의 죄 속죄함	대속,심판의 날+회개함
사랑	초막절	7월15-21	광야 보호와 은혜 기념	주의 임재+ 추수 수확
→ 절기의 목적은 하나님의 구속의 역사를 깨닫도록 하신 계획표이다				

© 믿소사랑 성경 관통 by 신주식

　믿음은 예수님이 유월절 어린양이 되시어 희생함으로 구원됨을 앎.
소망은 성령님이 임하심으로 참된 회개를 통해 심판을 피하게 됨.
사랑은 주님의 임재안에 사는 삶을 살며 추수 열매를 맺는 삶을 산다.

하나님과 동행하는 법은 이웃 사랑하는 삶이다 17-27장

　가나안 땅에 들어갔을 때 피를 마시는 행위나 성적인 문화에 영향을 받지 말아야 할 것을 것을 가르쳐 주시면서17-21장 이러한 모든 법보다 하나님과의 관계를 가까이 할 수 있는 방법을 제시해 주셨다. 그것은 7대 절기23-27장와 안식년25장 축제를 지키는 것이었고, 그를 통해 세상이 맛볼 수 없는 축복을 누리길 원하셨다. 하나님과 동행하기 위해 주신 법은 이웃을 사랑하는 삶이고, 이웃 사랑이 바로 예배자의 모습이다. 세상이 맛볼 수 없는 축복을 받았다면 나누어야 한다.
　그러한 사랑의 법을 지켜 따르는 것이 구성원의 의무이다. "힘들다" "어렵다"는 불평은 금물이다. 우리가 정말 하나님을 내 삶의 주권자로 인정한다면 주님의 법을 따르고 살아야 하는 것이다.

민수기는 히브리어로 '베미드바르'인데 '광야에서'라는 뜻이다. 광야 길을 걸어가야 했던 이스라엘 민족의 현실을 잘 보여준다. 40년 광야 시절 이스라엘은 모든 상황을 세상 나라의 상징인 애굽과 비교하였다. 만나를 주셨음에도 불구하고 애굽에서 먹었던 파와 부추가 없다고 불평하였다. 노예 시절의 가혹했던 기억은 어느새 지워져 있었다. 그들은 눈앞에 보이는 먹는 문제 때문에 하나님의 임재를 보지 못했다. 광야는 하나님의 임재를 눈으로 볼 수 있는 때였기 때문에 예레미야는 광야시절을 '하나님과 신혼 시절'이라고 비유했다렘 2:2. 민수기는 '광야에서' 하나님은 임재 하여 함께 걸어 주셨고, '광야에서' 백성은 불평하였다는 것을 보여준다. 불평하는 「불」만은 결국 「평」화를 깨뜨린다.

모세는 여행 가이드로서 다음과 같이 말한다. "우리 가운데 불미스러운 일이 있었습니다. 백성들이 약속하신 땅을 눈앞에 두고 열두 정탐꾼을 보내 탐색하자고 했어요. 여호수아와 갈렙은 "그들은 우리 밥이다"라는 믿음의 보고를 하였는데, 열 명의 정탐꾼은 "우리는 그들 보기에 메뚜기다! 라는 비관적인 보고로 38년이라는 세월동안 반항했었죠. 원망하고 거역하며, 불신앙이 우리가 축복의 땅으로 가지 못하도록 하는 것이니 조심해야 합니다. 제발 잘 듣고 약속에 땅에 가서는 우상숭배에 빠지지 않도록 조심 또 조심해야 합니다. 알겠습니까!" 그래도 말해도 듣지 않았다. 불순종은 「방」향 없이 살며 「황」금 같은 기회를 놓친다.

불순종은 전진하지 못하게 한다		광야	9:17	모세+에스라	1444-1405년		
믿음	1-12장	땅에 들어갈 준비	옛세대	질서	과거
소망	13-19장	가데스바나 불순종	물갈이	무질서	현재
사랑	20-36장	약속의 땅 얻을 준비	신세대	재정비	미래
→ 약속된 축복을 받지 못하는 것은 '불평'과 '불순종' 때문이다					

ⓒ 믿소사랑 성경 관통 by 신주식

진짜 적은 내 안에 있다

세상에서 가장 무서운 적은 무엇인가? 그것은 바로 '자기 안에 숨어 있는 자기 자신'이다. 이것이 우리를 죽음으로 몰아넣는다는 사실이 상황을 끔찍하게 만든다. 백성들은 바로의 노예에서 해방되어 구원 받음으로 모든 문제가 해결 될 것이라고 생각하였다. 어린 양의 피로 구원받고 홍해를 건너는 기적적인 체험까지도 하였다. 그리고 하나님이 만나를 내리심으로 공급하심과 불과 구름으로 성령의 인도하심도 체험했다. 하나님은 그들에게 성막을 세우시고 하나님의 임재를 경험하는 '에덴의 회복'을 맛보게 하였다. 무엇이 더 부족할 것이 있겠는가? 이제는 젖과 꿀이 흐르는 가나안 땅만 들어가면 더할 나위없는 복을 누리게 될 것이다. 젖과 꿀이 흐르는 풍요한 에덴의 회복으로 가야 했었다.

그런데 왜 이스라엘 백성들은 광야에서 에덴동산의 복을 경험을 했음에도 젖과 꿀이 흐르는 땅으로 들어가지 못했을까? 왜 우리들은 주님의 구원과 성령의 임재를 경험했음에도 불구하고 복을 누리지 못하는 것인가? 왜냐하면 바로의 노예에서 해방되어 나왔던 이스라엘 백성들 앞에 바로보다 더 악랄한 놈이 버티고 있었기 때문이다. 그것의 정체는 '내 자신'이었다. 가장 무서운 것은 끔찍이 사랑하며 의지하는 '병든 자아'이다. 그들은 지옥 같은 환경에서는 구출을 받았으나 자신들 안에 있는 쓰레기를 처리하지 못했다. 결국 그들은 40년 동안 광야에서 방황하다가 젖과 꿀이 흐르는 땅에 들어가 보지도 못하고 죽고 말았다.

도대체 무슨 일이 있었는가? 드디어 이스라엘 백성들은 약속의 땅인 가나안 근처에 도착했다. 하나님은 이스라엘 백성들의 요구에 따라 가나안 땅을 탐지할 12명을 선발하도록 허락하셨다[13장]. 정탐한 12명 가운데 여호수아와 갈렙은 "우리가 올라가서 그 땅을 취합시다. 그들은 우리에게 상대도 안 될 것입니다"라고 하였다. 반면에 10명의 정탐꾼은 "견고한 성읍에 최첨단 무기를 가진 그들과 싸우는 것은 도무지 실현 불가능한 꿈입니다. 그들이 보기에 우리는 메뚜기입니다"라고 하였다. 이것을 들은 백성들의 반응은 "하나님의 백성으로 사는 것보다 애굽의 노예로 밥만 먹고 살아도 좋겠다"라고 한다. 이에 아론은 통곡한다. 그때 하나님이 나타나서 모세를 통해 새로운 민족을 일으키겠다고 말씀하셨다. 하나님은 모세의 중보기도로 용서하셨지만 그들이 '말한 대로' '귀에 들린 대로' 될 것을 말씀하셨다.

참으로 어처구니없는 일이 벌어졌다. 적과 싸워보지도 못하고 40년 광야에서 방황하다가 광야에 죽게 될 운명이다. 기억할 것은 원수를 피하려고 하면 더 큰 원수를 만나게 된다는 것이다. 우리가 싸워야 할 적은 내면에 숨어 있는 '병든 자아'이다. 모든 싸움은 '마음먹기'에 있다.

정탐꾼을 보내자고 제안한 것은 하나님이 아니라 백성들이다. 왜 정탐꾼을 보내자고 한 것인가? 그들 안에 '두려움'이 숨어 있었기 때문이다. 홍해를 가르고 바로군대를 박살낸 하나님의 기적을 본 것이 얼마 지나지도 않았는데 '까막눈'이 되고 말았다. '두려움'은 눈을 멀게 만든다. 정탐꾼이 가져온 포도송이는 사람이 어깨 매고 와야 할 정도로 풍성했다. 그러나 그들에게는 그것이 보이지 않았다. 가나안 군대에 대한 헛소문만 들린 것이다. 이것이 인간의 약점이다. 상대방만 크게 본다. 10명의 정탐꾼은 믿음의 눈이 작동되지 않고 가나안 족속의 모습에 기가 죽어 '메뚜기 콤플렉스'에 빠졌다. "우리는 그들에게 밥이다"라는 시각이다. 그러나 여호수아와 갈렙은 "그들은 우리의 밥이다. 우리에게 상대도 안 된다"라고 하였다. 왜 똑같이 보았는데 밥이 다르게 보이는 가? 그들의 병든 자아가 두려움 앞에 압도당했기 때문이다. 여호수아와 갈렙이 그들을 손쉬운 상대로 본 것은 하나님의 약속의 말씀을 믿었기 때문이다. 아무리 환경이나 여건이 어렵다 할지라도 하나님이 말씀하시면 그분의 능력으로 모든 문제는 해결 될 것이라는 믿음이 필요하다. 빌리 그레이엄 목사는 "세상이 커 보이면 하나님은 작게 보입니다. 그러나 우리가 크신 하나님을 바라보면 세상은 작게 보입니다"라고 했다.

우리는 하나님이 무엇이라고 말씀하는가에 주목해야 할 것이 있다. "너희 말이 내 귀에 들린 대로 내가 너희에게 행하리니"14:28. 하나님은 반드시 '심은 대로' 거두시는 분이시다. 하나님은 '말한 대로' 이루시는 분이시다. 여호수아와 갈렙은 약속을 믿는 믿음으로 가나안 땅을 정복함으로 '밥'을 취하게 되었지만, 10명 정탐꾼은 "우리는 그들에게 손쉬운 먹잇감이다"고 '믿은 대로' '말한 대로' 죽었다. 믿음이 결국 사람을 죽이고 살린다. 말이 사람을 죽이고 살린다. 결국 말한 대로!
이 사건의 결론을 이렇게 설교하는 것을 들었다. "이것 보세요 부정적인 생각을 하고 부정적인 말을 하면 결국 망합니다. 그러므로 우리는 그들과 같이 하지 말고, 오직 긍정적인 생각을 하고 긍정적인 말만 하고 삽시다"라고 말이다. 그러나 그렇게 말하면 중요한 것을 놓치는 것이다. 여호수아와 갈렙이 "그 땅을 취하자 능히 이기리라"13:30. "그들은 우리의 먹이라"14:9라고 한 것은 매사에 긍정의 힘을 믿고 긍정적인 말을 한 것이 아니다. 그들의 고백을 들어보라. "여호와께서 우리를 기뻐하시면 우리를 그 땅으로 인도하여 들이시고 그 땅을 우리에게 주시리라"[14:8]라고 하였다. 긍정의 힘이나 적극적인 사고 같은 것이 아니다. 10명의 정탐꾼이 가나안에 들어가지 못한 이유는 "다만 여호와를 거역하지 말라"[14:9]라는 진리를 어겼기 때문이다. 가나안 땅에 대한 부정적인 보고는 긍정적인 사고를 하지 않는 것 보다 '여호와를 거역하는 것'이 문제이다. 현실을 바라보는 시각인 믿음의 문제이다.

메뚜기 콤플렉스 = 노예 근성 = 내가 밥이다 = 난 못한다 = 불신앙

하나님이 이미 그들에게 그 땅을 주시겠다고 약속하셨다. 하나님이 주신 약속은 잊어버리고 자신들 앞에 닥친 현실을 보고 자신의 생각에 "우리 힘으로는 도저히 안 될 것 같아"라고 단정하고 만 것이다. 이 것은 '믿음'의 문제이지 '긍정적인 마음가짐'의 문제가 아니다. 그들은 하나님의 약속을 도저히 받아들이지 못 하겠다고 한 것이다. 여호수아와 갈렙의 보고는 '긍정의 힘'이 아니라 '약속을 믿고 믿음으로 반응'한 것이다. 믿음이 정복하고, 믿음이 현실 문제를 이기고 넘게 한다!

10명의 정탐꾼은 자신들이 살기 위해서 전쟁을 피하려는 '자기변명과 합리화'를 했다. 그래서 그들은 죽고 말았다. 주님은 자신을 희생하는 죽음으로 우리들에게 생명의 밥이 되어 주셨다. 예수님은 우리에게 말씀하시기를 "내가 진실로 너희에게 이르노니 한 알의 밀이 땅에 떨어져 죽지 아니하면 한 알 그대로 있고 죽으면 많은 열매를 맺느니라"[요 12:24] 변명하는 병든 자아가 죽어야 한다. 죽으면 열매 맺는다.

우리는 믿음으로 말함으로 주님의 희생으로 주시는 '은혜의 밥'을 먹을 것인가? 자신 앞에 놓인 환경과 처지에 대하여 원망과 불평하며 있는 밥마저 엎어지게 하여 자신과 자녀들까지 죽음으로 몰아넣을 것인가? 믿음대로, 소망대로, 말한 대로 살 것이냐? 아니면 원망하며 살 것이냐? 이것이 문제로다!

믿음은 현실 문제를 바라보지 않고 약속을 붙들고 나가는 것이다.

반항의 역사 _ 멸망의 역사는 말에서 시작되었다

1	다베라	11장	악한 말로 하나님을 원망함→불이 진 끝을 불사름
2	기브롯 핫다아와	11장	고기가 먹고 싶다 원망함→씹기 전에 큰 재앙으로 죽음
3	하세롯	12장	모세가 구스 여자를 취한 것→미리암이 7일간 문둥병
4	가데스 바네아	13장 14장	가나안 땅의 정탐 보고를 듣고 애굽으로 돌아가자며 모세를 죽이려함→광야에서 40년간 방황하게 됨
5	호르마	16장	고라+다단+아비람이 모세를 대적함→산 채로 매장됨
6	신 광야 가데스	20장	물이 없다고 모세를 원망함→모세 반석을 두 번 침
7	에돔 땅	21장	험한 길로 인하여 원망함→불 뱀에 물려 죽음
→ 반항의 출발은 불평, 불만을 원망하는 말로 쏟아냄으로 멸망의 길로!			

© 믿소사랑 성경 관통 by 신주식

말에는 힘이 있다 _ 말을 바꾸면 인생이 바뀐다

믿음	세상은 말로 창조 되었다 말은 힘이 있다	귀에 들린 대로 행하리라 입술의 열매를 창조하심
소망	당신에게 축복권이 있다 정직한 자의 장막은 흥함	말이 현실화 된다 진실은 성공한다
사랑	행복하기 원하면 좋은 날을 보기 원하면	남의 말을 좋게 하라 선한 말을 하라
→ 말은 창조하는 힘이 있어 행복과 성공을 이끌어내는 힘이 있다		

© 믿소사랑 성경 관통 by 신주식

하나님을 경험하는 삶 _ 헨리 블랙카비

믿음	1. 우리 주위에서 일하심	2. 사랑의 관계를 추구하심
소망	3. 우리를 초청하신다	4. 목적과 길을 보여주신다
	5. 결단과 행동 요구하심	6. 획기적으로 조정해야 함
사랑	7. 순종을 하면 그분의 일을 성취하게 되어 주님을 앎	
→ 하나님이 함께 하심을 인식하고 행동하면 목적대로 성취됨을 경험함		

© 믿소사랑 성경 관통 by 신주식

신명기의 히브리말 제목은 '데바림'으로 '말씀들'이다. '되풀이된 말씀'이라는 의미를 가지고 있다. 세 번에 걸친 설교이다. 광야 40년 동안 이스라엘의 실패와 불순종에 대한 아픈 기억을 되새기면서, 하나님을 사랑하고 그 규례를 지킬 것을 강조한 내용들이다.

광야에서 방황한 지 40년, 모세가 죽기 전 한 달 동안 백성들에게 가나안 땅을 바라보며 세 번에 걸쳐 설교한다. 모세가 임종 직전에 꼭 하고 싶은 말은 무엇이었을까? "우리처럼 실수하지 말라1-4장. 이제 너희는 말씀을 믿고 순종해야 한다5-26장. 장차 가나안 땅에 들어가면 가나안 문화를 정복하고 하나님 뜻대로 살아라"27-34장. 모세는 가나안 문화를 앞에 두고 싸워야 할 신세대들이 정신적으로 무장되기를 바라며 가르쳤다. 신명기의 궁극적인 관심은 '땅'이다. "그 땅"이라는 단어가 일백 회 이상 사용되고 있다. 땅은 순종의 여부에 따라 하나님이 선물로 주신다. 하나님은 우리에게도 약속하신 땅을 차지하기를 원하신다.

순종함으로 축복을 누리라		들으라 | 6:4 | 모세+에스라 | BC 1405년		
믿음	1-4:43	은혜를 기억하라	역사적	과거
소망	4:44-26	말씀에 순종하라	법적	현재
사랑	27-34	순종 축복, 불순종 저주	예언적	미래
약속의 땅에 들어가기 위해서는 은혜를 기억하고 말씀을 순종함으로!				

© 믿소사랑 성경 관통 by 신주식

가나안 땅에서 안식의 축복을 누릴 - 토라: 모압 언약	
배경	가나안 땅 정복을 앞둔 백성들에게 땅에서 성공적인 삶을 약속
표현	언약의 땅은 비옥하고, 부족함이 없고, 젖과 꿀이 흐름6,8장
축복	가나안에서 안전하며, 질병이 제거 되며, 지속되는 복7,11장
목적	하나님이 목적하신 '안식'을 누림, 안정과 복된 삶15,23,28장
조건	하나님의 말씀만을 순종할 때 임함, 불순종은 '안식' 깨어짐
내용	십계명, 주요법순종, 세부법으로 구성됨- 순종해야 복쉐마
→ 말씀을 순종할 때는 안식을 누리지만, 불순종하면 안식이 깨어진다	

© 믿소사랑 성경 관통 by 신주식

7가지 복 28:3-19 조건. 순종하면 으뜸 민족이 됨		
1	성읍에도 복/저주	일상생활 복 - 손으로 하는 모든 일
2	들에서도 복/저주	직장의 복 - 땅의 풍요로움12절
3	태, 땅, 집짐승 복/저주	자손, 토지 - 사람, 소유 번성11절
4	곡식 광주리도 복/저주	의, 식, 주의 복 - 풍부한 양식8절
5	들어가도 복/저주	사업의 복 - 경제적인 성공12절
6	나가도 복/저주	무역의 복 - 국제적인 성공13절
7	적을 패하게 하심 복/저주	머리가 되고 - 군사적인 안전7절
→ 순종하면 축복이지만, 불순종하면 3배의 저주를 기록하고 있다		

© 믿소사랑 성경 관통 by 신주식

광야 하나님의 말씀을 만나는 곳

광야는 열악하다. 어디로 가야 할지도 모르고 쉴 만한 곳이 없다. 제대로 된 음식과 물은 고사하고 사먹을 수 있는 상점도 보이지 않는다. 그런 광야의 길을 걷게 하신 이유는 무엇인가? 우리는 왜 광야와 같은 삶을 사는가? 광야의 길은 우리의 마음을 낮추며 우리의 마음을 시험하는데 가장 적합한 장소다8.2.3. 하나님은 우리가 "떡으로만 사는 것이 아니요. 오직 하나님의 입에서 나오는 말씀"으로 살기를 원하셨다. 이처럼 광야는 우리의 마음을 보여 주는 곳이다. 하나님만으로 만족하며, 그분을 경외하며, 주님의 말씀에 순종하며 살기를 원하신다.

광야 길을 걷던 이스라엘 백성은 옷과 신발이 해어지지 않는 특별한 체험도 하였다8:4. 유대 문헌인 '미쉬나'에서는 광야 40년을 '하나님과의 허니문 기간'이라고 표현한다. 이 기간 부부는 서로 의지하고 신뢰하며 가까워진다. 서로를 깊이 알아 가는 기간이 허니문 기간이다. 광야는 하나님을 그렇게 친밀히 알고 체험하는 곳이었다. 그들은 광야에서 하나님을 만났고 하나님을 깊이 체험하였다.

광야란? 서양의 헬레니즘에서는 광야를 버려진 땅deserted land이라고 했다. 히브리어는 광야를 '미드바르'라고 표현한다. 히브리어로 말씀을 '디바르'라고 하며, 지성소를 '디비르'라고 한다. 이 단어들은 '미드바르'와 어근이 모두 같다. 서양 개념에서는 버려진 땅이 히브리인들에게는 광야가 하나님의 임재가 있는 지성소라는 개념으로 인식한 것이다.

주님은 공생애를 시작하면서 광야에 가서 40일 금식하셨다. 40년 광야에 방황했던 히브리 백성들이 시험을 받아 약속의 땅에 들어가지 못한 것을 끊고자 하셨다. 마귀는 이것을 알고 히브리 백성들이 광야에서 먹는 문제로 시험에 넘어지게 하듯이 주님께 "떡을 만들어 보라"고 유혹했다. 그 때 예수님은 신명기를 인용하면서 "사람이 떡으로만 살 것이 아니요 하나님의 입에서 나오는 말씀으로 살 것이니라"고 말씀으로 물리치셨다. 주님은 광야같이 버림을 받으셨고, 영의 만나를 주시려고 자신의 몸을 찢어 주셨다. 우리는 그 말씀을 먹으면서 광야 같은 이 땅에서 하나님을 만나는 복을 받았다. 광야에서 말씀을 먹으며 살 때, 살아갈 수 있다. 승리할 수 있다! 이길 수 있다!

믿음은 인생은 먹는 양식으로만으로 살 수 업고 말씀으로 살아야.

소망은 순종하면 축복이 오며, 불순종하면 저주가 있음을 아는 것.

사랑은 말씀을 의지하여 주님처럼 시험을 이기고 승리하는 삶 살기!

4_ 회복
선지서

5_ 승리
복음서

3_ 지혜
시가서

믿소사랑
낳아 약식 풍성

7_ 성취
계시록

6_ 풍성
서신서

2_ 정복
역사서

1_ 창조
모세오경

2. 끝없는 도전으로 정복하는힘 _ 역사서

줄기 자리기 | 정복 • 왕국시대 (BC 1500-500년)

하나님은 역사를 통해서만 말씀하시고 자신을 나타내신다. 우리는 역사를 통해 하나님이 어떤 분일을 알게 하시고, 우리들의 정체성은 역사를 통해서 찾게 된다. 하나님은 과학 실험에서 증명될 수 없다. 강의실이나 토론을 통해서도 알 수 없다. 오직 역사를 통해 알게 된다.

역사서 Historical는 여호수아의 수확 Harvest이 다윗 왕국을 이루는 것을 보여주고, 소망 Hope의 룻기는 통일왕국을 보여주며, 사사기와 열왕기는 굶주린 Hungry 분열왕국을 보여준다. '역사는 끝없이 도전하는 자의 것'이라는 교훈일 것이다. 역사는 반복되기 때문에 주목해서 보자.

출애굽을 하여 왕국을 이루기까지의 긴 역사는 '땅에서 자라나기'로 표현된다. 여호수아는 선물 주신 땅을 '정복'하고 땅을 '소유'했지만 결국 사사기에서 이스라엘 백성들은 불순종함으로 땅을 '상실'하였다. 마침내 하나님은 다윗을 통해 땅의 '완전정복'을 이루신다. 이스라엘은 꿈에 그리던 젖과 꿀이 흐르는 땅을 차지하였고, 다윗 왕국은 그 땅에서 평안과 안식, 그리고 풍요함을 누렸다. 그러나 얼마 지나지 않아 풍요로운 땅을 주신 하나님을 의지하기 보다는 자신의 '힘'을 의지하기 시작했다. 결국 그들은 그 땅에서 쫓겨나 바벨론 포로로 사로잡혀 간다. 바벨론 포로에서 다시 약속의 땅으로 돌아오는 기적 같은 이야기가 역사서이다.

땅에서 나무가 자라기 위해서는 지지대를 묶어 주어야 한다. 영적 성장도 마찬가지다. 잘 자라나기 위해서는 훌륭한 영적 안내자가 필요하다. 영적 안내자들은 우리가 어떻게 도전하면 변화와 성숙을 이룰 수 있는가를 보여 주는 모델들이다. 그중에서도 여호수아와 다윗은 우리가 닮아가야 할 기둥 같은 자들이다. 역사서에는 좋은 열매를 맺어 풍요로움을 누린 사람도 있지만, 나쁜 열매를 맺어 불행한 최후를 맞이한 사람도 있다. 당신은 무엇을 선택할 것인가? 우리가 최선을 다해 준비했다면 하나님은 일하실 것이다! 여호수아와 갈렙처럼 도전하는 자에게 축복이 있다!

지금까지 우리는 구약 역사서를 도덕적 예화나 구속사적 모형으로 주로 읽어왔다. 이렇게 보면 우물안에 개구리가 된다. 하나님의 나라 의 관점에서 하나님의 계획이 어떻게 성취되기 위해 전진하고 승리하 는가를 보아야 한다. 현대에서는 하나님은 왜 이 타락하고 부패하고 부도덕한 세상을 '방치'하시는가? 라는 이야기가 나온다. 그런데 역사 서를 읽다보면 하나님은 순간순간 우리를 그럼에도 불구하고 구원하 시는 모습을 보게되며 선을 이루시는 모습들이 나온다.

여호수아의 핵심은 간단히 말하면 구속사의 정점인 동시에 시작점 이라고 말한다. 여호수아는 우리는 누구인지에 대해서 정체성을 확립 해주는 책이다. 여호수아서는 우리의 이 땅의 소명인지 보여주고 있음 을 알려주고 나아가서 이 세상에서 살아가는 우리는 과연 어떻게 살 아가야 하는지에 대해서 여호수아서는 알려준다.

어떻게 강한 적군이 있는 가나안 땅을 점령할 수 있었는가? 하나님은 요 단을 건너라는 말씀에 순종하기만 하면, 약속의 땅을 선물로 주시겠다고 하셨다. 애굽 땅에서 종살이를 한지 50년이 채 안된 이스라엘 백성들은 가나안을 정복함으로 번영을 누리게 되었다. 이 일은 리더십을 발휘한 여호수아 덕분이다. 또한 요단강을 건너고 여리고를 정복한 것은 전적인 하나님의 도우심이라고 할 수 있다. 여호수아는 7년에 걸쳐 30여 개 이상 의 국가 정복1-12장과 땅의 분배, 여호수아의 고별사까지 모두 마쳤다13-24장.

여호수아서는 다음 세대에게 "왜 약속의 땅에서 안식을 누리지 못하고 침입을 받는가?"라는 문제를 벗어날 수 있는 길이 무엇인지를 제시하고자 저술하였다. 축복의 땅에서의 평안과 안식, 이것이 중요하다!

정복하라 분배하라			정복	21:43-45	여호수아,엘르아살	1380년		
믿음	1-5장	건너라 준비(말씀 vs 가나안문화)	한 달	준비
소망	6-12장	취하라 믿음의 정복(라합 vs 아간)	7년	정복
사랑	13-24장	나누라 소망의 정착(땅, 신앙 정착)	18년	소유
→ 약속의 땅을 건너가서 취하는 것은 은혜이며, 나눔으로 사랑을!				

ⓒ 믿소사랑 성경 관통 by 신주식

도전의 힘

오직 강하고 담대하라

여호수아는 모세를 이어 이스라엘의 지도자가 된다. 그는 가나안 땅을 정복해야 하는 엄청난 과업 앞에 몹시 두려워하였다. 이러한 상황에서 여호수아에게 진실로 필요한 것은 무엇이었을까? 바로 '담대함'이다. 하나님께서 주시는 격려의 말씀은 "강하고 담대하라 두려워하지 말며 놀라지 말라 네가 어디로 가든지 네 하나님 여호와가 너와 함께 하느니라"1.9였다. 오늘날 여호수아처럼 커다란 문제 앞에 직면한 우리에게도 힘을 북돋아 주시는 말씀이다. 담대하라! 두려워하지 말라!

이 말씀을 여호수아가 처해 있는 상황에서 생각해보면 가나안 땅에 있는 적들에 대해 강하고 담대할 것을 격려하는 말씀으로 보인다. 하지만 이것은 우리가 상상하는 것과 다르다. 하나님은 여호수아에게 '마음을 강하고 담대하라'고만 하셨지, 눈앞에 닥칠 어려움과 가나안 적군에 대해 담대하라 라는 언급이 없다는 점이다. 적들에 대한 언급이 전혀 없다! 그러면 무엇으로부터 담대하라고 하신 것인가?

"나의 종 모세가 네게 명령한 그 율법을 다 지켜 행하고 우로나 좌로나 치우치지 말라 그리하면 어디로 가든지 형통하리니"1.7. 즉 오직 율법을 지켜 행하는 일에 강하고 담대하라는 것이다. 그러면 자동적으로 '형통'하고 '평탄'하여 적의 문제는 해결 될 것이라는 것이다. 하나님이 홍해 앞에 두려워하는 백성들에게 "두려워하지 말고 믿기만 하라"고 하신 것처럼, 상황과 환경을 바라보는 것이 아니라 약속의 말씀을 붙잡으라는 것이다. 긍정의 힘나 적극적인 사고가 아닌 믿음으로.

　마음을 강하고 담대하게 만들기 위한 방법은 "이 율법책을 네 입에서 떠나지 말게 하며 주야로 그것을 묵상하여 그 안에 기록된 대로 다 지켜 행"18하는 것이다. "그리하면 네 길이 '평탄'하게 될 것이며 네가 '형통'하리라"는 약속을 주셨다. 여호수아가 물리쳐야 할 것은 적군이 아니라 내 안에 숨어 있는 '두려움'이라고 말씀하신 것이다. 하나님의 말씀으로 채워야 내 안에 있는 두려움을 이길 수 있다. 말씀으로부터 멀어지는 것을 두려워하고 말씀을 지키는 것에 대해 담대해야 한다.
　이기는 삶을 위한 하나님의 처방은 강하고 담대하게 오직 하나님의 말씀대로 사는 것이다. 하나님의 말씀을 주야로 묵상하며 사는 것이다. '묵상'이라는 단어는 가만히 앉아 생각만 하는 것이 절대로 아니다. 원문을 보면 '나지막한 소리로 읊조리다' '연애하듯이 속삭이다'는 뜻으로 하나님의 말씀을 읽은 것을 가지고 하나님과 대화하듯이 말하는 것이다. 그 말씀이 마음에 다가오면 믿음으로 선포하는 것까지 포함한다. 기독교는 생각에만 잠기는 종교가 아니다. 하나님의 말씀을 생각해보고 또 생각해서 되새기며, 그 말씀이 감동으로 다가오면 하나님과 대화하고 이어서 그 말씀을 가지고 선포하며 삶으로 나아가는 단계까지 가야 한다. 이것이 하나님의 말씀이 '들음'에서 나오는 과정이다. 믿음은 말씀을 새겨 '들음'으로 자라서 나서 형통과 평탄의 열매를 맺게 한다.

가나안 문화의 뿌리는 풍요의 신 숭배이다

이스라엘 백성들이 향했던 가나안 땅은 어떤 곳인가? 당시 가나안은 극도로 발달한 도시 문화를 이루고 있었다. 건물 바닥은 포장 되어 있었고 배수시설도 잘 되어 있었다. 철기 문명의 대표주자로 당시 최첨단 무기인 철병거도 가지고 있었다. 당시 철은 금값의 5배, 은값의 40배 시세였다. 가나안은 군사, 건설, 문화 강국이었다.

문화의 심장은 '종교'이다. '문화'는 '종교에 뿌리내리고 피는 꽃'이다. 가나안 땅에는 바벨탑을 쌓았던 문화가 옮겨와 있었다. 가나안의 문화는 하나님을 대적하였던 바벨 국가의 문화였다. 가나안 족속은 바알신을 숭배하였다. 고대 가나안에서 소를 전쟁의 신으로 여겼다. 그래서 바알 신의 형상은 머리에 황소 뿔 모양의 투구를 쓰고, 오른 손에는 망치모양의 철퇴를, 왼손에는 끝이 뾰족한 지팡이를 들고 있는 모습으로 그려졌다. 바알은 애굽의 금송아지 우상과 같이 풍요와 번영을 가져다 주는 농경과 목축의 신으로서 전지전능한 최고의 신이었다.

바알신은 농사를 위해 비를 내려 주는 풍요의 신으로, 그들에게 생명을 주는 신으로 여겼다. 그들은 자신들의 문명을 유지하기 위해 잘 먹고 사는 신이 필요했다. 그래서 풍요롭고 생산을 잘 할 수 있도록 해준다는 바알을 섬겼다. 고대 시대에 그들의 목숨은 하늘과 땅에 달려 있었다. 하늘에서 비를 내려 주어야 하고, 땅에서는 곡식이 자라야 먹고 살 수 있기 때문이다. 그래서 그들은 비를 내려 주는 바알신을 섬겼다. 또한 바알은 태양신이며 남성을 상징했다. 남성 성기를 상징하는 형상물을 만들었다. 아세라는 달의 신으로 여성을 상징했다. 아세라 신상에는 큰 가슴을 강조하였다. 왜 그들은 남성 신과 여성 신을 만들었는가? 그들은 "남성 신과 여성 신이 성관계를 함으로 새끼를 많이 낳아서 농사를 풍요롭게 해 준다. 그러기 위해 신을 자극해야 한다"라는 믿음을 가지고 있었기 때문이다. 신전에서 음행하는 일이 의식처럼 행해졌다. 그러나 그들은 신을 위한 것이라는 변명과 합리화로 자신들의 정욕을 추구한 것뿐이다. 쾌락과 음란을 즐기며 살기 위해 바알신을 찾았다.

그들에게는 경제적인 부를 채워 주는 신이 필요했다. 그들에게 풍요와 다산의 신인 바알을 찾았다. 빵으로 배불려 줄 수 있는 경제의 신이다. 종교가 음란해지면, 음란이 곧 생활이 될 수밖에 없다. 그들이 신을 섬기는 행위는 신의 여자 제사장과 성관계하는 것이 제사법이었다. 그들에게 자식은 '생명'이다. 바알은 자식은 생산을 낼 수 있는 최고의 신으로 여겼다. 자식들이 노동에 투입되어 부를 만들어 준다고 여겼다.

바알 = 풍요, 번영의 신 = 경제의 신 = 태양신 = 쾌락의 신 = 음란

오늘날의 바알은 스마트폰 안으로 들어왔다. 가나안 문화는 스마트폰, 영화, 드라마에 들어와서 풍요와 섹스를 부추기고 있다. 힌두교는 음란하기로 유명하다. 불교도 가나안 종교가 숨어 있다. 불교는 힌두교에서 나왔다. 힌두교는 '신과 하나다'를 주장한다. 신과의 합일은 가나안 문화에서 나왔다. 그것이 바벨 문화가 동쪽으로 옮겨서 생긴 것이 인더스 문화권 종교가 되었다. 힌두교는 유목민족인 '아리아인족'의 남하하여 무사, 사제, 평민으로 구성했다. 그들이 믿는 브라만은 신과 인간을 연결해 주는 중재자가 아니라 우주의 창조주와 동일시했다. 이것이 브라만교의 탄생이다기원전 800년경. 힌두교에서 행하는 요가는 무아 경지, 황홀경, 합일 삼매경을 이루는 도구로 사용한다. 오늘날 젊은이들에게 인기를 끌고 있는 뉴에이지 문화가 판을 친다. 그들은 성경을 인용하면서 신과 합일 할 수 있다고 주장하며, 특히 부를 이룰 수 있기 위해 우주를 향해 '끌어당김의 법칙'을 사용해 보라고 권한다.

불교는 힌두교라는 토양에서 나왔다. 석가모니는 힌두교를 저항하여 나왔다. 인간의 생로병사라는 고뇌를 씨름하다가 득도 하였다. 불교에

도 성적 합일의 쾌감을 종교적 합일로 설명하는 불교 계열이 있다. 이를 금강승_{탄트리즘}이라고 부르는데 티베트불교와 라마불교가 있다.

불교에서는 명상을 강조한다. 명상이란 "마음의 고통에서 벗어나 아무런 왜곡 없는 순수한 마음 상태로 돌아가는 것을 초월이라 하며 이를 실천하려는 것이 명상이다"라고 정의한다. 마음의 고통을 비우기 위해 행하는 명상은 '마음 비우기' 작업이다. 명상을 어느 정도 단계에 들어가면 '명현현상'이 나타난다. 명상을 하다가 머리에 소름이 돋거나 끔찍하다는 느낌을 느껴지거나, 머리가 띵하고 아픈 현상이 나타난다. 명상하는 사람들은 수련 과정에 나타날 수 있다고 한다. 하지만 이러한 것은 영에 민감한 사람이 악한 영과 접촉할 때 나타는 현상이다. 명상의 비우는 것은 좋은 점도 있지만, 우리는 비우기만 하고 채우지 않으면 악한 영이 침투할 수 있는 통로를 열어 줄 수도 있다.

불교는 비우는 종교이고 기독교는 십자가로 비우고 말씀으로 채우는 종교이다. 비움만 있으면 "모든 것이 헛되고 헛되도다"라는 식으로 흘러간다. 처음에는 마음을 비우는 것이 좋다가 허무와 공허에 빠질 수 있는 위험이 있다. 불교에서 마음을 비우는 것을 강조하지만 결국 추구하는 것은 '마음의 평안'을 추구한다. 이것은 인생의 고뇌를 피하고 '마음의 풍요'를 바라는 것이다. 불교의 뿌리는 '가나안 문화의 종교'에서 흘러 나왔다는 것을 잊지 말아야 한다.

하나님은 가장 큰 관심은 가진 것은 무엇인가? 이스라엘 백성들이 거룩한 백성답게 사는 것이고, 하나님 나라가 그 땅 가운데 이루어지는 것이다. 이때 가장 큰 적은 7족속이 아니라 그들의 가나안 문화이다.

여호수아 행진				
믿·소	정복	평화	상속	순종과 신뢰	하나님 사랑
사랑	정착	안식	잔치	믿음과 감사	이웃 섬김

ⓒ 믿소사랑 성경 관통 by 신주식

문화 명령 _ 창세기 1:28 참조		
믿음	땅에 충만하라	경영으로 만물을 풍성한 삶	평안하게
소망	땅을 정복하라	사회문화를 사랑으로 변혁	쉼과 안식
사랑	다스리라	정치, 교육, 환경 섬김으로	풍요롭게
→ 창조 때에 주신 축복을 여호수아처럼 우리도 정복함으로 성취해야!		

© 믿소사랑 성경 관통 by 신주식

요단강		
믿음	여호수아	믿음으로 물에 들어감으로 갈라짐	전적 은혜
소망	나아만	의지적인 순종으로 깨끗하게 되어 짐	전적 순종
사랑	예수님	성령이 임하시며 하나님의 선포 임함	전적 희생
→ 요단강의 기적은 자아의 죽음을 통과한 사람에게 임하는 은총이다		

© 믿소사랑 성경 관통 by 신주식

물세례, 성령세례, 성령 충만		
믿음	물 세례	물속에서 죽고, 마음을 씻어냄(홍해)
소망	성령 세례	성령의 능력적 임재, 복음증거의 능력
사랑	성령 충만	성령 세례의 결과, 생활 속 성령의 열매
→ 성령 세례는 성령의 임하심, 성령의 나타나심이다		

© 믿소사랑 성경 관통 by 신주식

라합의 순종 2장	여리고 정복 6장	아간의 불순종 7장
이방인 기생	비상적인 명령에 순종	유다 지파 지도자
두 정탐꾼 숨겨줌	하나님의 임재하심	"바친 물건"을 훔침
다윗의 조상이 됨	여리고 성이 무너짐	아골 골짜기 무덤
→ 여인이 순종함으로 다윗의 조상됨, 유다 지파라도 불순종은 죽음		

© 믿소사랑 성경 관통 by 신주식

젖과 꿀이 흐르는 가나안 땅

가나안의 상징은 늘 '젖과 꿀이 흐르는 아름다운 땅'이다. '젖'은 목축하기에 좋은 땅을, '꿀'은 풍요로운 식물이 있는 땅을 말한다. 특히 이

118

표현은 가나안 땅의 넘치는 '번영'과 '충만한 복'을 상징한다. 요셉이 인도한 고센 땅은 목축하기에 좋은 젖과 꿀이 흐르는 땅이다.

우리는 '가나안 땅에 들어가면 젖과 꿀이 흐르며 평화가 넘치는 축복을 받을 것이야'라고 생각한다. 이스라엘 백성들도 그랬을 것이다. 그런데 알고 보니 그곳은 다른 족속이 차지하고 있었고 아주 척박한 땅이었다. 그들이 가나안 땅에 들어가서 한 일은 평화를 누린 것이 아니라 '전쟁'이었다. 들어가면서부터 여리고성을 무너뜨려야 했고, 아이성에서도 전투가 있었다. 여호수아가 평생 동안 이스라엘 민족과 더불어 싸워야 했던 곳이 가나안이다. 그러나 그곳에 성령님이 동행하여 주시기 때문에 '젖과 꿀'이 흐르는 땅이 되는 것이다. 성령님이 함께 하시기 때문에 풍성해 진 것이다! 약속을 믿는 자에게 주시는 선물이다.

가나안에 들어가기 위해서는 꼭 요단강을 건너가야 한다. 강을 건너가는 것은 '죽음'을 뜻한다. 사람은 물에 빠지면 죽는다. 왜 죽어야 하는가? 새로운 생명으로 다시 살기 위해서이다. 물은 '죽음' '씻음' '생명'을 뜻한다. 물을 통과하면 '나'는 죽고 옛사람이 씻어지며, 새 생명을 얻는다. 성령 안에서 예수님의 십자가 은혜인 '새 생명'이 있기 때문이다. 요단강은 옛 죄 성품을 정결하게 씻어내는 곳이다. 그래야 성령님과 동행할 수 있다. 성령님은 우리 인생을 거듭나게 하시고, 우리 영안에 내주하신다. 성령께서 우리 안에 내주하셔야 적들의 습성에 물들지 않고 쫓아낼 수 있다. 우리 안의 옛사람을 내쫓아야 성령의 열매를 맺게 된다. 성령께서 내주하심으로 '젖과 꿀'이 우리 심령 안에 흐를 수 있는 것이다. 성령 안에서 우리는 평안과 참 안식을 누릴 수 있다!

예수님을 믿고 나면 천국에 가고 천사처럼 되는 줄 착각한다. 우리가 하나님의 사람이 되기 위해서는 전쟁이 있음을 명심해야 한다. 이 전쟁은 무엇을 의미하는가? '육체'와 '자아'의 전쟁이다. 원래 점거하고 살고 있던 육신을 몰아내는 싸움을 해야 한다. 구습을 좇는 옛사람을 몰아내는 전쟁이다. 이는 육체 자아를 처리하는 과정이다.

이 전쟁을 누가 주도하는가? 성령님이 하신다. 여리고 성 전쟁을 앞두고 여호와의 군대장관이 서서 기다리고 있었다. 전쟁은 우리에게 속한 것이 아니라 하나님께 속한 것으로 성령님이 함께 하심으로 승리하는 것이다. 이 전쟁은 광야에서는 일어나지 않았다. 가나안 땅에서는 전쟁이 있다. 하나님이 친히 보호하심으로 싸우는 것으로 우리의 싸움은 혈과 육에 대한 것이 아니라 악한 자와 싸워야 하는 영적인 전쟁이다.

나와 내 집은 하나님만 섬기겠노라

요즘 사람들은 어떤 것이 재미없고 즐겁지 않으면 무엇이든지 하고 싶지 않아 한다. 우리는 즐거움을 얻기 위해 돈을 쓴다. 산업혁명 이후 먹고 사는 생존 욕구는 거의 채워졌음에도 더욱 자신을 행복하게 해 주는 음식, 여행, 술, 섹스 등에 돈과 시간을 쓰고 있다.

죽음을 앞 둔 여호수아는 다음 세대를 향해 마지막에 결단을 촉구했다. 다음 세대가 점점 양다리를 걸치려고 하는 것을 안타까워하면서 말이다. "만일 여호와를 섬기는 것이 너희에게 좋지 않게 보이거든 너희 조상들이 강 저쪽에서 섬기던 신들이든지 또는 너희가 거주하는 땅에 있는 아모리 족속의 신들이든지 너희가 섬길 자를 오늘 택하라." 여호수아는 어떤 상황이나 환경에서도 "오직 나와 내 집은 여호와를 섬기겠노라"24:15고 담대하게 말했다.

하지만 여호수아가 죽은 지도 얼마 안 되었는데, 다음 세대는 아주 '다른 세대'로 변질하고 말았다. 다른 세대가 된 이스라엘 백성들은 풍요를 가져다주는 바알 신을 섬기기 시작했다. 그들은 믿음으로 위대한 정복을 했지만, 가나안 땅을 정복하라는 사명을 잊어버리고 먹고사는 일에만 집중하였다. 결국 그들은 소망을 점차 잃어 갔다. 그들의 소망이 누구에게 있는지 잊어버리고 말았다.

삿 _ 삿대질을 받는 세대가 되다

Judges

도전의 힘

 사사기라는 이름을 히브리어로 하면 이 시기 이스라엘을 다스렸던 직책인 '쇼프팀'인데, '재판관들'이라는 뜻이다. '재판관'은 단지 재판만 하는 사람이 아니라 지도자이며 통치자의 기본적인 업무를 수행하였다. 그들은 하나님을 대행하여 백성들 가운데서 행하는 자들이었다.

 교회는 타락할 수 있는가? 성도는 타락되는가? 그렇다. 여호수아가 죽은 뒤에 이스라엘 백성들은 바알의 우상을 섬기며, 가나안 문화에 빠져 타락하였다. 이에 하나님은 주위 나라를 통하여 징계하셨고, 백성들이 하나님께 부르짖을 때 마다 하나님은 13명의 사사, 즉 '다스리는 자'를 보내어 그들을 구원해 주셨다. 사사로 말미암아 평화의 기간을 누리면 다시 타락하여 죄악의 길을 걸었다. 이러한 '죄와 은혜의 역사'는 7번이나 반복되었다. "자기 소견에 옳은 대로"17:6, 18:1, 19:1, 21:25 행하면 평안과 안식은 오래 갈 수 없다는 것을 보여 주었다.

 사사기의 이스라엘의 역사가 반복되는 순환으로 제시되고 있다. 범죄2:11, 13- 진노2:14- 압제2:14-부르짖음2:18- 구원2:18- 재범죄2:19의 사이클은 계속 반복된다. 각 스토리는 단지 등장 인물과 장소만 다를 뿐 기본적으로 동일한 이야기를 반복한다. 옛말에 배부르고 등 따뜻하면 걱정이 없다고 했다. 그만큼 배가 부르면 만사형통 할 수 있다고 착각한다. 하지만 이상하게도 인간은 배가 부르면 엉뚱한 일 즉, 자기소견에 옳은 대로 살고자 하다가 범죄나 우상숭배에 빠진다. 사사기는 '그 소견에 옳은 대로' 행할 때 비참해질 수 있다는 것. 그러므로 의로운 왕을 필요로 한다는 것을 가르쳐 주기 위해 기록하였다.

죄는 고통, 회개가 구원			구원 | 21:25 | 사무엘 | 1043-1004년	
믿음	1-2장	범죄(정복 못한 세대)	은혜 미룸	타락
소망	3-16장	구원(사사를 통해)	은혜 구함	구원
사랑	17-21장	타락(우상숭배,부도덕)	은혜 망각	악행
→ 은혜를 잊는 순간 즉, 자기 소견에 옳은대로 하면 범죄에 빠진다				

© 믿소사랑 성경 관통 by 신주식

	압제자	기간	구원자	평화	기 능
1	메소포타미아	8년	웃니엘	40년	최초의 국가 지도자
2	모 압	18년	에훗	80년	안식의 제공자, 왼손잡이
3	가나안	20년	드보라	40년	여성 지도자, 바락 협력
4	미디안	7년	기드온	40년	구원자(3백 vs 13만 5천)
5	아비멜렉	내란	돌라, 야일	23,22년	돌라-중재자 및 행정관
6	암 몬	18년	입다	6년	경솔한 서원 딸 잃음
7	블레셋	40년	삼손	40년	천하장사, 나실인
→ 하나님의 나라의 대리자인 사사들을 보내 압제자로부터 구원하셨다					

© 믿소사랑 성경 관통 by 신주식

타락의 원인은 자아숭배다

왜 우상숭배에 빠지는가? 우상숭배의 뒤에는 하나님 없이 내 마음대로 살려고 하는 '병든 자아'가 숨어 있다. 병든 자아가 추구하는 것이 바로 돈, 정욕, 탐심이다. 탐심이 우상숭배의 원인이 되는 이유는 자신의 욕심을 충족시키는 수단으로 우상을 숭배하기 때문이다. 우상숭배의 뿌리에는 '자아숭배'가 깔려 있다. 자기 사랑이 뿌리다.

세상에 존재하는 모든 우상 숭배의 동기 이면을 보아야 한다. 우상숭배의 이면에는 하나님을 섬겨야 하는 자리를 자신들이 차지하고 싶어하는 마음이 숨겨져 있다. 돈과 섹스, 그리고 성공을 추구하는 마음. 이것을 사람들에게 신비스럽게 보이고 멋지게 보이려고 종교의 모습으로 포장한 것이 우상 종교이다.

우상 숭배는 사탄이 에덴동산에서 사용했던 수법과 다를 것이 없다. 사탄은 "네가 하고 싶은 대로 하며 살아라. 방법은 지혜롭고 고상하게 보이도록 하고"라고 속삭인다. 양심이 올라오는 소리를 듣지 못하도록 '문화'라는 이름으로 음란을 부추긴다. 동성애도 합리화한다. 문화라는 방법을 사용하여 '성소수자 보호'라는 것으로 포장한다.

왜 섹스에 빠지는가?

섹스는 아름다운 것이다. 하지만 그것 자체를 목적으로 삼으면 그것이 신격화되어 사람들을 섹스의 노예로 만든다. 철학자들은 '쾌락의 역설'을 말한다. 쾌락을 추구하면 할수록 쾌락을 느낄 가능성이 적어진다는 것이다. 즐거움 자체를 추구하면 즐거움이 눈 녹듯이 증발해 버린다. 섹스를 하면 일순간 짜릿한 맛이 있다. 그러나 끝나면 그가 생각했던 것보다 만족감을 느끼지 못했다고 생각하고 허무해진다. 허무를 채우기 위해 더 짜릿하고, 더 강력한 방법을 동원해서라도 쾌락을 누리고자 한다. 게임이나 오락에 빠지면 이러한 현상이 거의 비슷하게 나타난다. 왜 중독을 끊지 못하는가? 중독에 빠지면 금단현상 때문에 빠져 나오기 힘들다. 이러한 일을 하고 난후에 쾌락이 만족감을 계속 주는가? 안타깝게도 만족감 대신 '외로움'이 찾아온다. 더 강력한 욕구를 찾아다니면서 '허무함'을 메울 수 없게 된다. 하나님을 찾는 것보다 즐거움을 추구하는데 더 취하면 즐거움이 점점 사라진다. 점차 신기루를 쫓아가는 인생이 되는 것이다. 섹스는 하나님의 선물일 때는 결합을 가져 오지만, 섹스가 신이 될 때 이혼과 가정 파탄의 원인이 된다.

오늘날의 사탄은 핍박을 통해 성도들을 공격하지 않는다. 초기에는 핍박이 통했지만 오늘날 사탄은 이런 무기를 별로 사용하지 않는다. 쾌락이라는 더 좋은 미끼를 사용한다. 미국에 포르노 산업은 연간 1조 억원의 수입을 올린다. 미국 〈뉴스위크〉는 2006년 보도에 따르면 한국 인이 포르노를 보는데 1인당 526.76달러를 쓰는 것으로 1위를 하였다. 이어 일본은 156.75달러이며, 미국은 44.67달러이다.

"그냥 인터넷으로 사진을 보는데 뭐가 문제냐"라고 말할지도 모른다. 그러나 카일 아이들먼은 『거짓신들의 전쟁』에서 말한다. "그것은 오로 지 당신을 파괴하기 원하는 잔인한 신의 제단 위에 당신의 영혼을 갖 다 바치는 예배이다. 인터넷 웹사이트들을 물색하면서 음란 영상들을 볼 때, 당신의 마음을 성적 쾌락의 신에게 바치는 것이다. 섹스라는 하 나님의 좋은 선물을 우상으로 변형 시킬 때, 그 좋은 선물이 하나님께 서 정하신 본래의 역할을 수행하지 못하고 파괴되는 것은 시간문제이 다. 그 좋은 선물을 보고 그 선물을 주신 하나님을 더 뜨겁게 사랑하고 더 열렬히 섬기게 되면, 하나님께서 귀한 하나님의 선물들을 더욱더 풍성하게 해주신다는 것을 깨닫게 될 것이다." '쾌락이 아닌 주님'으로! 섹스의 신격화는 인간을 비인간화한다. 섹스는 상대를 쾌락의 수단으 로 이용한다. 바알 신은 풍요를 약속하지만 시간이 지날수록 더 만족 하지 못하게 하고 더욱더 가짜 기쁨을 추구하도록 만든다.

예수님은 우리를 온전한 인간으로 회복하기를 원하신다. 부부가 함 께 연합함으로 주님을 따를 때 우리는 친밀감으로 새로운 부부관계를 가지게 된다. 주님이 우리를 위해 십자가로 하나 되게 하셨다. 십자가 는 플러스(+) 인생으로 바꾸어 준다. 부부가 하나 되게 만들어 준다. 주 님과 연합하게 만들어 준다. 하나님은 연합을 원하지만, 사탄은 분열을 원한다.

바알 신은 제물을 요구했지만 주님은 자신이 제물 되어 우리가 연합할 수 있는 길을 만들어 주셨다. 예수님이 우리에게 만족을 주시는 분이다. 예수님과 사랑의 관계를 맺을 때 우리는 날이 갈수록 더 멋진 인생을 즐길 수 있게 된다. 멋진 밀월을 위해 잠깐의 쾌락을 내려놓아야.

섹스의 신은 우리에게 '만족'을 약속한다. 그러나 '외로움'과 '수치'를 돌려준다. 사탄이 하나님께서 선물과 축복으로 정하신 것들을 왜곡하여 우리에게 미끼를 던진 것이다. 사람들은 육체적인 충동이라는 것이 큰 만족을 줄 것이라고 기대하지만 오히려 당신을 '기만'한다는 사실을 잊지 말아야 한다. 「기」대 이상의 흥분과 「만」족을 약속하지만 속임수 일뿐이다.

예수님이 우리의 '참 만족'이시다. 예수님은 우리가 줄곧 원해온 친밀감을 주신다. 예수님과 사랑의 관계를 맺을 때 끝없이 달콤한 밀월여행을 만끽할 수 있도록 해 주신다. 날마다 이 여행을 즐길 수도 있다.

믿음은 쾌락, 성적 유혹으로 이끄는 섹스의 신을 거부하는 것이다.

소망은 짜릿함을 주는 거짓 만족에 속지 않고 외로움도 주께 맡긴다.

삼손의 성장 과정		
믿음	나실인 탄생	여호와의 영이 강하게 임하니14:6
소망	여인과 타락	성령이 떠난 줄 깨닫지 못함16:20
사랑	마지막 간구	하나님 이번만 강하게 하사16:28
→ 성도는 성령을 떠나서는 살 수 없다. 오직 성령으로 살 때 능력 주신다		

© 믿소사랑 성경 관통 by 신주식

삼손이 믿음의 영웅이라고?

삼손은 목회자들에게 미움을 받는 대상이다. 목회자들은 그를 절대 본받지 말아야할 인물이라고 설교한다. 자연히 성도들도 술과 여자에 놀아난 삼손을 몹시 안 좋은 시각으로 본다. 특히 여자에게 속은 어리석은 놈으로 말이다. 과연 그럴까?

우리는 도덕적 잣대로 색안경을 끼고 볼 것이 아니라 성경에서 무엇이라고 하는지를 보아야 한다. 히브리서에서는 삼손을 믿음의 영웅 가운데 한 사람이라고 당당하게 말한다. 이에 우리는 질문을 던진다. 왜 삼손이 믿음의 영웅이란 말인가? 들릴라에 빠져 헤이해진 사람이 무슨 자격으로 믿음의 용사란 말인가? 성경은 내 안경으로 보면 위험하다.

우리는 성경이 삼손이 믿음의 용사로 싸운 장면을 '중요하게' 생각하고, 들릴라에게 홀려 사명을 망쳐버린 부분은 '작게' 여긴다는 점을 주목해야 한다. 그는 성적으로도 문란하고 종교적으로 타락한 '사사시대'에 대적과 싸워 이스라엘을 구원하는 '하나님의 사자' 역할을 하였다. 삼손이 싸운 블레셋은 가장 강한 세력으로 백성들이 노예로 사로잡힌 그 시대에 그는 압제의 고리를 끊은 영웅이었다. 이런 악한 시대에 아무도 삼손편이 되어 주지 못했지만, 그는 홀로 외로운 전투를 하며 싸워 이겼다. 이스라엘 장로들은 도리어 자신들의 목숨을 구하려고 삼손을 블레셋에 바치려고 하였다. 이때 그는 '하나님의 신이 함께' 함으로 나귀의 새 턱뼈로 일천 명을 죽이고 돌아온다. 이 모든 일이 하나님이 함께 한 일이라고 성경은 말한다. 성령이 함께 한 사람이라는 말이다.

또 성경에서는 삼손은 아내를 빌미로 블레셋의 가장 큰 도시인 아스글론 사람들을 무찔렀다고 한다. "블레셋 사람에게 가서 아내를 맞으려 하느냐? … 그 때에 블레셋 사람이 이스라엘을 다스린 까닭에 삼손이 틈을 타서 블레셋 사람을 치려함이었으나 그의 부모는 이 일이 여호와께로부터 나온 것인 줄은 알지 못하였더라"(14:3-4). 우리는 이방 여자와 결혼하는 것이 무조건 잘못되었다고 단정할 수 없는 것이다. 이 일은 일명 '하나님의 트로이 목마' 작전이었다. 삼손은 하나님의 도우심으로 놀라운 일을 행하였다. 다만 삼손이 들릴라에 홀딱 빠져 자신의 눈까지 뽑아내는 어리석음만 우리가 본받지 않으면 그만이다.

셰익스피어는 "끝이 좋으면 모든 것이 좋다"고 했다. 우리가 주목해 보아야 할 부분은 삼손의 끝이다. 우리는 그가 '믿음의 영웅'이었음을 보여 주는 결정적인 증거를 찾을 수 있다. "삼손이 여호와께 부르짖어 … 나를 생각하옵소서 하나님이여 구하옵나니 이번만 나를 강하게 하사 나의 두 눈을 뺀 블레셋 사람에게 원수를 단번에 갚게 하옵소서 … 삼손이 죽을 때에 죽인 자가 살았을 때에 죽인 자보다 더욱 많았더라"16:28,30. 삼손은 예수님이 죽음으로 압제의 종지부를 찍었듯이, 그 자신의 죽음으로 블레셋의 40년 압제를 종결시킨 인물이었다.

사무엘상에 "이에 블레셋 사람들이 굴복하여 다시는 이스라엘 지역 안에 들어오지 못하였으며"삼상 7:13, 성경은 블레셋으로부터 압제가 "삼손으로부터 그 구원이 시작되고"13:5 "사무엘에서 마쳐 진다"삼상 7:13. 삼손 자신이 죽어 블레셋, 곧 적으로부터 구원을 이루어냈듯이 주님은 자신의 죽음으로 우리를 죄의 세력에서 온전히 구원하심으로 태평을 누리게 하셨다. 삼손은 살아서 사사로서 적을 대항했던 것보다 죽음으로 백성들에게 '안식'과 '구원'을 주었다. 주님의 죽음도 마찬가지다. 살아 계실 때보다 자신의 죽으심으로 많은 영혼을 구원하셨다. 삼손이 마지막 죽음을 헛되이 끝내지 않고 자신의 피를 쏟아 구원했듯이, 주님도 마지막에 피를 쏟으시며 우리에게 생명을 주셨다. 삼손은 블레셋의 '압제를 끊는 구원'을 주었고, 주님은 사탄의 압제에서 완전히 해방시키는 '완전한 구원'을 주셨다. 이것이 복음이다!

믿음은 내 힘으로는 아무것도 이길 수 없다는 것을 깨닫는 것이다.

소망은 자신 할 수 있는 길은 오직 주님만이 도와 주실 것을 기도함.

사랑은 마지막이라도 자신에게 주신 사명을 깨닫고 섬기는 도구로!

룻 _ 룻의 사랑과 보아스의 희생의 만남

Ruth

룻기는 나오미의 삶이 어떻게 절망에서 희망으로 바뀌게되는지 보여주는 이야기다. 나오미는 남은 것이 아무것도 없어졌다가 채워지고 기업무른자 또한 얻게 된다. 이렇게 절망에서 희망으로 변화의 결정적 동인은 룻과 보아서라는 탁월한 인물이 보여주는 이웃사랑이다. 놀랍게도 이스라엘은 보아스와 룻의 후손인 다윗의 인애를 통해서 사사시대의 피폐해진 삶에서 '풍요와 안식의 삶'으로 바뀌게 된다.

나오미의 텅 빈 삶이 룻과 보아스의 헌신적인 사랑으로 풍성하게 채워진 것처럼, 하나님을 위하여 목숨을 걸고 헌신한 다윗을 통해 사사시대의 불안이 안식을 누리게 되었다. 절망의 늪에 빠진 이스라엘에 룻의 헌신으로 말미암아 다윗 왕이 탄생한다. 누가 다윗을 탄생시켰는가? 룻기의 배경이 되는 제도는 '기업 무르기'이다. 이스라엘 중 누군가가 가난하여 기업인 땅을 팔게 되었을 경우, 가장 가까운 친척이 그 값을 치르고 대신 그 땅을 찾도록 한 제도이다. 세상에 누가 손해 보면서 이런 일을 하겠는가? 말씀대로 살면 손해 보는 것 같지만 사실이 아니다.

예수 그리스도의 예표가 된 보아스는 과부들의 삶을 회복하고 기업에 주어진 땅에 영영토록 머무르게 하기 위한 '회복 작전'을 펼쳤다. 가장 연약할 수 있는 여성과 무너진 가족의 삶의 '참된 회복'과 '부활'을 보여 주는 장면은 예수 그리스도의 희생을 엿볼 수 있다.

헌신적인 사랑과 희생의 만남			구원자 | 4:14 | 사무엘 | BC 1010-970년경		
믿·소	1-2장	헌신적인 사랑	룻의 믿음	희생
사랑	3-4장	사랑에 대한 상급	보아스의 사랑	보상

© 믿소사랑 성경 관통 by 신주식

헌신적인 사랑 1-2장

나오미의 텅 빈 삶이 룻과 보아스의 헌신적인 사랑으로 풍성하게 채워진 것처럼, 하나님을 위하여 목숨을 걸고 헌신한 다윗을 통해 사사시대의 불안이 '참 안식'을 누리게 되었다. 절망의 늪에 빠진 이스라엘에 룻의 헌신으로 말미암아 다윗 왕이 탄생한다. 룻은 다윗의 탄생 예고편이다!

룻기의 주제는 며느리가 시어머니를 잘 공경해서 복을 받아 왕손을 낳았다는 것이 아니다. 고부간의 갈등이 심한 현대인의 가정을 위해 주님께서 삼강오륜 수준의 윤리, 도덕 이야기를 들려주려는 것도 아니다. 성경은 도덕적으로 착해야 복 받는다는 것을 말하는 그저 그런 도덕책이 아니다. 시어머니 공경을 뛰어넘는 헌신적인 사랑을 말하고 있다.

사사시대에 나오미는 기근 때문에 고향인 베들레헴을 등지고 풍성한 양식을 얻기 위해 모압으로 내려간다. 나오미_{기쁨}는 남편 엘리멜렉_{나의 하나님께서는 왕이시다}과 두 아들을 다 잃고서 몰락하였다. 그런데 여호와께서 자기 백성을 권고하사 그들에게 양식을 주셨다는 소식을 듣고 나오미는 룻과 함께 고향으로 돌아오려고 했다.

나오미는 두 며느리에게 작별 인사를 한다. "난 이미 늙었고 희망이 없다. 나를 따라와도 너희의 미래가 없다. 모든 것을 다 잊고 돌아가 새 삶을 살아라." 그런데 룻은 믿음으로 반응하며 "어머니, 어머니 가시는 그곳에 저도 가고, 어머니 머무는 곳에 저도 머물 것이며, 어머니의 백성이 제 백성이 되고, 어머니의 하나님이 저의 하나님이 될 것입니다.

시집와서 모든 것을 다 잃었지만 저는 살아계신 하나님을 만났습니다. 저는 영생을 주신 하나님을 만나기 전의 삶으로 돌아갈 수 없습니다. 하나님의 날개 그늘 아래 피하러 가겠습니다"라고 말한다. 그녀의 감동적인 고백에 나오미는 감동의 눈물을 흘린다.

이런 감동적인 스토리가 타락한 사사시대였다. 모태「모」르지만 미지근함에도 꾸준히 신앙생활 하는 「태」생적인 운명을 타고난 사람들 신앙을 가진 사사시대 사람들은 신앙을 잃어버리고 이방인들보다 악한 민족으로 변화되었다. 그럴 때 갓 믿은 초신자「초」보의 「신」앙을 가지고 뜨겁게 해보려고 「자」신감이 충만한 자)로서의 신앙(「신」만 「앙」망)을 가진 룻이 참으로 도전을 준다.

룻은 세상적인 소망이 없음에도 불구하고 하나님을 섬기는 믿음을 갖고 있었다. 이에 하나님의 섭리와 돌보시는 손길이 있었다. 하나님은 룻은 보아스를 만나도록 은혜를 베풀어 주셨다. 룻이 '우연히' 보아스의 밭에 갔다고 하는데 사실 '우연'은 하나님의 입장에서 그분의 놀라운 섭리 속에서 '필연'으로 이루어진 것이다. 하나님의 인도하심으로!

헌신적인 사랑에 대한 상급 3-4장

나오미는 보아스유력자가 자기 근족임을 알고 까맣게 있고 있었던 '고엘되찾다, 구속하다' 제도를 알게 되었다. 고엘제도는 구속 이야기다. 고엘은 이스라엘에서는 어떤 사람이 실수나 죄로 또 무슨 이유 때문에 기업을 다 빼앗기게 되었는데 도로 찾을 능력이 없을 경우 가장 가까운 친족 순서로 그 기업을 찾아서 돌려주도록 하였다. 만약 형이 실패했는데 동생이 능력이 되면 동생이 형의 이름으로 그 모든 빚을 대신 갚아주는 것이다. 갚기는 갚는데 형의 이름으로 갚는 것이고, 그 땅을 되찾아서 동생이 갖는 것이 아니라 형의 이름으로 돌려주는 것이다. 기업을 무른다는 이 고엘이라는 말은 성경에서 주로 구속, 대속, 속량이라는 의미로 번역되었다. 고엘은 구원의 복음에 중요한 요소를 보여준다.

나오미는 정말 믿음 아니면 순종하기 어려운 일을 룻에게 시킨다. 보아서와 동침할 것을 명령한 것이다. 당시로서는 돌에 맞아 죽을 일이다. 룻처럼 현숙한 여인이 맨 정신으로 할 수 없는 일이었다. 하지만 룻은 절대 순종한다. 만약 여러분이 입장을 바꾸어 생각해보라. 나이든 총각에게 이방 유부녀가 동침을 한 사실이 발각되어, 소문이 나면 한 동네 사는 사람들의 비난과 조롱을 감당할 수 있겠는가? 믿음 없으면 못한다. 죽을 각오, 비난 받을 각오하고 해야 한다.

보아스도 믿음으로 반응한다. "무슨 의도로 하는지 알겠다. 내가 그 일을 지체하지 않겠다. 하지만 내가 아무리 좋은 뜻으로 하나님의 일을 한다고 해도 반드시 하나님의 법을 따라야 하는데 그 순서로 보면 나보다 더 가까운 친족이 하나 있다. 그에게 기회를 주는데, 그가 안 한다고 하면 내가 하겠다. 그러니 염려 말고 집에 가 있으라"고 하면서 보증물로 양식을 싸준다. 보증물까지 준 것은 마음에 있다는 뜻이다. 보아스는 기업 무를 친족에게 찾아가서 말했다. 하지만 그는 돈으로 그 밭을 사서 나오미에게 돌려주는 손해 볼 일은 할 수 없다고 했다. 권리와 의무를 포기한다는 의미로 그 사람은 신을 벗어 던졌다. 이때 그가 내던진 권리를 믿음의 사람 보아스는 취한다. 보아스는 손해를 감수하더라도 하나님 나라의 유업을 이을 수 있도록 희생을 자처하였다. 그는 고엘이 되어 기업을 모두 도로 찾아 주었다.

마라(괴로운 자)→나오미(희락) = 룻의 헌신 + 보아스의 희생 = 대속 축복

이와 반대로 고엘을 거부한 사람은 마치 에서와 같이 팥죽 한 그릇을 먹기 위해 장자권을 팔아버린 어리석은 사람이 되고 말았다. 자신에게 메시아가 탄생할 수 있는 기회가 있었다는 사실을 몰랐던 것이다. 믿음이 없으면 손해를 보면서까지 희생하는 고엘을 할 수 없는 것

이다. 하나님은 룻의 이야기를 통해 구속, 속량이라는 진리를 쉽게 이해하도록 해주신 것이다. 희생을 통하여 이루어진 고엘이 복음이다.

예수님은 우리의 '고엘'이 되어 주셨다. 에덴이나 베들레헴 땅은 약속의 땅이며 축복의 땅인데 먹고 살기 위해 집을 떠난 인간에게 회복하는 길을 열어 놓으셨다. 고엘 되신 예수님을 만남으로 우리에게 예비하신 기업의 영광의 풍성함이 있는 집을 주셨다. 바울은 주님께서 우리를 예정하시고 "그 안에서 기업"_{엡 1:11}이 되게 하시고, 약속의 성령으로 "기업의 보증이 되사 그 얻으신 것을 속량"_{엡 1:14}하게 하신 축복을 주셨음을 말한다. 고엘이 되어 주신 예수님께서 십자가의 희생의 값을 지불하심으로 우리에게 기업을 되찾아 주셨다. 주님의 희생은 고엘_{구원,} _{속량}을 주시기 위한 헌신적인 사랑이다.

고엘 = 기업 무를 자 = 값을 대신 지불 = 헌신적인 희생 = 사랑

하나님은 룻의 헌신적인 사랑을 인정하셨고, 보아스를 기업 이을 자로 세우시고 수치와 가난에서 구원해 주셨다. 그리고 더 나아가서는 룻의 이름이 그리스도의 계보에 오르게 하시는 영광을 주셨다. 그 자녀는 오벳으로서 다윗의 조부가 되며, 메시아의 혈통을 잇게 된다. 나오미는 '기업'을 이어갈 수 있었고 쓴 눈물_{마라}을 흘리던 사람에서 희락(나오미)을 누리는 자로 바뀌었다. 그녀가 텅 빈 삶에서 '믿음을 찾아' 아버지 집으로 돌아 왔을 때, 그 믿음을 보고 헌신적인 사랑을 한 룻의 '헌신적인 사랑'에, 보아스는 '소망의 등불'이 되어 주었다.

순종의 길과 유익		
1. 시련이 있어도 순종한다	믿음대로 살도록 하기 위해	감사함으로
2. 말씀하신 대로 순종한다	하나님의 뜻을 이루기 위해	의지적으로
3. 인도하심을 믿고 순종함	합력하여 선을 이루실 것을	바라봄으로
→ 순종하는 길은 시련이 있어도 합력하여 선을 이루시는 축복이 있다		

ⓒ 믿소사랑 성경 관통 by 신주식

삼상하 _ 상상하는 왕의 탄생
1,2 Samuel

누가 하나님의 마음에 걸맞은 사람인가? 사무엘상·하는 이스라엘의 통치권이 사사에서 왕으로 넘어가는 과도기의 역사로 다윗에 관한 이야기이다. 사울과 다윗, 솔로몬은 각각 40년 동안 왕으로 통치하였다. 사울하나님께 구했다은 백성들이 구해서 받은 왕이었지만 교만과 성급함, 그리고 불순종했고 하나님께 '무심'했기 때문에 버림받았다. 다윗하나님의 사랑 받은 자은 하나님의 은혜를 입어 왕이 되어 하나님만을 '전심'으로 따랐다. 그는 평화와 안식을 이룩한 왕이 되었다. 비록 죄를 지었지만 하나님의 뜻을 따름으로 최고의 번영을 누렸다. 솔로몬평화롭다은 아버지의 사랑을 받으며 평화롭게 태어나서 지혜와 부를 받았지만 하나님께 양다리 걸치고 사랑하는 '반심'함으로 나라는 두 조각나고 말았다. 40년이 이렇게 달랐다. 통치 기간은 같았지만 결과는 너무나 다르게 나타났다.

사무엘서를 기록한 목적은 하나님께서 세우신 다윗 왕조의 정당성을 옹호하기 위한 것이다. 사사 시대에 처절한 실패를 경험한 그들에게 하나님께서 계속해서 통치하신다는 사실을 분명하게 밝혀주고자 하였다.

마음에 합한 자는 누구인가?			|왕국|18:7|사무엘, 갓, 나단|960-900년
믿음	1-15장	사울	무심	자리만 '구했다'가 멸망한 왕
소망	16-삼하	다윗	전심	하나님을 사랑하여 축복 받은 왕
사랑	왕상	솔로몬	반심	평화의 왕으로 등극했지만 실패

© 믿소사랑 성경 관통 by 신주식

누가 진짜 왕인가

세상 나라는 왕의 역사다. 하나님 나라도 왕의 역사이다. 예수님은 만왕의 왕_{계 19}이시다. 만왕이 누구인가? 우리는 바로 만국의 왕들이다. 우리는 왕같은 제사장으로 부름을 받았다. 왕, 곧 나의 이야기다.

왕王이란 한자의 기원을 하늘과 백성을 이어주는 역할을 하는 사람으로 해석한다. 사실이 아니다. 이것은 후대 사람들이 좋게 해석한 것이고, 원래 먹고 살기에 바쁜 고대인들은 약탈을 하며 사는 부족들이었다. 왕이라는 글자는 원래 짐승을 잡거나 나무를 자를 때 사용했던 '도끼'를 상형한 문자이다. 고대 왕들은 전쟁에 사용했던 깃발과 도끼를 항상 왕 뒤에 설치해 두었다. 그러므로 세상의 왕이란 의미는 무력을 사용하여 적을 무찌르고 백성을 지배하는 무력 통치자라는 의미다.

이스라엘 백성들은 하나님이 사사를 세웠는데 불안한 모습을 보자 '열방과 같이'_{8:5}되기 위해 왕을 요구하였다. 주변의 가나안 이방국가들은 바알 신앙과 견고한 왕정체제를 가지고 있었다. 그들은 왕이 군대를 이끌고 싸우는 모습을 보면서 '열방과 같이' 되기를 원했다. 이것이 선악과를 추구하는 것이므로 하나님은 원하지 않았지만, 백성들의 요구를 거절하지 않고 들어 주셨다. 이것은 '하나님을 버리는 것'이라고 분명히 지적하였다_{8:7, 12:12}. 잘못된 것을 조르는 아이에게 스스로 경험을 통해 잘못을 알도록 허락하는 부모의 마음으로 하나님은 허락하신다. 왕이 있다 할지라도 그들은 여전히 하나님을 왕으로 모실 때 진정 생존할 수 있으며 풍성한 삶을 누릴 수 있었다. 왕정의 역사를 보면 존립할 수 있는 유일한 길은 왕이신 하나님을 따르는 길뿐이다. 하지만 처음 왕인 사울은 잘못된 길로 빠져 버렸다. 반면 다윗 왕은 달랐다.

사울은 다윗을 죽이는 일에 세월을 보냈다. 무엇이 그렇게 만들었는가? '권력'이라는 것을 삶의 중심에 두면 그것에 의존하여 살게 된다.

자신의 힘이 약해진다는 '두려움'에 휩싸이기 때문에 권력을 놓을 수 없는 것이다. 권력을 앞세우면 상대의 단순한 실수도 무조건 악하게 보는 것이다. 다윗이 골리앗을 무찔렀을 때, 여인들이 "사울은 천천이요. 다윗은 만만이다"라는 하니 사울은 '시기심'에 발악을 하였다. 권력이나 정치는 '과도한 희망'과 '환멸'을 넘나드는 끝없는 악순환의 고리 속에 있다. 그것을 쟁취하기 위해 '극도의 두려움'과 '절망'이 다가온다.

사울이 다윗을 죽이고자 한 것은 '하나님과 같은 왕'이 되고자 하는 선악과를 취했기 때문이다. 이것만 가지면 모든 권력을 가질 수 있다는 착각에 빠진 것이다. 에덴동산에서 "이 나무의 열매는 먹지 말라"는 하나님이 정해 주신 한계를 뛰어 넘어 에덴 밖으로 쫓겨났음에도 하나님과 같이 되어 권력을 행사해보려고 한 것이다. 하나님을 왕으로 모시기보다 자신이 왕이 되어 자신의 권한임을 악착같이 누려보고자 했다.

준비된 지도자 다윗 삼상	통치하는 지도자 다윗 삼하
1. 목자 다윗16장-성령이 임함	1. 이스라엘의 목자 다윗1-10장
2. 음악가 다윗16장-수금을 연주	2. 간음한 죄인 다윗11장
3. 용사 다윗17장-골리앗 이김	3. 암살롬에 쫓기는 다윗12-17장
4. 추격당하는 다윗18-31장	4. 왕위 회복한 다윗18-24
→ 다윗은 하나님을 의지할 때 승리 하였고, 자신을 의지할 때 실패하였다	

© 믿소사랑 성경 관통 by 신주식

다윗이 골리앗을 이긴 비결

다윗은 이스라엘의 2대 왕으로 기름부음을 받는다삼상 16장. 박물관에 가보면 고대 왕들이 기름 붓는 장면이 많이 있다. 하나님의 기름부음은 세상 나라와 다른 점이 있다. 세상 왕들은 기름을 다 붓지만 한 가지 차이 나는 것이 있다. 하나님의 기름부음 받은 것은 예언대로 반드시 이루어진다는 것이다. 세상 왕들은 다만 형식적인 것뿐이다.

기름부음 받은 다윗은 앞으로 왕이 될 것이라는 의미이다. 하지만 왕이 될 때까지는 10년 이상의 연단의 시간이 지난 후에 성취되었다. 먼저 다윗이 기름부음을 받고 데뷔한 무대가 골리앗과의 싸움이었다삼상 17장. 골리앗은 아낙 자손으로 네피림의 후손이다. 네피림은 거인으로 힘이 있었다. 골리앗은 싸움 잘 하는 장수였다. 그는 싸움 잘하는 '세상의 왕'을 상징한다. 고대에는 왕은, 곧 힘이었다. 무력으로 통치했다.

다윗과 골리앗과의 싸움은 세상 나라 왕과 하나님 나라를 대표하는 다윗과 싸움이다. 이 싸움은 '바위에 계란 던지기'다. 세상 방법으로는 이길 방법이 없다. 하지만 다윗은 이길 수 있다고 믿었다! 그는 과거에 함께 하신 하나님에 대한 경험이 미래의 일까지 영향을 줄 것을 믿었다. 그가 들판에서 곰과 사자를 잡았을 때에도 도와 주셨던 하나님이 지금도 도와주실 것을 믿었다! 그리고 앞으로 도와주실 것을 믿었다! 다윗이 승리할 수 있었던 비결은 세상의 방식이 아닌 하나님께서 자신에게 준 달란트를 사용한 것이다. 먼저 사울이 준 갑옷이 맞지 않아 벗어던지고 오직 물맷돌을 장착하여 나아갔다. 어떤 목사님은 "다윗이 가져갔던 다섯 개의 물맷돌은 첫째는 믿음, 둘째는 소망, 셋째는 사랑, 넷째는 은사, 다섯째는 능력입니다." 회중은 은혜를 받았지만, 이런 해석을 한 이유와 근거를 설명하지 못한다. 다윗이 다섯 개의 돌을 가지고 간 이유는 무엇일까? 블레셋은 다섯 부족인 가사, 가드, 아스돗, 에그론, 아사글론수 13:3의 연맹체이다. 골리앗은 블레셋의 대표 장수가 아닌 가드 부족의 대표 장수이었다. 다윗이 다섯 개를 준비한 이유가 여기에 있다. 다윗이 이길 수 있었던 가장 중요한 무기는 바로 '믿음의 선포'에서 나타난다.

믿음 + 담대함 + 기술 = 만군의 여호와의 이름으로 = 승리!삼상 17:45

다윗의 무기는 무엇이었을까? 현실 앞에 닥친 문제를 극복한 비결은? '믿음'이 골리앗을 이긴 무기이다. 세상에 가장 강력한 무기는 '믿음'이다. 믿음으로 이스라엘 백성에게 임한 무기력함, 좌절감, 불가능을 극복했다. 하나님의 이름으로 무너뜨릴 수 있었다. "너는 칼과 창과 단창으로 내게 나아오거니와 나는 만군의 여호와의 이름 곧 네가 모욕하는 이스라엘 군대의 하나님의 이름으로 네게 나아가노라." 이 믿음은 절대로 다윗의 긍정의 힘이나 적극적인 사고방식에 나온 것이 아니다. 이것은 하나님이 함께 하시면 능히 하지 못할 일이 없다는 확고한 하나님의 약속을 의지한 믿음이다. 그에게는 하나님의 영광을 회복하고자 하는 불타는 소망이 있었기 때문에 어떤 것도 두려워하지 않고 나갈 수 있었다. 그는 자신에게 기름을 부어주신 하나님을 향한 사랑의 열정은 어떤 것도 침몰할 수 없었다. 다윗은 이 모든 상황 가운데에서도 "우리를 사랑하시는 이로 말미암아 우리가 넉넉히 이기느니라"롬 8:37는 사랑의 확신으로 승리하였다. 이길 수 있다는 믿음으로 승리한 것이다.

이순신 장군은 명량 대첩을 앞두고 왕에게 "신에게는 아직 12척의 전함이 남아있습니다" 라고 말했고, 그는 마침내 왜군 133척을 무찔렀다. 우리에게 남아 있는 것이 무엇인가? 바로 믿음이다. 우리에게 남은 '믿음'만 있다면 계란으로도 바위를 깰 수 있다. 믿음의 힘이 이긴다!

어떤 기자가 목사님에게 "믿음을 한마디로 정의해 주십시오"라고 물었다. 목사님이 "믿음을 단 한마디로 말한다면 계란으로 바위를 깨는 것입니다"라고 말했고, 기자는 "어떻게 그런 일이 있을 수 있겠습니까?" 라고 반문했다. 그러자 목사님께서는 "그러니까 기적이죠. 믿음이 기적을 만드는 것입니다"라고 말했다. 믿음은 불가능한 상황에서도 기적을 일으킬 수 있는 가장 강력한 무기이다. 믿음이 기적을 일으킨다! 역사를 바꾼다! 세상을 바꾼다! 소망이 담대함으로 나아가게 한다. 하나님이 함께 하신다는 사랑의 확신이 승리를 준다!

다윗이 간구한 단 한 가지?

역사에서 가장 유명한 간통의 사례는 다윗이 저지른 것이다삼하 11장. 다윗의 생애가 하향 길을 걷게 되는 결정적인 사건이다. 다윗은 선량하고 경건한 사람으로 알려졌는데 그러한 그가 밧세바를 간음한 사건이 들어났고 그런 그의 이미지는 비열하고, 이기적인 사람으로 변하였다. 용맹하였던 젊은 다윗의 모습과는 너무나 달랐다. 고결한 인품을 가졌던 그가 어째서 저급한 자가 되고 살인자까지 되었는가?

젊은 다윗은 골리앗을 물리쳤지만 중년인 다윗은 음란을 물리치지 못했다. 음란은 나이를 가리지 않는다. 다윗은 20세 미만에 기름부음을 받고 30세에 이스라엘의 왕이 되었다. 대적들을 물리치고 국정을 안정시킨 후 이제는 되었다 생각하는 순간, 그에게 시험이 찾아왔다. 대적들을 물리치는 일에 앞장을 서야 했을 다윗 왕이 전쟁에 출전은 하지 않고 홀로 궁궐에서 빈둥거렸던 것이다. 그러다 밧세바를 보게 됐다. 결국 보암직하고 먹음직한 선악과를 따먹는 행위를 따르게 되었다. 밧세바를 간음한 것이다. 게다가 그는 그 사실을 은폐하려고 했다. 다윗은 간통을 숨기기 위해 작전을 펼쳤다. 밧세바가 임신한 사실을 알게 되자, 이를 감추기 위해 우리야를 처리할 작전을 짠다. 당시 전쟁에 가기 전에 장수는 '내가 죽으면 결혼해도 좋다'라는 유언장을 썼다. 다윗은 이것을 이용해 간음죄를 숨기려고 우리야를 전쟁에서 죽도록 조치하였다. 다윗은 죄를 회개해야 했음에도 불구하고 감추기 바빴다.

무엇이 다윗을 그런 일을 저지르도록 했는가? 평소 같으면 절대로 하지 않을 행동을 한 것은 한순간 불타는 '정욕' 때문이다. 정욕은 누구나 한순간에 일어날 수 있다. 한 부지점장이 젊은 여자 직원과 야근을 하게 되었다. 함께 술을 먹다가 모텔까지 가게 되었고 결국 성관계를 하게 되었다. 결국 들통이 나서 부지점장은 자살하고 직원은 퇴사되었고 괴로운 나날을 보내야 했다. '한번만 하고 안 할 거야' 하다가 망하는 사람이 얼마나 많은가? 정욕은 자기 안에서 들여오는 '경고의 소리'를 덮어 버린다. 양심의 소리가 죄의 세력에 파 묻혀 들리지 않게 되는 것이다. 술이나 도박에 중독이 되면 그것의 노예가 되어 모든 재산을 날리고 죽을 때까지 그만 두기가 힘들다. 정욕도 마찬가지다. 중독의 힘은 자신뿐만 아니라 가족, 그리고 나라까지 망칠 수 있다.

죄에는 반드시 '보복'하는 성질이 있다. 결국 다윗은 하나님의 심판을 받아 말년에 많은 고통을 겪게 되었다. 또한 그의 가족도 폭력에 시달렸고 결국 밧세바가 가진 아이는 죽었다. 다윗은 치세 내내 반란에 시달렸는데, 반란자들 중에는 그가 총애하는 아들 압살롬도 있었다.

역사상 나폴레옹의 여인이었던 조세핀의 불륜, 클레오파트라의 불륜 등 유명한 불륜사건은 헤아릴 수 없을 정도이다. 인간들의 쾌락 신봉은 그만큼 역사가 오래 되었다. 우리 사회에 쾌락이라는 우상이 만연한 이유다. 강력한 정욕의 힘은 누구에게나 숨어 있다. 다만 드러나지 않을 뿐이다. 성경은 성군이라고 불렸던 다윗의 죄를 다 공개하였다.

왜 성경은 다윗의 치부를 들어내어 우리에게 말해주고 있는가? 다윗 같은 성군도 정욕이라는 우상에 빠지면 '심판 받을 인생'이 된다는 것을 보여 주고자 한 것이다. 다윗은 죄를 지으면 죽을 수밖에 없다는 것을 자식이 죽는 것을 보면서 알게 되었다. 그럼에도 다윗의 위대한 점은 자신의 죄를 깨닫고 하나님 앞에 나아가 통곡하였다는 것이다.

이스라엘 사람들은 매일 시편 51편을 읽으면서 기도한다고 한다. "하나님이여 내 속에 정한 마음을 창조하시고 내 안에 정직한 영을 새롭게 하소서 … 주의 성령을 내게서 거두지 마소서" 시 51:10-11.

어떻게 다윗은 이런 고백을 하였는가? 다윗이 사울의 모습을 보았기 때문이다. 그는 처음에는 겸손한 사람이었지만, 왕이 되고 난 후에 권력욕에 빠져 미쳐갔다. 그러자 그에게서 성령이 떠나갔고, 성령이 떠난 순간 '질투심'에 사로잡혔다. 다윗은 "성령이 떠나면 사람이 비참한 인생을 사는 구나!"라는 것을 두 눈으로 똑똑히 보았다. 자신이 광야에 피신할 때, "여호와는 나의 목자시니 내가 부족함이 없으리로다"라는 고백을 할 수 있었다. 하지만 궁중에서 편안하게 지내면 쉽게 죄를 짓게 되어 목자는 보이지 않고 부족한 자신의 죄책감만 보게 되었다.

죄를 짓고 나면 영이 어두워지며 정결한 마음이 사라진다. 주님의 임재를 떠난다. 성령의 임재를 거두면 가출한 사람처럼 '공허함'과 '허무함'이 몰려온다. 마치 살아있는 시체처럼 변하는 것이다. 다윗은 이 것을 알았기 때문에 자신의 죄악을 깨닫고 창피함을 무릅쓰고 침상을 적시면서까지 통곡을 하였던 것이다. 가장 비참한 인생이 사울처럼 하나님께 버림받는 인생이다. 그렇게 되지 않도록 어떻게 해야 할까?

다윗은 단 한 가지 소원이 있다고 고백한다. 그는 돈과 명예, 그리고 많은 여인까지도 취했다. 그는 넘지 말아야 할 경계를 넘었고 그 순간, 모든 것이 흔들렸다. 다행히 그는 회개하며 하나님의 얼굴을 구하였다. 그는 깨달았다. 내가 구해야 할 것은 한 가지 뿐이라는 것이다. "내가 여호와께 청하였던 한 가지 일 곧 그것을 구하리니 곧 나로 내 생전에 여호와의 집에 거하여 여호와의 아름다움을 앙망하며 그 전에서 사모하게 하실 것이라"(시 27:4). 하나님을 찾음이 회복의 시작이다.

단 한 가지 소원 = 임재 안에 사는 것 = 죄를 회개(정결) + 경외함

다윗은 자신이 쾌락이라는 우상에 빠져 하나님을 바라보지 못한 것을 철저히 회개한다. 하나님은 그의 눈을 여시어 진짜 중요한 것이 무엇인지 알게 하셨다. 그는 자식이 자신 앞에서 죽는 것을 보았다. 자신이 죽어야 할 자리에 아무런 죄가 없는 아들이 죽은 것을 보면서 아이가 자신의 죗값을 대신 받았다는 것을 깨달았다. 그래서 그는 오직 성령님만 구한다. "내게 가장 필요한 것은 주님의 임재입니다. 단 한 가지

소원이 있으니 주님만 바라보고 살게 하여 주소서"라고 말이다.

다윗은 하나님께 인정받는 사람으로 바뀌었다. 주님께 "내 마음에 합한 사람이라"^{행 13:22}라고 하셨다. 또한 "내 뜻을 다 이루게 하리라"라는 축복도 받게 되었다. 사탄은 '정욕'과 '탐욕'을 부추겨 선악과를 범하게 만든다. 그러나 하나님은 그 순간에도 선한 마음을 지키길 원하신다. 비록 지키지 못했더라도 죄를 고백함으로 생명나무의 풍성함을 누리며 살기를 원하신다. 다윗은 값비싼 교훈을 받았고 비싼 대가를 지불했지만, 더 큰 은혜를 깨닫고 "오직 주님만 필요합니다", "오직 주 만 바라보고 살겠습니다!"라는 고백을 하게 되었다.

하나님이 원하시는 것				
믿음	아브라함	정의_{옳바름}와 공평	창 18:19	믿음으로
소망	다윗	정의와 공의_{나눔}	삼하 8:15	섬김으로
사랑	예수	주의 나라와 의	마 6:33	희생으로
→ 주님은 하나님의 나라를 이 땅에 세워 사랑과 풍성함이 넘치길 원하심				

ⓒ 믿소사랑 성경 관통 by 신주식

통치의 축복 - 다윗 언약 삼상 7:8-12	
배경	다윗은 하나님의 은혜로 왕이 된 것을 감사하여 성전 건축 원함 → 하나님은 성전 건축을 허락하지 않지만 언약을 통해 복을 주심
내용	하나님께서 다윗의 왕국을 폐하지 않고 지속하도록 보호 약속 → 남왕국 후손은 언약 관계 속에서 복 받음
의미	이 약속은 신분을 높여 지속시켜 주시는 복, 이름을 존귀케 되는 복, 안정과 평안의 복, 자식에 이어지는 계속적인 복이다
성취	다윗의 혈통은 천년이 지난 후에, 한 왕을 통해 약속이 실현됨 우리도 다윗처럼 언약에 순종하는 삶을 살 때 그 복이 임한다

ⓒ 믿소사랑 성경 관통 by 신주식

다윗의 기름부음 3단계				
믿음	사무엘 통해	베들레헴에서	17세	골리앗 물리침
소망	유다 지파	헤브론에서	7년 6개월	적을 물리침
사랑	온 이스라엘	온 이스라엘 왕	37세	사울이 물러감
→ 기름부으심은 하루아침에 이루어지지 않는다. 순종함으로 성취된다				

끝까지 조심하라

다윗은 말년에 또 실수를 반복한다삼상 20-24장. 그는 인구를 조사하라 명령했다. 인구 조사한 것은 하나님이 금하신 선악과를 취한 것이다. 다윗은 "내 힘이 다른 나라와 비교했을 때 얼마나 센가? 나는 얼마나 성공한 자인가?"라는 자신의 힘과 권력을 자랑하고 의지하고자 하였다. 그 결과 죄라는 전염병으로 죄 없는 7만 명이 죽었다. 이 후에 다윗은 아라우나오르난=강하다 타작마당을 값을 주고 사서 그곳에서 번제와 화목제를 드렸다. 하나님이 다시 회복할 기회를 주신 것이다.

타작마당은 1,000년 전 아브라함이 이삭을 바치려했던 자리이며 1,000년 후에 예수님이 십자가에 못 박혀 죽으실 장소였다. 하나님은 그곳에서 죄를 완전히 태우는 번제와 하나님과 인간이 화목할 수 있는 길을 여는 화목제를 받으셨다. 다윗은 자신에게 남아 있는 자랑과 성공의 욕심을 태우고, 화목제물 된 어린 양을 먹으면서 감사의 눈물을 흘렸다. 천년 후에 자신의 죄를 위해 죽으신 예수님을 바라보았기 때문이다.

구약을 연대순으로 읽자

왕하 8:22 → 오바댜. 왕하 12:3 → 요엘. 왕하 13:6 → 호세아. 왕하 14:14 → 아모스. 왕하 14:24 → 요나. 왕하 15:5 → 이사야. 왕하 15:35 → 미가. 왕하 19:37 → 나훔. 왕하 23:27 → 스바냐, 예레미야. 왕하 23:35 → 하박국. 왕하 25: 30 → 예레미야 애가, 다니엘, 에스겔, 에스라, 역대상•하. 에스라 4:24 → 에스더. 에스라 5:17 → 학개, 스가랴. 에스라 7:28 → 느헤미야. 에스라 끝→ 말라기

왕상하 _ 왕이 상하게 되었으니
1,2 Kings

　열왕기상·하는 남북왕조의 왕들의 이야기이다. 다윗의 아들인 솔로몬의 일생과 왕국의 분열, 북이스라엘의 앗수르에 의한 멸망, 남유다의 바벨론에 의한 멸망과 포로로 끌려갈 때까지의 이야기를 담고 있다. 열왕기는 하나님의 나라가 파괴되고 평안과 번영의 시대가 끝나는 것으로 끝난다. 하나님의 백성이 하나님을 왕으로 모시지 않을 때 세상 왕들에 의해 지배를 받았고, 그 땅에서 쫓겨났다. 왕들에 대한 판단 기준을 '다윗의 길'로 따라 갔느냐? '여로보암의 길'을 따라 갔느냐?로 구분한다. 다윗은 하나님 보시기에 마음에 합한 왕이었다. 그가 중대한 범죄를 하였으나 하나님을 찾았기 때문에 그의 길은 '생명의 길'이 되었다. 하지만 여로보암은 자신의 기준과 욕심을 따라 선과 악을 판단한 죄를 범하였다. 그 결과 '멸망의 길'이 되고 말았다.

　왕들의 이야기는 곧 우리 자신들의 이야기이다. 우리가 바로 '왕같은 제사장'으로 부름을 받은 자들이 되었기 때문이다. 오늘날 우리도 다윗의 길로 갈 것이냐? 여로보암의 길로 갈 것이냐?를 선택해야 한다. 여로부암의 길은 옆길로 샌 길이며, 다윗의 길은 「다」 통하는 「길」이다. 사무엘서와 열왕기서가 역사를 바라보는 관점은 분명하다. 언약에 대한 순종은 '형통'과 '번영'의 축복을 가져오고, 불순종은 '환란'과 '추방'이라는 결과를 가져온다. 하나님의 축복을 누리는 백성이 되기 위해서는 마음을 다해 하나님을 사랑하고 우상을 뿌리 뽑아야한다.

이스라엘이 바벨론보다 힘이 없어 포로가 되었는가? 아니다. 솔로몬 이후 북이스라엘과 남유다가 망하게 된 것은 힘이 없어서 그렇게 된 것이 아니라 왕과 백성들의 하나님에 대한 반역과 불순종 때문이었다. 이스라엘의 왕들은 그를 왕으로 세우신 여호와에게서 등을 돌렸다. 하나님께로부터 영원한 통치권을 축복받을 수 있었지만 언약의 말씀을 무시하여 왕조가 망하였고, '평안'과 '번영'은 사라졌다. 평화와 번영이 사라진 그 자리에 불안, 불만, 불행이 찾아온다.

예레미야는 남유다의 멸망을 지켜보고서 "하나님의 언약을 신실하게 순종하면 번창하게 되지만 하나님의 뜻에 따라 선택함을 받았음에도 불구하고 언약을 신실하게 지켜 살지 못하면 포로에 이르고 만다"라는 경고를 남긴다.

번영은 언약에 충성도에 달려 있다		| 분열 | 11:35-36 | 예레미야 | 645-573년	
믿음	머리	통일 왕국1-11	솔로몬 40년반심	평화
소망	몸통	분열 왕국상15-하15	아합↔엘리야	혼돈
사랑	꼬리	남유다 멸망16-25	20명 왕344년간	멸망

ⓒ 믿소사랑 성경 관통 by 신주식

솔로몬의 인생 여정					
믿음	초기	아가서	듣는 지혜 구함	지혜, 부, 명예	사랑이 최고의 기쁨
소망	중기	잠언	여자 꼬임 빠짐	죄악 빠짐	지혜가 최고 축복
사랑	말기	전도서	우상 숭배 섬김	나라 갈라짐	경외함이 살 길

ⓒ 믿소사랑 성경 관통 by 신주식

머리 _ 통일 왕국은 솔로몬 40년, 반심으로 반으로 깨지다 왕상 1-14장

왕이 된 젊은 솔로몬은 하나님을 사랑했다. 왕위에 오른 솔로몬은 사랑하는 마음으로 하나님께 일천 번제를 드렸다. 우리가 잘못 알고 있는 일천번제에 대해 김근주는 『구약의 숲』에서 밝히길 "'일천번제를 드렸더니'라고 하는 것은 미완료형 동사로 일상적인 반복을 생각해 볼 수 있다. 일천 번제는 한 순간에 천 마리의 양을 제사한 것이 아니다. 솔로몬이 오랜 시간 동안 기브온에서 예배하는 것을 반복하였다는 뜻이다. 그리고 일천 날 동안 드려진 번제를 의미하는 것도 아니다. 구약에서 종종 '일천'은 무수히 많은 수를 나타내는 상징으로 사용하였다." 우리가 알고 있는 것처럼 천일 동안, 혹은 한꺼번에 천 마리를 드린 것이 아니다.

일천 번제에 대해 김동문의 『중근동의 눈으로 읽는 성경』에서 "단 하나의 번제단에 그 시대에 소를 도축할 경우 반나절이 걸렸다. 그러니 하루에 천 마리의 제물을 바치는 것은 물리적으로 불가능한 일이었다. 그러면 천 마리의 제물을 번제로 드렸다는 말일까? 문제는 솔로몬이 신하를 거느리고 기브온 산당까지 빨라도 갔다 오는데 하루가 걸린다. 이런 강행군을 1년 이상 지속한다는 것은 당시 상황으로 볼 때 비상식적이다.

이 외에도 '일천'과 '일만'은 대부분 '많음', '가득함'을 뜻하는 관용어로 사용되었다. 즉 일천 번제는 한 번이나 일천 마리의 번제가 아니라 많은 번제를 드린 것에 대한 강조로 보는 것이 자연스럽다"고 하였다. 이는 솔로몬이 온 힘을 다해 예배하는 삶을 강조한 것을 의미한 것이다.

예배를 드리던 솔로몬에게 하나님께서 꿈을 통해 나타나셨다. "무엇이든지 원하는 대로 구하면 주겠다." 여러분은 무엇을 구하겠는가? 재물이나 지혜, 그것도 아니면 권력을 구할 것인가? 청년 솔로몬은 재물을 구하지 않았다. 그는 지혜를 구했다. 그러나 우리가 알고 있는 의미의 '지혜'를 구한 것은 아니다. 지혜는 히브리어로 '호크마'인데 '기술, 솜씨, 다양한 지식'을 말한다. 그 지혜는 오직 '하나님으로부터 나오는 지혜'다. 바로 '듣는 마음'이다. 주께서는 능력과 지식의 기준을 하나님께 두고 주님께서 주시는 것을 듣는 사람을 '지혜롭다'고 정의 한다. 솔로몬이 구한 것은 자신의 지혜나 명철이 아닌 '하나님으로부터 나오는 지혜를 듣고 실천하는 마음'을 구한 것이다. 그에게 맡겨진 수많은 백성들의 형편과 처지를 올바르게 재판하고 다스릴 수 있는 '듣는 마음' 을 구하였다. 이것을 '송사를 듣고 분별하는 지혜'라고 하였다. 솔로몬 이 구한 것은 하나님의 마음을 기쁘시게 하여 하나님은 부와 명예까지 선물로 주셨다. 솔로몬의 올바른 기도는 듣는 마음을 구한 '사랑'이 었다. 청년 솔로몬이 구한 기도는 '하나님의 마음에 드셨다'^{왕상 3:10}라는 구절을 직역하면 '하나님의 보시기에 좋았더라'이다!

솔로몬이 구한 지혜 = 듣는 마음 = 백성을 올바르게 다스리는 분별력

청년시절의 솔로몬은 하나님의 지혜를 구하여 당대 최고의 지혜를 가졌고, '성전 건축'하였으며 이스라엘 왕국의 최고의 번성기를 누렸다. 그러나 장년 솔로몬은 왕궁과 성전 외에도 곳곳에 성들을 세워 자랑하였다. 거기에다가 그가 데려온 바로의 딸들을 위한 성까지 짓는 무리수를 두었다. 이것은 동원된 많은 백성들은 점점 불평과 불만으로 이어졌다.

다윗은 일개 목동으로 온갖 고난을 겪으면서 왕위에 올랐기 때문에 겸손하게 살았다. 하지만 솔로몬은 날 때부터 왕자로 왕궁에서 살면서 고생을 모르고 자랐다. 그는 겸손한 왕이 되기보다는 주위의 왕들처럼 지배하고 군림하는 것을 따랐다. 권력에 맛에 취하여 점점 이상해져갔다.

재임 초기에는 하나님을 전적으로 신뢰해서 하나님께 지혜와 부도 많이 받고 백성들을 옳게 재판하였다. 아무도 해결하지 못한 '누가 진짜 어머니인가'를 재판하는 장면에서 솔로몬의 탁월한 지혜를 볼 수 있다. 하지만 장년의 나이가 된 솔로몬은 점차 제왕으로 변질되어 갔다. 그는 고대 왕들처럼 수많은 아내를 거느렸고, 수많은 나라와 결혼 동맹을 맺었다. 나라 안정을 위해 데리고 온 공주들을 어떻게 달랬는가? 그는 공주들을 위해 그들의 신을 섬길 신전도 만들었다. 선악과를 취한 것이었다.

솔로몬 통치의 말기에는 더 이상 가장 지혜로운 왕이 아니었다. 가장 어리석은 왕이 되어 있었다. 이방 여인들과 정략결혼을 하면서 여자들의 등쌀에 못 이겨 우상 숭배에 빠져 하나님을 멀리하였다. 솔로몬은 40년을 통치하면서 24년 동안 주의 말씀에 따라 성전과 궁궐을 지었지만, 나머지 16년 동안은 백성들을 말씀대로 다스리지 못하였다. 그는 결국 자신의 이름을 알리고자 바벨탑을 쌓았고 국가 통합은 끝내 분열되고 만다.

솔로몬이 죽은 후, 르호보암이 왕이 되었다. 그 때 이스라엘은 이미 솔로몬이 20년 동안 건축을 위해 백성에게 과도한 세금과 부역을 부담시킨 것에 대한 불만으로 가득 차있었다. 게다가 르호보암은 아버지인 솔로몬만큼의 위엄이나 지혜를 가지지 못한 자였다. 그는 늙은 관원들의 지혜를 무시하여 나라는 갈라졌다. 결국 왕국은 남북으로 분열되어 멸망의 길을 걷기 시작했다. 노역에 시달린 백성들이 반기를 든 것이다. 솔로몬의 노역담당 장관이었던 여로보암은 열 지파를 모아 북이스라엘을 만든다.

솔로몬의 축복	범죄 후 솔로몬
1. 왕권 강화_{왕상1,2장}: 적에 대한 승리	1. 왕권 약화_{10,11장}: 내부 모반
2. 지혜의 왕_{3,4장}: 행정적, 신적 지혜	2. 어리석은 왕-우상숭배 경고_{3,6,9장}
3. 물질적 축복_{4-10장}: 금, 말, 선박	3. 물질적 파탄_{10,11장}: 왕위 분열
4. 성전 건축_{5-9장}: 성전 봉헌	4. 상전 파괴_{왕하}: 포로 됨

© 믿소사랑 성경 관통 by 신주식

몸통- 분열 왕국은 여로보암의 길과 다윗의 길로 나뉨 왕상 15- 왕하 15장

북이스라엘 19명의 왕들을 이야기 할 때 그들이 '여로보암의 길'을 따라 악을 행했는가 아닌가에 초점을 둔다. 반면 남유다의 왕들의 이야기를 다룰 때 하나님의 관심은 '다윗의 길'로 가고 있는가, 아닌가에 있

었다. 남유다의 20명의 왕들 중 다섯 명의 왕들_{아사, 여호사밧, 요아스, 히스기야, 요}
_{시야}은 개혁자들이었다. 북이스라엘은 악한 왕만 있었고 앗수르에 멸망
하기까지 208년간 지속되면서 7번의 반역이 있었다. 남유다는 바벨론
에 의해 멸망하기까지 344년간 지속되었고 단 한 번의 반역밖에 일어
나지 않았다. 하나님이 다시금 다윗의 혈통으로 왕위가 이어지도록 보
존하셨다.

열왕기상은 대부분 '아합 왕과 엘리야의 이야기'로 이뤄져 있다_{왕상 16-22}
_장. 열왕기상의 경우 거의 대부분 북이스라엘 왕 가운데 여로보암과 아
합 왕의 기록뿐이다. 나머지 왕들은 총 22장 중 단 2장만 사용하여 아
주 간단하게 요약하고 있다. 이는 여로보암과 아합 왕이 가장 악한 왕
의 모델이기 때문이다. 아합 왕이 죽으면서 열왕기상은 끝난다. 열왕기
상•하에서 엘리야와 엘리사의 활동이 75%의 분량을 차지하고 있다.
이것은 엘리야와 엘리사가 하나님의 나라를 대적하는 바알 세력으로
부터 어떻게 승리로 이끌었는가를 보여준다. 하나님 나라와 바알의 세
력인 세상 나라와의 싸움 이야기다. 결국 하나님 나라의 승리로 끝난다.
북이스라엘을 세운 여로보암은 무엇보다 걱정하는 것이 있었다. 10
지파 백성들이 하나님을 섬기려 솔로몬 성전이 있는 예루살렘으로 갈
지도 모른다는 것이었다. 그래서 여로보암은 황금송아지를 만들어 '이
는 너희를 애굽에서 인도하여 올린 너희의 신'이라고 하면서, 단과 벧
엘에서 숭배하게 하였다_{12장}. 이것은 북방 왕들이 여로보암의 죄에서
벗어나지 않고 '여로보암의 길'로 따라갔다가 결국 멸망당한 원인이
되었다. 여로보암의 길은 「여」러 사람들이 쉽게 갈 수 있는 넓은 「길」
로, 곧 멸망의 길이다.
북 이스라엘의 반역의 역사는 계속해서 이어졌다. 초기 왕은 여로보
암, 바아사, 시므리 그리고 오므리 왕조이다. 아합 왕은 오므리 왕의 아

들이다. 아합 왕이 열왕기상에 일곱 장을 차지하는 이유가 무엇인가?

아합 왕이 바알 숭배 전도자로 온 이세벨과 결혼함으로 하나님의 나라를 무너지게 하였기 때문이다. 하나님은 남북이 나누어지게 하여 하나님의 나라를 선전하는 제사장 나라로 선의의 경쟁을 하기를 원했는데, 그들은 오히려 세상 나라에 섞이고 정치적으로 정복당하였다. 하나님의 나라가 존재하는 이유는 세상 나라에 하나님의 나라의 복을 전하는 것이다. 그런데 '세상 문화'라는 이름으로 바알 종교는 왕조까지 위협하였다. 이것은 불과 몇 대가 지나지 않아 벌어진 일이다. 종교는 문화의 탈을 쓴다.

바알 종교는 문화라는 이름으로 북이스라엘뿐만 아니라 남 유다의 여호사밧이 자기 아들을 아달랴와 정략 결혼하도록 유혹하였다. 이것은 피가 섞이는 결과를 낳았다. 남유다까지 바알 때문에 왕궁이 더럽혀지게 되었다. 결국 아달랴는 다윗 혈통을 없애려는 쿠데타를 일으켜 다윗의 씨를 말리려고 했지만 요아스가 극적으로 구출되어 다윗의 혈통을 이어갔다.

성경은 하나님의 나라와 바알로 상징되는 세상 세력과의 싸움 이야기이다. 엘리야는 갈멜산에서 바알과 아세라의 선지자 850명과 거룩한 싸움을 벌인다_{왕상 17-19장}. 다윗이 골리앗과 싸웠듯이 엘리야는 이세벨의 추종자들과 싸운다. 바알은 불을 내리는 '번개신' 이었지만 아무런 응답이 없었다. 엘리야가 기도하자 여호와께서 불로 태움으로 여호와만이 참 신이심을 나타내셨다_{18장}. 「바」알이 거짓임을 「알」려 준 사건이었다.

3년 동안의 가뭄은 하나님께서 비를 내려 주지 않음으로 바알 신의 무능력함을 보이시고, 엘리야가 기도했을 때 비를 내리셔서 여호와만이 참 신이심을 한 번 더 드러내셨다. 암흑의 시기에도 빛을 발한 엘리야와 엘리사는 타협하지 않고 담대히 하나님의 말씀을 선포하여 하나님의 일하심을 드러내었다. 열왕의 실패에도 엘리야와 엘리사 선지자를 통해 여호와께서는 자신이 이스라엘의 왕이라는 점을 온 천하에 입증하였다.

엘리야는 갈멜산 전투에서 승리하고 난후에 영적침체에 빠졌을 때, 하나님은 세미한 음성으로 그를 다시 회복시켜 주신다. 왜 세미한 음성으로 그를 회복시켜 주신 것인가? 세미한 음성은 '크고 강한 바람, 지진, 불'에 대비하여 '세미한 음성'은 특별한 의미가 있다. 하나님은 특별하게 나타내 보이는 능력보다 하나님의 말씀으로 일하시는 것을 보여 주고 싶어 하셨다. 말씀은 외적인 환경보다 더 강력한 힘을 가지고 있다.

엘리야는 하늘로 승천하지만 아합은 전쟁에서 비참하게 죽고, 이세벨은 난간에 떨어져 죽어 개가 피를 핥게 되었다. 최후에 이기는 자가 승리자다!「아」내와 힘을「합」해 부강하고자 했지만 도리어 이 세상 이별했다.

엘리야의 행진				
믿음	초기	광야	까마귀, 사르밧 과부	연단, 준비
소망	중기	갈멜산	바알 선지자 물리침	말씀, 전투
사랑	말기	광야로	피신, 세미한 음성 들음	회복, 전수

© 믿소사랑 성경 관통 by 신주식

엘리야가 승천한 후, <오바댜 선지자>는 에돔 족속의 멸망과 야곱 후손의 회복에 대하여 예언하였다. <요엘 선지자>는 유다에 발생한 메뚜기 재앙을 통해 회개하고 겸손히 하나님께로 돌아와 하나님의 축복을 받도록 경고하였다. 마음을 찢는 회개는 성령의 임재를 경험하게 될 것이다.

엘리사의 기적 중 가장 흥미로운 것은 문둥병자 나아만이 요단강에 일곱 번 몸을 담그라는 명령에 순종하여 기적적으로 고침을 받은 것이다[5장]. 나아만은 적국의 장군임에도 불구하고 은혜를 받았다. 이는 하나님께로 나오기를 원하는 자를 풍성하게 채우시는 하나님의 은혜를 보여준다. 예수님이 우리 대신 죽음의 세례를 받음으로 우리가 구원을 받았다!

예후는 이세벨과 아합의 아들들과 바알 우상숭배자들을 전멸시켰다. 이것은 엘리야가 예언한 말씀대로 응했다는 것을 보여주는, 하나님이 진정한 왕이심을 드러내는 사건이다. 예후왕조는 아합의 역사를 심판하는 역할을 했을 뿐이다. 바알 숭배를 따르는 결과는 심판과 멸망뿐이다.

북 왕국에서 가장 번영을 가져다 준 왕은 여로보암 2세이다. 그의 41년간의 통치는 "여호와 보시기에 악을 행하여 이스라엘로 범죄케 한 여로보암의 모든 죄에서 떠나지 않았다." 여로보암 2세 시대에 사치와 향락으로 죄악에 빠진 그들에게 <아모스 선지자>는 회개를 촉구하였다. <호세아 선지자>는 신실하지 못한 '고멜'과의 고통스러운 결혼 생활을 했다. 이는 신실하지 않은 이스라엘에 대한 하나님의 극진한 사랑을 보여주기 위해 기록하였다. <요나 선지자>는 이방인들을 위한 축복의 통로를 잊어버린 이스라엘 백성들에게 하나님의 사랑을 보여주기 위한 이야기를 전한다. 「요」놈의 고집불통의 「나」가 바뀌어야 한다는 것을.

마지막 호세아 왕 때에 이스라엘은 앗수르에 의해 포로가 되었다주전 722년. 북이스라엘은 이방 사람들과 섞이면서 다신종교 사회가 되어 버렸다. 시간이 흘러 혼혈이 되어 신약에 '사마리아인'이라는 이름으로 불리게 되었다. 그들이 어떻게 끝났는가를 보라. 결국은 멸망이다!

꼬리- 남유다 멸망의 멸망은 언약에 충성하지 않았기 때문 왕하 15-25장

북왕국의 멸망 후에도 남왕국이 136년을 더 버틴 것은 하나님이 기회를 주신 것이었다. 히스기야 왕과 요시아 왕 같은 왕들이 종교 개혁을 이뤄내 더 축복을 받을 수 있었다. 간절한 기도로 앗수르의 대군으로부터 유다를 구한 히스기야와 하나님의 성전을 수리하고 국가적 회개와 개혁을 주도한 요시야 왕이 있었다. 그럼에도 불구하고 죄악의 홍수를 막기에는 역부족이었다. 결국 남유다는 죄에 압도되어 포로로서 바벨론에 잡혀간다. 히스기야는 우상숭배의 일종인 놋뱀에 대한 경배를 폐지했고, 유월절을 지킴으로서 모범적인 신앙을 보였다. 그래서 그는 앗수르의 침공으로부터 주님의 보호를 받을 수 있었다. 또한 유다에도 어느 정도 번영을 가져왔다18-20장. 그러나 그는 앗수르의 침공을 막은 후에 바벨론 사자에게 그의 왕궁의 보물을 보여 준 어리석은 교만으로 이사야 선지자에게 비난을 받았다. 교만한 마음은 후손들에게 멸망을 안겨다 준다.

<이사야 선지자>는 죄에서 돌이키지 않았기 때문에 유다는 몰락할 것임을 예언했다. 또한 하나님께서는 남은 자를 보존하시고 장차 메시아를 통해 구원하실 것을 약속했으므로 언약을 충실히 지킬 것을 촉구한다. 동시대에 <미가 선지자>는 현실의 죄악을 고발하는 설교를 시작했으며 미래의 큰 소망이 되실 메시아를 예언하였다.
므낫세는 55년의 긴 통치를 하면서 바알 숭배에 깊이 빠진 왕으로 손자 요시야 왕의 개혁도 악의 세력의 흐름을 바꾸지 못하였다. 요시야는 여덟 살에 왕이 되어 히스기야의 신앙을 이어 받아 16세에 성전을 복구하던 중에 율법 책을 발견하였고, 유월절을 지킴으로 대부흥 운동을 일으켰다22-24장. 말씀을 찾아 회복의 길을 걸으려 했던 것이다.
<나훔 선지자>는 다가오는 니느웨의 멸망을 선포함으로 유다 백성들을 위로하기 위해서 기록하였다. <스바냐 선지자>는 그들이 하나님을 저버림으로 말미암아 심판을 받을 것이지만, 언약의 신실하심으로 인하여 하나님께서는 그들에게 소망과 기쁨의 미래를 주실 것이라는 것을 알려 주기 위하여 스바냐서를 기록하였다.
요시야가 애굽과의 전투에서 죽은 이후 왕위에 오른 여호아하스는 석

달 만에 바로느고에 의해 폐위되고 여호야김이 왕이 되었다. 여호야김은 예레미야 선지자의 예언 두루마리를 잘라서 불태우고 불순종하다가 결국 예언대로 비참한 최후를 맞이한다. 말씀을 무시하면 결국 망한다!

<예레미야 선지자>는 유다가 하나님의 말씀을 거역하고 회개하기를 거절했기 때문에 바벨론으로 포로로 잡혀갈 수밖에 없지만, 하나님의 은혜로운 약속으로 장차 회복이 될 것을 선포한다. <하박국 선지자>는 "하나님이 왜 악인을 그대로 두시는가?"라고 질문했고 하나님은 '오직 의인은 믿음으로 살아야 한다'고 답해준다.

여호야긴고니아은 석 달 열흘 간 통치하면서 바벨론에 대적하다가 포로로 끌려갔다. 유다의 마지막 왕인 시드기야는 애굽과 동맹을 맺었으나 그럼에도 바벨론의 침략은 막을 수 없었다. 결국 예루살렘은 정복을 당했고 성전은 불태워졌다. 그는 눈이 뽑힌 채 바벨론으로 끌려갔다. 그때가 주전 586오~ 팔려년이었다. 바벨론에 끌려간 백성들은 예레미야의 예언대로 바벨론에서 70년 동안 포로 생활을 하게 된다.

<에스겔 선지자>는 멸망 이전에는 예루살렘에 대한 심판과 멸망을 예언하면서 "회개하라"고 외쳤고1-24장, 멸망 이후에는 하나님 백성의 회복을 예언하면서 이스라엘을 격려하였다25-48장. <다니엘 선지자>는 포로 된 이스라엘 백성들에게 하나님께서 약속하신 나라가 회복될 것이라는 소식을 전함으로써 그들을 위로하려고 기록했으며, 또한 황제 숭배 명령에 신앙으로 이길 수 있는 용기를 주었다.

열왕기의 마지막에는 바벨론 에윌므로닥 왕은 여호야긴에게 자유를 주고 그가 상에 앉아 먹게 하고 필요한 것을 공급해 주었다. 여호야긴의 석방은 "다윗의 등불"에 관해 희망의 한 줄기 빛을 비추어 준다. 여호야긴 왕이 다윗의 언약대로 37년 만에 석방됨으로 희망을 보게 되었다. 열왕기는 여전히 하나님께서 자신을 위해 남은 자들을 보존하신다는 희망의 메시지를 전하며 끝을 맺는다. "너희에게 희망은 있다. 힘내라!"

나아만이 병에서 치유 받은 기적을 보라 _{왕하 5장}

나아만은 당대 최고의 성공과 권력을 가진 아람 군대 장관이었다. 그의 권세는 오늘날 국무총리 정도로 왕이 그를 의지할 정도였다(5:18). 그는 공을 크게 세운 장군이었으며 부자이기도 했다. 이렇듯 다 가진듯한 그는 안타깝게도 "큰 용사이나 나병 환자"였다(5:1). 그는 부와 명예, 권력을 가진 자였지만 죽을병에 걸린 시한부 신세였다. 성경에 나오는 나병의 증세로는 점점 불구가 되어가는 것, 몸에서 피와 고름, 악취가 나다가 죽음을 맞이하는 것이었다. 그 다시 나병은 불치병이었고 그 심각한 증상들과 겉으로 보이는 모습들로 인해 환자들은 죄를 지은 대가로 병에 걸린 죄인들로 취급당했다. 한마디로 비참한 운명이다.

나아만은 그가 가진 것으로도 해결할 수 없는 치명적인 약점을 가지고 있었던 것이다. 시간이 지나갈수록 그의 모든 부와 성공은 물거품처럼 점점 사라져 갔다. 그는 자신이 이룬 부와 권력으로부터 문제를 해결할 수 없다는 '절망감'보다 사회로부터 소외당했다는 '소외감' 때문에 가장 괴로워했다.

많은 사람들이 성공을 바란다. 성공만 하면 다른 이들이 자신을 치켜 세워주고 우러러 볼 것이라는 착각 속에 빠져 살기 때문이다. 그러나 성공은 그들이 바라는 만큼의 만족을 가져다주지 못한다. 성공이라는 것이 '행복'의 시작점이 될 수는 있지만 그것이 자신을 지켜 주지 못한다. 성공하는 사람들 중에 사람들로부터 인정을 받지 못 할 것이라는 '두려움'을 견디지 못하는 경우가 많다. 부와 성공을 가진 유명 정치인, 사업가, 인기 연예인들이 왜 자살로 인생을 마감하겠는가? 자신의 성취를 통해 사람들의 인정을 받을 수 있다는 생각이 무너지는 순간 모든 것이 무너지기 때문이다.

죽을병에 걸린 나아만에게 소망의 빛이 찾아왔다. 빛은 종으로 사로 잡혀온 소녀의 한마디 말로부터 시작됐다. 그녀는 "이스라엘 있는 선지자를 만나면 나병을 고칠 수 있어요"라고 말했다. 나아만은 지푸라기라도 잡는 심정으로 수많은 돈과 왕의 추천서를 가지고 이스라엘로 갔다. 그는 이스라엘 왕에게 편지와 돈을 주면 왕이 선지자에게 치료하라고 명령할 것이라고 생각하였다. 나아만은 하나님만이 치료하실 수 있다는 것을 몰랐다. 여종이 전해준 한마디 말을 자신의 생각대로 해석한 것이다. 나아만은 그때까지도 거액의 돈과 추천서가 문제를 해결해 줄 것이라고 착각을 하였다. 세상에 돈이면 모든 것이 다 해결 될 줄 믿는다.

팀켈러는 『내가 만든 신』에서 "나아만과 아람 왕은 이스라엘 종교도 실제로는 세상 나라와 똑같이 작용한다고 믿었다. 그들에게 종교란 사회를 통제하는 수단이었다. 종교의 작동 원리는 신 또는 하나님이 착하게 사는 사람에게 복과 형통을 준다는 것이다. 그러니 하나님과 제일 가까운 사람은 당연히 사회에서 가장 성공한 이들이다. 그들이야말로 하나님께 무엇이든 원하는 대로 받을 것이다. 따라서 전통 종교가 늘 예상하는 대로라면 신은 외부인이나 실패자가 아니라 성공한 부류를 통해 일한다. 그래서 나아만도 곧장 왕에게 갔던 것이다"라고 하였다.

편지를 받은 이스라엘 왕은 자기 옷을 찢으며 "내가 사람을 죽이고 살리는 하나님이냐? 그가 어찌하여 사람을 내게로 보내 그의 나병을 고치라 하느냐?"고 하였다. 왕은 사람을 살릴 수 있는 분은 하나님이시기 때문에 자신이 치료를 명령할 수 없다고 하였다. 하나님은 인간의 명령에 움직이는 분이 아니다. 비록 왕이라고 할지라도! 하나님은 인간들이 돈이나 비위를 맞추는 일에 맞게 해주는 신이 아니다. 세상의 종교는 인간이 정성과 헌신을 보이면 신들이 보상해줄 의무가 있다고 여긴다. 나아만도 돈과 성공으로 하나님을 움직일 수 있다고 착각하였다. 돈과 권력은 '사람을 죽이고 살릴' 수 없다. 착각이 사람을 죽인다!

아람 왕도 이스라엘 왕도 나아만의 죽을병을 해결하는데 전혀 도움이 되지 못했다. 결국 나아만은 엘리사를 찾아간다. 허름해 보이는 엘리사의 집을 찾은 나아만은 충격적인 처방을 받게 된다. 그것은 "너는 가서 요단강에 몸을 일곱 번 씻으라"는 것이었다. 심지어 엘리사 본인이 나온 것도 아니었다. 처방은 전한 이는 바로 엘레사의 종이었던 것이다. 나아만은 치료비도 받고 신비한 능력으로 안수라도 해서 치료해 줄 것이라고 생각했다. 엘리사가 치료비도 받지 않겠다고 하고 치료하는 의식도 행하지 않고 요단강에 가서 몸을 일곱 번씩이나 담그라는 말은 그로서는 도저히 납득할 수 없는 일이었다. 그래서 화를 내면서 떠나고자 하였다. 우리가 알아야 할 것은 하나님은 상식에 벗어난 일을 좋아하신다. 우리도 믿으려면 상식과 과학적 지식을 뛰어 넘어야 한다.

나아만에게는 자존심이 엄청나게 상하는 일이었다. 자신이 생각한 방식과 너무나 달랐기 때문이다. 나아만은 '요단강에 가서 물에 일곱 번씩이나 담그라는 말은 나보고 어린애들처럼 물장구나 치라는 것이냐?'는 것으로 여겼다. 도저히 자신의 상식으로는 이해할 수 없었다. '차라리 더러운 요단 강 보다 깨끗한 다메섹 강이 더 낫겠다'고 말하기도하였다. 엘리사의 방법은 상식적으로는 도저히 받아들이기 어려운 '처방'이었다. 이것이 세상과 하나님의 구원 방식의 차이다. 세상은 공로나 헌신으로 복과 구원을 성취할 수 있다고 한다.

하지만 하나님의 구원은 선하든 악하든 상관없으며 헌신과는 상관없이 누구나 받을 수 있다고 하는 것이다. 그분의 구원을 얻는 것은 전적인 하나님의 은혜로 이루어진 것이다. 우리는 그저 받아들이기만 하면 된다. 우리가 알아두어야 할 한 가지는 하나님의 은혜는 절대로 공짜로 이루어진 것이 아니라는 것이다. 우리가 받은 선물은 반드시 누군가의 희생에 의해 주어진 것이라는 것이다. 나아만은 이것을 알기 전에는 세상 가치관과 종교에 따라 구원을 받지 못하고 우상의 노예로 살아갈 운명이었다. 결국 죽어가는 병으로 끝날 운명이었다.

"그냥 몸을 씻으라"는 명령은 너무나 쉬워서 더욱 받아들이기 어려웠다. 도저히 이해가 되지 않는 명령이었다. 몸을 씻는 것과 나병이 치료되는 것은 무슨 상관이 있는가? 아무런 상관이 없다. 그런데도 나아만이 죽을병에서 치료되려면 자신의 상식을 내려놓아야 했다. 자신의 방식으로는 도저히 해결 될 수 없지만 하나님이 명령하신 것을 인정하고 순종하는 길밖에 없다. 자신의 무력함을 인정하고 하나님의 구원 방식을 선물로 받아들일 때에 기적은 일어날 수 있다. 구원은 자신의 '결핍'을 인정하고 그 빈 곳이 하나님의 '풍성함'으로 채워지는 것이다. 자신이 추구하는 방식이 도리어 해로운 것이며 도저히 구원 받을 가능성이 전혀 없음을 인정해야 영광을 보게 된다.

요단강 = 죄 씻음, 복으로 들어가는 통과문, 옛 자아가 죽고 거듭나는 곳

만약 나아만이 집으로 돌아갔다면 그는 죽을병으로 비참한 인생으로 마감했을 것이다. 하지만 비참하게 인생의 막을 내리던 것을 막았던 인물이 있다. 그의 종들과 소녀 하인은 나아만에게 무릎 꿇고 애원하듯이 "행하여 보지 않겠습니까?"라고 말하였다.

과연 그녀가 이렇게까지 간청할 필요가 있었을까? 소녀는 적국인 아람에 포로 잡혀와 종살이하는 노예였다. 종은 가장 밑바닥을 살아가는 인생이다. 그녀는 하루라도 빨리 가족의 품에 돌아가고 싶지 않았을까? 차라리 나아만 장군이 죽으면 자신의 소원이 더 빨리 이루어질 수 있다고 생각할 수도 있었을 것이다. 자신을 비참한 수렁에 빠지게 한 원수에 대한 원한이 사무쳐 다른 사람들처럼 복수심에 불탔을 것이다. 인간은 누구나 실패한 인생에 처하면 비난의 화살을 상대방에 돌려 쏘게 마련이다. 복수심에 불탈 수밖에 없는 그녀가 나아만에게 치료

받기를 간청했을까? 무엇 때문에 적군을 살리려 했을까?

"우리 주인이 선지자 앞에 계셨으면 좋겠나이다"라고 말한 소녀를 보라[5:3]. 그녀에게는 원수를 비방하거나 저주하는 마음보다는 그를 살리고 싶은 마음이 가득했다. 어떻게 그러한 마음을 가질 수 있을까? 그녀는 죽을병에 걸린 비참한 인생이 자신의 처지와 다를 것이 없으며 자신이 믿었던 하나님이 자신을 구해주신 것처럼 나아만도 구원해 주길 바랐기 때문이다. 그녀는 진심어린 연민과 사랑으로 구원의 하나님을 소개해 주고 싶었다. 원수 갚는 일은 하나님의 손에 맡겼다. 다만 상대를 용서하고 치료와 구원을 받기를 원했다. 이 따뜻한 마음을 보라!

그녀는 '죽을병'에서 구원한 '치료제'가 자신의 말 한마디에 있다는 것을 알고 사용한 것이다. 죽을병을 해독할 수 있는 치료제를 사용하는 것이 자신에게 희생이 요구되지만 그녀는 용서와 사랑을 베풀기로 결심하였다. 용서는 고난을 감수해야 한다.

고난을 감수한 예수님을 보자. 예수님은 죽을병에 걸린 우리를 용서하고 치료하기 위하여 고난을 감당하셨다. 예수님의 용서는 공짜가 아니다. 구원을 위해 십자가에 걸려 죽음을 맞이하시는 값비싼 희생을 치루셨다. 십자가의 '해독제'만이 '죽을병'을 치료하는 유일한 치료제다. 치료제는 그분이 값을 지불하시고 우리에게 주셨다. 그것은 그분이 치료제 값을 다 지불한 것이다. 나를 살리기 위해 값을 지불하셔야만 했다.

나아만은 종들과 소녀의 말을 듣고 깊은 고민에 빠졌다. 도저히 이해할 수 없는 명령에 순종하여 창피한 일을 시도해봐야 하는가? 아니면 이대로 집에 돌아가 유명한 의사를 불러 치료 받으며 고통을 조금 줄이면서 죽을 것인가? 갈림길에서 차라리 집에 돌아가고 싶은 마음이 굴뚝같았지만 나아만은 요단강으로 들어갔다. 그는 하나님의 치유에 순종한 것이다. 요단강에 들어가기 위해 나아만은 죽을병 있는 자신의 몸 상태를 드러내야 했다. 옷을 벗어 사람들에게 몸을 드러내야만 했다. 그것은 나아만에게 있어 매우 수치스러운 일이었다. 하지만 그는 옷을 벗었다. 이는 죽음에 빠질 수밖에 없는 질병의 옷, 죽음의 옷을 벗은 것이었다. 그리고 하나님이 마련하신 치유의 강물에 몸을 담갔다. 나아만이 물에 잠기면서 자신의 생각이 죽고, 자신의 수치도 죽었다. 그리고 완전히 죽기 위해 7번이나 강물에 몸을 담갔다. 일곱 번째로 몸을 담그고 강 물 밖으로 나왔을 때 그의 피부는 어린아이의 피부처럼 깨끗하게 회복되어 있었다. 병에서 완전히 치료되었다. 이전 것은 지나가고 완전히 새로워졌다. '죽을병'에서 새생명으로 탄생한 것이다. 이것이 복음이다! 마치 어린아이처럼 새롭게 거듭나는 순간이다.

나아만은 복음이 주는 기적을 경험하였다. 그는 이렇게 고백한다. "내가 이제 이스라엘 외에는 온 천하에 신이 없는 줄을 아나이다"라고 하면서 감사 예물을 드리고자 하였다. 그런데 엘리사는 예물을 받지 않겠다고 하였다. 구원의 역사는 하나님의 선물이기 때문이다. 어린 양의 희생으로 이루어진 구원을 자신의 이익을 위해 사용할 수 없다.

믿음은 돈이나 성공으로 구원이 이루어질 수 없음을 깨닫는 것이다.
소망은 자신의 수치를 드러내고 십자가에 몸을 맡기는 것이다.
사랑은 원수까지 용서하고 불쌍히 여기는 마음을 가질 때 시작된다.

요단강 영적 의미			
믿음	홍해	십자가에서 옛 사람도 죽었음을 믿음세례	자녀가 되는 경험
소망	광야	자기 뜻대로 살려는 자아 죽고, 말씀 순종	주인 바뀌는 훈련
사랑	요단강	자아 죽고, 성령님께 순종하는 삶영적 전쟁	예수로 사는 축복
→ 요단강의 기적은 자아의 죽음을 통과한 사람에게 성령의 임재를 경험하는 삶			

© 믿소사랑 성경 관통 by 신주식

남 유다		북 이스라엘	
왕	선지자	선지자	왕
1. 르호보암	스마야 잇도 선견자	아히야	1. 여로보암 ●
2. 아비얌			2. 나답
3. 아사 ★			3. 바아사 ●
			4. 엘라
			5. 시므리
		엘리야	6. 오므리 ●
4. 여호사밧 ★	아하시엘 오바댜		7. 아합
5. 여호람			8. 아하시야
6. 아하시야		엘리사	10. 여호람(요람)
7. 아달랴	요엘		11. 예후 ●
8. 요아스 ★			12. 여호아하스
9. 아마샤 ★		호세아 요나	13. 요아스
10. 웃시야 ★ (아사랴)	이사야 미가		14. 여로보암 2세
		아모스	15. 스가랴
			16. 살룸
			17. 므나헴 ●
			18. 브가히야
11. 요담 ★			19. 베가
12. 아하스			20. 호세아
13. 히스기야 ★		왕국 분열- 931년구세주여 하나되게	
14. 므낫세	나훔 스바냐	북이스라엘-앗수르에 의해 722년치리리 받아 멸망	
15. 아몬			
16. 요시야 ★		남유다- 586년오팔려 바벨론에 포로	
17. 여호아하스	예레미야 하박국	★ 유다의 8명의 선한 왕	
18. 여호야김		● 북왕조 창설7번 구데타가 일어남	
19. 여호야긴	에스겔 다니엘		
20. 시드기야			

대상하 _ 대상타는 다윗
1,2 Chronicles

이스라엘 역사는 열왕기상.하를 통해 모두 끝난다. 그런데도 에스라는 다시 역대상.하를 기록한다. 역대상.하는 남방 유다만 중점적으로 다루면서 정치적인 면보다 영적인 성전 중심의 '예배'를 강조한다. 열왕기상.하는 인간이 지닌 '죄'의 연속과 그로 인한 실패에 초점이 맞춰져 있다면 역대기상.하는 하나님을 예배하는 '성전과 하나님의 긍휼하심과 신실하심'을 중점적으로 설명한다. 하나님은 역대상 • 하를 통해 하나님 나라는 남은 자, 즉 그루터기를 통해 이어간다는 것을 보여 주신다.

왜 에스라는 역대기를 기록했을까? 그의 외침은 "나라가 기울어져도 하나님은 우리에게 '소망'이 있다고 말씀하십니다! 포로로 잡혀갔을지라도 하나님은 우리를 포로에서 돌아오게 하셨습니다. 이제 다시 하나님의 나라를 세워가야 합니다. '소망의 빛'을 비춰야 할 때입니다!' 에스라는 회복의 자리로 돌아온 백성들에게 "어떻게 하나님의 백성이 포로로 잡혀갈 수 있는가?" "하나님은 실패하셨는가?"라는 질문을 받았다. 그는 그런 질문들에 대하여 "하나님이 실패한 것이 아니라 그들이 하나님과의 언약에 순종하지 못했기 때문이다"라고 대답을 할 필요성을 느꼈다. 앞으로 번영한 나라를 만들려면 어떻게 해야 할 것인가? 가장 좋은 방법은 과거를 돌아보는 것이다. 다윗 시대에 어떻게 부강했고 열왕들은 왜 쇠락했는지 이유를 살펴보아야 한다. 과거를 거울삼아야 번영할 미래의 계획을 세울 수 있기 때문이다. 에스라는 우리에게 하나님에 대한 태도에 따라 번영과 쇠퇴가 결정된다고 말한다.

그는 바벨론에서 돌아온 후 백성들에게 절실히 필요했던 희망과 민족의 정체성을 심어 주려는 목적으로 기록하였다.

구분	열왕기	역대기
시각	선지자적	제사장적
목적	경고와 책망	위로와 격려
관심	왕	성전
역사	정치적 역사	영적 역사

진정한 예배가 번영으로 이끈다			성전 | 대하7:1 | 에스라 | BC 500년	
믿음	역대상 1-9장	다윗 왕조의 족보	수천 년	계보
소망	10장-대하9장	통일 왕국	80년간	통치
사랑	대하 10-36장	유다 왕들 통치	393년간	파괴

어느 길로 갈 것인가? 이것이 문제 해결책!

르호보암의 행동 때문에 북 왕조와 남 왕조로 둘로 갈라졌다대하 10장. 그의 가장 큰 소원은 권력을 장악하여 온 이스라엘을 통치하는 것이었다. 온 백성이 그에게 충성하기를 바랐다. 그 목적을 이루기 위해 양자택일 해야만 한다. 노인들이 추천한대로 노역을 적게 하든지 아니면 젊은 친구들이 제안한대로 노역을 더 무겁게 하든지 선택을 해야 했다. 그때 르호보암 왕은 백성들을 더 힘들게 다스리겠노라고 말했다. 그 결과 나라는 둘로 갈라지고 북 왕조와 전쟁까지 하게 되었다. 결국 남 왕조도 바벨론으로 포로 잡혀갔다. 어리석은 선택이 불행을 낳았다.

문제의 원인은 무엇인가? 무엇이 이토록 비참한 결과를 만들어 내었는가? 르호보암이 목적을 위해 '내 소원대로, 내 생각대로, 내 방식대로 하는 것이 옳다'라고 고집했기 때문이다. 안타깝게도 그는 옛 것을 거절하고 세상 방식을 취하였다. 그가 이런 선택을 한 이유는 무엇인가. 바로 '편견' 때문이다. 젊은이들의 조언이 자신의 생각과 일치하였기 때문에 다른 제안을 거들떠보지도 않게 만들었다. '나의 의견과 다른 의견은 틀렸다'는 '선입견'과 '편견'이 그의 귀를 막은 것이다. 또 한 가지의 문제는 '교만' 때문이다. 교만한 사람은 다른 사람을 무시하는 경향이 있다. 노인들의 의견을 수용하는 것은 자신뿐만 아니라 솔로몬도 잘못했다는 것을 인정해야했기 때문에 그것이 싫었던 것이다. 교만이 문제다. 「교」통하지 않고 자기 마음대로 「만」드는 것이다.

사람들은 진리의 문보다 유혹의 문을 더 많이 찾는다. 그 길이 더 지혜롭고 탐스러워 보이기 때문이다. 사람들은 왜 복음이 좋은 것이라고 소개해도 거부하는가? 복음을 거절하는 궁극적인 원인은 자신을 너무 믿기 때문이다. 자신의 생각이 옳다고 생각하는데 그것이 틀렸다고 말하니 거부하는 것이다. 분명히 좋은 것임을 아는데도 거부하는 것은 자신의 '연약함'을 인정하는 것이 싫기 때문이다. 그들 안에 있는 '편견'과 '교만'이 듣는 것조차 거부하게 만든다. 제 눈에 안경을 보면 선악과가 더 좋아 보인다. "하나님과 같이" 될 수 있다고 믿는 것이다. 「선」하고 「악」한 것을 자기 마음대로 정하길 원한다.

이스라엘이 다윗의 길을 갈 수 있었던 이유는 오직 하나다. 자신의 생각을 내려놓고 다윗이 믿었던 방식을 따른 것이다. 다윗이 밧세바를 간음하였더라도 회개하였던 것처럼 자신을 낮추면 된다. 그 길이 살 길이다. 안타깝게도 남유다는 다윗의 길을 가지 않고 멸망으로 이어지는 유혹의 넓은 길을 따라갔다. 자신을 낮추면 살고 높아지면 무너진다!

믿음은 어느 길을 갈 것인가를 잘 선택하는 것이다.

소망은 편견과 교만을 버리고 진리를 선택하며 가는 것이다.

사랑은 회복시켜 주실 하나님의 말씀대로 살려는 삶이다.

인간의 흥망성쇠는 예배에 달려 있다

바벨론에서 해방되어 고국으로 귀환한 후에 이스라엘에게는 힘을 주고 회복시켜줄 무엇인가가 필요했다. "어떻게 해야 살기 좋은 나라를 만들 것인가?"라는 방향을 제시할 필요가 있었던 것이다. 에스라는 이 문제를 해결하기 위해 먼저 새 성전을 짓는 일을 격려하였다. 그는 예배를 회복시키기 위한 성공여부는 '성전을 중심으로 한 예배의 삶'에 달려 있다고 제사장과 레위인을 격려했다. 하나님과의 관계가 이스라엘의 흥망성쇠를 좌우한다. 우리는 하나님에게 예배하는 삶이 교회의 번영과 침체를 좌우하는 열쇠임을 기억해야 한다. 예배가 생명이다! 예배가 회복이다! 예배가 곧 번영이다! 예배가 참 평안을 가져다 준다.

인간의 흥망성쇠 = 하나님 나라 건설_{성전} = 예배 회복 = 번영과 평안

역대상은 <머리> 부분인 아담을 시작으로 다윗 왕가의 족보와 다윗의 통치로 하나님의 나라를 이룬 것까지를 다룬다. 왜 역대상 1장에서부터 9장까지 재미없는 족보 이야기를 길게 다루는가? 다윗의 계보를 통해 오실 메시아 예수가 탄생한 것을 알려 주기 위해서이다. 이스라엘 백성들 자신들이 거룩한 과거를 계승한 사람임을 인식시키기 위하여 아담부터 시작한다. 정체성을 찾기 위해서는 뿌리부터 알아야 하기 때문이다.

다윗은 솔로몬이 성전을 건축할 수 있도록 모든 준비를 하였다. 성전에 대한 다윗의 태도가 성공과 실패를 가르는 열쇠다. 역대하는 경건한 왕 다윗을 본받아 그들의 삶과 신앙에서 모범을 보인 왕들에게 초점을 맞추고 있다. 솔로몬과 웃시야와 여호사밧은 모두 시작은 하나님 중심으로 시작하였지만 나중에는 성공에 도취하여 부끄러운 지도자로 전락했다.

역대상 10장에서 역대하 9장까지는 <몸통>인 80년간 이어져 온 통일

왕국에 대해서 다룬다. 다윗이 하나님의 언약궤를 다시 모셔온 것과 하나님의 성전을 짓고자 하는 열망은 하나님에 대한 열정을 잘 보여 준다. 하나님께서는 '다윗과의 언약'을 맺으시고 솔로몬을 통해 '하나님의 집'을 건축하게 하셨다. 솔로몬의 성전 건축으로 이스라엘은 황금시대를 누렸다. 성전에 임했던 영광은 포로 된 공동체에 가장 큰 격려가 되었다.

<꼬리> 부분인 유다 왕들의 통치는 역대하 10장부터 36장에 걸쳐서 다뤄져 있다. 393년간의 역사다. 20명의 유다 왕들에 관한 내용이다. 에스라는 여호사밧과 히스기야 왕 등의 선한 왕에게 70%의 지면을 할애하면서 예배와 성전에 대한 왕들의 태도가 번영을 가져왔다는 것을 다룬다. 왕이 하나님을 섬길 때에 유다는 정치적, 경제적 번영의 축복을 받았다. 오늘날도 하나님을 예배하는 민족은 반드시 번영을 이룬다. 역대하에서는 하나님을 경외하는 왕들로 인해 하나님의 축복을 받고 형통한 일들이 생긴 역사와 악을 행하는 왕들로 인해 뼈저린 고통이 뒤따르는 역사를 뚜렷하게 구분하여 보여준다. 하나님은 모든 왕들을 축복하시며 그들이 형통하게 살기를 원하시지만 그 선택은 오직 왕 자신에게 달려있다. 우리들은 왕이나 제사장 같은 신분을 부여받았으므로 우리들의 선택이 앞날을 결정한다는 것을 보여준다. 성경의 진리를 모든 영역에 적용할 때, 개인과 국가는 부와 자유를 얻는다. 하나님을 예배하고 말씀을 가까이 하는 것은 우리가 적용해야 할 최고의 보물이다. 보물은 우리 곁에 있다.

히스기야의 삶 _ 유다 13대왕	이름 뜻: 여호와는 강하시다		
믿음	초기	성전 정화, 예배 회복, 유월절	영적 회복
소망	중기	앗수르 침공, 산헤립 공격	생명 연장
사랑	말기	바벨론 첩자에게 비밀 공개	미래 멸망
→ 젊을 때 담대한 믿음은 나이 들어 시들어 가고 소망의 불은 사라져 갔다			

© 믿소사랑 성경 관통 by 신주식

히스기야의 삶을 주목하라

히스기야는 다윗의 길을 걸었던 인물이다. 젊었을 때는 부친이 폐쇄하고 더럽혔던 성전을 깨끗이 정화하고 문을 열어 유월절 예배를 회복시켰다. 재위 6년에 앗수르 왕 살만에셀이 공격하였을 때는 당당히 맞섰지만, 앗수르의 재침공 때는 "내가 범죄하였나이다"라고 빌며 왕궁 곳간에 있던 좋은 물건을 바쳐 위기를 모면한다_{왕하 18장}. 이윽고 산헤립이 공격해 왔다. 그때 그는 인간의 수단을 버리고 하나님께 기도하였고 그 날 밤에 18만 5천명의 적군이 죽었다. 그 후 히스기야는 등창이라는 병에 걸렸을 때도 간절히 기도해서 생명이 15년이나 연장되는 복을 받았다. 이때까지는 좋았다. 그러나 결국 히스기야는 자신의 업적을 바벨론 첩보원에게 다 보여주는 실수를 범했고 결국 후손들이 바벨론에 포로 잡혀가는 결정적인 단초를 제공하고 말았다. 그는 교만했다.

우리는 위기 순간에 하나님께 간절히 기도한다. 가끔씩 극적인 응답을 받는 축복을 누리기도 한다. 그 이후가 문제이다. 은혜를 받는 순간 주님보다 자신의 힘을 믿는 교만에 빠지기 쉽다. 그러나 바로 그 순간 마귀의 밥이 되고 만다. 이사야가 와서 경고를 하였을 때, 히스기야가 "제가 너무 교만했습니다. 제 후손들에게는 저주가 미치지 않게 해 주세요"라고 기도했더라면 역사는 바뀌었을 것이다. 그는 자신을 너무나 끔찍이 사랑했다. "내가 사는 날에 태평과 진실이 있을진대"_{왕하 20:18}하며 "후손은 망해도 내 시대에 평안만 있다고 하니 다행이구나"라고 이사야에게 말한다. 얼마나 자신만 생각한 처사인가? 그는 믿음으로 개혁을 하고, 절망 가운데 하나님께 부르짖음으로 소망을 맛보았지만, 결국 교만에 빠져 하나님의 사랑을 후손들에게 물려 주지 못하고 '가시와 엉겅퀴'를 물려 주고 말았다. 그는 젊은 날에는 하나님을 뜨겁게 사랑했지만 말년에 '자아 사랑'이 문제가 되었다.

스_ 스스로 회복을 주도한 에스라
Ezra

포로에서 돌아온 백성들의 이야기는 에스라서와 느헤미야서에 실려 있다. 가장 오래된 히브리말 사본들과 헬라말 사본들에서 이 두 책은 한권으로 묶여 있었다. 4세기에 라틴어로 번역하면서 두 책으로 분리되어 오늘까지 이른다. 두 책은 '회복'을 외친 하모니와 같았다.

왕국의 시대는 멸망으로 끝났다. 백성들은 포로가 되었을 때, 이제 모든 것이 끝났다는 절망이 팽배하던 시기였다. 에스라는 에스겔이 예언한 마른 뼈들이 다시 살아 돌아오는 것을 보았다. 그래서 그에게 씌워져 있던 '포로의 멍에'가 벗겨지고 '새 소망'을 바라보게 되었다. 기적적인 하나님의 은혜로 징계는 끝나고 소망의 문이 열렸다. 그에게 포로가 된 백성들을 데리고 귀환하는 과업이 맡겨졌다.

그는 외쳤다. "일어나라! 하나님의 도우심으로 본국으로 돌아갈 수 있게 되었다. 우리에게는 소망이 있다!" 막상 돌아가 보니 황량한 들판뿐이었다. 다시 실망으로 가득해서 돌아갈 백성들이 던진 질문에 에스라는 답을 해야 할 필요성을 느꼈다. "부흥은 다시 일어날 수 있는가?", "나라는 변화 될 수 있는가?" 이에 에스라는 담대히 외친다. "우리가 하나님의 임재와 영광을 갈구하는 삶을 살 때 부흥은 일어난다. 다윗처럼 주님을 찾을 때 우리는 회복 될 수 있다!" 그들이 믿음으로 나아갈 때, 무너진 성전을 재건하는 '제 2의 출애굽'이 이루어졌다. 하나님이 예언하신대로 포로로 끌려간 지 70년 만에 귀환하게 된다. 이러한 기적은 하나님의 도우심으로 이루어진 것이다.

바벨론은 역사상 가장 강력하고 정치, 경제, 군사적으로 뛰어난 제국이었다. 바사를 일으킨 첫 번째 왕인 고레스는 이스라엘 백성의 귀환을 명령하게 되어 극적으로 이스라엘 백성은 귀환이 이루어졌다. 어떻게 가능했을까? 고레스는 포로 된 자들이 고국에 돌아가서 살도록 해서 세금을 걷게 하려는 계획이었다. 이것은 하나님이 이스라엘 백성들이 돌아오게 할 계획의 일부분이었다.

이스라엘로 귀환한 백성들은 성전을 재건하고자 노력했다. 그러나 예루살렘 성전의 재건은 적들의 방해로 지연되었다. 에스라는 성전 재건을 완성하도록 격려한다. BC 536년, 1차 귀환으로 스룹바벨이 하나님의 임재를 회복하는 성전을 재건하였다. 2차 귀환 때는 에스라가 80년 뒤에 예루살렘으로 돌아와 영적 각성을 시켰다. 성전 재건에서 그치지 않고 영적 각성까지 일어날 때 부흥을 넘어 변화가 일어난다. 에스라는 다음 세대들이 이방 문화에 섞여 이방 여인들과 혼인하여 음란한 그들에게 말씀으로 회개와 대각성을 일으켰다. 이때 변화는 일어났다. 말씀만이 변화를 일으키는 힘이다.

하나님은 약속을 지키신다			회복 | 6:16 | 에스라 | BC 425년	
믿음	1-2장	스룹바벨 1차 귀환	538-516	성전 재건
소망	3-6장	성전 재건과 영적 회복	BC 516	성전 건축
사랑	7-10장	에스라 2차, 영적 회복	BC 458	백성 개혁

© 믿소사랑 성경 관통 by 신주식

에스라 소망의 빛이 되다

에스라는 바벨론 포로로 잡혀온 사람들의 후손으로 예루살렘 귀환 시점에 "우리에게는 미래가 없어"라고 하는 백성들에게 정체성을 심어주려고 노력하였다. 그래서 그는 모세의 율법을 평생 연구했고 그에 순종하고자 노력하였다. 에스라는 회복을 위해서 모세처럼 하나님의 법에 대하여 가르치고 훈련시키는 일을 하였다. 백성들이 '좌절감'을 부수고 나올 수 있는 비전을 심어주었다. '좌절 감옥'에서 탈출시키는 것이 우선과제였다.

에스라는 교회가 세속화되었을 때 어떻게 영적 부흥을 일으키고 하나님의 임재와 영광을 회복할 수 있는지 보여주는 모델이다. 우리는 에스라처럼 말씀으로 영광스러운 미래를 창조할 수 있다. 지금 하나님은 하나님의 나라를 회복할 사람을 찾고 계신다. 나라와 열방을 변화시킬 말씀을 진지하게 연구하고 있는 에스라와 같은 사람을 찾고 계신다. 바로 당신이 하나님의 말씀을 진지하게 연구하고 가르치고자 한다면 하나님은 당신을 찾으실 수 있다. 어렵지 않다. 교회에서나 직장에서 성경을 가르쳐 보라. 이렇게 많은 사람들이 실천한다면 나라 전체까지 변화될 것이다. 당신이 바로 제 2의 에스라가 될 수 있다. 꿈꾸어 보지 않겠는가?

	에스라 1-6장		에스라 7-10장		느헤미야서
지도자	스룹바벨		에스라		느헤미야
연대	538-515년	58년 공백 (에스더)	457년	13년간 공백	444-425년
중심	성전 재건		공동체 재건		성벽 재건
선지자	학개, 스가랴		-		말라기
귀환자	1차 귀환 5만		2차 귀환 5천		3차 귀환

스룹바벨 지도하의 1차 귀환 1-2장 : BC 538-516

하나님은 페르시아이란 제국을 건립한 고레스의 마음을 감동시켜 이스라엘 백성을 고국 땅으로 돌아가게 하셨다 주전 538년. 포로로 잡혀간 지

70년이 되었을 때였다. 70년 포로생활 후에 예루살렘으로 돌아오리라고 한 예레미야의 예언이 성취된 것이다. 바벨론에서 귀향한 5만 명은 유대 사회에 주요 계층들이었다2장.

성전 재건과 예배 회복 3-6장 : BC 516

포로 생활에서 돌아온 백성들은 공통적인 목표를 가지고 있었다. 황폐화 된 성읍을 보수할 뿐만 아니라 예루살렘 성전을 재건하는 일이었다. 그들 귀환의 목적은 '신앙 회복'과 '성전 재건'을 통해 하나님 나라의 축복을 다시 누리는 것이었다. 신앙 회복이 곧 축복이다.

다윗 왕의 직계손인 스룹바벨 총독과 대제사장 예수아가 '성전 재건'하는 일을 주도하였다. 성전 재건에 일부 족장들이 성전 건축헌금도 했고 건축에 필요한 자제들을 레바논에서 수입해 오기도 했다. 그런데 북방에 살던 사마리아인들이 예루살렘 성전이 건축된다는 것을 알고 자신들도 성전을 건축하는 일에 동참하게 해달라고 한다. 그러나 유대지도자들은 혼혈이 된 그들을 받아들이지 않았다. 그리하여 사마리아인들은 성전 건축을 방해하는 세력이 된다. 이로 말미암아 성전건축이 기초 공사 단계에서 중단되어 16년 동안이나 방치되었다. 이때 <학개와 스가랴 선지자>는 백성들로 하여금 성전 건축을 다시 하도록 권면한다5장.

하나님나라 건설 = 성전 재건(땅) + 공동체 회복(씨) + 신앙 회복(뜻)

<학개 선지자>는 그들이 "성전의 건축할 때가 아직 도래하지 않았다"고 비관적으로 보면서 자신들의 집을 호화롭게 건축하는 일에 더 신경을 썼다. 그 결과 그들은 16년 동안에 계속 가뭄과 흉년을 겪었다. 성전을 재건함으로 "오늘부터는 내가 너희에게 복을 주리라"는 하나님의 축복을 누리게 될 것이라고 권면한다. <스가랴 선지자>는 그들의 잘못에 대한 책망보다는 8가지 미래의 비전을 보여줌으로 미래를 위

해 헌신하라고 격려 하였다. 바사 왕의 명에 따라 이 사역을 조사한 결과 유대인의 요청은 정당하게 받아들여졌고 성전 공사는 재개되어 성전 재건이 주전 516년에 이루어졌다6장. 바사 땅에서 〈에스더〉 사건이 일어난다.

에스라의 2차 귀환과 영적 회복 7-10장 : BC 458년

성전이 완공되고 한 60년쯤 지나서 에스라가 5천명을 인솔하여 2차로 귀환한다. 제사장 에스라의 2차 귀환은 '신앙 회복'을 위한 하나님의 은혜의 역사다. 에스라가 예루살렘에 왔을 때는 1차 포로와 2차 귀환 사이가 무려 78년이 지났다. 그 기간 동안 무슨 일이 있었을까?

에스라는 돌아와 그곳의 상황을 보면서 탄식을 하게 된다. 1차 포로 귀환자들은 성전을 건축했지만, 영적인 열정은 되려 식어가고 있었다. 이미 스룹바벨과 1차 귀환자들의 대부분은 세상을 떠난 뒤였다. 2,3 세대는 포로 경험을 하지 않아 하나님의 말씀의 가르침을 받지 못한 세대였다.

에스라에게 가장 시급한 문제는 말씀의 회복임을 알았다. 성전이 건축되었다고 끝난 게 아니라 하나님의 중심의 삶을 살려면 말씀의 회복이 반드시 회복되어야 한다. 에스라는 말씀을 연구하고, 준행하고, 가르치기로 결심한다7:10. 중심이 바로 서지 않으면 껍데기는 무너진다!

하나님은 에스라를 사용하셔서 1차 귀환한 백성들을 영적, 도덕적으로 재건하게 하셨다. 백성들과 제사장들이 이방 여인들과 통혼한 것을 알게 되었을 때, 그는 자신의 머리와 수염을 뽑고 중보기도를 드렸다8-9장. 백성들은 에스라의 고백과 눈물을 보고 회개하며 이방 아내들을 떠나게 하고 하나님의 말씀을 따라 살기로 언약을 한다. 이 영적 부흥은 사회를 변화시키고 개혁하는 원천이 되었다. 회개가 새 출발이요 곧 부흥이다.

느_느헤미야는 성벽을 쌓고
Nehemiah

B.C 445년, 느헤미야는 에스라와 동시대 인물로 세 번째로 유대인과 귀환하여 성벽 재건과 개혁으로 이끈다. 에스라가 귀환하여 말씀 중심의 개혁을 하면서 큰 부흥을 일으켰지만, 여전히 예루살렘 백성들은 불안에 떨었다. 성전이 건축 되었지만 성벽이 재건되지 않아 수시로 원수들이 공격해 왔었다. 집에 벽을 쌓지 않으면 어떻게 되겠는가? 1차 귀환이 있은 지 100년쯤 지나서, 성벽 재건의 필요해진다. 느헤미야는 총독의 자격으로 예루살렘에 가서 성벽과 성문을 재건하는 일을 돕는다. 에스라보다 13년 후에 예루살렘에 와서 에스라와 함께 예루살렘 부흥을 힘쓰게 된다2:1. 함께 힘을 합하면 못할 일 없다!

느헤미야는 제일 먼저 동포들에게 "일어나서 예루살렘의 무너진 성벽을 재건하자!"고 도전한다. 비전을 가지고 치밀하게 성벽공사를 하던 느헤미야는 밖으로의 공격과 내부의 교란에도 포기하지 않고 52일 만에 성벽 공사를 완료한다. 단 52일 만에 이루어진 것은 은혜다. 완공 직후, 에스라로 하여금 백성들이 말씀을 듣고 부흥을 체험하는 집회를 열게 했다.

장애는 믿음으로 극복하라			성벽 | 6:15 | 느헤미야 | 464-423년	
믿음	1-3장	3차 귀환과 성벽 재건	재건	계획
소망	4-7장	원수들 공격+ 내부 문제	건축	방해
사랑	8-13장	영적 부흥과 백성 회복	회복	완성

세상은 도전하는 자의 것이 된다.

꿈꾸고 도전한 요셉은 애굽 왕이 풀 수 없는 꿈을 풀고, 해결책까지 제시하였다. 요셉은 형통에 안주하지 않고 '끝없이 도전'하는 삶을 살았다. 그는 보람된 일을 위해 창조적 경영으로 사람들을 행복하게 살도록 만들었다. 인간은 보람 있는 일을 해야 가치가 있다. 성공 보다 의미 있는 일을 추구할 때 행복하다. 당신에게 의미 있는 일은 무엇인가?

과업은 무엇인가? 느헤미야는 성취해야 할 과업을 알았다. 예루살렘 성벽을 쌓는 일이었다. 성전을 보존하려면 성벽이 튼튼해야 했다. 성벽을 재건하는 것은 삶을 보호하기 위한 보호막을 만드는 일이다. 성벽이 없으면 적의 공격에 쉽게 무너진다. 무너진 '진리를 다시 회복하여 건축하는 개혁 작업이다.

현장을 찾은 느헤미야는 예루살렘 성이 파괴되고 성문까지 불에 탔다는 소식을 듣고 회복을 위한 불타는 소원을 가진다. 끝없는 도전으로 과업을 성취하기 위해서는 '불타는 소원'을 가져야 한다. 당신에게 보람 있는 일에 헌신할 불타는 마음이 있다면 그것은 '사명'이다. 사명이란 '나는 왜 이 땅에 존재하는가'라는 질문에 대한 대답이다. 즉 존재의 의미를 찾는 것이 사명이다. 사명감은 끝없는 도전으로 사명을 자각하고 성취해야 할 일을 감당하는 것이다. 희망이 불타버려도 사명이 불타면 이긴다!

느헤미야의 사명은 '성벽 재건'이다. 하나님의 영광과 임재가 충만한 삶을 살기 위해 성전을 둘러싸고 있는 성벽을 재건하는 것은 '하나님의 말씀을 재건하는 것'이다. 무너진 하나님의 진리를 다시 찾아내서 바르게 수리하고 건축하는 것이 개혁이다. 교회의 개혁은 언제나 말씀의 개혁운동으로 시작되어 삶의 영역까지 변화를 일으켜 회복하는 것이다.

적은 끊임없이 우리를 공격해 온다. "너는 실패했잖아. 또 무엇을 할 수 있다고" "네 꼴을 보라 누가 인정해주겠는가?" 같은 소리들도 들려올 것이다. 도전하는 자는 그러한 소리를 무시하고 주님의 음성을 듣는다.

성벽 재건은 우리 손에 달려 있다 1-7장 : BC 445

느헤미야는 페르시아 왕 아닥사스다의 술 맡은 관원으로 유다의 총독이라는 직임으로 12년 동안 사역을 한다. 전쟁으로 무너져 내린 울타리를 세우는 작업이 느헤미야의 사명이었다. 예루살렘 성벽이 파괴되고 성문이 불탔다는 소식을 듣고 그는 하나님께 부르짖으며 기도하였다(1장). 그리고 그는 성벽 재건을 위해 아닥사스다 왕의 허락과 재료의 준비와 안전 보장을 얻는다(2장). 느헤미야는 성벽이 무너져 있는 상태를 확인하고 백성들에게 "일어나서 건축하자"라는 도전을 하고, 성벽과 거기에 딸린 문들을 짓는 일을 시작 한다(3장). 그렇게 하자 사마리아의 산발랏이 비웃기를 "저들의 건축하는 성벽은 여우가 올라가도 곧 무너지리라"고 하였다(4장). 그러나 느헤미야는 그러한 비판을 무시하고 백성을 반으로 나누어 반은 건축을 하게하고, 절반은 군사적으로 대비하도록 하여 적의 위협을 막았다.

외적인 방해가 계속되고 있었음에도 내적인 방해는 더 어려웠다. 부유층 유대인들이 백성들의 재산을 저당 잡고 그들의 자녀를 노비로 파는 등 학대와 압제를 자행하였다(5장). 느헤미야는 다시 한 번 기도와 단호한 결단력 있는 행동을 통해 세금을 경감해 주고 사역을 계속하였다. 그는 총독의 녹을 받는 것도 거절하고 희생적인 지도력을 보이며 백성들의 모범이 되었다(5장). 그의 솔선수범의 리더십이 위기를 극복하게 하였다.

그는 적들의 거듭되는 속임수와 비방, 음모에도 일편단심으로 직무를 성실히 수행한다. 그 결과 성벽 재건은 믿어지지 않을 정도로 짧은 기간인 52일 만에 완공되어, 심지어 대적들조차 하나님의 도우심을 인정하였다(6장). 네 번이나 적들의 위협이 있을 정도로 심했던 핍박에도 불구하고 기도와 하나님의 은혜로운 도우심으로 말미암아 그는 사역을 완수할 수 있었다. 결국 조롱과 모욕에도 아랑곳 하지 않는 뚝심이 이긴다!

영적 부흥과 개혁은 말씀의 힘으로 8-13장

성벽 건축이 이루어지자 백성을 영적, 도덕적으로 정결하게 하고 강화하는 일이 필요했다. 에스라가 율법을 가르치면, 백성들은 참회의 고백과 순종을 결단하고 기뻐함으로 반응했다. 하나님의 말씀에 대하여 백성들은 자신의 죄를 고백하며 금식하고 하나님께 경배함으로 부흥 운동의 물결이 전국을 휩쓸었다9장. 성벽 봉헌식은 악기와 합창 연주로 기쁨으로 봉헌되었다12장. 말씀의 힘이 부흥을 이끌었다. 그 기쁨을 찬양했다.

불행하게도 에스라에 의한 부흥은 오래가지 못했다. 다시 이방 여인과 결혼, 안식을 지키지 않는 문제 등이 일어나게 되었다. 이에 느헤미야는 믿음의 공동체를 세우기 위해 개혁을 하게 된다13장. 개혁은 계속되고 또 계속되어져야 한다! 개혁은 「개」인의 변화를 넘어 사회의 변혁시킬 수 있는 「혁」신이 진정한 개혁이다. 그 힘은 말씀의 힘에서 나온다.

믿음은 말씀의 힘으로 개혁함으로 심어진다.

소망은 회개의 힘으로 영적 각성이 일어난다.

사랑은 말씀의 순종과 하나님을 경외함으로 부흥이 온다.

하나님의 이름		
여호와 닛시	승리의 깃발되신 주출 17	아말렉과 전투 이김
여호와 라파	치료하시는 하나님출 15	쓴물을 단물로 바꾸심
여호와 이레	준비하시는 하나님창 22	아브라함에게 양을 준비
여호와 샬롬	평화 주시는 하나님삿 6:24	에녹이 하나님과 동행
여호와 삼마	거기에 계신 하나님겔 48	성읍에도 계시는 하나님
→ 하나님의 이름을 계시한 것은 우리에게 승리와 평강을 주기 위함이다		

ⓒ 믿소사랑 성경 관통 by 신주식

에 _ 에스더는 민족의 별이 되다
Esther

유대인들이 모두 귀환한 것이 아니다. 사명의 자리로 가지 않고 안주하는 자들도 많았다. 고생을 피하고자 한 자들에게 고난이 찾아왔다. 이때에 이방 땅에 남아 있던 자들도 하나님이 특별하게 보호하고 계심을 에스더를 통해 보여준다. 에스더서는 아말렉 사람 하만의 유대인들을 전멸하려는 음모를 놀랍게 반전시키시는 하나님의 보이지 않는 손길이 있음을 보여준다. 유대인들을 전멸하려는 음모는 부메랑이 되어 유대인들을 멸하려 했던 자들에게 돌아간다. 하나님이라는 호칭은 언급하지 않지만 하나님이 모든 상황 가운데 개입하시는 역사를 보여준다. 이스라엘 백성이 애굽에서 나올 때처럼 에스더서 역시 이방 땅에서 하나님의 놀라운 방법으로 이스라엘 백성을 보호하심을 기록한 대역전 드라마이다.

"대역전 드라마는 우연이었을까?" 세상에 우연은 없다. 세상의 모든 일들은 하나님께서 직접 행하시는 일이든지, 그렇게 되도록 허용하시는 일이든지 간에 하나님의 주권을 벗어나서 움직이는 일은 없다. 에스더는 '별'이란 뜻을 가진 이름으로, 그녀의 용기와 지혜로운 결단은 별과 같이 빛난다. 페르시아 제국이란의 새 왕비가 된 에스더는 하만의 음모속에서 "죽으면 죽으리라"는 결단을 하고 나아가 백성을 구했다. 하나님께서는 그분의 구원 목적을 성취하시기 위해 평범한 사람도 사용하실 수 있다는 것을 에스더를 통해 보여준다. 에스더는 부모도 없었고, 당시

176

페르시아의 지배 아래 있는 12 부족에게만 있던 왕비가 될 수 있는 특권도 없었다. 에스더가 예쁘기 때문에 하나님이 사용한 것이 아니다. 그녀는 은혜로 '믿음이 별'이 되었고 '역사의 별'로 남게 된 것이다.

하만은 적그리스도의 상징으로 유대인을 멸하려고 하였다. 하만이 만든 50규빗이 되는 나무를 세워 모르드개를 달고자 하였으나 자신이 달려 죽게 되었다. 숫자 50은 희년의 의미로 모든 묶였던 것이 회복되는 때이다. 은혜의 때이며 자유의 때이다. 예수님이 십자가에서 돌아가시고 50일 후 오순절이라는 희년으로 참 자유와 영적 해방이 성취되었다.

에스더의 반전 드라마는 창세기 3장 15절에 "여자의 후손은 네 머리를 상하게 할 것이요 너는 그의 발꿈치를 상하게 할 것"이라는 예언의 성취를 예수 그리스도를 통해 성취될 것을 미리 보여준 것이다. 하나님은 모든 이스라엘이 다 죽게 되기로 예정되었던 바로 그날에, 오히려 그 대적들을 죽이게 만드심으로 이 일이 하나님의 반전 드라마라는 것을 보여 주신 것이다. "유다인의 대적들이 그들을 제거하기를 바랐더니 유다인이 도리어 자기들을 미워하는 자들을 제거하게 된 그 날에"[9:1] 기적이 일어났다. 적그리스도인 하만은 모르드개를 달고자 준비하였는데 왕이 "하만을 그 나무에 달라"고 명령하였다. 이 모든 일은 십자가에서 예수 그리스도가 사탄을 이긴 반전 드라마를 보여 준 것이다.

역사는 다시 반복 될 것이다. 마지막 때 적그리스도의 세력과 예수님과의 전쟁에서 예수님이 승리함으로 진정한 희년은 성취하게 될 것이다.

보이지 않는 하나님이 돌보신다			섭리 | 4:14 | 모르드개 | 483-473년	
믿음	1-5장	에스더의 결단과 지혜	왕후	위험
소망	6-7장	모르드개↔하만의 자충수	반전	구원
사랑	8-10장	대역전극, 부림절	대역전	승리
→ 죽으면 죽으리 라는 믿음으로 나아갈 때 대역전으로 이끄시는 하나님				

타이밍이 승리로 이끈다

우리는 모든 일이 당장에 이루어져 해결되길 바란다. 일이 이루어지지 않으면 주위 사람들에게 열심히 전화를 한다. 단 하루 만에 문제가 해결되길 바라지만 '때'를 기다려야 한다. 스피드보다 타이밍이 중요하다.

민족의 운명 앞에서 에스더는 모르드개의 충고에 귀를 기울인다. "너는 왕궁에 있으니 홀로 살아남게 될 것이라고 생각하지 말라. 이때에 네가 만일 잠잠하여 말이 없으면 유다인은 다른 데로 말미암아 놓임과 구원을 얻으려니와 너와 네 아비 집은 망하리라. 네가 왕후의 위를 얻은 것이 이때를 위함이 아닌지 누가 아느냐?" 에스더는 자신에게 주어진 왕비의 특권과 지위를 이용하여 안락하게 살 수 있었을 것이다. 그녀의 위대함은 위기 상황에서 별처럼 빛이 나났다. "도전하리라! 나를 도와 달라! 내가 죽으면 죽으리라!" 4:15-16. 그녀는 일어나 하나님께 나아갔다. 그녀는 급박한 상황 가운데 최대한 빠른 과정에 에너지를 집중하기 위하여 삼일 금식을 한다. 이 시간은 하나님의 은혜가 임하는 절박한 시간이었기 때문이다. 단 한 번 있는 기회에서 목숨을 걸고 왕 앞으로 나아갔다.

우리가 알아야 할 것은 '스피드'가 중요한 것이 아니라 '타이밍'이 중요하다는 것이다. 하나님은 '시간'크로노스에 따라 움직이시는 것이 아니라 '때'카이로스를 따라 행하신다. 기회의 시간을 놓치지 않아도 타이밍을 놓치면 모든 것을 잃게 된다. '하나님의 타이밍'을 기다리며 사는 것이 성공하는 삶이다. 지금 나에게 가장 완벽한 하나님의 타이밍은 언제인가?

유대인의 역사는 이방 민족에 의한 박해의 역사라고 할 수 있다. 하지만 그들은 적에 대한 복수라든지 증오와 관련된 문헌은 하나도 남기지 않았다. 왜냐하면 복수는 인간의 몫이 아니라 신의 몫이라고 믿어왔기 때문이다. 원수는 하나님의 손 안에 있다. 원수 갚은 것은 하나님이 하실 일이고 우리가 할 일은 주님의 음성을 듣고 순종하는 길 뿐이다.

왕비가 된 에스더는 하만이 유대인을 몰살하려는 극한 위험 가운데서도 기도와 용기를 가지고 나아가, 결국 하만이 처형당하고 유대인들이 구원 받는 극적인 드라마를 만들었다. 오늘날도 하나님은 보이지 않는 섭리의 손길이 언제나 교회를 보호하고 계신다. 지금도 여전히!

위기 때 죽어야 산다 1-4장

하나님의 오묘하신 섭리는 아수에로 왕이 베푼 잔치에서 왕후 와스디가 폐위되고 에스더가 왕비로 등극한 사건에서 잘 나타난다. 인간의 관점에서 봤을 때 그녀는 왕후가 될 만한 아무런 자격도 없었다. 왜냐하면 그녀는 포로로 있는 민족의 자손이며 고아였기 때문이었다. 한 민족의 구원자가 부모도 없는 고아였다는 사실은 구원이 하나님께 전적으로 달려 있다는 것을 나타내 준다.

에스더가 왕후가 된 지 5년이 지난 후, 아말렉 족속인 하만은 모르드개가 자신에게 절을 하지 아니했다는 연유로 유대 민족 말살 정책을 계획했다. 이스라엘 민족말살 정책에 대한 내용을 알게 된 모르드개는 옷을 찢고 대성통곡을 하였다. 모르드개는 에스더를 찾아가 "유대인의 멸망 가운데서 왕후라 해서 그 위기를 면하리라고는 생각하지 말라"고 말한다. 모르드개는 굳이 에스더를 통하지 않고도 이스라엘의 구원은 반드시 이루어질 것이라는 확신을 가지고 있었다. 하지만 모르드개는 하나님의 구원 사역에 에스더가 쓰임 받기를 원했다4장.

에스더는 자신의 생명이 위태로울 수 있음에도 한 민족의 운명 앞에서 중요한 결단을 내린다. "죽으면 죽으리라"는 그녀의 결단은 하나님을 향한 절대적 신앙의 모습을 보여 준다. 이 중대한 결단을 내린 에스더는 자신을 하나님 앞에 '거룩한 산제사'로 드리기로 결단한 것이었다. 자신의 몸이 제물이 되는 삶을 사는 것이다. 하나님과 백성을 연결하기 위해!

대반전의 승리가 있음을 알라 5-10장

3일 동안 금식을 마치고 왕 앞에 나아간 에스더는 왕의 환대를 받게 되었다5장. 또한 모르드개가 음모를 고발한 사실을 왕이 알고 존귀하게 만들어 준다. 에스더는 여기서 하나님이 인도하신다는 확신을 얻고 하나님께서 주시는 지혜로 왕과 하만을 주도해 나간다. 그녀는 지혜롭게도 먼저 왕의 요구에 응하기보다는 먼저 왕을 위한 잔치를 베풀었다. 이 잔치의 술을 마실 때 왕은 재차 에스더의 요구를 물었다. 하지만 그녀는 모두 거절함으로 왕이 자기의 소원이 무엇이든지 반드시 들어주게끔 하도록 하였다. 타이밍을 기다리는 지혜, 이것이 이기는 비결이다!

이 이야기는 낙심과 절망에서 희망과 승리로 옮겨간다. 슬픔의 날이 기쁨의 날이 되었고, 진멸을 받아야 할 그들이 원수를 진멸하는 자리로 대반전이 이루어졌다. 결국 역사를 움직이시는 분은 하나님이시다! 역사는 하나님의 백성들을 중심으로 또 그들을 위하여 진행된다. 유대인들은 하만의 계교의 벗어나게 된 구원의 날을 기념하기 위해 부림절을 제정하였다. 이날은 기쁨의 날이요, 서로 예물을 주는 날이며, 서로 가난한 자들을 구제하는 날이다. 또한 구원에 대해 감사하는 날이요, 긍휼을 입은 자가 긍휼을 베푸는 날이다9장.

주님은 십자가로 말미암아 저주에서 축복으로, 어두움에서 빛으로, 사망에서 생명으로, 묶임에서 자유함으로 옮기셨다. 에스더가 십자가를 짐으로 백성들은 죽음에서 생명으로, 절망에서 희망으로 바꾸어 놓았다. 누구나 십자가를 지는 것은 힘들어 한다. 피하고 싶다. 하지만 자기 앞에 놓인 십자가를 사명으로 받아들이는 순간 기적은 일어난다. 모든 것은 하나님의 손 안에 있다. 대역전 드라마를 펼치실 하나님을 기대해 보지 않겠는가? 내가 죽으면 하나님이 역사하신다. 나의 끝은, 곧 예수 시작이다. 나의 내려놓음이 하나님이 나를 끌어 올리실 타이밍이다!

4_ 회복
찬지서

5_ 승리
복음서

믿소사랑
명언 안식 동성

3_ 지혜
시가서

7_ 성취
계시록

6_ 풍성
서신서

2_ 정복
역사서

1_ 창조
모세오경

3. 번성의 꽃을 피우는 힘 _ 시가서(지혜서)

꽃 피우기 | 왕정시대 (BC 1000-500년)

성경 장르			
나무	역사서_{구약} 복음서, 사도행전	설화체	묘사적, 줄거리가 있는 이야기로, 사건이나 등장인물들을 통한 저자가 메시지를 전달함
꽃	욥기, 시편, 잠언 전도서 등	시체	저자의 체험과 관찰을 일정한 외적 형식을 갖추어 시상의 흐름을 통해 제시
열매	선지서, 서신서 예수님의 설교	강화체	설득적, 논리의 흐름을 서술, 저자 생각이나 사상을 논리적으로 전개하여 설득함
미래	에스겔, 다니엘 요한계시록	묵시체	이상, 꿈, 상징, 환상을 통해 인간 역사의 의미와 다가올 하나님의 승리에 대해 계시함

© 믿소사랑 성경 관통 by 신주식

　솔로몬의 영광보다 욥의 인내를 배우자! 솔로몬은 젊은 시절에 경건했고 또 하나님께 간절히 기도해서 큰 지혜를 얻어 영광스러운 나라를 만들었다. 하지만 그 지혜조차 결국 세상의 영광에 썩어가는 모습을 보여 주고 말았다. 반면 욥은 참 지혜자로 고난을 통해서 하나님의 참된 지혜를 무엇인가를 마지막에 보여 주었다. 욥의 인내가 솔로몬의 지혜보다 더 영광스럽고 더 아름답고 소중하다는 생각을 하지 않는가?

　솔로몬의 지혜와 부귀는, 욥의 고난과 인내에 비교해 볼 때 화려해 보인다. 예수님은 솔로몬보다 더 지혜로우신 분이시며 솔로몬에게 지혜를 주신 분이시다. 그런 주님은 왜 인내하는 분이셨을까? 왜 그렇게 지혜로우셨는데 십자가를 지셨을까? 그렇게 지혜로우셨는데 십자가를 지는 인내를 가지셨을까? 십자가의 인내야말로 참된 지혜이다.

　하나님의 가장 깊은 지혜는 하나님의 인내로 나타나고 있다. 하나님의 인내가 없다고 하면, 살아남을 사람이 없을 것이다. 하나님의 사랑과 자비하심은 죄인을 향하여 끝까지 참으시는 하나님의 지혜로우심에 나타난다. 나를 향하여 끝까지 참으시고 하나님의 지혜는 십자가에 있다.

구약의 지혜서는 역사서에 대한 반응이다. 하나님의 지혜를 따를 것인가? 세상의 지혜인 선악과를 취할 것인가에 대한 반응을 보여준다. 지혜서는 지혜이신 예수님을 예술적으로 묘사한 작품들이다. 지혜서 Wisdom Literature 는 욥기에서 Why me?왜 나에게 고난이 왔는가?를 질문을 던지며 무엇을 믿어야 할지를 묻는다. 시편에서는 Worship예배하고 헌신하며 하나님과 친밀함을 유지하는 법을 가르쳐 준다. 잠언에서는 Wisdom지혜로 인생을 어떻게 다스려야 하는지 보여주며, 전도서에서는 Worth인생의 가치가 무엇인지 솔로몬의 회심을 통해 고백한다. 아가서는 Wedding Life 연애의 친밀감을 솔로몬과 술람미 여인의 러브 스토리이다.

이 세상에 아무런 문제없이 살아가는 사람은 없다. 모두 무거운 짐을 지고 살아간다. 열등감, 죄책감, 좌절감 등을 안고 살아간다. 우리가 추구해야 할 것은 무거운 짐을 해결해 줄 수 있는 참된 지혜와 지식을 찾는 것이다. 인생의 문제가 생각보다 쉽지 않다. 문제 되는 짐을 우리의 능력으로 해결할 수 없을 때가 많기 때문이다. 문제를 해결 할 능력이 없을 때는 문제가 더 꼬이게 되고 무거워진다. 문제를 해결하는 방법은 간단하다. 지혜와 지식을 가지면 문제가 쉽게 해결될 수 있다. 그러므로 지혜를 배워야 한다. 지혜는 세상의 어떤 복과도 비교할 수 없다. "지혜는 진주보다 값진 것, 네 모든 귀중품도 그것에 비길 수 없다. 지혜의 오른손에는 장수가, 그 왼손에는 부와 영광이 들려 있다"잠언 3:15.

지혜는 '번영을 꽃 피우는 원동력'이다. 하나님은 우리에게 미래를 설계하고 창조할 수 있는 상상력을 주셨다. 우리는 하나님이 주신 지혜로 이 땅에 문학과 예술, 정치, 경제 분야에서 꽃을 피워야 한다. 번영의 꽃을 피울 수 있는 비결은 지혜의 근원이신 하나님을 의지하며 사는 것이다.

수많은 사람들이 질문을 던졌다. "하나님이 선하신 분이라면 왜 이런 고난이 있는가?" 욥기는 "왜 하나님을 신실하게 섬기는 자들에게도 고난이 있는가?" "왜 하나님은 백성들에게 고통을 받도록 허락하셨는가?" 라는 질문에 답을 준다. 이 문제에 답은 우리들에게 큰 위안을 준다.

하나님을 경외하였던 욥에게 어느 날 갑자기 모든 소유가 사라졌다. 이 세상에 사탄이 들어와서 우리를 괴롭힌다고 할지라도 하나님은 목적을 이루어 가신다. 하나님이 욥에 대한 사탄의 시험을 허락한 이유는 욥의 믿음을 완전케 하기 위함이었다. 욥은 믿음을 잃지 않고 하나님을 신뢰하였지만 욥의 친구들의 조언은 그에게 더 아픔을 주었다. 결국 하나님 자신이 어떠한 분임을 알리셨을 때, 욥은 진정으로 회개하였고 '회복'되었다. 그 결과 그는 두 배의 복을 받았다. 우리도 하나님의 주권 아래에서 결국 승리 할 것이다! 우리는 욥기 드라마를 보지만 그 밑바닥에 흐르고 있는 보이지 않는 '하나님의 의도'를 읽을 수 있어야 한다.

고난 받을 때 선하심을 신뢰하라			고통 | 1:21 | 욥 | 족장시대	
믿음	1-2장	고난	사탄과 믿음의 논쟁	갈등
소망	3-37장	논쟁	친구들과 소망 없는 논쟁	회의
사랑	38-42장	승리	하나님과 사랑의 논쟁(임재)	구원
→ 욥의 고난 가운데 함께 걸으시는 주님을 찾으면 만나 주시리라				

욥은 "온전하고 정직"[1:1]한 사람이었다. 나무랄 데 없이 훌륭한 사람이었다. 다들 '동방 사람 중에 가장 훌륭한 자'[1:13]라고 칭찬과 인정을 받는 사람이었다. 자상한 아버지이며 하나님께 헌신한 사람이었다.

그런데 갑자기 재난이 연속해서 덮쳤다. 재산이 하루아침에 날아가고, 가족도 죽고 심지어 건강까지 다 잃어버리는 처지가 되었다. 어떻게 하나님을 잘 믿는다고 소문난 욥에게 날벼락 같은 일이 일어날 수 있는가? 분명히 하나님이 욥을 칭찬하시기를 "그와 같이 온전하고 정직하여 하나님을 경외하며 악에서 떠난 자가 세상에 없느니라"[1:18]고 하셨다. 고발자인 사탄은 "욥이 어떻게 까닭 없이 하나님을 잘 섬기겠습니까?" 사탄은 비꼬듯이 말한다. "주께서 복을 주셨기 때문이지요. 이제 주의 손을 펴서 그의 모든 소유물을 치소서 그리하시면 틀림없이 주를 향하여 욕하지 않겠나이까?" 사탄은 욥이 잘 섬기는 이유는 하나님이 부자가 되는 복을 주셨기 때문이라고 단정하듯이 말한다. 사탄은 하나님을 경외하는 사람들이 잘 되는 꼴을 못 본다. 사람들에게 고통을 주어 하나님을 저주하는 걸 너무 보고 싶어 한다. 사탄은 주님이 우리를 향한 계획이 이루어지는 것을 무산시키려고 안달이 난 대적자다.

왜 하나님은 사탄에게 욥을 시험하도록 허락하셨을까? 우리의 겉으로 드러난 경건과 하나님을 섬기는 속마음은 차이가 날 수 있다. 하나님은 욥이 오직 하나님을 사랑하는 마음으로 섬기는 경건의 삶을 원하신다. 우리는 고난과 환난을 통과해보면 '마음'이 어떤 상태인지를 적나라하게 보게 된다. 하나님이 시련을 허락하시고 인간이 고통스러워하는 것을 원하시는 분은 절대로 아니다. 우리에게 고난을 허락하시는 것은 단순히 사탄과 대결에서 이기는 모습을 보여 주기 위한 것도 아니다. 시련과 고통을 사탄을 통해 허락하시는 것은 하나님의 통제 아래 이루어진 아주 제한적인 범위에서 일어난다. 그러면 왜 이런 고

지혜의 힘

통스러운 것들을 통해 이루고자 하시는 것이 무엇일까? 의도는 무엇일까?

욥이 재산과 자식들을 모조리 잃어버린 상황에서도 "주신 이도 여호와시오 거두신 이도 여호와시오니 여호와의 이름이 찬송을 받으실지니이다"1:21라는 위대한 고백을 한다. 욥은 주신 이도 여호와라는 감사와 거두신 이도 여호와라는 순종의 자세는 대단하다. 처음 1라운드는 욥의 승리로 출발한다. 하지만 건강을 잃었을 때는 처음 사랑을 가지지 못하고 '냉정심'마저 잃어버린 모습을 보인다. 아내의 "하나님을 욕하고 죽으라"2:9라는 저주 같은 말은 참아낸다. 뒤이어 심각한 상황에서는 엄청난 고민을 하며 사는 것보다 차라리 태어나지 않았으면 좋을 것이라는 탄식까지 하게 된다. 이해할 수 없는 고통과 시련이 주님 앞에서 선한 삶을 살고자 했던 것이 무의미하게까지 느껴졌다.

욥의 세 친구들이 찾아와서 세 번씩 쏟아 내는 말은 욥에게 더 깊은 상처를 안겨 주었다. 그들은 "죄인은 고통을 당한다. 너는 지금 고통을 당하고 있다. 고로 너는 죄를 짓고 고통을 당하는 것이다"라는 논리로 욥을 공격한다. 그들이 말하는 것은 하나님께 순종하지 않는 잘못이 있지 않고서야 이런 고통이 있을 리가 없다는 것이다. 욥이 그럴 만한 행동이 있었기 때문에 고난을 받는 것이고 하나님이 부당하게 대할 분이 아니다 라는 것이다. 그러므로 "모든 죄를 고백해야 살 수 있다"라고 말한다. 욥은 미치고 환장할 노릇이다. 죄가 없는데 죄인 취급 받으니. 욥의 친구들의 말은 그럴 듯하지만 이것은 하나님의 은혜를 정확히 설명하지 못한 실패작이다. 친구들과 난타전을 벌리며 욥이 친구들에게 "너희는 다 재난을 주는 위로자들이로구나"16:2라고 대꾸한다. 위로는 해주질 못할망정 불난 집에 부채질하는 것이라고 쏘아 붙인다. 마지막에 젊은 엘리후가 등장한다. 그는 욥과 욥의 친구들을 싸잡아 비판을 한다32-37장. 엘리후의 말도 하나님의 뜻을 명확하게 나타내지 못했다. 욥에게 닥친 환란이 죄에 대한 응징인가? 잘못된 행동을 교정하기 위한 조치인가? 엉뚱한 길로 가지 않도록 하는 것인가? 아니다. 욥의 이야기는 죄를 바로 잡기 위한 교정이라는 친구들의 주장은 틀렸다. 환난의 목적과 유익은 더 깊은 뜻을 가지고 있다.

고난 = 변장된 축복 = 위기를 축복으로 바꾸는 하나님의 처방전

욥은 친구들과 논쟁을 통해서는 도저히 해결할 수 없는 문제임을 인식한다. 그래서 그는 중재하실 수 있는 유일한 분이신 하나님을 찾는다. "사람과 하나님 사이에 인자와 그 이웃 사이에 중재하시기를 원하노니"16:21. 욥은 하나님을 만나 주님의 음성을 듣고 하나님의 깊은 뜻을 알고 싶었다. 하나님이 나타나 주셨지만 욥이 원하는 방식과는 다른 방법으로 말씀하시니 충격을 받는다.

하나님은 준엄한 말씀으로 욥을 호통 하듯이 폭풍 가운데 말씀하신다. "무지한 말로 생각을 어둡게 하는 자가 누구냐? 너는 대장부처럼 허리를 묶고 내가 네게 묻는 것을 대답"38:2-3해 보라고 하신다. 하나님은 강력하고 도전적인 말씀으로 질문을 던지면서 대답해 보라고 요구하신다. 하나님이 일방적으로 쏘아 붙이듯이 말씀하는 것 같지만 사실은 그렇지 않다. 하나님은 욥에게 질문을 던지면서 대화를 통해 말씀하시고 최종 결정권을 욥이 답하도록 유도하신 것이다.

하나님이 폭풍 가운데 말씀하셨다는 것은 하나님을 본 사람을 죽음을 면치 못했다. 고대인들은 태풍같이 휘몰아치는 폭풍이 하나님의 진노로 여기며 무서워 떨었다. 욥도 실제로 하나님이 "그가 나를 폭풍으로"9:17치시는 분으로 두려워했다. 그런 하나님이 폭풍 가운데 나타나서 인격적인 분으로 질문하며 대답하도록 유도하신 것은 놀라운 은총이었다. 어떻게 그럴 수 가 있는가?

팀 켈러는 『고통에 답하다』에서 이렇게 말한다. "오직 예수 그리스

도를 통해서만, 인간의 손이 닿지 않는 무한하신 하나님이 어떻게 힘 없는 아기인 동시에 사랑이 넘치는 구세주가 되시는지 알 수 있다. 십 자가에서 어떻게 하나님의 사랑과 거룩함이 동시에 채워지는지 볼 수 있다. 복음은 어떻게 하나님이 사랑의 주님인 동시에, 흑암과 폭풍우가 사납던 날 욥이 마주했던 진노의 주님이 될 수 있는지 설명해 준다."

참으로 놀라운 것은 하나님이 말씀하시고 난 후에 친구들의 관심 사에 대해 일체 설명을 하지 않으셨다는 것이다. 그리고 욥에게 시련 을 준 사탄에게 허락하신 이유도 말씀하지 않으신다. 하나님은 욥에게 "욥아, 네가 고통스러워한 것을 잘 알고 있다. 이 모든 일로 말미암아 너는 더 성숙해지고, 수많은 사람들에게 영감을 줄 수 있는 통로가 되 어 주었다는 것을 알기 바란다"라고 설명도 없다. 하나님은 욥이 고난 당한 이유를 끝내 알려 주지 않았다. 하지만 욥은 그것을 통해 인내하 며 하나님과 고난 가운데 '함께 걷는 법'을 배웠다. 하나님을 의지하고 신뢰함으로 영적으로 '더 넓어진 삶'을 경험하게 되었다. 고난이라는 신비한 선물을 통해 하나님을 의지함으로 승리할 수 있음을 알게 되 었다. 주 의지함이 「고」차원의 「난」해한 문제를 극복하는 지름길이다.

욥이 이런 축복을 받을 수 있었던 것은 친구들의 비난 속에서도 하 나님 앞에 나아가 토로하였기 때문이다. 그는 심지어 비명을 지르고 고함치며 죽고 싶다는 말까지 하였다. 또한 하나님 앞에서 끊임없이 주님이 중재해 주시길 구하며 인내의 시간을 보냈다. 결국 하나님은 욥이 이겼다고 선언해 주셨다. 욥이 잘 견디었기 때문일까? 욥의 행위 가 옳았기 때문이 아니다. 하나님의 얼굴과 임재를 간구했던 그를 의 롭다고 '인정해주신 은혜'이다. 하나님이 무서운 폭풍우 속에서도 욥 의 혐의를 폭로하지 않으시고, 욥을 용납하고 있는 모습 그대로를 받 아 주셨다. 욥의 연약한 부분에 침묵하고 계시는 것은 용서하시고 받 아 주시는 은혜 말고는 다른 설명할 길이 없다.

예수님은 우리의 친구가 되기 위해 오셨는데, 친구가 되어야 할 이스라엘은 주님을 조롱하고 죄인 취급하며 욕을 하였다. 예수님은 정죄받을 일이 없는 분임에도 불구하고 고난을 받으셨다. 기꺼이 욥의 삶을 사셨다. 사람들에게 모독을 받고 범죄자 취급을 받으면서 흔쾌히 고난의 길을 가셨다. 욥이 모든 재산을 잃어버리고, 육신의 질병으로 고통을 당하였다. 주님도 거처도 없이, 아무 것도 가지 않으시며 자신이 친히 질병의 고통을 짊어지기 위해 십자가의 길을 걸어 가셨다. 욥이 혼자라고 처절하게 하나님께 외치듯이 주님도 하나님께 부르짖었다. 누구 하나 곁에 없는 절대 고독 가운데 주님은 철저히 버림받기까지 하셨다.

하나님이 욥을 다시 부활시켜 아내와 연합하고 갑절의 자녀의 축복, 더 많은 재산을 주셨다. "여호와께서 욥의 말년에 욥에 처음보다 더 복을 주"42:12셨다. 주님도 부활하심으로 우리에 한량없는 축복을 쏟아 부어 주셨다. 주님은 고난당하고 있는 우리들을 향해 지금도 두 손 벌리고 기다리고 계신다. 성령님과 함께 걸어가도록 격려하고 계신다.

믿음은 고난의 원인을 알지 못한다고 할지라도 주님을 신뢰함.

소망은 주위의 비방이나 조롱에 흔들리지 않고 중재자를 찾음.

사랑은 고난 가운데 '함께 걷는 법'을 배워 '더 넓어진 삶'을 경험함.

고난이 주는 유익		
믿음	기도하게 한다	환난 때에 주님을 만나기 위해 부르짖으라
소망	말씀을 깨달음	말씀이 능히 환난에서 벗어나게 한다 시 119
사랑	인격 성장시킴	그가 단련하신 후에 정금같이 나오리라 23:10
→고난은 하나님을 만날 수 있는 변장 된 축복이라는 선물로 다가온다		

© 믿소사랑 성경 관통 by 신주식

시 _ 시로 쓴 찬양은 아름다워

Psalms

성도는 하나님께 어떻게 반응해야 하는가? 하나님께 반응하는 삶을 가장 잘 보여 준 책은 시편이다. 시편은 구약에서 가장 많은 사랑을 받아 온 책일 것이다. 기도문과 노래들은 역사 속에서 수많은 사람들의 마음에 감동을 주었다. 시편은 모세오경을 통해 말씀하신 하나님께 어떻게 반응해야 하는 지를 보여주기 위하여 기록되었다.

주께 드릴 반응은 찬양				할렐루야 | 150 | 다윗외 | BC 907-500년	
제1권	1-41편	다윗	창세기	창조	간청
제2권	42-72편	고라	출애굽기	구속	은혜
제3권	73-89편	아삽	레위기	예배	감사
제4권	90-106편	무명	민수기	방황	의지
제5권	107-150편	다윗	신명기	말씀	찬양

© 믿소사랑 성경 관통 by 신주식

시편은 인간의 심연 깊숙한 곳에서 나오는 감정과 정서이다	
제1권	위기와 고통 속에서 피난처를 찾아서	주는 목자
제2권	고난 가운데 구원하시는 놀라움 찬양	구원의 주
제3권	하나님은 공의로운 분이신가? 그렇다	공의의 주
제4권	방황할 때 인도하시는 주를 의지하리라	보호의 주
제5권	바벨론에서 돌아와서 주만 찬양하리라	경배 받으실 분

© 믿소사랑 성경 관통 by 신주식

히브리인들의 눈으로 보는 시편

히브리인들은 이스라엘 백성의 전체적 삶을 시편에 맞추어 살려고 하였다. 시편 1편을 통하여 순종의 삶을 살려고 노력했으며, 마지막 150편으로 찬양하는 삶으로 종결하고자 하였다. 그들은 자신의 삶 전체가 '말씀에 대한 순종의 문제'에 있다고 보았다. 인생 여정에서 가장 중요한 출발점의 포인트는 순종이고, 종결은 하나님께 찬양 드리는 삶으로 마무리해야 한다고 생각했다.

시편은 감사와 찬양이 있는 150개의 커다란 벽돌로 구성된 집이다. 그 집에서는 하나님이 베푸신 은혜에 대한 감사의 노래뿐 아니라 패배로 인한 탄식 소리도 들린다. 혼자 외롭게 눈물 흘리며 탄식 기도를 하는 때도 있지만 함께 백성들이 모여 축제를 벌이는 때도 있었다. 다윗은 기뻐 춤을 추기도 하였다. 히브리인들은 시편에서 삶의 전체인 사랑, 미움, 증오, 보복, 승리, 실패, 축복, 저주 등 개인과 공동체 민족의 전체의 생의 바퀴를 표현하였다. 시편은 바로 히브리인들의 인생을 다루고 있다. 마지막 제 5권에 감사와 찬양이 담겨 있는 시편에서는 그들은 살다보면 실패와 고난을 겪게 되지만 결국 찬란한 삶, 영광의 삶이 있을 것을 믿으며 감사와 축제의 찬양을 드리면서 마무리 한다.

행복한 사람, 시냇가에 심은 나무 시편 1편

히브리 민족은 복을 너무나도 간절히 사모한다. 그들은 시편 1편을 통해 자신들의 삶의 출발점이 '형통'이라고 믿었다. 시편 1편을 시작하면서 '형통의 비밀'을 담아 놓았다. 그 비결은 불의에 동의하지 않고, 불의에 서지 않고, 불의에 동참하지 않는 것이다. 히브리인은 삶의 회복은 하나님의 법을 '즐거워하며' 그것을 주야로 '묵상하는' 것이라고 보았다. 말씀을 묵상하며 살았던 사람은 '번영'을 누렸고, 나라도 번영하였다.

시편 1편은 집에 들어가는 현관문이다. 시편에 들어가는 입구에는 '행복한 사람의 집'이라는 것이 붙어 있는 간판을 볼 수 있을 것이다. 행복은 생각에서 시작된다. 행복과 성공은 '생각의 길'에 따라 정해진다. 부정적이고 소극적인 꾀를 버리고 긍정적이고 적극적인 믿음의 생각을 가져야 행복하다. 복 있는 사람은 한마디로 좋은 자리에 앉는 것이다!

'사람'이 마땅히 추구해야 할 최고의 행복으로 초대하고 있다. 그것은 "아니오"라고 할 때 "아니오"라고 말하고1절, 하나님의 말씀 안에서 "예"라고 순종하고 사는 길2절이 인생에서 가장 행복한 길이라고 가르치고 있다. "누가 참 행복한 사람인가?" 하나님의 가르침을 인생 최고의 즐거움으로 삼고, 그 분의 말씀을 주야로 묵상연인 사이에서 속삭이듯이 중얼거린다하고 실천하는 자가 시절을 좇아 과실을 맺는 삶이다3절. 성공했을 때든지 실패했을 때든지 말씀대로 살고자 하는 자가 행복한 자이다. 시인은 독자들에게 도전을 주고 있다. "행복한 길, 생명의 길을 택하라!"

여호와를 나의 목자 삼는 자의 행복 시편 23편

사람들에게 가장 사랑받은 것은 시편 23편이다. "여호와는 나의 목자시니 내게 부족함이 없으리로다."23:1. 다윗이 이런 고백한 배경을 류모세의 『열린다 성경 광야 이야기』를 보면 더 실감이 나게 되어 참고했다.

다윗이 활동하던 시대는 지파 체제에서 벗어나 왕정 체제로 들어가는 시기였다. 당시에는 양을 치던 목축문화와 농사를 짓는 농경문화가 혼합된 시대였다. 이스라엘은 농경문화 중심으로 정착으로 넘어가는 격변의 시기였다. 농경문화의 주된 신인 바알과 목축문화의 주된 신인 여호와 하나님을 대변한다. 양을 목축하던 다윗은 농경문화에 동화되어 바알 신을 추구하는 시대적인 분위기에 맞서서 하나님이 "나의 목자이시며, 이스라엘의 참 목자가 되심을 선언한다.

"여호와는 나의 목자시니 내게 부족함이 없으리로다." 우리는 항상 부족하다. 다윗도 돈과 음식도 부족했지만 자신이 목동 생활을 하면서 목자가 양의 부족함을 채우는 것을 체험하였다. 양은 목자가 있으면 부족함이 없게 된다. 이것은 소유가 아니라 존재의 문제이다.

목동이었던 다윗은 목자이신 하나님은 자신을 양처럼 돌보아 주심으로 부족함을 채워 주심을 경험했다. 젖 빠는 아기가 엄마만 있으면 부족함이 없듯이 주님만 있으면 부족함이 없을 것을 믿음으로 고백한다. 다윗의 고백은 "나는 하나님 한 분 만으로 만족을 누리며 살았다. 나는 부족함이 없는 인생이다!"라고 담대하게 외치는 것이다. 다윗은 삶의 만족을 얻기 위해 풍요의 신을 섬기는 백성들을 향해 믿음의 고백을 하며 도전한다. 당신은 '소유가 아닌 존재' 때문에 만족하는가?

'부족'하다는 말은 히브리어로 '궁핍'과 '결핍'을 의미하는 '하세르'이다. 그 당시 끼니를 걱정할 정도로 궁핍함 속에 살았다. 바알 신은 '풍요'의 신으로 사람들은 그곳에서 만족을 얻고자 신전을 찾았다. 다윗은 풍요의 신을 우상으로 섬기는 그들에게 참 목자이신 주님을 섬기면 부족함이 없는 '풍요'를 누릴 수 있다고 선언한 것이다.

다윗은 자신이 양을 키우면서 경험하였던 것을 말한다. 광야는 양들이 풍성하게 먹을 푸른 초장이 없었다. 다윗이 노래한 푸른 초장은 광야에 10월경에 내리는 이른 비로 인해 조그만 풀들이 파릇하게 '돋아나는 때'를 말하는 것이다. 목자는 양들을 푸른 초장으로 인도하여 누인다. '누이다'에 해당하는 히브리어는 '라바쯔'다. 이는 네 발 달린 짐승이 사지를 쭉 펴고 완전히 드러눕는 모습을 말한다. 목자가 지켜 주기 때문에 양은 온갖 위험에도 참된 안식을 누리게 되는 것이다.

선한 목자가 해야 할 일은 양들을 푸른 초장으로 인도하여 꼴을 먹이고 안식하게 하는 것이다. 그리고 양은 물을 먹여야 하기 때문에 이

지혜의 힘

것은 생명이 달린 중요한 문제이다. 목자는 광야 길에 익숙하여 어디에 물이 고여 있는지를 잘 안다. 간혹 고인 물이 있다고 함부로 마시면 설사나 탈수가 일어날 수 있다. 다윗이 말하고 싶은 것은 아무리 광야에 있는 양이라고 할지라도 좋은 목자를 만나면 푸른 초장과 쉴만한 물가로 인도해 주기 때문에 부족함이 없다는 것을 강조하고 싶었다.

류모세는 "광야에 척박한 환경에서 양들을 푸른 초장과 쉴 만한 물가로 인도해야 할 목자는 반드시 광야의 지형에 관한 한 전문가여야 한다. 자칫 길을 잃으면 물의 근원을 찾지 못해 양 떼는 물론 목자 자신의 생명마저 위태로워지기 때문이다. 광야에서 목자는 양들의 능력과 한계 상황을 정확히 파악하고 있어야 양들을 탈진시키지 않고 목적지까지 인도할 수 있다"고 하였다. 좋은 목자를 양을 좋은 길로 인도함으로 쉼을 준다.

"내 영혼을 소생시킨다"라고 할 때, 영혼'은 히브리어로 '네페쉬'다. 그것은 전 인격을 가리키는 단어로 광야에 우리 전인격을 소생시킬 수 있는 분은 목자 되신 주님이시다. 양들은 염소와 달리 더위에 무척 약하기 때문에 강한 햇빛에 견디지 못하고 쓰러지는 일이 자주 일어난다. 척박한 광야에서 양들의 목숨은 목자하기에 달려 있다. 만약 목자가 양들을 살피지 않고 자기 혼자만 그늘에 쉬고 있으면 양들은 쉽게 탈진하고 쓰러질 것이다. 당시 한 명의 목자가 감당할 수 있는 양 떼의 숫자는 30∼70마리였다고 한다. 그래서 양을 소유한 주인은 삯을 주고 일할 삯꾼 목자들의 도움이 절대적으로 필요 했다. 광야의 환경이 척박하다 보니 양들의 주인은 양들을 삯꾼에게 맡길 때 20%의 손실을 각오한다고 한다. 삯을 받고 남의 양을 치는 삯꾼 목자들에게는 한두 마리의 양은 대수롭게 여기지 않을 수 있다. 하지만 선한 목자는 잃어버린 양 하나라도 자기 목숨까지 희생하면서 돌본다. 양을 치던 유대 광야는 굶주린 맹수와 강도들이 득실거렸다. 온갖 위험에 노출된 광야에서 양 떼를 몰고 목적지까지 가는 길은 자신의 목숨까지 담보로 해야 하는 위험한 일이다. 주님은 "나는 선한 목자라 선한 목자는 양들을 위하여 목숨을 버리"요 10:11시기까지 하셨다. 주님은 우리를 위해 목숨까지 주셨다.

"자기 이름을 위하여 의의 길로 인도하시는도다." 그 당시는 공동체 중심으로 마을을 형성하며 살고 있었다. 양들을 잘 돌보는 선한 목자는 '이름'을 날렸다. 한 마리의 양도 잃어버리지 않고 마을 입구에 양들을 우리로 데리고 돌아오면 사람들은 '선한 목자'로 인정해 주었다. '의의 길'은 히브리어로 '마아갈 쩨덱'이다. '마아갈'은 잘 포장된 도로가 아니라, 반복적으로 다녀 자연스럽게 생긴 길이다. 이러한 수많은 위험한 길 가운데 양들을 쉴 만한 물가로 인도하는 길은 하나밖에 없다. 그리고 그 길은 목자만이 안다. '의의 길'은 '옳은 길'을 뜻한다. 광야에서 만나는 수많은 틀린 길을 따라가면 죽음에 이르지만, 옳은 길을 따르면 쉴 만한 물가와 푸른 초장으로 인도함을 받는다. 옳은 길은 한 개밖에 없다. '마아갈 쩨덱'의 바른 번역은 '옳은 길'이 더 적합하다. 광야에서 길을 잃어버리면 결국 쳇바퀴 도는 것처럼 반복적으로 도는 것이다. 히브리어로 '쇼바브'인데 이것은 한 번 왔던 길을 다시 되돌아가는 것을 의미한다.

류모세는 "광야 같은 인생길을 걷는 우리 역시 언제나 같은 실수를 계속해서 반복하고 있지 않은가. 사람마다 다르겠지만 사람은 대체로 같은 실수, 같은 죄를 반복해서 짓고 다람쥐 쳇바퀴 돌듯 동심원을 벗어나지 못한 채 믿음의 더 깊은 세계로 전진하지 못한다"라고 하였다.

"내가 사망의 음침한 골짜기를 다닐지라도⋯⋯." 사망의 음침한 골짜기는 왜 생길까? 유대 광야는 요단 계곡과 가까운데, 아프리카 판과 아라비아 판이 충돌하는 교차점이라서 주변에 수많은 단층과 절벽들이 생긴다. 유대 광야에는 작은 '그랜드 캐니언'이 많이 있다.

유대 광야를 지날 때 광야의 뜨거운 햇빛으로 인해 잠시 정신을 잃으면 순식간에 깊은 협곡의 낭떠러지로 떨어질 수 있다는 것이다. 광야의 골짜기는 사망의 골짜기로 가득한 곳이다. 사망의 음침한 골짜기라고 하는 것은 한낮에도 골짜기 내부는 빛이 들어오지 않기 때문이다. 그러나 사망의 음침한 골짜기가 무섭다고 회피하면 안 된다. 왜냐하면 양들을 먹일 수 있는 잔잔한 물가는 그러한 골짜기를 통과해야만 나온다. 광야에서 양들에게 물을 먹이려면 깊은 골짜기로 내려가야 한다. 겁 많은 양들에게는 등골이 오싹하지만 지팡이를 오른 손에 쥔 목자가 함께 있음으로 더 이상 겁먹지 않아도 된다. '푸른' 초장과 '음침한' 골짜기는 대비된다.

"주의 지팡이와 막대기가 나를 안위하시나이다." 광야에서 양들을 치는 목자에게 지팡이와 막대기는 필수품이다. 마치 전쟁에 참전하는 군인들이 창과 방패를 가지고 나가는 것과 같다. '지팡이'는 올리브 나무의 뿌리에서 나온 가지로 만든다. 양들을 안전한 곳으로 옮기거나 양들을 물가로 인도한 후에 물의 깊이를 잴 때 지팡이를 사용한다. '막대기'는 올리브 나무의 줄기에서 나온 가지로 뿌리에서 나온 지팡이보다 훨씬 짧다. 목자는 막대기를 허리에 차고 다니면서 갑자기 나타난 맹수를 물리칠 때 사용했다. 또한 막대기는 양들에게 방향을 제시하였다. 류모세는 "지팡이와 막대기는 양들을 인도하고 보호하는 필수품이며, 양들은 목자의 지팡이와 막대기를 보면서 안위함을 얻었다"고 한다.

"주께서 내 원수의 목전에서 내게 상을 베푸시고" 원수의 목전에서 상을 베푼다는 말처럼 광야의 각종 맹수들은 배가 고파서 항상 양 무리를 향해 달려 들 것이다. 그러나 맹수들은 지팡이와 막대기로 무장한 목자가 버티고 있기 때문에 접근하지 못한다. 굶주린 맹수들이 보는 앞에 양들은 목자가 인도한 푸른 초장에서 안심하고 풀을 뜯을 수 있었다. 다윗은 선한 목자였고 안심하며 풀을 뜯는 자기 양떼들을 보호하고자 맹수들과 목숨 걸고 싸우기도 하였다. 목자 앞과 원수의 목전은 너무 대조된다.

196

특히 이른 비가 오는 10월경이면 목자는 양들을 집에서 가급적 멀리 있는 풀밭으로 데리고 가서 풀을 뜯긴다. 그러다 보면 위험한 광야에서 춥고 무서운 밤을 며칠씩 보내기도 한다. 그래도 목자 앞은 풍성했다.

"기름으로 내 머리에 바르셨으니." 맹수가 나타나면 양들은 목자가 있음에도 불구하고 두려움에 사로잡혀 벌벌 떨기도 하며 정신적인 공황 상태에 빠지기도 한다. 이때 목자는 떨고 있는 양을 그늘로 데려가 귀와 목덜미를 마사지해 준다. 털이 뽑히지 않게 마사지하기 위해 목자는 올리브기름을 붓고 마사지 한다. 혹은 파리들이 양의 콧구멍 속에 알을 낳고 양을 괴롭힌다. 양은 그 괴로움을 벗어나기 위해 머리를 바위에 박기도하다가 죽기까지 한다. 그래서 목자는 기름으로 양의 머리를 온통 적셔 준다. 그래야 평화가 있다. 기름은 양을 죽이려는 악을 막아주는 보호막이다. 목자는 광야에서 양들에게 목자의 존재를 알려 안심하게 하기 위해 피리를 분다. 갈대로 만든 피리를 양들이 풀을 먹는 동안 불어준다.

"내 잔이 넘치나이다." 이 표현은 광야에서 손님 접대할 때 사용되는 말이다. 류모세는 손님 접대에 대해 이렇게 한다고 알려 준다. "햇볕이 내리쬐는 길을 며칠씩 걸어 친구 집에 도착하면 친구는 발 씻을 물을 내어 주고 식사와 음료수를 대접한다. 물이 귀한 곳에서 주인이 친구에게 줄 포도주 잔을 가득 채운다는 것은 내 집에 찾아온 손님에 대한 극진한 환대를 의미한다. 광야와 같은 인생길을 인도하는 목자 되신 예수님은 그를 따르는 자에게 이런 풍성한 환대와 사랑을 보여 준다."

"나의 평생에 선하심과 인자하심이 정녕 나를 따르리니"라는 표현이 있다. 유대인들의 '과거'와 '미래'에 대한 개념은 우리와 다르다. 유대인들은 우리와 반대로 과거는 '앞쪽'이고 미래는 '뒤쪽'이다. 류모세는 "그들은 과거를 앞쪽으로 인식하는 것은 앞에 놓인 사물을 잘 볼 수 있듯 과거의 일을 이미 훤히 알고 있기 때문이다. 반면 미래를 뒤쪽으로 생각하는 것은 알지 못하는 미래가 우리의 시야가 닿지 않는 뒤쪽과 같다는 생각에서 비롯되었다"고 설명한다.

'선하심과 인자하심이 따라온다'는 것은 앞으로 남은 인생은 미래에 펼쳐질 것으로 하나님의 선하심과 인자하심이 '뒤에서' 따라온다는 것이다. 유대인들은 불확실한 미래에 대한 불안을 극복하기 위해 과거의 일을 묵상하곤 했다. 그들에게 장래에 대한 불안과 두려움이 엄습할 때 과거에 하나님이 하신 신실한 일들을 묵상함으로써 극복해 냈다.

"내가 여호와의 집에 거하리로다." 이것은 여호와를 가장으로 하는 친족 공동체에 소속되면 그의 가족으로 받아들여진다는 뜻이다. 그분의 보호 아래 있으며 그분이 가족의 모든 것을 책임져 주신다는 말이다.

하나님은 모든 것을 예비하고 우리에게 주고자 하시는 선한 목자이시다. 행복한 사람은 최악이 아닌 최상의 상황이 일어날 거라고 믿는 믿음으로 산다. 자기 자신이 사방으로 포위된 불쌍하고 비참한 존재가 아니라고 믿고 하나님이 원수 앞에서도 상을 베풀어 주실 것이라고 믿는다. 다윗은 결론적으로 "나의 평생에 선하심과 인자하심이 정녕 나를 따르리니"23:6라고 하였다. 평생 동안 주님의 선하심과 인자하심을 기대하며 살기로 작정하였다. 메시지 성경 번역에서는 "하나님의 선하심과 인자하심은 내가 어디를 가든지 쫓아다닌다"고 하였다. 하나님의 도우심은 어디를 가든지 나를 쫓아다니며 도와주신다. 어디를 가든지 하나님의 넘치는 복을 기대하라. "은혜 주시면 좋고 안주면 어쩔 수 없고"라는 생각은 절대로 하지 말라. 하나님은 풍성한 식탁을 예비하고 계시는 분이시다.

믿음은 주님이 나의 목자이시고 부족함이 없음을 받아들이는 것이다. 소망은 음침한 골짜기라도 주의 지팡이와 막대기를 의지하는 것이다. 사랑은 원수의 목전에서 상을 차려 주고, 기름을 부어주심과 목자의 선함과 인자하심을 바라보며 평생 그분을 따르는 삶이다.

지혜의 근원이신 하나님을 경외한 나라와 백성은 번영하였다. 사울은 하나님을 등져서 나라가 황폐해졌으나, 다윗이 하나님의 마음에 합한 행동을 함으로 나라는 번영을 이루었다. 솔로몬은 하나님이 주신 지혜로 평안과 번영을 누렸다. 솔로몬은 청년기에 아가서를 쓰고, 중년기에 잠언, 노년기에 전도서를 기록하였다. 잠언은 우리가 세상에서 지혜롭게 살아갈 수 있도록 도와준다. 지혜를 가진 자는 평안과 번영을 누린다.

다섯 권의 지혜서는 '지혜를 얻으라'고 권면한다. 이 지혜는 무엇인가? '나에게 주신 지식과 명철로 충분히 문제를 잘 해결하고 처리하는 것'을 말하는 것이 아니다. 솔로몬이 구한 지혜는 '듣는 마음'이다. 지혜가 나에게 나오는 것이 아니라 하나님께 있고, 하나님이 주시는 지혜로 잘 분별하여 듣고 행하는 것을 말한다. 자신에게 지식과 능력이 있어 해결 방법까지 알고 있을지라도 모든 문제를 해결할 능력은 오직 하나님께 있음을 인정하는 것이다. 그 후에 자신이 먼저 지혜를 사용하기 전에 하나님께 묻고 그리고 듣고 행하는 것이다. "나 혼자서는 절대로 해결하지 않고, 먼저 하나님만이 해결 할 수 있는 분임을 인정하고, 비록 내 생각이 옳다고 여길지라도 하나님의 뜻을 우선하겠다"라는 것이 지혜다. 우선순위 문제다. 지혜는 가진 「지」식으로 「혜」안을 가지고 활용하는 것이다.

이 세상에서 지혜롭게 산다는 것은 어떻게 산다는 것인가? 잠언은 성경에서 실제적 삶에 적용할 수 있는 책으로 매일 생활에서 부딪히는 여러 가지 지혜를 가르치고 있다. 지혜는 "여호와를 경외하는 것"에서 나온다. 솔로몬은 지혜의 길과 음란의 길을 대조하면서 유혹을 이기고 하나님만을 의지할 것을 충고한다. 한때 하나님을 경외한 서구와 미국은 번영을 누렸다. 만약 하나님을 의지하지 않고 음란을 쫓으면 가난해질 것이다.

잠언의 세 가지 목적을 위해 기록되었다. 첫째는 지혜와 훈계를 알게 하고, 둘째는 명철의 말씀을 깨닫게 하며, 셋째는 지혜롭게, 의롭게, 정직하게 행할 일에 훈계를 받게 하기 위함이다1:2-4.

지혜의 근본은 주를 경외함이다		지혜	1:7	솔로몬 외	BC 931-700년		
믿음	1-9장	젊은이에게 잠언	지혜 가치 알라	지혜 찬양
소망	10-29장	솔로몬의 잠언	지혜를 따르라	지혜 가르침
사랑	30,31장	아굴, 르무엘 잠언	지혜를 행하라	지혜 행함

ⓒ 믿소사랑 성경 관통 by 신주식

생명의 근원은 '마음'에 있다

이 세상에 중요한 것이 무엇일까? '마음'이다. 예수님은 모든 것이 마음에서 나온다고 하셨다. 마음은 무엇인가? 생명의 근원지이다. 잠언은 "네 마음을 지키라 생명의 근원이 이에서 남이니라"4:23고 했다.

나는 무엇을 하며 살아야 하는가? 그것을 결정하는 열쇠는 바로 당신의 '마음'에 달려 있다. 마음이 '생명의 샘'이며 사람의 죽고 사는 것이 '마음'에 달려 있다. 우리는 마음이라고 할 때 심장을 뜻한다고 착각한다. 심장이 피를 돌게 하여 살아갈 수 있게 때문이다. 그러나 심장은 생각하지도 못하고 느끼지도 못한다. 심장보다 중요한 것이 있다.

히브리 문화권에서의 '마음'은 '인격의 중심' 혹은 '인격의 핵심'을 뜻한다. 마음이 사람의 '핵심 엔진'이다. 그 사람을 움직이게 하는 동력이다. 아무리 값비싼 자동차도 엔진이 멈추면 모든 것이 무용지물이다. 히브리인들은 마음에서 '생각의 동기'와 '감정'과 '의지' 같은 것이 작동한다고 생각했다. 마음은 그 사람을 밝히 보여주는 '거울'과 같다. 결국 사람의 마음이 얼굴이나 몸, 그리고 삶 전체에 그대로 드러난다. 마음이 인간의 지성생각과 감정느낌과 의지행동가 흘러나오는 수원지이다.

생명의 근원 = 마음 = 인격의 중심 = 핵심 엔진 = 지.정.의 수원지

왜 사람들의 마음은 다른가? 어떤 사람은 악한 생각과 부정적인 감정을 갖고 폭력적인 행동을 행하는가? 살다보면 원하지 않는 일들이 일어난다. 사춘기의 자녀가 반항하기도 하고, 직장 상사에게 지적을 받기도 한다. 그리고 그런 일들은 대부분 괴롭고 짜증이 난다. 그럴 때 사람들은 상대방에 대해 화를 내거나 혹은 자신의 무능을 탓하며 괴로워한다. 이에 대해 인간 안에 있는 쓰레기를 처리해야 문제가 해결될 수 있다고 처방하는 심리학이 있다. 20세기 중반에 인기를 얻었던 심리학 중에 '건강한 환경을 만들어 주면 변화를 줄 수 있다'는 이론이 있다. 하지만 이는 일시적인 해결에 도와주는 하나의 방법론일 뿐이다.

베스트셀러인 마크 맨슨의 『신경끄기의 기술』을 잠시 살펴볼까. 그의 주장은 한마디로 '가장 중요한 것만 남기고 모두 지워버려라! 복잡한 세상에서 나만의 중심을 잡아주는 기술을 개발하라'고 한다. 오늘날 우리는 남들보다 뒤처지면 안 된다는 경쟁의식과 끊임없이 무언가를 소유해야 한다는 조바심 속에 살고 있다. 더 노력하고, 더 서두르고, 더 성공해야만 훌륭한 삶이라는 공식이 바이러스처럼 퍼져 있다. 이에 『신경 끄기의 기술』은 인생에서 중요하게 가져야 할 5가지 가치를 소개한다. 당신의 삶에서 일어나는 모든 일에 책임을 질 것, 당신이 옳다

는 믿음을 버릴 것, 실패를 두려워하지 말 것, 거절할 것, 그리고 언젠가 죽는다는 사실을 받아들일 것. 이 가치들을 가슴에 새긴다면 매일 조금씩 덜 틀린 사람으로 거듭날 수 있을 것이라고 말한다.

과연 신경 끄기 기술만 사용하면 극복할 수 있을까? 아니다. 인간에게 겉으로 나타나는 쓰레기 감정만 수정하는 것으로는 근본 문제가 해결 되지 않는다. 속에서 올라오는 쓰레기를 뽑아내는 것이 우리의 문제 덩어리를 해결할 수 있게 한다. 문제의 핵심이 무엇인가?

예수님이 "너희도 아직까지 깨달음이 없느냐? … 입에서 나오는 것들은 '마음'에서 나오나니 이것이야 말로 사람을 더럽게 하느니라. 마음에서 나오는 것은 악한 생각과 살인과 간음과 음란과 도둑질과 거짓 증언과 비방 같은 것들이 사람을 더럽게 하는 것이요 씻지 않은 손으로 먹는 것은 사람을 더럽게 하지 못하느니라"마 15:16-20고 하셨다. 더러운 것은 마음에서 나오는 감정의 쓰레기들이다.

우리는 바깥에 드러나는 것을 처리하는데 신경을 쓴다. 그러나 예수님은 인간의 모든 문제는 우리의 '마음'에서 나온다고 꼭 집어 말해 주셨다. 우리의 마음에서 모든 것이 흘러나오는 샘이다. 우리에게 나타나는 신경 쇠약, 불면증, 우울증 등은 병원에 가서 최첨단 동맥조영 촬영을 해도 나타나지 않는다. 진짜 문제는 우리 마음의 문제이기 때문이다.

마음의 문제에 대해 『거짓 신들의 전쟁』에서 카일 아이들먼은 다음을 점검해 보라고 권한다. '무엇에 실망하는가? 무엇에 불평하는가? 어디에 돈을 쓰는가? 무엇을 걱정하는가? 무엇에 화를 내는가?

당신이 무엇인가를 꿈꾸고 성공하고 하는 것은 좋은 일이다. 하지만 문제의 뿌리가 무엇인가를 점검해 보아야 한다. 그런 것들을 통해 하나님을 영화롭게 할 것인가? 자신의 자랑이나 이익을 위해 할 것인가? 믿음은 마음이 생명의 샘이라는 것을 알고 소망은 마음을 지키는 것이며, 사랑은 마음을 하나님 영광을 위한 도구로 사용하는 것이다.

　솔로몬은 출발은 믿음으로 했으나 말년에는 이방 여인들에 의해 올무에 빠져 우상 숭배에 빠졌다. 그는 하나님이 주신 지혜로 엄청난 부유와 최고의 미인들과 섹스를 즐겨 보았다. 하지만 "모든 것이 헛되고 헛되다"는 것을 너무 늦게 깨달았다. 솔로몬은 풍요로운 에덴동산에서 선악과를 취한 자신의 선택이 어리석음을 깨닫고, 청년들과 우리들을 향해 말한다. "곤고한 날이 오기 전에 하나님을 기억하고 경외하는 삶을 살라! 이것이 참된 만족을 얻는 비결이다." 하나님을 경외하고 섬길 때 참 만족을 주지 못하는 것을 벗어날 수 있다. 이것이 솔로몬이 처방한 치료제다. "생명나무이신 주님을 붙잡아야 참 만족이 있다!" 하나님을 붙잡아야 산다.

　인생의 의미는 무엇인가? 참 만족은 어디에 있는가? 솔로몬은 이스라엘 역사상 가장 지혜롭고 부유하고 가장 영향력 있는 왕으로 해 아래 있는 권세, 인기, 쾌락 등을 다 경험해 보았다. 그럼에도 불구하고 그는 모든 것이 '헛되다'고 고백한 이유는 무엇인가? 그 어떤 것도 하나님 외에는 사람 속에 있는 빈 공간을 채울 수가 없기 때문이다. 인생의 참된 의미는 하나님 안에서 찾을 수 있다. 하나님께서 내 인생에 대한 계획과 목적을 가지고 계시기 때문에 내 인생의 의미와 목적을 알기 위해서는 하나님께로 나와야 한다. 솔로몬은 전도서에서 진정한 인생의 철학과 인생의 최고의 선이 무엇인가 하는 질문에 답하기 위해서 기록하였다.

공허함은 주를 경외함으로 극복한다				만족	12:1	솔로몬	BC 935년	
믿음	1:1-11	문제 제기	모든 것이 헛된 것인가?	선언
소망	1:12-6장	해결 노력	인생은 헛되며 만족이 없다	증명
사랑	7-12장	문제 해결	하나님을 경외하라	조언

© 믿소사랑 성경 관통 by 신주식

솔로몬이 추구한 12가지 "모든 것이 헛되다"	
1. 인간의 지혜 ↔ 냉소1:18	7. 세계적 명성 ↔ 번뇌1:16-18
2. 쾌락과 술 ↔ 실망2:1-3	8. 가축 기르기 ↔ 허무2:7
3. 건축 공사 ↔ 무익2:4	9. 음악 즐거움 ↔ 슬픔2:8
4. 노비를 사유 ↔ 공허2:7	10. 철학, 문학 ↔ 공허함3:1-9
5. 성관계 ↔ 혐오왕상 11:3	11. 자연과학 ↔ 고민왕상 4:33
6. 거대한 부 ↔ 재난2:7,8	12. 존재 ↔ 좌절6:12
→ 하나님을 경외하는 지혜는 참 만족을 가져다 준다12:13,14	

© 믿소사랑 성경 관통 by 신주식

모든 것이 헛되고 헛되며 헛되다

당신이 여한 없이 즐거움과 느끼고 오락을 해보았다면 무엇이라고 평가할까? 그는 돈 걱정 없는 왕의 아들로 태어나 마음대로 즐기는 인생을 살았다. 남들이 부러워하는 돈을 가지고 파티도 하고, 궁중 광대를 뽑아 코미디도 즐기고, 섹스도 즐기며 모든 것을 해 보았다. 나름 좋은 일도 해보려고 최고 멋진 집도 지어보고, 공원도 조성해보기도 하였다. 그는 '해 아래에서' 할 수 있는 모든 일을 해 보았다. 우리는 갑부가 되면 즐겁게 될 것이라고 생각한다. 그런데 솔로몬은 "헛되고 헛되며 헛되니 모든 것이 헛되도다"1:2 "모두 다 헛되어 바람을 잡으려는 것이로다"1:14라고 한다. 왜 솔로몬은 모든 것이 헛되다고 하였을까?

오늘날 재벌 3세들은 왜 돈도 많은데 더 많을 돈을 추구할까? 사람들은 왜 쾌락을 추구할까? 이것은 우리에게도 비슷한 현상이 나타난다. 산업혁명 이후 인간에게는 엄청난 부가 축적됨으로 오락과 쾌락을 누구나 즐길 수 있게 되었다. 음식, 오락, 섹스는 하나님의 좋은 선물이다.

하지만 경계선을 넘는 것이 문제의 원인이 된다. 요즘 아이들은 핸드폰이나 게임에 빠져 있고, 주부나 여자들은 드라마에 빠져 있으며, 남자들은 스포츠에 빠져 있다. 오늘날 정말 심각한 것은 젊은 층이나 중년층을 막론하고 스마트폰을 손에 놓지 못하고 있다. 스마트폰이 없이 살아가는 것을 견딜 수 없다는 것이다. 이러한 것들을 지나치게 즐기면 지칠 줄 모르는 '공허감'을 얻게 된다. 오락, 쾌락, 섹스를 원 없이 즐기면 찾아오는 것이 바로 '권태'다. 권태는 현대병이다.

솔로몬은 여한 없이 부와 섹스와 오락을 추구해 보았다. 그런 것을 맛본 그의 고백은 "내가 해 아래에서 행하는 모든 일을 보았노라 보라 모두 다 헛되어 바람을 잡으려는 것이로다"[1:14]라고 하였다. 사람들은 '솔로몬은 배부른 소리하네, 나도 솔로몬처럼 저렇게 즐겨 보았으면 좋겠다'고 생각한다. 사람들은 자신은 절대로 솔로몬처럼 안 될 것이라고 자신 있게 말한다. 이것은 어리석은 생각이다. 남들이 잘못된 길로 들어가면 좋아 보이는 길이라도 들어가지 말아야 하는데, 자신도 모르게 빠져 들고 만다. 사고가 나거나 망하고 나서 "그렇게 하지 말아야 하는데…"라고 말해도 버스는 이미 지나가고 만다. 그런 생각에 빠지는 것은 결국 선악과를 추구 하면서 '나는 다른 사람처럼 안 될 거야'라는 착각하는 것이다. 솔로몬이 이런 경험을 해 보았다면 우리도 그 길로 가면 망한다. 그래서 하나님이 시범 케이스로 솔로몬을 보여준 것이다. 인간의 어리석음에 대해 드래곤 플라이트는 "인간의 욕심은 끝이 없고, 같은 실수를 반복한다"고 했다. 역사는 반복된다!

인간의 욕심 = 부, 섹스, 권력 추구 = 하나님과 같이 = 선악과 = 권태 솔로몬이 온갖 쾌락과 즐거움을 추구하고 난 후에 '무의미'하다는 결론이 났다. 그렇다면 우리도 쪽박 차기 전에 솔로몬의 지혜를 배울 필요가 있지 않을까? 솔로몬이 모든 것을 추구해 보고 난 후에 마침내 결론에 이른다. "일의 결국을 다 들었으니 하나님을 경외하고 그의 명령들을 지킬지어다 이것이 모든 사람의 본분이니라"₁₂:₁₂라고 한다.

쾌락과 즐거움 추구가 헛됨을 깨달음 = 사람의 본질 추구 = 하나님을 경외

어거스틴도 젊은 날 방탕하게 살다가 주님을 만난 후에 이런 고백을 하였다. "우리 마음은 하나님 안에서 안식을 발견할 때까지 그저 불안하게 요동합니다." 우리 인생이 '공허'와 '혼돈'으로 가득한 이유는 마음의 문제이다. 예수님께서는 그러한 우리 마음에 생명을 심어 주고 더 풍성하게 채워 주시려고 오셨다. "내가 온 것은 양으로 생명을 얻게 하고 더 풍성히 얻게 하려는 것이라"요 10:10. 예수님 안에는 우리를 즐겁게 하는 모든 것들이 들어 있다. 그것은 참 기쁨을 주는 생명, 곧 사랑이다. 사랑만이 공허를 채운다. 사랑만이 풍성함과 만족함을 준다!

믿음은 인생이 공허하다는 것을 아는 것이며, 소망은 하나님께 희망을 찾는 것이고 사랑은 하나님을 경외하며 명령을 지키며 사는 것이다.

내면세계의 질서와 영적 성장 : 부름 받은 삶 _고든 맥도날드	
1. 청지기임을 안다	쫓겨 다니는 사람은 심각한 위기에 빠진다
2. 자신 일을 구분 한다	세례요한 : 그분의 음성과 인도를 따랐다
3. 목적의식을 지닌다	사명과 더 큰 부르심에 참여 한다
4. 헌신을 실천 한다	세례 요한에게는 평온함, 사울은 후회함
5. 광야의 유익 배운다	하나님께 의지하는 법을 배운다
→ 무질서하고 쫓기는 삶을 내려놓고 부름 받은 삶으로 평안을 가지라	

아 _ 아름다운 사랑 이야기
Song of Songs

솔로몬이 왕위에 오르기 전에, 술람미 여인과 사랑에 빠진 적이 있었다. 그때 그는 '노래 중의 노래'를 불렀다. 아가서는 '하나님'이라는 단어가 한 번도 나오지 않지만 하나님의 사랑이 풍부하게 드러난다. 솔로몬은 1,005편의 노래를 지었는데, 그 중에 가장 아름다운 노래로 불린다.

아가서를 쓴 배경은 이렇다. 솔로몬이 왕이 되기 직전에 포도원이 많이 있는 에브라임 지방의 포도원을 방문하였다. 포도원에 포도원 관리인은 죽었고, 그의 아내와 두 아들과 두 딸이 포도원을 관리하고 있었다. 큰딸 술람미는 가족들에게 신데렐라와 같은 존재였다. 그녀는 타고난 미인이었지만 알아주는 사람이 없었다. 두 명의 이복 오빠들은 그녀에게 몹시 힘든 노동을 시켰고, 외모를 돌볼 시간도 주지 않았다. 그녀는 포도 순을 다듬고, 여우 새끼들을 막고, 양의 무리를 기르는 일까지 하였다. 온 종일 밖에서 일했기 때문에 얼굴은 햇볕에 몹시 그을었다.

그러던 어느 날, 포도원에서 그녀가 키가 큰 미남 청년이 만났다. 그 청년은 바로 변장한 솔로몬이었다. 그는 그녀를 보자마자 단숨에 사랑에 빠졌다. 그녀는 그를 목동이라고 생각했고, 그의 양무리에 대해 질문했었다. 솔로몬은 즉답을 피하고 그녀에게 사랑을 고백했다. 그리고 그녀에게 풍성한 선물을 준비하여 다시 오겠다고 약속하고 떠났다. 그녀는 그 남자를 그리워하다가 꿈속에서 그를 보았다. 어떤 때는 그가 가까이 있는 것으로 생각하며 그를 그리워하며 시간 가는 줄 몰랐다.

어느 날 깜짝 놀랄 일이 생겼다. 이 미남 청년이 찬란한 왕의 복장을

지혜의 힘

입고 그녀 앞에 나타났다. 그리고 그녀를 "나의 가장 아름다운 신부여 ~"라며 신부로 맞이하고자 청혼하며, 사랑의 아름다운 고백을 한다.

어디에 참 사랑이 있는가? 인생에서 가장 아름다운 것은 남녀가 사랑으로 하나 되는 것과 같다. 부부는 언약으로 맺어진 관계로 가장 행복한 관계를 맛볼 수 있다. 아가서는 남녀간에 '정당한 결혼 안에서 이루어진 성'이 하나님의 선물이라는 것을 아름답게 보여준다. 솔로몬과 술람미의 사랑은 남녀 간의 이성적인 사랑을 넘어서 그리스도와 교회와의 사랑을 상징하는 영적인 의미를 가진다. 아가서는 신랑이신 주님과 신부된 우리들이 부를 노래이다! "사랑은 불같고… 홍수도 침몰시키지 못하고…"

사랑은 하나 되게 하는 힘이다			내 사랑	6:3	솔로몬	BC 965	
믿음	1막 1:1-3:5	사랑에 빠짐	사랑의 고백 : 구혼	만남
소망	2막 3:6-5:1	사랑의 연합	사랑의 열매 : 결혼	관계
	3막 5:2-7:11	사랑의 갈등	사랑의 갈등 : 위기	위기
사랑	4막 7:11-8	사랑의 성장	사랑의 고백 : 성숙	해결

ⓒ 믿소사랑 성경 관통 by 신주식

불같은 사랑은 막을 수가 없다

오늘날 사랑을 위해서라면 무슨 일이든지 하겠다고 말하는 사람이 많다. 미디어의 영향으로 낭만적인 사랑을 인생의 초점으로 삼고 살아가는 사람들이다. 대중문화는 남녀 간의 사랑을 주제로 노래와 드라마를 만드는 제조 공장과도 같다. 로맨스는 우리 마음을 콩닥거리게 만들며, 짜릿하기도 하며 황홀감에 빠지게도 만든다. 사랑에 빠지면 한편의 멜로드라마를 우리도 만들 수 있을 것이라고 생각한다.

이러한 낭만적인 사랑이 시작 된 것은 오래된 것은 아니다. 근대 전까지만 해도 사람들은 부부간의 사랑 외에 불륜적인 사랑을 나누는 것은 드러내 놓고 하지 못했다. 근대 서구 문명의 발달로 사랑을 주제로 하는 다양한 대중예술 작품들이 만들어지면서 로맨스는 모두가 사용하는 발명품처럼 취급받게 되었다. 사람들이 먹고 사는 것에서 여유를 가지게 되자 낭만적인 사랑이 꼭 우리가 추구해야 할 인생의 중요한 목표처럼 되었다. 이 사랑이 없으면 불쌍한 인생처럼 취급되어 로맨스가 인간 문화의 자리를 차지하게 되었다. 문화라는 이름으로 로맨스를 찾기 시작했다.

낭만적인 사랑은 정말 좋은 것이다. 문제는 우리가 낭만적인 사랑을 인생의 목적으로 삼았을 때 일어나고 만다. 사랑을 얻기 위해 자신이 가진 걸 기꺼이 바치면서 낭만적인 사랑을 하고자 한다. 문제는 낭만적인 사랑을 하고 싶다는 욕구를 채워줄 것이라는 기대하는 대상이 하나님이 아니라는 것이다. 「우」러러 보는 「상」대가 모든 것을 채워 줄 것이라는 로맨스 우상에 빠지는 것이 문제다. 현대 젊은이들은 낭만적인 사랑을 꿈꾼다고 하면서 결혼 전에 성관계를 하거나 결혼 후에도 친구 만들기라는 명목으로 바람을 핀다. "남들이 다 하는데, 나도 하면 안 되는가?" 현대 사회 문화가 이러한 로맨스를 부추기 때문에 더욱 죄책감 없이 행한다.

문제는 로맨스가 자신의 행복을 채워줄 것이라고 기대하지만 실상 그렇지 못하다는 것이다. 젊은 남녀 간에 여자들은 남자들이 원하는 성관계를 가지면 더 친밀한 관계를 가질 것이라는 착각에 빠져 산다. '당신이 나를 채워주기 원해요. 내가 소중한 사람이라는 것을 느끼게 해주세요. 그렇게만 해 준다면 나는 무엇이든지 할 수 있어요'라고 생각한다. 이것은 '당신이 나의 로맨스를 채워줄 신이 되어 주세요'라는 것이다.

남녀는 격정적인 짜릿한 사랑을 나누지만 이것은 생각보다 오래 가지 않는다. 그래서 더 짜릿함을 줄 수 있는 상대를 찾아 나서게 된다. 낭만적인 사랑을 인생의 소망으로 삼다가 사랑하는 상대로부터 거부를 당하면 더 외로움과 고독을 느끼게 된다. 우리 마음에 진짜 낭만적인 사랑을

지혜의 힘

채워 줄 분이 있다. 하나님은 텅 빈 공간에 사랑으로 채워 줄 수 있는 유일한 분이시다. 그분이 사랑을 처음 만드신 분이며, 사랑 자체이시기 때문이다. 아름다운 사랑의 이야기가 아가서 8장에 나온다.

사랑이란 무엇인가? "너는 나를 도장 같이 '마음'에 품고 도장 같이 팔에 두라. '사랑'은 '죽음 같이 강하고' 질투는 스올 같이 잔인하며 불길 같이 일어나니 그 기세가 여호와의 불과 같으니라"8:6. 죽음은 이 세상 어느 누구도 피할 수 없으며 파괴를 가져온다. 그러나 사랑은 죽음보다 강하다. 젊은 남녀가 사랑하면 죽음까지도 아까워하지 않는다. 나이와 직업도 초월할 수 있는 힘이 사랑이다. 그렇다고 애인이나 친구를 위해 죽는 자는 찾아보기 힘들다. 혹시 죽겠다고 용감하게 나설 수 있는 사람이 있을 수는 있다. "혹시 선한 사람을 위해 죽겠다고 나서는 사람은 있을는지 몰라도 의로운 사람을 위해 죽는 사람은 거의 없습니다"롬 5:7 현대인의 성경. 그렇지만 예수님은 "친구를 위하여 자기 목숨을 버리면 이보다 더 큰 사랑이 없나니"요 15:13라는 말씀을 몸소 실천하셨다. 사랑을 위해 죽음을 겪어내신 것이다. 죽음으로 사랑을 맞바꾸셨다. 그래서 예수님의 사랑은 죽음보다 더 강하다. 죽음을 이길 수 있는 길은 사랑의 힘이다. 죽음도 우리 주 예수 그리스도 안에 있는 하나님의 사랑 안에서 갈라놓을 수가 없었다. 죽음을 대신한 사랑을 우리에게 부어 주셨다.

예수님은 술람미 같은 우리를 신부로서 자격이 없지만 맞아 주시고, 그 사랑을 이루기 위해 왕의 신분을 내려놓고 인간의 몸으로 찾아 오셨다. 그리고 우리를 사랑하셨기에 '죽음'도 그 사랑을 막을 수 없었다. 그 어떤 것도 우리 주 예수 그리스도 안에 있는 하나님의 사랑을 막을 수 없다. "사망이나 생명이나 천사들이나 권세자들이나 현재 일이나 장래 일이나 능력이나 높음이나 깊음이나 다른 어떤 피조물이라도 우리를 우리 주 그리스도 예수 안에 있는 하나님의 사랑에서 끊을 수 없으리라"롬 8:38-39. 죽을 것 같은 고통에서도 우리가 이길 수 있는 것은 하나님의 사랑 때문이다. 사랑은 죽음을 상징하는 물과 홍수라도 극복하게 만든다.

"많은 물도 이 사랑을 끄지 못하겠고 홍수라도 삼키지 못하나니 사람이 그의 온 가산을 다 주고 사랑과 바꾸려 할지라도 오히려 멸시를 받으리라"8:7. 성경에서 물은 종종 감당할 수 없는 문제와 어려움을 상징한다. 오늘날 우리도 역경과 위기의 홍수를 경험한다. 사탄은 환경을 통해 사랑의 불을 끄려고 한다. 온 가산을 허비한다고 할지라도 사랑의 불을 끄려는 시도는 오히려 멸시를 받게 된다. 사랑의 힘은 어떤 것도 막을 수 없다. 주 예수 그리스도 안에 있는 하나님의 사랑에서 끊을 수 없다!

요한계시록 12장에 사탄은 우리를 죽이기 위해 입에서 홍수를 뿜어내지만 성공하지 못한다. 예수님이 막아주시고 피하도록 도와주시기 때문이다. 사탄이 우리를 격렬한 고난의 홍수, 물질의 홍수, 질병의 홍수를 뿜어낼지라도 하나님이 주시는 사랑의 불을 끌 수 없다. 큰 시험이 와도 주님은 우리에게 말씀하신다. "사탄의 홍수를 두려워하지 말라. 겁내지도 말라. 내가 사탄이 주는 홍수보다 더 강한 나의 사랑의 불을 부어 줄 것이다." 하나님의 사랑은 사탄의 홍수를 덮어버리는 강력한 사랑의 불이다. 예수님은 홍수를 덮는 사랑의 불이 되기 위해 피를 흘리신 것이다!

에로스	아가페
남녀 간의 사랑 충족감	하나님의 사랑 완전과 충만
떨어져 있으면 결핍과 부족	결핍과 부족을 채워주는 섬김
충족과 완전을 향한 사랑	결핍과 부족을 향한 사랑
→ 남녀 간의 사랑만으로는 결핍이 온다. 주님의 아가페 사랑으로 채워라	

ⓒ 믿소사랑 성경 관통 by 신주식

4. 다시 회복하는 힘 _ 선지서

가지치기 | 포로 • 귀환 시대 (BC 약 500-4년)

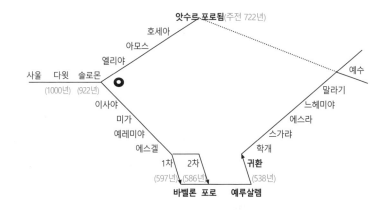

왕국시대			포로시대	회복시대	
삼상	삼하	왕상	왕하	에스라	느헤미야
	대상		대하		

포로기와 회복 시대에 활동한 선지자들	
포로 기간BC 586-516년	다니엘605-535, 에스겔593-57)
포로 이후BC 516-424년	학개520, 스가랴520-480, 말라기432-424
분열왕국BC 930-722년	오바댜848-841, 요엘835-830, 요나782-753, 아모스760-753 호세아755-715 이사야740-680, 미가735-700
단일왕국BC 722-586	나훔664-654, 스바냐632-628 예레미야627-580, 하박국609-605

구약성경 39권 중에 17권이 선지서이다. 17권의 선지서의 모든 내용의 92퍼센트가 '현재의 일'에 관한 것을 언급한다는 것은 흥미로운 일이다. 단 7퍼센트만이 앞으로 일어날 '미래의 일'을 언급한다. 또 선지서에 '미래에 일어날 일'에 대한 것을 분석해 보니 앞으로 일어날 일을 말하기보다는 지금 일어난 일에 대한 원인과 이유를 말하면서, 그것을 비판하는 부분이 더 많다는 것이다. 예언은 막무가내로 책망한 것이 아니라, 정확한 이유와 사실을 근거로 한 비판이다. 하나님의 언약을 순종 했는가 불순종했는가를 따져보고 그에 따른 저주를 선포하기도 하며, 순종했을 경우 축복을 약속하는 내용들이다. 선지자들은 모세오경과 역사서에서 나타난 언약의 순종 여부에 대한 평가를 언급하였다.

하나님은 선지서Prophetic의 이사야를 통해 회복의 약속Promise을 주시고, 예레미야를 통해 멸망하는 백성으로 인한 고통Pain, 그럼에도 에스겔을 통한 회복의 과정Progress, 다니엘을 통해 멸망 가운데에서 하나님과 함께 함으로 형통함Peaceful을 보여주셨다.

선지자는 누구인가? 선지자는 '하나님의 입'으로 하나님 나라의 대변인 역할을 한다. 선지자는 장래 일을 미리 아는 능력선견지명이 아니라, 지금 일어나는 사건들 속에서 하나님의 뜻통찰력을 전하는 자이다. 그들은 하나님 '왕국의 대변인' 역할을 하면서 인간 왕국에 대해서는 '비평가'로서 말씀을 선포한다. 선견지명이 아닌 통찰력이다.

점쟁이와 선지자는 무슨 차이가 있는가? 점쟁이는 '결정된 운명론'을 주장한다. 운명을 바꾸고 싶으면 비싼 돈을 들여 부적을 사라고 부추긴다. 그러나 선지자는 "만약 순종한다면…"과 "만약 하지 않는다면…" 이두 가지의 메시지를 전하며 '선택 운명론'을 촉구한다. 선지자는 백성들이 순종을 하면 희망이 있지만, 만약 불순종하면 그 대가로 멸망당하게 될 것이라고 전한다. 백성은 순종과 불순종을 심은 대로 거둔다!

예언은 일종의 '가지치기'이다. 풍성한 열매를 맺기 위해서는 반드시 가지치기를 잘 해야 한다. 예수님께서도 "무릇 내게 있어 과실을 맺지 아니하는 가지는 아버지께서 이를 제해 버리시고 무릇 과실을 맺는 가지는 더 과실을 맺게 하려 하여 이를 깨끗하게 하시느니라"라고 하셨다요 15:2. 풍성한 열매를 맺기 위해서는 '선택과 집중'이 필요하다. 썩은 가지는 과감하게 제거하는 선택을 해야 한다. 그리고 나서 풍성한 열매를 위해 나무를 회복하는 일에 집중해야 한다. 말씀으로 가지를 쳐야 산다.

왜 이스라엘은 풍성한 열매를 맺지 못하였는가? 예레미야는 그것은 생명의 근원되시는 하나님을 버렸을 뿐만 아니라 스스로 웅덩이를 팠기 때문이라고 설명했다. 평안과 안식 그리고 풍성함을 주시는 하나님을 의지하기 보다는 열국列國을 의지하며 자신의 안일함에 빠져 있었기 때문에 결국 무너지고 만 것이다. 이스라엘이 회복되기 위해서는 생명의 근원되시는 하나님께 돌아가야 했다. 말씀이 없으면 웅덩이가 깨진 것도 모른다. 마치 나무가 마르고 썩어 가는데 가지만 자른다고 문제가 해결되지 않는 것과 같다. 열매를 맺기 위해서는 근원부터 회복해야 한다. 나무에게 중요한 영양분은 물이며, 과일 나무는 대부분 물이다. 나무는 본래 물의 양이 적으면 먼저 자신의 생존을 위해 사용하고, 충분한 양의 물이 확보되어야 과일을 만든다. 그러므로 충분한 양의 물을 공급해 주어 풍성한 과일을 맺을 수 있게 해야 한다. 말씀이 바로 생명수다.

영의 세계를 풍성한 말씀으로 채울 때 풍성한 열매를 맺게 된다. "강 좌우 가에는 각종 먹을 실과나무가 자라서 그 잎이 시들지 아니하며 실과가 끊치지 아니하고 달마다 새 실과를 맺으리니 그 물이 성소로 말미암아 나옴이라 그 실과는 먹을 만하고 그 잎사귀는 약 재료가 되리라"고 하였다겔 47:12. 말씀은 우리 영혼을 치료할 뿐만 아니라 열매를 맺게 해 준다. 그 열매를 먹는 자는 풍성함과 번영을 누리게 된다.

사 _ 사라진 소망에 회복을!

Isaiah

전승에 의하면 이사야는 웃시야 왕의 동생의 아들이다. 그는 왕족으로 요아스 왕의 손자이다. 그는 '선지자들의 왕'이라는 별치을 가졌다. 히스기야 때 궁중에서 생활했고, 북이스라엘이 멸망하고 남유다 왕국만 남은 시대에 사역을 하였다. 웃시야 왕 통치 말년에 예언 사역을 시작하여 므낫세 왕 때에 이르기까지 60년 동안 사역을 하였다. 유다 전승에 의하면 히스기야의 아들인 므낫세 왕의 핍박을 받아 톱질을 당했다고 한다.

이사야는 아하스가 통치할 때 나라 전체가 우상숭배를 하는 것을 보고 "하나님께 돌아오라! 그렇지 않으면 이 땅에서 쫓겨날 것이다"라고 예언하며, "긍휼이 풍성한 하나님이 백성들을 흩어 버리실지라도 먼 훗날에 고레스 왕을 일으켜서 회복할 것이다. 또한 고난 받는 종으로 오실 메시아가 온전히 회복시킬 것이다. 그러므로 애굽이나 앗수르, 바벨론을 의지하지 말고, 오직 하나님만 의지하라!"라고 외쳤다.

우리는 극복할 수 없는 문제가 닥칠 때, 누구에게 의지해야 하는가? 이사야는 애굽이나 앗수르, 바벨론과 같은 문제를 하나님만 의지할 때 하나님이 도와주실 것이라고 말한다. 문제를 극복하시는 하나님을 바라며.

이사야서는 66권의 성경 축소판이다. 처음 39장은 구약에 해당하며 우상을 숭배하는 부도덕한 백성들에 대한 심판이 나온다. 27권은 신약에 해당하고 장차 메시아가 고난을 받고 십자가를 지실 구세주로 임하실 것이라는 희망을 전한다. 영광스러운 새 날을 기대하며 주를 의지하라!

회복의 힘

오직 하나님만 의지하라!			구원 | 1:19-20 | 이사야 | BC 740-680년			
믿음	1-35장	심판	과거	애굽을 의지하지 말라	심판
소망	36-39장	구원	현재	앗수르를 의지하지 말라	역사
			미래	바벨론을 의지하지 말라	
사랑	40-66장	회복	현재	하나님의 종을 의지하라	소망
→ 사람을 의지하면 멸망한다. 하나님의 종을 의지하는 자에게 소망이!					

감정의 노예가 되지 말라

우리 인생은 과거의 성공보다 미래의 '기대'에 따라 달라진다. 성공을 이루려면 기대 수준을 높여라. 과거에 인생을 묶어 두지 말라. 우리의 맘속에 낡아빠진 생각을 뽑아내고 창조적인 새 것을 심어야 한다. 하나님은 "보라 내가 새 일을 행하리니 이제 나타낼 것이라 너희가 그것을 알지 못하느냐"43:19라고 말씀하신다. 씨앗을 심으면 자랄 것이다. 의심의 토양에 커다란 비전을 심으라. 그리고 그 씨앗이 성취될 것을 기대하라. 하나님은 기대만큼 도우신다.

이사야는 35장에서 메마른 땅에는 시냇물이 흐르고, 사막에 큰 길이 나게 될 것이라고 외친다. 하나님의 권능이 임하면 새로운 일이 창조될 것이다. 내일을 창조하라. 이사야는 그 증거로 처녀의 몸에서 아기가 탄생할 것이라는 예언을 한다. 하나님은 초자연적인 방법으로 마리아의 몸에서 예수를 탄생하게 하셨다. 하나님은 초자연적인 기적을 이루시는 분이시다. 우리가 상상 할 수 없는 기적을 일으키시는 분이다. 주위에서 아무리 불가능하다고 말해도 '하나님이 함께하심'임마누엘이 있으면 모든 일은 가능하다. 하나님께서 말씀하시면 능치 못할 일이 없으신 주를 찬양하라. 그러므로 나의 좁은 생각을 버리라. 초자연적인 일이 일어날 수 있음을 믿으라.

이사야 35장을 뒤집으면 53장이 된다. 이사야에서 35장과 53장은 중요한 장이다. 이사야 53장에서는 하나님의 축복에 대한 모든 희망을 가지고 있는 예수님께 일어날 일들을 말해준다. 이사야는 그 종이 찔리고, 상하고 징벌을 받고 상처를 입었다고 우리에게 전한다. 이것이 바로 하나님이 목적을 이루시는 방법이다. 어떻게 고난 받는 메시아가 우리에게 희망이 될 수 있는가? 왜 죽음으로 이 일을 감당하여야 하는가? 나의 좁은 생각을 벗어버리라. 하나님은 새로운 창조를 이루기 위해 땅에서 씨앗의 껍질이 벗겨져야 열매를 맺도록 계획하셨다. 보라 새로운 창조의 역사를 그 종이신 예수를 통해 이룰 것이다. 새로운 비전의 씨앗은 자라서 영광의 회복을 이룰 것이다.

탄식으로 시작했던1장 이사야의 예언은 회복66장으로 대단원의 막을 내린다. 과거를 의지하지 말라. 과거에 있었던 아픔으로 현재와 미래를 망치는 일을 하도록 가만히 있으면 안 된다. 행복한 날을 맞이하기 위해서는 과거에서 일어났던 일을 돌아보고 소중한 교훈으로 삼아야 한다. 과거에 있었던 '원망과 분노'라는 독소를 제거하고 하나님의 새로운 은혜와 복을 갈망하라. 오늘을 과거의 망령에서 벗어나 하나님의 은혜로 회복된 날로 살기를 꿈꾸자!

이사야는 히스기야를 구원하는 역사적 사건을 핵심적인 주제로 다루면서 '온 우주의 주관자이신 하나님만을 섬기라!'고 권면한다36-39장. 현재 앗수르의 위협36-37장과 장차 바벨론의 위협38-39장으로부터 구원할 분은 오직 전능하신 하나님뿐이시다.

메시아가 죽음을 통하여 이룬 구원을 맛본 백성들은 앞으로 어떻게 살아야 하는가? 이사야는 그들의 잘못된 신앙과 믿음 생활을 지적하고 다시는 이러한 실수를 반복하지 말라고 한다. "오직 하나님만을 의지하라!"라고 말한다. 의지는 「의」식적으로 「지」켜기 위해 힘쓰는 것이다.

심판의 가운데 자라나는 구원의 싹 1-35장

우리가 이사야를 통해 의식할 점은 무엇인가? 이스라엘 사회의 도덕적인 부패의 원인은 무엇인가? 그들의 부패한 신앙이다. 하나님은 세상이 끝나는 날에 열방이 말씀을 배우고자 몰려 올 날을 계획하셨다2장.

그러나 그들의 현실은 우상과 교만으로 가득했다. 자신의 죄를 뉘우치기는커녕 오히려 뻔뻔하게 굴었다. 이사야는 그루터기에서 씨앗이 나와 열매 맺게 하실 메시아가 오실 것을 전한다. 어떤 메시아인가?

첫째, 여호와께서는 '한 싹'메시아이 나서 이스라엘의 남은 자들에게 구원을 베푸실 것이다4장. 예수님은 인간으로 태어나서 인간이 겪는 외로움과 고통을 함께 겪었다. 그리고 연약한 순같이 마지막 죽음까지도 고스란히 내 대신 당하셨다. 하나님께서 그들을 회개시키기 위하여 애썼음에도 불구하고 그들은 나쁜 포도보다 더 나쁜 '들포도'를 맺었다5장.

이에 하나님은 심판을 선포할 자를 찾으셨고 하나님의 부르심에 "내가 여기 있나이다. 나를 보내소서"라고 이사야는 응답한다6장.

둘째, '임마누엘'되신 메시아의 탄생으로 우리와 함께해 주실 것이다 7-9장. "그 이름은 기묘자, 모사, 전능하신 하나님, 영존하시는 하나님, 평강의 왕이시다." 장차 오실 왕에 대한 예언으로 '한 싹'에서 메시아가 날 것이다(11장). 싹이 되신 예수님이 생명나무로 성장할 것이다.

셋째, 하나님의 백성을 괴롭히는 열방들을 하나님이 '심판자'로 임하실 것이다. 그러나 여기에서 이방인들의 구원도 선포되고 있다13-23장. 그들이 하나님을 신뢰하지 못한 것에 대한 가장 명백한 증거는 그들이 도움을 구하러 애굽으로 내려간 것이다(31장).

넷째, 오실 메시아가 예루살렘시온 성에서 '영광을 회복' 하실 것이다 24-27장. 시온의 회복은 곧 신약 교회의 영광을 상징한다.

히스기야에게 베푸신 구원을 보라 36-39장

기원전 701년에 있었던 앗수르의 침공 때, 히스기야 왕이 하나님을 신뢰했기 때문에 예루살렘은 보존되었다36-37장. 그가 앗수르에게 당한 고난은 하나님 안에서 오히려 승리가 되었다. 히스기야는 거의 죽을 병중에서 하나님께 부르짖어 15년의 생명 연장의 응답을 받았다38장. 그러나 히스기야는 그의 교만 때문에 모든 보물을 바벨론 사신첩보원에게 보여 주었다. 이사야는 바벨론 왕이 보물과 그의 아들들을 바벨론으로 끌어가리라고 예언하였다. 현재에만 집중하고 다음 세대를 생각하지 못한 것이다. 이사야는 "그에게서 소망을 기대했는데…. 그래도 실망하지 말라. 종으로 오셔서 구원할 메시아를 의지하라!"고 외친다.

평강을 주실 구원의 주를 바라보라!			
믿음	40-48장	평강의 약속	위로의 소식
소망	49-58장	평강의 왕	구원의 회복
사랑	59-66장	평강의 계획	성령 임하심
→ 평강의 약속과 성취는 주님의 희생과 성령의 임하심으로 이루어진다			

ⓒ 믿소사랑 성경 관통 by 신주식

회복케 하실 위로의 약속 40-66장

유다에게 심판을 선포한 후에 이사야는 소망과 회복에 대한 하나님의 약속들로 백성들을 위로하였다. 하나님께서는 자신의 백성을 구원하시고자 하는 의지뿐만 아니라, 능력도 가지고 계시는 분이다. 이사야는 하나님의 더 깊은 위로는 고난 받는 종을 통해서 이루어질 것이라는 깜짝 놀랄 뉴스를 전한다. 곧 회복될 하나님의 나라가 이 종을 통하여 이루어진다는 것이다. 그 뉴스는 무엇인가??

첫째, '평강의 약속(Promise of Peace)'을 주신다40-48장. 하나님께서는 "내 백성을 위로하라"40:1는 위로의 메시지를 주셨다. 이는 그들이 혼자 힘으로 일어설 수 없을만한 상태에 있다는 것을 뜻했다. 하나님은 그들에게 "영원하신 하나님 여호와 땅 끝까지 창조하신 자는 피곤치 아니하시며 지치지도 아니하신 분"으로서 영원히 변하지 않고 창조 때부터 보이신 능력을 계속 보여 주실 것40장이라고 약속하신다. 하나님은 지금 무력하게 압제를 당하고 있는 이스라엘을 "지렁이 같은 너 야곱아!"라고 그들을 부르시며 "내가 너를 도울 것이니라"라고 하신다41장. 그 증거로 이사야는 고레스를 통해 귀환44-45장했고, 포로 된 백성들을 회복할 것이라는 좋은 소식으로 격려한다46-48장.

둘째, '평강의 왕(Prince of Peace)'이 오심으로 세상이 줄 수 없는 평안을 주실 것을 약속하셨다49-58장. 이 위로와 구원은 여호와의 종이 십자가 고난을 당하는 것을 통해서만 올 수 있다고 예언했다49-55장. 이사야는 메시아가 이 땅에 와서 왜 고난을 받아야 하는지 설명한다53장. 그것은 우리의 죄와 허물 때문이었다. 예수님이 오셔서 징계를 당해야만 우리가 평화를 얻을 수 있기 때문이다. 우리가 평화를 누릴 수 있는 것은 고난의 종의 구원 사역으로 말미암은 것이다. 왜 주님은 고난을 받는 종의 모습으로 오셨는가?

주님은 '멸시', '버림받음', '간고艱苦', '질고疾苦'를 당하셨다. 주님의 '찔림'은 우리의 '허물' 때문이며, '상함'은 우리의 죄악 때문이고, '징계'를 받음으로 우리는 '평화'를 누리게 되었고, 그가 '채찍'에 맞으므로 우리는 '나음'을 받는 축복을 받았다. 이 모든 것은 십자가에서 이루셨다. 예수님이 당하신 고난과 십자가의 죽으심은 모두가 내가 당할 일이었는데, 그분이 전부 내 이름표를 달고 대신 철저히 당하셨다.

왜 고난의 십자가가 사랑의 초대장이 되는가? 십자가는 가장 완전한 하나님의 사랑이 완전하게 드러난 것이다. 죄악과 어둠의 실체가 역력하게 드러나고 흑암의 세력을 무너뜨리고 사탄의 권세를 박살내버린 바로 그 능력의 십자가다. 우리를 완전히 의롭고 정결케 하신 보혈이 하나님의 거룩하고 완전한 의를 드러내신 십자가다. 주님이 이렇게 완전하게 이루어 놓으신 복으로 우리를 초대하신다. 고난의 종을 통해! 하나님께서는 '화평케 하는 언약'54장과 '영원한 언약'55장을 통해 구원을 약속하셨다. 이어서 메시아가 우리를 초청하면서 "너희 목마른 자들아 물로 나아오라. 돈 없는 자도 오라"55:1라고 하신다. 주님은 십자가에서 쏟으신 물로 우리를 값없이 마시라고 초대하신다.

셋째, '평강의 계획(Program of Peace)'이다59-66장. 어떻게 평강을 주실지 그 방법과 계획을 말해 준다. 이사야는 메시아가 성령의 기름부음을 받아 우리 죄와 상처를 씻어 주시고 희락의 기름을 부어주실 것이라 전한다61장. 그는 "초라한 너의 모습을 돌아보라. 살길은 오직 여호와를 의지하는 것이다!"라고 외친다. 여호와를 의지하는 자들에게는 모든 것이 새롭게 될 것이므로 "일어나라 빛을 발하라. 여호와의 빛이 우리에게 임하였기 때문에 우리가 빛을 발하면 열방이 네 빛으로 나아올 것이다"라고 격려한다60장.

영광(빛) = 성령의 기름부음 + 의지함 = 성령의 임재 + 빛을 발함

예루살렘교회의 회복은 메시아가 이루어야 할 중요한 임무로 "주 여호와의 신이 내게 임하였으니…" 가난한 자에게 기쁜 소식을, 마음이 상한 자를 고치며, 포로 된 자에게 자유를, 갇힌 자에게 해방을, 슬픈 자에게 위로를 주실 것이다61장. 마지막 날은 평강의 왕을 믿지 않는 자들에게는 두려움의 날이지만, 믿는 성도들에는 잔치에 참여하는 기쁨의 날이 될 것이다66장.

믿음은 평강의 왕으로 오셔서 위로해 주실 것을 믿는 것이다.

소망은 고난의 왕으로 오신 주님이 십자가로 승리하심을 바라며,

사랑은 영광의 왕이 성령의 기름부으심으로 역사하도록 내어 드린다.

회복의 힘

예레미야는 제사장 가문의 출신으로 유다 왕국 말년 요시야 왕 13년에 선지자로 부르심을 받았다. 예레미야가 열방의 선지자로 부름 받았을 때 "나는 아이라 말할 줄 알지 못하나이다"라고 응답했을 때 약 20세였던 것으로 추정된다. 이사야보다 100년 뒤에 사역한 예레미야는 '눈물의 선지자'로 알려져 있다. 유다 왕국의 마지막 부흥의 중심에 21살의 요시야와 20살 정도 된 예레미야가 있었다.

그 당시, 애굽은 앗수르가 세력이 약화될 때를 기회로 삼아서 제국 확장을 위해 북벌정책을 펼친다. 이때 바벨론은 앗수르를 정복하고 세력을 확장하였다. 유다 왕국은 바벨론과 애굽 사이에서 갈팡질팡하다가 바벨론에 의해 멸망당한다. 이런 모든 상황을 목도한 예레미야는 눈물을 흘리며 "바벨론에게 빨리 항복할수록 피해가 적을 것이다"라고 외쳤다. 유다 사람들은 그를 '친바벨론주의자' 또는 '매국노'라고 비난하며 감금하고 폭행한다. 이런 고난의 상황에서 그는 말씀을 전할 마음을 잃어버린다. 하지만 멸망해 가는 민족을 바라보면 중심이 불붙는 듯하여 견딜 수가 없어 하나님의 말씀을 외쳤다27-9.

그는 포로생활 70년을 마치면 하나님께서 백성들을 포로에서 돌아오게 하여 나라를 회복하실 것을 예언하였다25장. 또한 놀라운 새 언약에 대해서도 말했다31장. 놀랍게도 오랫동안 지속될 것처럼 보였던 바벨론 제국은 100년도 못 되어 메대와 페르시아에 의해 멸망한다. 바벨

222

론 제국의 멸망은 그 누구도 상상하지 못한 사건이었다. 하나님의 말씀대로 역사가 이뤄진 것이다. 하나님은 모든 나라의 왕이시며 그분에게 순복하는 백성에게는 회복을 주신다. 모든 것이 망하는 것 같아도 하나님의 손에 있으면 소망이 있다. 소망은 세상이 아닌 하나님께!

주님도 '눈물의 선지자'로 오셨다. 예루살렘 성전의 파괴를 예언하시면서 눈물을 흘리시고 백성들을 위해 눈물로 기도하셨다. 예수님은 하나님 아들로서 받을 수 있는 혜택을 거절하시고 백성들과 함께 머물기 원하셨다. 결국 유대인들에 의해 죄 없으신 주님은 조롱을 받으시고 십자가에 돌아 가셨다. 예레미야가 70년 만에 회복을 예언하였듯이, 주님도 예루살렘이 성령에 의해 다시 회복하실 것을 예언하시고 성취하셨다. 예레미야가 멸망해 가는 백성들을 바라보며 '마음이 불붙는 듯' 견딜 수 없어 말씀을 전하였듯이, 주님도 그렇게 애틋한 사랑으로 말씀하셨다. "암탉이 그 새끼를 날개 아래에 모음 같이 내가 네 자녀를 모으려 한 일이 몇 번이더냐?" 하신 것은 그만큼 애틋한 사랑으로 품고자.

예레미야의 예언의 패턴이 역사 속에 나타났다. 1917년 공산주의 혁명은 70년 만에 막을 내리게 되었다. 북한도 1953년 남북이 휴전하고 70년 후인 2023년에 통일 한국이 되기를 꿈꾸며 기도하는 사람들이 있다. 하나님의 뜻이 이스라엘에게 임한 것처럼 북한 땅에 임하시길.

회복의 힘

지금이 회개할 때다			저주 | 30:15,31:31 | 예레미야 | 627-580년	
믿음	1-25장	예루살렘 심판	멸망 이전	책망
소망	26-36장	미래에 대한 소망	새 언약	회복
	37-45장	예루살렘 멸망	예언 성취	멸망
	46-51장	열국 심판 예언	멸망 이후	책망
사랑	52장	여호야긴 회복	회복 소식	회상
→ 멸망 전에는 빨리 회개하라. 멸망이 왔다면 회복을 소망하라!				

© 믿소사랑 성경 관통 by 신주식

새로운 나라에 대한 계획 : 새 언약 예레미야 31:31-37	
내용	나는 그들의 하나님이 되고 그들은 내 백성이 될 것이다
이유	말씀을 지키지 못해 앞으로 성령의 감동으로 마음에 새김
특징	성령의 역사로 하나님의 백성을 세워 하나님 나라를 건설
→ 새 언약은 인간의 힘으로 할 수 없는 것을 성령의 힘으로 성취 된다	

무너진 것에는 반드시 이유가 있다

이스라엘이 멸망한 이유는 무엇인가? 하나님은 그들이 멸망하게 된 두 가지 이유를 분명하게 알려 주셨다. "내 백성이 두 가지 악을 행하였나니 곧 그들이 생수의 근원되는 나를 버린 것과 스스로 웅덩이를 판 것인데 그것은 그 물을 가두지 못할 터진 웅덩이들이니라"렘 2:13. 생수 근원을 버리고 웅덩이를 판 것이다.

웅덩이 판 것이 무슨 문제라는 말인가? 당시 이스라엘은 광야이기 때문에 물을 저장해서 사용해야 편안하게 살 수 있다. 그들에게 물은 곧 '생명'을 의미했다. 광야의 백성에게는 두 종류의 물이 있었다. 사람의 수고와 노력을 통해 얻는 물과 아무런 노력 없이 은혜로 얻을 수 있는 물이다. 사람의 수고와 노력을 통해 얻을 수 있는 물은 '우물'과 '웅덩이'가 대표적이다. 6개월의 건기를 버티기 위해서는 마을마다 웅덩이를 파야 했다. 이스라엘 산지에 있는 많은 석회암을 곱게 갈아 반죽을 만들어 방수처리 기술로 웅덩이를 크게 만들 수 있었다. 충분히 비가 오지 않으면 웅덩이도 무용지물이 되기 때문에 우물을 팠다. 웅덩이와 우물은 인간이 살기 위해서 들인 처절한 수고와 노력을 상징한다. 사람들은 물을 얻기 위해 이웃끼리 다투기 시작했고 이는 점차 이웃과의 전쟁으로 이어졌다. 그러나 인간의 수고와 노력을 들이지 않고 생명의 원천인 물을 저절로 얻을 수 있는 은혜가 있었다. 그것은 빗물, 이슬, 샘, 강 등이다. 이것은 하늘에서 내려주는 축복이요 은혜이다. 하나님은 때를 따라 이른 비와 늦은 비를 내려 주셨다. 하나님을 의지하는 훈련을 시키고자 하셨다. 하지만 인간들은 웅덩이를 파서 빗물을 저장하는 기술을 발명했다. 하나님을 의지하는 훈련을 거부했다. 웅덩이 기술의 발달로 하나님의 의지하지 않고 잔꾀를 부리게 되었다. 그런데 문제가 생겼다. 문제는 이스라엘 땅은 아프리카 판과 아라비아 판의 거대한 지각이 교차하는 단층대에 위치하고 있다는 것이다. 1년에 작은 지진이 260여 차례 발생한다. 이러한 미세한 지진들로 인해 온갖 수고하여 만든 웅덩이에 금이 가고 물이 새는 일이 자주 발생했다. 이것이 바로 터진 웅덩이이다. 하나님께 의지하지 않은 인간의 수고가 물거품이 되는 순간이다. 특히 부유한 자나 높은 자들은 여러 개의 웅덩이를 파서 편안하게 지내고자 하였다. 하지만 터진 웅덩이는 인간의 노력을 무너뜨리는 것이 되고 말았다. 주님을 의지하지 않고 오직 욕심으로 살려고.

웅덩이를 추구하는 욕심을 가진 인간에 대해 튤리안 차비진의 『Jesus All』 예수로 충분합니다에서 말하길 "내 마음대로 살면 행복할 줄 알았다. 그런데 이상하게도 세상에서 방황할수록 공허함은 커져갔다. 세상의 쾌락에 우물에서 물을 길어 마실수록 갈증은 더해져만 갔다. 하나님과 동떨어진 쾌락을 향해 달려갈수록 참된 만족에서 더 멀어지는 것만 같았다. 자아와 죄의 구렁텅이에서 나의 진짜 모습은 하나씩 망가져만 갔다. 삶이 왜 내 뜻대로 풀리지 않는지 이해할 수 없었다. 내가 뭘 잘못했는지, 어디서부터 잘못되었는지 도무지 알 수 없었다." 이 모습이 바로 이스라엘 모습이요 우리의 모습이 아닌가.

이스라엘 백성들의 생활은 한마디로 '터진 웅덩이'였다. '터진 웅덩이'는 '밑 빠진 독'이다. 밑 빠진 독에 물을 붓는 것은 헛수고이다. 복이 줄줄 새나간다. 지금 밑 빠진 독처럼 삶의 모든 것이 헛수고처럼 느껴지지는 않는가? 노력하고 애를 써도 항상 제자리를 맴돌고 있지는 않는가? 어디서부터 잘못된 것인가?

그것은 '생수의 근원'되신 주님을 버린 것이고, 다른 하나는 스스로의 힘으로 웅덩이를 판 것이다. 그들이 스스로 웅덩이를 팠다는 것은 하나님의 도움 없이 자기 힘으로 살아보겠다는 말이다. 하나님을 떠난 인간이 스스로의 힘으로 살겠다고 판 웅덩이는 결국 터진 웅덩이가 된다.

웅덩이 = 우물 = 사람의 수고와 노력, 비 = 하늘에서 = 하나님 은혜

예레미야는 터진 웅덩이를 파는 인생들을 향해 해 주고 싶은 말이 있었다. "샘솟는 물이 바로 옆에 있는데 터질 웅덩이를 파겠다고 고집을 부리느냐? 생수의 근원은 하나님이야!" 사람들의 우상숭배가 바로 터진 웅덩이를 파는 행위이다. 웅덩이를 파두면 비가 안 와도 걱정 없이 살 수 있을 것이라는 착각에 빠져 산다. 우리도 하나님을 믿고 의지하며 살아야 하는데 재물을 쌓아두면 안전할 것이라는 우상, 자식이 일류 대학과 직장에만 가면 모든 것이 잘 될 것이라는 우상, 좋은 사람만 만나면 모든 것이 잘 풀릴 것이라는 우상을 의지한다. 당장 안심하고 살 수 있는 돈과 통장을 의지하고 산다. 하나님보다 배우자와 자녀를 더 믿고 의지한다. 우리 인생의 소망을 어디에 두고 사느냐의 문제다. 그렇다면 터진 웅덩이의 인생을 복의 인생으로 바꾸는 길은 무엇인가? 악한 길에서 떠나야 한다. 생수의 근원이신 하나님을 버리고 인본주의적인 생각에서 세상이 주는 물로 만족하려고 했던 어리석음을 회개해야 한다. 우리가 회개하며 돌아와 부르짖어 기도할 때 하나님은 우리의 죄를 고쳐주시며, 저주 받은 땅을 고쳐주실 것이다.

예수님은 생수를 주려 오셨다. 그것도 죄로 터진 웅덩이 같은 인생에 찾아 오셨다. 인간은 목마른 인생이며 어느 것도 채울 수 없다. 하물며

생수의 근원을 버리고 스스로 웅덩이를 파는 어리석은 인생들이랴!

주님이 십자가에 죽으실 때 피와 물까지 완전히 쏟으셨다. "내가 주는 물을 마시는 자는 영원히 목마르지 아니하리니 내가 주는 물은 그 속에서 영생하도록 솟아나는 샘물이 되리라"고 하셨다요 4:14. 우리의 목마른 인생을 해결할 유일한 길은 생수의 근원이신 주님께로 돌아가는 것이다. 어리석은 내 자아의 터진 웅덩이를 내려놓아야 할 때이다. 우리 자신을 비우고 그릇을 준비할 때 주님은 생수를 부어 주실 것이다. 그러면 애통이 기쁨으로 바뀌게 된다! 절망이 소망으로 바뀐다!

토기장이 하나님, 터진 인생을 다시 빚어 신다

하나님은 예레미야를 토기장이 집으로 데리고 가셨다. 그곳에 도착하니 토기장이가 부지런히 그릇을 빚고 있었다. 그런데 그만 실수로 그릇이 터지고 말았다. 하지만 토기장이는 개의치 않고 진흙을 다시 주물러 "자기 의견에 좋은 대로"18:4 만들고 있었다. 아무렇지도 않은 듯이!

그때 하나님은 말씀하셨다. "이스라엘 족속아 이 토기장이가 하는 것 같이 내가 능히 너희에게 행하지 못하겠느냐? 이스라엘 족속아 진흙이 토기장이의 손에 있음 같이 너희가 내 손에 있느니라"18:6.

망가진 토기를 버리지 않고 다시 빚어 가시는 분이 토기장이 하나님이시다. 망가지고 깨어진 인생도 토기장이 손에 있으면 완전히 새로운 그릇이 된다. 이스라엘의 믿음은 우상숭배로 완전히 박살이 났다. 멸망되어 포로로 잡혀갈 인생들이었다. 하나님이 홍해를 가르고 바로 군대를 물리쳐 주는 역사도 보이지 않는다. 오직 멸망의 먹구름만이 앞을 가리고 있다. 그래도 소망은 남아있었다. 우리에게는 '0'이 되었을 때 하나님이 일하실 때이다. 하나님의 손 안에 있다면 하나님은 반드시 구원하신다. 나의 끝이 하나님의 시작이 되기 때문이다!

하나님이 아담을 만드실 때 진흙으로 빚어 만드셨다. 하나님의 형상을 따라 심히 보기 좋게 만들어졌다. 그런 인간 안에 다른 물질을 섞는 순간 토기는 갈라지고 깨지고 말았다. 죄라는 이물질이 깨어진 인생, 갈라지는 인생으로 만들고 말았다. 하나님은 터진 인생을 회복하기 위해 친히 부서져서 진흙이 되기로 계획하셨다. 토기장이 되신 하나님은 예수님을 인간의 깨진 모습을 회복하기 위해 보내셨다. 그것은 "토기장이의 손에서 터지매"_{18:4} 라는 표현에서 잘 나타난다. 왜 터져야 했나?

토기를 빚으시는 하나님 = 인간의 깨진 모습을 회복 = 십자가에서 터짐으로

예수님이 '찔림'과 '상함', '징계 받음' '채찍에 맞음'을 견디셨다_{사 53장.} 우리에게 '평화'와 '나음'을 주시기 위해 피가 터져 나왔다. 우리는 주님이 깨어지신 덕분에 온전해졌다. 우리가 나음을 입을 수 있게 되었다. 평화를 누릴 수 있는 길이 열렸다. 주님이 십자가에서 터짐으로!

복음은 죄로 말미암아 완전히 깨어진 가정도 회복시키신다. 포기할 수밖에 없는 운명도 고쳐주신다. 통곡 소리를 웃음으로 바꾸어 주실 것이다. 슬픔대신 기쁨을 주실 것이다. 토기장이의 손에 있으면 모든 것이 변화될 수 있다. 그러므로 우리에게 깨어짐은 소망이다. 터짐이 소망이다. 완전히 터지고 깨어져야 주님이 "자기 의견에 좋은 대로" 가장 좋은 작품을 만들어 주실 것이다. 주님 손에 있다면 희망은 남아 있다!

새 일을 행하시는 주님을 기대하라	
믿음	이전 것은 떠나보내라	내가 새 일을 행하리라
소망	최고를 좇기 위해 포기함	비전을 이루시는 주를 의지
사랑	새 문을 여시는 성령님	우리의 길을 넓히시고 인도
→ 예수님의 마음을 품을 때, 모든 것을 충만케 하시는 분은 예수님이시다		

© 믿소사랑 성경 관통 by 신주식

회복을 위해 기도하라			회복 | 3:22 | 예레미야 | BC 583-582년	
믿음	1장	죄로 인한 예루살렘 멸망 슬픔	애곡	
	2장	죄에 대한 하나님의 징벌 원인	슬픔	
소망	3장	자비를 구하는 예레미야 소망	자비	
	4장	하나님의 진노, 파괴된 왕국	회개	간구
사랑	5장	남은 자의 회복을 위한 기도	기도	회복
→ 주의 자비와 긍휼이 무궁하심으로 결코 망하지 않음을 믿고 기도하오니				

ⓒ 믿소사랑 성경 관통 by 신주식

　"어찌 이럴 수가!"에서 유래한 예레미야 애가는 한 성의 장례식을 묘사한다. B.C 586년 바벨론에 의해 멸망당하는 예루살렘의 처참한 최후를 목격하고 쓴 시로 예레미야 자신의 애절한 슬픔을 토로한다. 예루살렘의 멸망은 하나님이 힘이 없었기 때문이 아니라 백성들의 죄 때문이었다. 예루살렘과 성전의 멸망은 하나님의 심판이다. 그러나 하나님의 백성들이 자신의 죄를 회개하고 하나님께로 돌아가게 될 때 하나님께서는 무궁한 '자비와 긍휼로 회복'시켜 주실 것이다. 애가는 예루살렘 멸망에 대한 절망적인 탄식으로 시작하지만 결국 이스라엘이 회개하고 하나님께로 돌아가는 것으로 끝을 맺는다5장.

　이러한 절망 가운데 회복이 가능한 것은 주님의 자비와 긍휼 때문이다. "오히려 나의 소망이 되었사옴은 여호와의 인자와 긍휼이 무궁하시므로 우리가 진멸되지 아니함이니이다. 이것들이 아침마다 새로우니 주의 성실하심이 크시도소이다3:21-23. 궁극적으로 새로운 아침을 가져 오실 메시아를 통해 이루어지기를 꿈꾸며 아침마다 기도한다.

겔 _ 결국 하나님의 영광이 떠나는가?
Ezekiel

　에스겔은 제사장 가문 출신으로 2차 바벨론 포로시기에 여호야긴 왕과 함께 잡혀갔다. 포로로 잡혀 간지 5년 후부터 에언 사역을 시작하니 그의 나이 30세였다. 포로로 잡혀 간지 27년이 되는 해에 "여호와의 말씀이 내게 임하여 " 29:17 말씀을 선포하였다. 그의 나이 52세였다.

　에스겔서는 포로로 잡혀가 있는 유다 자손들에게 주는 메시지로 "너희들이 포로로 잡혀 간 것은 죄 때문에 하나님이 심판 한 것이다. 이제라도 회개하면 하나님의 은혜와 긍휼로 다시금 회복할 수 있다. 지금이 기회이다!"라고 외쳤다. "죄에 머물면 기회가 떠나버린다. 지금 돌아오라!"

　에스겔은 포로 초기에, 다니엘은 포로 후기에 예언 사역을 하였다. 이스라엘 백성들이 죄로 인해서 바벨론 포로의 삶을 살게 되었지만 하나님이 그들과 여전히 함께 하고 계시다는 것을 믿을 것을 촉구하였다. 그리고 경계하며 권면도 하고, 위로하면서 격려하며 그리고 소망을 불어 넣어 주는 일에 온 힘을 다하였다.

　에스겔이 전한 메시지는 '어떻게 해야 하나님의 영광을 회복할 수 있는가?'라는 핵심을 가지고 있었다. 유다는 바벨론에 의해 망했으며 성전도 파괴되었고, 하나님의 영광마저 떠나갔다. 포로 된 백성들은 자신들의 정체성과 운명에 대하여 의문을 가졌다. 이 상황에서 에스겔은 하나님은 여전히 한분이시며 그들을 다시 출애굽같이 구원하려 하신다는 사실을 알도록 격려했다. 그들은 지금 비록 마른 뼈와 같이 소망이 없지만 하나님께서 그들에게 생기를 불어넣으실 것이다. 미래의 영광도 회복 될 것이다. 마른 뼈가 살아나듯이! 애굽에서 출애굽하듯이!

그러므로 고국 땅에 곧 돌아갈 것이라는 거짓된 희망을 깨고 회개해야 하며, 회복시킬 하나님의 약속을 붙들며 힘차게 살도록 격려하였다.

회복시킬 주님을 소망하라			환상 | 38:23 | 에스겔 | BC 593-570년	
믿음	1-3장	에스겔 소명, 환상	파수꾼 부르심	소명
소망	4-24장	유다의 멸망 예언	불순종 결과	심판
	5-32장	열국 심판 예언	징벌 도구	심판
사랑	33-48장	이스라엘 회복	새로운 출애굽	회복

© 믿소사랑 성경 관통 by 신주식

가계의 흐르는 저주를 끊어야 산다?

최근까지 많은 사람들에게 각광을 받고 있는 것이 있다. 그것은 바로 '가계에 흐르는 저주 끊기'다. 많은 사람들이 본 책인 『가계에 흐르는 저주를 끊어야 산다』, 『가계에 흐르는 저주를 이렇게 끊어라』와 같은 설교와 간증집회들이 넘쳐난다. 이러한 내용이 많은 사람들에게 인기를 끈 이유는 "회개하면 부자가 될 수 있습니다. 축복을 받을 수 있습니다"라고 외쳤기 때문이다. 저주만 끊으면 만사형통이 된다고 말한다.

책 저자들은 이렇게 말한다. "하나님을 신실하게 믿는 조나단 에드워즈의 가문 후손 1,394명 모두 출세하여 하나님께 복 받은 가문이 되었고, 맥스죽스라는 불신자 가문의 516명은 비참한 생활을 하였다. 이와 같이 하나님을 잘 섬기는 가문은 천 대까지 복을 받고, 하나님을 잘 섬기지 않는 가문은 삼사 대까지 저주를 받는다"출 20:5-6고 간증한다.

이 사례는 설교의 단골 메뉴가 되어 수많은 사람들에게 전파되었고 영향을 받았다. 이 이야기의 문제점은 한 가문의 예를 일반화하였다는 것이다. 그러나 모든 사람에게 적용되지 않는다. 주변에 불신자 중에

재벌 가문이 많다. 그리고 '삼사 대까지 저주'라는 것을 문자적으로 적용하면 '천 대까지의 축복'은 문자적으로 적용이 안 된다는 사실이 문제다. 잘 믿으면 무조건 천 대까지 복을 받아야 하는데 사실은 그렇게 간단하게 되는 것이 아니다. '삼사 대까지 저주'라는 것만 고집을 하면서 자기 맘대로 해석하고 주장을 내세우는 것은 성경적이 아니다.

그러면 성경에서는 무엇이라고 말하는가? 예레미야 31장 29절에 "아버지가 신 포도를 먹었으므로 아들들의 이가 시다 하지 아니하겠다!"고 하는 것은 "신 포도를 먹는 자마다 그의 이가 신 것같이 누구나 자기의 죄악으로 말미암아 죽으리라"렘 31:30고 분명하게 자기 죄악 때문이라고 말한다. 선지자는 "여러분이 하나님의 징계를 받아 가난해지고 포로 신세가 된 것은 부모들로 인한 것이 아니다. 어쩔 수 없는 운명론의 저주 때문이라고 핑계를 대지 말라. 여러분의 자신들이 하나님보다 우상을 좋아하고 하나님의 말씀대로 살지 않았기 때문이다!"라고 단호하게 말했다. 에스겔도 "범죄 하는 그 영혼은 죽으리라"18:4라고 말한다. "아버지가 죄를 지었기 때문에 아들이 그 대가를 치르는 경우도 없고, 아들의 죄 때문에 아버지가 대가를 치르는 경우도 없다. 오직 '죄를 범한 그 영혼이 죽을 것'이다"라는 것이다.

가계에 미치는 축복과 저주는 무조건적인 복이나 저주를 말하는 것이 아니다. 하나님이 자기 백성들과 언약하셨을 때는 그 언약이 전 세대에 걸쳐 미칠 수 있다. 예를 들어 우리 조상 중 누군가가 하나님을 거역했다면, 몇 대에 걸쳐 영향력을 미칠 수 있다. 한편 우리 조상 중 누군가 하나님을 기쁘시게 했다면, 하나님은 그의 가문인 우리를 향해 기쁨과 복으로 대하여 주실 것이다. 절대로 '삼사 대까지 저주'라는 것이 기계처럼 작동되는 것이 아니다. 복과 저주는 언약적 특징으로 '하나님께 순종하면 복을 주시고, 하나님께 불순종하면 저주를 내리시는 것'을 말한다. 하나님의 마음은 이것이다. "나의 사랑하는 자녀가 순종함으로 축복이 너희 가정에 계속 이어지길 원한다. 만약 어쩔 수 없이 죄를 범하는 일이 생긴다면 저주가 너희 자녀와 손자까지 영향을 미치지 않겠니? 그러므로 내가 주는 축복의 약속을 믿고 천대까지도 복을 누리는 자가 되면 좋겠구나. 그러므로 죄를 범하여 너희 자손까지 제발 고통을 당하지 않기를!" 주님은 원하시는 것이다.

믿음은 범죄로 형벌을 받을 수밖에 없음을 인정하고 나가는 것이다.
소망은 거짓 희망을 깨고 회개하면 회복될 수 있음을 바라는 것이다.
사랑은 회복시킬 하나님의 약속을 붙들며 힘차게 살아내는 것이다.

멸망 예언을 행위를 통한 고난의 메시지를 전함 4-5장		
1	포위당한 성의 모습	성 함락
2	390일(좌편 누움), 40일은 우편 유다를 위해	죄 깨우침
3	쇠똥으로 보리떡을 구워 먹음	전쟁 참혹
4	수염, 머리카락-1/3 태움,1/3 칼,1/3 바람 흩음	완전 파멸
→ 죄는 비참하고 참혹한 멸망을 불러 온다. 깨우침이 회복의 출발이다		

© 믿소사랑 성경 관통 by 신주식

심판을 행하시는 이유에 대하여 영상 보이심 6-9장		
1	성전 자리에서 우상을 섬김	우상 숭배
2	바벨론의 신 담무스를 섬기는 예식 거행	우상 숭배
3	동방 태양신을 섬김	우상 숭배
→ 회개하는 자 이마에 표로 보호, 받지 못하면 심판이 있음을 선언		

© 믿소사랑 성경 관통 by 신주식

비유를 통한 예루살렘 멸망의 불가피성을 전하심 15-24장			
15장	무가치한 포도나무 비유	16장	부정한 행위를 한 아내의 비유
17장	독수리와 포도나무 비유	18장	각자의 행위 따라 심판 비유
23장	음란한 두 자매의 비유	24장	끓는 가마의 비유
→ 에스겔 아내의 죽음24장 - 죄를 죽여야만 사랑으로 회복되어진다			

© 믿소사랑 성경 관통 by 신주식

회복의 힘

구분	옛 언약	새 언약
기초	이스라엘 백성의 명세	하나님의 약속
방법	짐승의 피(일시적)	그리스도의 피(영원히)
장소	두 돌비(굳은 마음)	부드러운 마음과 새 영
→ 내주하심을 하실 성령으로 복음 안에서 살아내게 하실 것이다		

회복의 역사는 영광의 회복으로 성령님의 도우심으로 이루어진다	
회복 필요성	죄로 인하여 약속된 땅에서 쫓겨났다(36:17-19)
회복의 이유	적을 벌하고, 하나님의 이름을 비난으로부터 구함(36장)
회복의 환상	마른 뼈가 살아남, 뼈들에 생기가 들어가서 회복됨(37장)
회복의 상징	두 막대기가 하나가 됨, 열두 지파의 재결합(37장)
회복의 결과	하나님의 백성이 됨, 새 마음, 새 성전 가짐(36,37장)
회복의 모습	새 성전(교회), 제사장(예배자), 성령의 생수(40-48장)
→ 회복은 자신의 가능성이 제로임을 인정하고 성령을 의지할 때 가능하다	

성경 사랑하기 = 영광의 회복 = 성령의 도우시는 회복 역사			
믿음	성경 사랑하기 시작	기대	성경에서 성령님을 만날 수 있다
소망	성경 사랑을 키우라	기도	의심의 눈을 내려놓고 믿음으로
사랑	성경을 더 깊이 연구	기적	삶에서 회복하는 열매 맺는 삶
→ 성경 사랑이 하나님 사랑하는 것이다. 말씀으로 회복하는 역사 만들기!			

에스겔과 다니엘은 포로로 잡혀 있으면서도 유대인의 정체성을 지키며 하나님의 뜻대로 살아가는 삶의 모범을 보여 주었다. 많은 사람들이 질문하는 것은? "하나님은 살아계신다는 것은 알고 있는데, 왜 우리는 세상 나라에 의해 억울하게 대접 받으며 살아야 하는가?"이다. 다니엘은 대답한다. "아무리 조상들이 죄로 인해 심판을 받았다 할지라도 하나님은 여전히 우리 가운데 계시며, 우리를 통해 하나님의 뜻을 이루고 영광을 받으실 것이다. 나를 봐라. 하나님의 약속을 신뢰하라. 모든 것은 하나님의 손 안에 있다는 사실을 기억하라!

다니엘은 신실하게 신앙을 지킨 사람들이 결국 어떻게 되는가를 말해준다. 다니엘처럼 '뜻을 정하여' 왕의 진미를 거절할 정도의 신앙으로 산다면 형통하게 될 것이다. 그 증거로 느부갓네살 왕 주위에 있던 신하들의 음모로 다니엘의 세 친구는 풀무의 불에, 다니엘 자신도 사자 굴에 던져졌지만 무사하였다. 하나님이 지켜주셨기 때문이다. 강대국 바벨론(이라크)과 페르시아(이란), 헬라와 로마, 모두 멸망했지만 하나님 나라는 회복(9장)되었다. 이를 통해 모든 만국 위에 뛰어나신 하나님은 결국 성도들을 보호하시며, 하나님 나라를 건설해 가시는 분임을 보여준다. 뜨인돌 되신 예수님이 만물을 다스리신다! 결국 승리할 것이다!

다니엘은 포로 된 백성들에게 하나님께서 약속하신 나라가 회복될 것이라는 소식을 전함으로써 그들을 위로하려고 기록했다.

역사의 주관자는 하나님이다			왕국 | 4:3 | 다니엘 | BC 605-530년
믿음	1-6장	다니엘과 친구(1) 느부갓네살 꿈 벨사살 환상, 다리오 조서(2-6)	영웅들 출현 대변화 대역전
소망	7-9장	네 짐승(7) 숫양과 숫염소 환상(8) 일흔 이레 환상(9)	4제국 미래 예언 알렉산더 후 4나라 70년 후 회복기도
사랑	10-12장	이스라엘 미래 환상	상 받을 자의 복

© 믿소사랑 성경 관통 by 신주식

다니엘의 환상 _ 하나님이 세상 왕국을 다스린다!			
금	머리	바벨론	느부갓네살
은	가슴,팔	메데, 페르시아	고레스
동	배,다리	헬라 제국	알렉산더
철	종아리	로마 제국	시저
철,진흙	발	적그리스도 세력	적그리스도
뜨인돌	돌(반석)	하나님 왕국 통치	예수 그리스도

© 믿소사랑 성경 관통 by 신주식

하나님이 세상을 다스리신다

인류의 역사는 '제국의 역사'이며, '왕의 통치' 역사이다. 인류는 에덴 동산에서부터 "하나님과 같이"^{창 3:5} 되려고 하는 욕심을 지니고 있었고, 이를 '권력'을 통해 이루려 했다. 왕은 하나님과 같이 되어 권력을 통해 이 땅을 다스리려고 한다. 인간은 세상에 자신의 가치를 적극적으로 드러내고 하는 데 매우 적극적이다. 인간의 주체할 수 없는 지배 욕구를 절제할 수 없을 때 하늘을 향해 탑을 쌓았다. 그 탑이 바로 바벨탑이다. 느부갓네살 왕이 세운 바벨탑은 무엇인가?

고대 근동에는 신들이 높은 산 위에 임한다고 생각하며 높은 산에서 신들을 섬겼다. 이를 '고산숭배사상'이라고 한다. 그래서 평지 지역에서는 산을 대신할 높은 탑을 만들었다. 성경에 나오는 바벨탑이 대표적인 예이다. 바벨론 제국의 초대 왕인 니므롯이 시날 평지에 세워서 바벨탑이라고 불렀다. 바벨탑_{신전}은 후에 느부갓네살 왕이 완공하였다. 학자들은 시날 평지_{바벨론 제국의 발상지}에 세워진 마르둑 신전을 바벨탑과 동일한 것으로 보고 있다. 바벨탑의 목적은 '이난나'라는 여신을 섬기는 도성을 만드는 것이었다. 실제로 고고학적으로 발견된 모든 인공산의 맨 꼭대기에는 여신 이난나를 섬기기 위한 제단이 만들어져 있다. 결국 바벨론 제국은 이난나의 나라였던 것이다. 성경에서 바벨론은 하나님을 대적하는 영적인 시스템, 문화, 도성을 의미한다. 계시록에도 이 세상을 큰 성 바벨론이라고 하였다_{계 18:2}.

어느 날 느부갓네살 왕이 꿈을 꾸었다. 그는 꿈에서 큰 신상을 보았다. 하나님께서 다니엘에게 지혜와 지식을 주시어 꿈을 알게 하고 해석하게 하셨다. 꿈에 본 큰 신상의 머리는 순금_{바벨론}, 가슴과 팔은 은_{메데와 페르시아}, 배와 넓적다리는 구리_{헬라}, 그 종아리는 철_{로마}, 발가락은 진흙과 철이 섞여 있었다. 그런데 뜨인돌_{예수 그리스도}이 날아와서 발을 쳐서 부서뜨렸다. 우상을 친 돌은 태산을 이루어 온 세계에 가득하였다. 다니엘이 본 환상은 무엇을 상징하는가? 신상은 세상 나라들을 상징한다. 거대한 신상은 인간의 권력이 우상화되는 모습을 보여준다. 뜨인돌은 모퉁이돌이 되신 예수님을 상징한다. 뜨인 돌이 쇠보다 강한 신상을 무너뜨린다. 돌은 신상을 도저히 이길 수 없을 것 같아 보이지만 세상의 권력을 이긴다. 이 돌이 이루는 태산은 하나님이 세우실 나라이다. 나라를 세우는 분도 하나님이요 넘어뜨리는 분도 하나님이시다.

느부갓네살 왕은 바벨론 제국의 정성기를 이끌었던 왕이다. 성경에서 바벨론제국 이후에 나타난 헬라제국이나 로마 제국에 대한 언급은 없다. 그것은 처음 세워진 나라를 통해 다음에 올 나라들도 하나님의 주권아래 있음을 보여 주기 때문이다. 느부갓네살 왕이 왕의 자리에 오른 것도 스스로 권력을 얻어 낸 것이 아니라 하나님께 받았을 뿐이다. 그런데 그는 자신이 왕위에 오른 것을 자신의 공로로 돌렸다.

느부갓네살은 나라가 태평할 때 꿈을 꾸었다(4장). 그 꿈은 하나님께서 '권력은 하나님께서 부여하신 것이다'라는 메시지를 주신 것이었다. 그리고 다니엘은 꿈을 해석했다. 그럼에도 느부갓네살은 자신의 지위가 자신의 공로나 노력으로 이루어졌다고 생각하는 것을 멈추지 않았다. 결국 두려움에 시달리다 나무처럼 쓰러졌다.

경고하는 꿈과 다니엘의 조언에도 불구하고 느부갓네살 왕은 "이 큰 바벨론은 내가 능력과 권세로 건설하여 나의 도성으로 삼고 이것으로 내 위엄의 영광을 나타낸 것이 아니냐?"라고 말하며 자신의 업적을 자랑했다. 이는 꿈을 꾸고 겨우 1년 밖에 지나지 않은 시점이었다. 이에 하늘에서 "느부갓네살 왕아 네게 말하노니 나라의 왕위가 네게서 떠났느니라. 네가 사람에게서 쫓겨나서 들짐승과 함께 살면서 소처럼 풀을 먹을 것이요 이와 같이 일곱 때를 지내서 지극히 높으신 이가 사람의 나라를 다스리시며 자기의 뜻대로 그것을 누구에게든지 주시는 줄을 알기까지 이르리라"라는 말이 들렸다4:30-33.

느부갓네살 왕은 자신이 세운 왕국을 보며 교만한 마음이 품었다. 그 즉시 그는 사람들에게서 쫓겨나게 되었다. 그는 일정 기간 동안 중증 정신 질환의 증상을 보이다가 너무 미쳐서 궁중 땅바닥에서 짐승 틈에서 섞여 살게 되었다. 하루아침에 왕은 짐승처럼 변하고 말았다. 어떻게 이러한 일이 생길 수 있는가? 왜 인간이 권력을 잡으면 짐승처럼 변하게 되는 것일까? 인간이 권력의 힘에 빠지는 순간, 교만하여 하나님을 대적하는 죄악에 쉽게 빠진다. 지도자라는 권력을 통해 "하나님 같이" 되려고 하면 인간은 짐승같이 변하고 만다. 스스로 하나님이 되었다고 착각해 자신의 권력과 부귀를 위해 살게 된다. 그런데 그렇게 살면 짐승같이 되어 자신의 왕국을 위해 다른 나라까지 수탈하게된다. 왕위를 이용하여 약탈자로 변한다. 역사는 이것을 보여준다.

히틀러가 자기들의 우월성을 온 세상에 입증하려고 2차 세계대전을일으켰다. 공산주의도 재산을 공유하는 제도를 통해 빈부의 차를 없애려는 사상을 세웠다. 이보다 더 좋은 이념은 없어 보였다. 둘 다 오만에빠졌다. 「오」직 자신들의 「만」족을 위해 수탈을 강행했다. 결국 구소련공산주의가 꿈꾸었던 그러한 미래는 70년 만에 무너지고 말았다.

현대 심리 치료의 관점에서 보면 악은 환경의 부산물이며 환경을 개선함으로 악을 고칠 수 있다고 보았다. 우리가 실망할 수밖에 없는 이유는 인간이 원래 악하다는 것을 부인했기 때문이다.

느부갓네살이 기적적으로 회복되는 일이 생겼다. 이는 하나님의 주권아래 이루어진 것이다. 기한이 차서 느부갓네살이 "하늘을 우러러보았더니" 정신이 정상으로 회복되었다. "이에 내가 지극히 높으신 이에게 감사하며 영생하시는 이를 찬양하고 경배하였나니 그 권세는 영원한 권세요 그 나라는 대대에 이르리로다"_{4:34}라고 고백하였다.

느부갓네살이 하늘을 우러러 보았을 때 정신이 회복되어 하나님께서 행하신 역사를 보고 찬양하며 경배하고 예언까지 하였다. 이는 주께서 그에게 기회를 한 번 주신 것이었다. 느부갓네살 왕이 온전한 회심을 한 것은 아니었다. 일시적으로 하나님 주권을 인정한 것뿐이다.

느부갓네살의 그 다음 고백을 살펴보자. "내가 내 나라에서 다시 세움을 받고 또 지극한 위세가 내게 더하였느리라"라고 한다. 여전히 '내가', '내 나라' 하면서 자신을 앞세우고 있다. '내가 하나님 같이 되어 높아져서 내 이름을 떨쳐 보리라'는 야망이 있었다.

반면 예수님은 자신을 낮추어 짐승들이 있는 마굿간에 태어나셨다.

회복의 힘

주님은 사람들에게 군림하러 온 것이 아니라 섬기기 위해 오셨다. 그분은 인간의 옷을 입고 우리 죄를 씻기 위하여 십자가에서 자신의 옷이 찢기셨다. 우리를 구원하여 새로운 옷을 입혀 주시기 위해 모든 권력의 옷을 벗어버리셨다. 예수님은 왕으로 오셨지만 자신의 이익과 야망을 이루기 위해 권력을 사용하지 않으시고 섬김으로 인류 역사상 가장 위대한 왕이 되셨다. 주님은 다시 만왕의 왕으로 이 땅의 나라들을 심판하러 오실 것이다. 이 땅을 다스리는 진정한 왕은 예수 그리스도이다! 군림하고자 하는 사탄의 나라는 망하고 섬기는 나라가 이긴다!

하나님 나라에 "지혜 있는 자는 궁창의 빛과 같이 빛날 것이요 많은 사람을 옳은 데로 돌아오게 한 자는 별과 같이 영원토록 빛나리라"12:3. 지혜 있는 자는 많은 사람을 복음으로 인도하는 자이다.

믿음은 세상을 통치하는 것은 왕이 아니라 하나님이라는 것을 알 때 두려워하지 않는 것이다. 소망은 세상의 권력이 아닌 섬기러 오신 왕에 의해 통치하심을 믿는 것이다. 사랑은 권력을 이용하여 이익을 추구하는 것이 아니라 섬김으로 이루는 것이다.

다니엘의 기도 _ 문제를 향해 결박하고, 명령하고, 선포하며 약속을 믿으라		
믿음	먼저 그의 나라와 의를 찾으라	예레미야의 예언 연구
소망	약속 붙잡고 상황에 흔들리지 않고 친구들에게 중보기도를 부탁한다	포기하지 않는 기도 함께 동역하는 기도
사랑	믿음으로 선포하여 능력을 경험	천사가 도와줌(21일)
→ 기도응답이 늦은 것은 기도를 방해하는 세력이 있다는 것을 알라		

ⓒ 믿소사랑 성경 관통 by 신주식

240

호 _ 호소하시는 사랑을 들어보라
Hosea

하나님을 아는 것이 사랑이다			| 불충성 | 1:10 | 호세아 | 755-715년
믿•소	1-3장	음란한 아내와 남편	이스라엘은 죄로 인해 심판을 받지만 하나님의 신실함으로 회복된다
사랑	4-14장	음란한 백성과 신실한 하나님회복	

ⓒ 믿소사랑 성경 관통 by 신주식

회복의 힘

　호세아구원는 북이스라엘 여로보암 2세 때, '하나님의 사랑'을 외쳤던 선지자이다. 그때 북 이스라엘은 가장 큰 번영을 누리고 가장 큰 영토로 확장하였다. 경제의 부흥을 하나님의 축복으로 여긴 그때에 우상숭배는 하늘을 찌르는 듯 했으며 악은 땅에 충만하였다. 북이스라엘은 음란했을 뿐만 아니라 주님을 거역하였다. 그들의 배가 신이 되어버렸다.

　이때 부름 받은 호세아는 하나님이 "장가가라"고 부르셨다. 하나님이 아담과 하와를 이어 주셨듯이 말이다. 그런데 하나님이 짝을 지어주신 여자는 고멜완성이라는 이름과는 전혀 어울리지 않는, 오히려 '타락의 완성' 더 가까운 사람이었다. 한 마디로 '바람난 누님'이었다. 호세아는 몹시 당황했다. 평소 행실이 음란하기로 유명한 여자와 결혼하라고 하셨기 때문이다. 그는 그럼에도 순종하였다. 호세아는 하나님께서 고멜의 바람기를 없애시기를, 그녀와 잘살게 해주시기를 바랐다. 그러나 그의 바람은 이뤄지지 않았다.

설마 했는데 그녀는 육체파 남자들과 놀았던 여자라서 하루 종일 말씀을 묵상하는 호세아가 재미가 없다며 짜증을 부렸다. 결국 결혼한 지 얼마 지나지 않아 집을 뛰쳐나갔다. 고멜이 돌아왔을 때, 그녀는 다른 사람의 아이를 임신하고 있었다. 호세아는 그 아이를 자신의 자식으로 삼고 길렀다. 주님이 이름까지 친히 지어 주셨는데 "긍휼히 여기지 않겠다", "내 백성이 아니다"라고 불렀다. 기가 막히고 코가 막힐 노릇이다. 하나님은 호세아에게 고멜을 용서하라고 명령하셨고, 결국 그는 그녀를 다시 받아들였다. 그러나 고멜의 비행은 거기서 끝나지 않았다. 그 뒤로도 가출하면 데리고 오는 일이 계속해서 반복되었다. 그러던 어느 날, 호세아는 충격적인 소식을 듣게 된다. 그의 아내 고멜이 노예로 팔려가 고대 신전의 창녀가 되었다는 소식이었다. 그럼에도 하나님은 호세아에게 '돈을 지불하고 고멜을 다시 데려오라'고 촉구하셨다.

당시 노예를 사기 위해서는 은 30냥이 필요했다. 그러나 호세아는 가난했고 그런 그에게 있어 은 30은 높은 금액이었다. 그는 은 열다섯 밖에 없어서 어쩔 수 없이 나머지는 보리로 가득 채우고 집을 나섰다. 늙고 병들어 버려진 여자를 은 열 다섯, 보리 한 호멜 반까지 더해서 비싸게 사와야 하니 집안이 거덜 날 지경이었다. 그 여자는 개만도 못한 인간으로 취급 받으며, 쓸모없게 되어 폐기처분 된 여자로 여겼다.

호세아에게는 전 재산을 내놓고 고멜을 데려오는 것이 무거운 십자가였을 것이다. 그럼에도 그는 그녀를 집으로 데리고 와서 남자들과 즐기고 신전에 가서 바알을 섬겼던 옷을 갈아 입혔다. 그리고는 따뜻한 밥을 지어 먹였다. 그때 하나님은 마지막 말을 하게 시킨다. 하나님께서 시키신 마지막 말은 고멜에게 사랑한다고 말하라는 것이었다. 하나님은 자신의 손으로 배시자를 구출하게 하신 것도 모자라 그 배신자에게 사랑을 고백하라고 시키셨던 것이다. 도저히 입이 떨어지지 않았다. 가슴이 찢어지는 것 같은 고통의 순간이었다. 하나님은 진심이 담겨 있지 않다고 하시면서 반복해서 설득하고 믿을 때까지 반복해서 "사랑해요"라고 고백하라고 지시하셨다. 호세아에게 마음도 없는 고백하자니 너무 고통스러운 순간이 아닐 수 없었다.

고통하고 있는 밤에 주님은 찾아와 말씀하신다. "호세아야 힘들지. 내가 내 백성 이스라엘을 신부 삼아 사랑하고 품은 준 것이 몇 번이나 되느냐? 내가 내 백성을 사랑했음에도 그들은 고멜처럼 수없이 나를 버리고 떠나갔다. 그들은 내 신부이기 때문에 그들을 향한 긍휼한 마음이 불붙어 견딜 수가 없구나. 나는 그들을 포기할 수 없다. 그들은 나를 잊었어도 나는 그들을 잊은 적이 없다. 내가 그들의 모든 과거에 저지른 값을 치러주고 가장 순결한 처녀로 만들어 신부가 되게 하고 내가 은총과 긍휼로 그들에게 장가들고자 한다. 나는 그들의 신랑이 되고자 한다. 이 마음을 그들에게 전해주지 않겠니?"

하나님의 사랑어린 호소는 호세아의 마음을 흔들어 놓았다. 특별히 "에브라임이여 내가 어찌 너를 놓겠느냐? 이스라엘이여 내가 어찌 너를 버리겠느냐? … 내 마음이 내 속에서 돌이키어 나의 긍휼이 온전히 불붙듯 하도다!"11:8라고 하신 주님의 절규에 호세아도 통곡했다. 그도 마음에 긍휼이 불붙듯 하여 외친다. "오라 우리가 여호와께로 돌아가자!"6:1. 이것이 우리가 걸어야 할 최선의 지름길이다. 우리가 주님을 찾으면 주님은 반드시 "그의 나타나심은 새벽 빛 같이 어김없나니 비와 같이, 땅을 적시는 늦은 비와 같이 우리에게 임하시리라"는 약속대로 이루실 것이다. 이것이 호세아가 부른 사랑의 노래이다. 호세와의 곁을 떠났던 고멜과 같이 주님의 곁을 떠난 우리를 복음으로 회복시키실 것을 믿으며 부른 사랑의 노래이다. 사랑의 절규다. 불타는 열정이며, 반역자를 품는 사랑의 노래다!

호세아의 눈물은 역사의 골짜기를 지나서 우리에게까지 전해지고

회복의 힘

있다. 주님은 주님을 배신한 우리와의 언약을 지키기 위해 자신의 가장 값비싼 것을 팔아서 대가를 지불하셨다. 주님이 치르신 값은 얼마인가? 집을 담보할 정도의 돈이 아니라 죄가 없는 그분이 채찍을 맞으며 대신 모욕과 수치를 당하셨고, 자신의 피를 전부 쏟으며 값을 지불하셨다. 그분은 우리 스스로의 욕심에 이끌려 타락하고 결국 버림받은 우리 인생을 사기 위해 십자가에서 피를 흘려 값을 치루셨다.

주님의 피가 우리를 씻겨 주었다. 우리는 주님의 피로 인해 깨끗한 새 옷을 입을 수 있었다. 주님이 자신의 피 값을 다 지불하면서까지 희생하신 이유는 우리가 주님의 자녀이기 때문이다. 우리를 긍휼히 여기시고 불붓듯이 사랑하시기 때문이다. 지금도 세상 쾌락과 성공에 빠져 추락하는 당신 마음의 부대에 쏟아 부어 주고 계신다. 하나님의 완전하신 사랑의 정점은 모든 피를 쏟으신 십자가에 나타났다.

성공했을 때 뿐 아니라 실패하고 비참한 지경에 빠져 있을 때에도 우리는 주님의 사랑 받는 자녀이다. 우리가 할 일은 오직 하나님의 사랑을 깨닫는 것이다. 하나님의 불타는 사랑으로 결국 이스라엘은 회복되었다. 이스라엘의 회복은 예수님이 오시고 난 뒤, 참 이스라엘인 교회가 탄생함으로써 성취된다. 교회는 하나님의 불타는 사랑으로 인해 하나님의 백성으로 다시금 '회복된 아내'이다.

상처받지 않고 사랑하기		
믿음	문제없는 사람은 없다고 인정하라	불안 압도 않기
소망	상대의 잘못을 품지 말고 주께 뛰겨내라	두려움 돌파
사랑	병든 영성을 버리고 마음을 새롭게 하라	자기부인으로
→ 상처받을 때 나를 부인하고 주를 의지함으로 자존감 갖고 살라		

© 믿소사랑 성경 관통 by 신주식

욜 _ 요엘은 심판 전에 회개를 촉구하다
Joel

심판이 오기 전에 회개하라			메뚜기 | 1:4 | 요엘 | 835-830년
믿·소	1장	이스라엘 심판(가뭄)	주의 심판의 날이 오기 전에 마음을 찢고 회개하라
사랑	2-3장	이스라엘 구원(회복)	

© 믿소사랑 성경 관통 by 신주식

회복의 힘

요엘은 정치, 외교, 사회적으로 번성하였지만 영적으로 가장 침체된 웃시야 왕 때 말씀을 전하였다. 어느 날 갑자기 온 땅을 뒤덮은 메뚜기 재앙_{유다에 들어 닥치는 군대를 상징}으로 밭이 황무해졌다. 그러나 요엘은 메뚜기 재앙은 주의 날에 있을 하나님의 심판 재앙에 비교하면 아무것도 아닐 것이다 라고 말한다_{1장}. 그날에는 하나님께서 모든 대적들을 멸하실 것이지만 하나님께 충성스럽게 순종하는 자들에게는 비교할 수 없는 놀라운 축복을 주실 것이다. 요엘은 독자들에게 "유일한 소망은 그 무서운 날이 도래하기 전에 마음을 찢고 회개하는 일 뿐이다"고 말한다_{2-3장}.

요엘은 회개를 촉구하면서 회개가 하나님의 심판 재앙에서 구원 받을 수 있는 길을 보여준다. 그는 "인류의 죄로 인한 최후의 심판의 날을 면할 수 있다고 생각하지 말라. 죄로 인하여 심판을 면할 길은 하나 밖에 없다. 오직 성령의 부으심을 경험하며 구원을 얻으라!"고 외친다. 성령님이 오시면 "너희 자녀들이 장래 일을 말할 것이며 너희 늙은이들은 회복을 꿈을 꾸며 너희 젊은이들은 비전의 환상을 볼 것"_{2:28}을 예언한다. 이 예언은 오순절 날에 성취되어 우리에게까지 영향을 주고 있다.

암 _ 아모스는 공의를 외치다

Amos

왜곡된 예배보다 공의를 행하라		공의 | 5:24 | 아모스 | 760-753년	
믿음	1-2장	8개 심판 예언	많은 죄악에도 불구하고 돌이키면
소망	3-6장	3개 심판 메시지	주님의 긍휼과 사랑은
사랑	7-9장	심판 환상(회복)	그 백성들을 구원 하신다

© 믿소사랑 성경 관통 by 신주식

　목자이며 농부인 아모스는 호세아와 같은 시대 사람이었다. 아모스가 예언한 시기는 겉보기에는 사업과 영토는 크게 번창하였지만 내적으로는 사치와 타락으로 사회는 병들었고 빈부 격차가 심하였으며, 가난한 사람들은 빈곤으로 심한 고통을 당하고 있었던 여로보암 2세 때였다. 아모스는 앗수르의 침공이 다가오고 있는 것을 무시하고 사치와 왜곡된 예배에 빠진 그들에게 회개를 촉구한다. 그는 먼저 이스라엘 사람들이 가장 듣고 싶어 하는 주변 국가들을 비난 한 후에, "너희에게도 재앙이 있을 것이다! 불의와 왜곡된 예배를 회개하지 않으면 하나님의 진노를 피할 수 없다"고 공격하였다1-2장. 북이스라엘은 형식적인 예배와 지도자의 불의와 불법으로 인하여 심판을 받을 수밖에 없으며3-6장, 메뚜기, 불, 다림줄, 여름과일, 성소 붕괴의 재앙이 닥쳐 올 것임을 예언한다. 그는 하나님이 이스라엘을 버리셨음을 확증한다7-9장.

　그럼에도 불구하고 이스라엘이 '가난한 자들과 약한 자들을 도와주겠다'는 언약을 지키며, 하나님의 긍휼을 구하면 회복 될 수 있다고 약속한다9장.

옵 _ 오빠 에돔은 망한다
Obadiah

하나님이 그 백성을 돌보신다			| 에돔 | 1:15 | 오바댜 | 848-841년
믿•소	1-16	에돔에 대한 심판	하나님은 핍박 자를 징벌하지만 백성은 돌보신다
사랑	17-21	이스라엘 구원회복	

© 믿소사랑 성경 관통 by 신주식

회복의 힘

오바댜는 에서의 후예인 에돔의 멸망1-16과 이스라엘의 회복17-21에 대하여 예언하였다. 주전 586년, 예루살렘이 멸망한 후의 일이었다. 에돔은 이스라엘이 적군에 의하여 멸망당하고 있을 때 도와주기는커녕 아랍인들과 함께 재물을 약탈하고 왕자들을 포로로 잡아간 나라였다. 형제 아픔을 외면한 자에게 저주가 임할 것이다. 약탈자는 결국 망한다.

오바댜는 에돔의 위와 같은 행동 때문에 '에돔 족속은 멸망하게 될 것이고 이스라엘의 남은 자는 고국에 돌아오게 될 것이다'라고 예언하였다. 오바댜는 "세상은 반드시 망하고 하나님의 나라는 영원하다"는 진리를 보여 준다.

에돔의 족장 아말렉			
믿음	모세	지팡이 들면 이김, 내리면 졌다	아말렉은 육신 세력을 상징함. 인정과 욕심을 끊어야 할 존재
소망	사울 다윗	전리품을 진멸하지 않음 아말렉 연합군을 멸함	
사랑	에스더	아말렉 후손인 하만을 처형시킴	

© 믿소사랑 성경 관통 by 신주식

아모스.오바댜 | 247

이방인도 구원받기를 원하신다			물고기 | 4:11 | 요나 | 782-753년
믿•소	1-2장	요나를 긍휼	하나님은 이방인들이 멸망치
사랑	3-4장	니느웨를 긍휼	않고 구원받기를 바라신다

© 믿소사랑 성경 관통 by 신주식

요나는 '비둘기'라는 뜻을 가진 이름이다. 성경에서 비둘기는 좋은 역할을 보여준다. 대홍수 당시 수위를 알려 주었고, 제사 때는 하나님께 드려지기도 했다. 아가서는 아름다운 연인의 모습을 비둘기에 비유하고 있다. 예수님이 세례를 받으실 때, 하늘이 열리고 하나님의 성령이 비둘기 같이 내려왔다. 비둘기는 순결, 사랑, 평화를 상징한다.

사랑과 평화의 메신저 역할을 받은 요나는 '여호와의 얼굴'을 피하여 다시스로 도망하려고 배를 탔다. 니느웨는 500Km 인데, 반대편인 다시스는 2,200Km 되는 것으로 하나님의 명령을 거역하기로 작정한다. 그는 계획적으로 1년에 두 번 밖에 없는 배에 올랐다. 왜 요나는 하나님의 명령을 거역하고 정반대의 길을 갔을까? 그 이유는 무엇일까?

요나는 적국으로 홀로 들어가 "회개하라"고 외쳤을 때, 그들이 회개는커녕 비웃음거리가 되거나 죽임을 당할 수 있다고 생각했다. 오늘날 이슬람국가에서 선교가 통하지 않을 것이라고 생각하는 것처럼 말이다. 만약 회개한다고 해도 자기 민족을 괴롭히는 원수나라에 도움을 주는 일을 하고 싶지 않았다. 요나는 애국심이 투철한 사람이었다. 그런 그에게 자기 민족을 침략한 앗수르 제국, 그 제국의 수도인 니느웨로 가서 말씀을 전하라는 명령은 도저히 수용할 수 없는 명령이었다. 게다가 전하라고 명령하신 말씀의 내용은 더욱 충격적이었다. '니느웨 백성이 회개하면 멸망하지 않게 될 것이다'는 내용이었기 때문이다. 자기 민족을 침략한 철천지원수에게 가서 회개의 복음을 전한다는 것은 애국심이 투철한 요나에게는 받아들이기 힘든 일이었다.

결국 요나는 도망가는 길을 선택하였다. 하나님께 순종해야한다는 마음보다 자신의 목숨이 위험해지더라도 적국을 도와주기 싫은 마음이 컸던 것이다. 요나의 마음은 사역의 성공과 민족 사랑이라는 우상으로 가득했다. 「우」리만 잘 되면 되고 「상」대방은 상관없다는 틀에서 벗어나지 못했다. 요나의 마음속에는 자신의 안전을 먼저 생각하는 우상, 국익을 앞세우는 우상, 악한자의 구원을 싫어하는 우상이 숨어 있었다. 그래서 그는 도망쳤다. 그는 하나님의 부르심을 피할 수 있다고 생각하였고, 비싼 배 삯을 내면서까지 외국으로 피신하고자 하였다. 하나님은 사나운 풍랑을 보냈다. 풍랑에 민감한 선원들은 재앙을 부른 사람을 찾으려고 제비를 뽑았는데 요나가 당첨되었다. 요나는 회개할 기회가 있었음에도 불구하고 "자기를 바다에 던지라"고 하였다. 어차피 죽을 것 자살보다는 바다에 빠져 죽는 것이 낫다고 생각한 것이다.

하나님은 물에 빠진 요나에게 물고기를 보내 3일 동안 보호해 주셨다. 그때에 요나는 회개할 기회를 얻었다. 요나는 감사기도를 드리며 서원을 갚겠다고 하였다. 요나가 순종하여 말씀을 전하자 니느웨 사람들도 요나가 외친 메시지에 순종하였다. 요나가 외친 메시지에 니느웨 사람들이 회개를 하였다. 회개하는 것을 보고 가장 놀란 사람은 바로 요나 자신이었다. 니느웨 사람들이 진짜로 회개할 줄 몰랐기 때문이다. 진노하시지 않고 회개를 받아 주시는 하나님의 자비에 대해 놀

회복의 힘

란 것이다. 니느웨 사람들의 회개를 받아주심으로서 하나님은 자비롭고 사랑이 많은 분이심을 보여 주신 것이다. 아무리 악한 사람들이라도 그들이 회개하고자 한다면 기쁘게 받아 주시는 것이다. 비록 그들이 완전히 개종해서 하나님을 섬기는 일이 없다고 할지라도 하나님은 기회를 주시는 분이시다. 하나님은 한사람도 멸망하지 않고 구원받기를 원하신다.

그런데 요나는 니느웨 사람들이 회개하고 구원 받은 것에 대해 분노하였다. 그는 하나님께 반항을 하면서 '차라리 나를 죽여주소서'라고 외친다. 왜 하나님께 반항을 했는가? 요나는 앗수르 나라를 너무나 미워했기 때문에 그들이 회개하여 진노를 받지 않는 것을 참을 수가 없었다. 자신의 민족을 너무나 사랑한 나머지 민족주의라는 우상에 빠진 것이다. 니느웨 사람들의 죄를 지적하고 '멸망할 것이다'라고 외치는 것은 할 수 있었지만 그들을 사랑하는 일은 안하고 싶었다. 그들이 하나님의 자비로 구원받는 것이 싫었다.

요나의 우상 = 자기 나라를 괴롭히는 이방은 망하고 자신의 민족 잘 되길

요나는 자기 민족이 잘 되어야 하고 자기 민족을 괴롭히는 이방 국가는 망해도 괜찮다는 우상에 빠져 있었다. 이런 마음이 가득하면 하나님의 뜻을 온전히 볼 수 없다. 민족이라는 우상으로 말미암아 눈이 멀게 된다. 하나님의 선하신 뜻을 분별하지 못한다. 오직 자신의 생각이 절대선이 되어 자신의 뜻대로 되지 않는 것은 모두 악으로 치부해 버린다. 하나님이 선하다고 하는 것도 제 눈에 안경이 되어 악하다고 본다.

하나님은 요나의 잘못된 눈을 고치시기 위해 박넝쿨로 그늘을 만들어 주셨다. 요나는 서늘한 박넝쿨 아래에서 혹시나 하고 성읍이 망하는지를 지켜보고 있었다. 이튿날에 벌레들이 와서 박넝쿨을 갉아 먹자 요나는 뜨거워서 견딜 수가 없었다. 요나는 얼마나 짜증이 나고 마음

이 상했는지 "사는 것보다 죽는 것이 낫겠습니다!"라고 하나님께 항의하였다. 이에 하나님은 그의 잘못을 타이르듯이 말씀하였다.

"여호와께서 이르시되 네가 수고도 아니하였고 재배도 아니하였고 하룻밤에 났다가 하룻밤에 말라 버린 이 박넝쿨을 아꼈거든 하물며 이 큰 성읍 니느웨에는 좌우를 분변하지 못하는 자가 십이만여 명이요 가축도 많이 있나니 내가 어찌 아끼지 아니하겠느냐? 하시니라"4:10-11.

요나는 수많은 사람들이 멸망하여 죽는 것보다 자기 몸이 타는 것을 더 속상했다. 민족을 괴롭히는 나라가 차라리 망하는 것을 좋게 여겼다. 자기 나라가 잘되기만을 바랐다. 마치 남의 회사가 망해도 우리 회사만 잘되면 되기를 바라는 심보다. 내 자식, 내 재산, 내 것만 잘되길!

요나는 세상의 모든 나라와 도시가 구원받기를 원하시는 하나님의 긍휼하심에 대해서는 무관심하였다. 오직 자기 나라, 자기 가족, 자기 집안만 생각하는 것이다. 이러한 반응에 대해 하나님은 "내가 아끼는 것이 마땅하지 않느냐? 이것이 옳은 것이 아니냐?"라고 질문하신다. 요나가 거부하였지만 하나님은 "너는 이 성읍을 긍휼히 여기지 않았지만 나는 긍휼히 여긴다"라고 말씀하신 것이다.

참 요나이신 예수님 = 자신의 몸을 던져 열방을 구하기 위해 희생을 아끼지 않음

수많은 세월이 지난 후에, 자신이 '참된 요나'라고 예수님께서 말씀하셨다. 예수님은 요나의 표적이 자신에 대해 말해 준 것이라고 하셨다. 팀 켈러의 『내가 만든 신』에서 "예수 그리스도는 이 땅에 오실 때 최고의 안전지대를 버리셨다. 자신을 해칠지도 모르는 정도가 아니라 반드시 해칠 사람들에게 가서 그들을 섬기기 위해서였다. 그들을 구원하려고 그분은 말씀만 전하신 게 아니었다. 거기서 훨씬 더 나아가 그들을 위해 죽기까지 하셔야 했다. 첫 요나는 죽었다고 여겨졌을 뿐이지만 예수님은 실제로 죽었다가 부활하셨다. 이 사건을 그분은 요나의 표적

이라 칭하셨다마 12:39. 예수님은 참 요나가 되시어 죽기까지 하셨다.

요나서는 하나님의 질문으로 끝난다. 하나님은 요나에게 '너도 나처럼 이 성읍의 사람들을 사랑하는 것을 해보지 않겠니?'라고 질문하신다.

요나서의 결말은 '나도 해볼게요'. 요나가 바뀌어 '나요'로 바뀌는 것을 독자들은 기대해 본다. 요나서에서 질문으로 끝나는 것은 바로 우리에게 질문을 던지는 것이다. 이 하나님의 질문에 답할 사람은 이 책을 읽는 독자이다. 우리가 바로 요나이기 때문이다. "너희들도 하나님처럼 좌우를 분별하지 못하는 사람들을 사랑해보지 않겠니?"

자격 없는 니느웨도, 자격 없는 요나도, 이미 망해버린 상황도 하나님의 은혜로 새롭게 창조되어진다. 회개할 때 회복이 된다. 니느웨와 요나도 이제 끝이라고 생각했던 지점에서 순종할 때 구원이 이루어졌다! 믿음은 자신의 뜻을 내려놓을 때에 주님의 뜻이 보인다.

소망은 억지라도 순종의 발걸음을 걸어갈 때에 기적은 일어난다.

사랑은 "마음에 들지 않는 사람을 사랑해 보겠니?"에 반응하는 것.

기도를 체험하기 전 주의점	
1. 기도만큼 위대한 것은 없다	하나님 앞에 어떤 문제도 해결됨
2. 자신 소견 대로하면 비극이다	말씀과 함께 깊이 들어가서 출발
3. 기도는 결코 주문이 아니다	하나님의 임재 속에서 대화하라
→ 기도 말고 다른 방법을 찾기보다 기도로 주의 영광을 구하라	

이렇게 기도를 체험하라	
1. 감사와 찬양이 먼저다	먼저 하나님을 충분히 생각하라
2. 고백과 회개는 필수다	용서받은 마음에서 바른 기도하라
3. 하나님 뜻대로 간구	어려울 때 지체 말고 기도하라
4. 매일 기도하라	날마다 기도하는 것이 성경적이다

미 _ 미우나 고우나 겸손히 하나님과 동행
Micah

겸손히 하나님과 동행하는 삶			우상 숭배 | 3:8 | 미가 | 735-700년
믿음	1-2장	심판의 메시지	하나님이 원하시는 것은
소망	3-5장	약속의 메시지	주님과 겸손히 동행함으로
사랑	6-7장	용서의 메시지	사는 의로운 삶이다

© 믿소사랑 성경 관통 by 신주식

회복의 힘

미가여호와 같은 분이 누구냐는 주께 부름 받은 시골 출신의 선지자였다. 그는 이사야와 동시대 사람으로 가난한 자들을 착취하는 부자와 권력자들, 사적인 이득을 위해 권력을 남용하는 자들, 거짓 예언을 일삼는 거짓 예언자들을 책망하였다1-3장. B.C 722년경, 앗수르에 의한 북이스라엘의 멸망을 목도한 그는 점차 다가올 유다 멸망의 원인을 하나님 백성들의 총체적인 부패에서 찾는다. 또한 그는 종말 뒤에 있을 영광스러운 회복을 전했다. 그는 이스라엘과 유다가 죄로 말미암아 심판을 받게 되지만 희망은 하나님께 있다고 강조했다. "하나님은 열국을 통치하시며 유다의 남은 자들을 회복시킬 것이며, 메시아를 보내어 이스라엘을 총체적 부패에서 해방시켜 영광스러운 미래를 만드실 것이다4-5장.

그러므로 지금 하나님께서 하나님 백성들에게 진정으로 원하시는 것은 공의를 행하며, 인자를 사랑하고 겸손히 네 하나님과 동행"하는 것6-7장이다. 정의는 하나님의 요구이다. '의'는 하늘의 뜻과 일치하는 올바른 가치관을 의미한다.

나_ 나를 흉본 앗수르는 망한다
Nahum

교만과 죄는 반드시 벌 하신다			니느웨 | 1:2 | 나훔 | 664-654년
믿•소	1-2장	니느웨 멸망 묘사	하나님은 오래 참으시지만 죄는 반드시 벌 하신다
사랑	3장	니느웨 멸망 이유	

© 믿소사랑 성경 관통 by 신주식

　앗수르는 B.C 8세기부터 7세기 초까지 100년 동안 고대 중동의 강대국으로 군림하며 주변국들을 약탈하고 멸망시킨 아주 잔인한 나라였다. 앗수르의 수도 니느웨는 30m의 높이와 마차 세 대가 나란히 달릴 수 있을 정도의 넓이를 가진 성벽의 보호 아래 20년 동안의 포위에도 견딘 난공불락의 요새였다. 나훔은 니느웨가 '범람한 물로' 멸망할 것이라고 예언했고1:8, 이 예언대로 홍수가 나서 니느웨 성 일부가 파괴되었다. 그 때 바벨론인들이 이 성벽의 무너진 틈으로 침략하여 불을 질렀다1-2장.

　요나 때의 놀라운 부흥 이후 100년이 지나자, 백성들은 다시 부도덕해졌다. 그들은 종교 개혁을 잊어버렸고 폭력과 우상 숭배, 교만으로 가득한 옛 태도로 돌아갔다. 이것은 하나님의 은혜를 무시해 버린 것이다. 그 결과 바벨론 군대는 이 도시를 파괴하여 흔적조차 찾기 어려울 정도로 만들어 버렸다. 나훔은 니느웨의 멸망으로 앗수르의 잔혹성을 두려워하며 살던 유다 민족에게 큰 위로와 위안의 메시지를 주었다. 또한 앗수르의 멸망은 하나님의 정의에 의한 하나님의 심판임을 밝힘으로써 하나님의 우주적 주권과 통치를 보여 준다3장. 악에 대한 심판은 반드시 있다.

254

합 _ 합격한 의인은 믿음으로 산다

Habakkuk

오직 의인은 믿음을 붙잡고 산다			대화	2:4	하박국	609-606년
믿•소	1-2장	하박국의 질문: 혼돈	최악에서도 하나님의 능력을 신뢰해야 한다
사랑	3장	하박국의 반응: 찬양	

© 믿소사랑 성경 관통 by 신주식

회복의 힘

　하박국서는 '하나님이 왜 악인을 그대로 두시는가?' '왜 의인이 고난을 당해야 하는가?'라는 질문에 답해 주는 책이다. 하나님의 공의는 반드시 이루어진다. 완전한 하나님의 공의가 역사에 이루어지는 그날까지 '오직 의인은 믿음으로 승리할 것이다'라는 언약을 버리지 말고 꼭 붙잡고 살아야 한다. 만약 의인이라도 믿음이 없다면 어떻게 되겠는가?

　하박국은 민족의 멸망을 앞두고 회개를 외쳤지만 그 민족이 죄악 된 행실을 바꾸지 않음에 대해 질문한다. 하나님은 선택받은 민족보다 더 부패한 민족인 갈대아인들이 심판의 막대기로 침략할 것이라는 대답을 하셨다1장. 그러자 하박국은 "악한 바벨론이 자기보다 의로운 유다를 처벌할 수 있습니까?"라고 두 번째 질문을 한다. 그러자 하나님께서는 "바벨론은 결국 형벌을 받을 것이다. 그러므로 의인은 믿음으로 살아야 할 것이다"고 답변하셨다2장. 하박국이 이러한 답변에 놀라고 실망하자 하나님은 인내심으로 하나님의 뜻을 가르치셨고, 마침내 하박국은 "나는 여호와로 인하여 즐거워하며 나의 구원의 하나님을 인하여 기뻐하리로다"라는 찬양시로 응답한다3장. 믿음으로 보는 자가 의인이다!

습_ 습격당하기 전에 회개하라
Zephaniah

회개하는 삶은 기쁨을 누린다			주의 날 | 3:17 | 스바냐 | 632-682년
믿·소	1-3:8	주의 날에 심판	주의 날에 하나님을 찾는 자는
사랑	3:9-20	주의 날에 구원	구원의 기쁨을 누린다

© 믿소사랑 성경 관통 by 신주식

　스바냐는 요시아 왕 때 '여호와의 날'을 선포하였다. 남유다 사람들은 그 날에 자신들만 구원받을 것이라고 착각하고 있었다. 주의 날은 인류 모든 사람들에게 심판이 임하는 날이다. 범죄를 저지른 불신자에게는 무서운 심판의 날이 되며, 의인에게는 놀라운 구원의 날이 될 것이다. 우리가 주의 날을 맞이하는 가장 중요한 자세는 회개 하는 삶이다.

　회개가 있을 때 여호와의 날은 기쁨의 날로 변할 것이다. 그날을 바라며 "너의 하나님 여호와가 너희 가운데 계시니 그는 구원을 베푸실 전능자시라 그가 너로 인하여 기쁨을 이기지 못하시며 너를 잠잠히 사랑하시며 너로 인하여 즐거이 부르며 기뻐하시리라"3:17. 오직 하나님의 주권과 은혜로 우리에게 구원을 베풀어 주셨다. 이것이 바로 구원을 베푸실 전능자의 능력이며, 실력인 것이다. 하나님께서 자신의 이름으로 맹세하신 바를 반드시 이루어 놓으신 일을 인하여 기뻐하시는 것이다.

나를 살리는 회개		
믿음	먼저 자신의 죄가 있는지 살펴보라	더러움 살피기
소망	회개에 합당한 열매를 맺기를 기도하라	옷 빨기(반복)
사랑	끝까지 깨어 있어 주를 의지하라	성령따라 살기

© 믿소사랑 성경 관통 by 신주식

학 _ 학개는 성전건축을 학수고대

Haggai

하나님 나라를 우선하는 것이 복이다			성전건축 | 1:8 | 학개 | 520년
믿·소	1장	성전을 지으라	그분의 뜻을 행하는 일에 우선순위로 할 때 번영은 온다
사랑	2장	복을 주실 것이다	

© 믿소사랑 성경 관통 by 신주식

회복의 힘

　B.C 538년, 고레스 칙령에 따라 바벨론 포로에서 귀환한 유대인들의 성전 재건 작업은 사마리아 사람들의 반대로 인하여 16년 동안 중단되었다. 백성들은 자신들의 개인적인 사정 때문에 "여호와의 전을 건축할 시기가 이르지 아니하였다"[1,2]는 태도를 취하였다. B.C 520년경. 학개는 성전 재건 중단의 죄를 꾸짖고 재건을 촉구하였고, 이에 유대인들은 순종하였다[1장]. 이에 하나님은 영광을 약속하며 격려하신다[2장].

성전[교회] 재건은 하나님 나라를 건설하는 것이다. 학개서에서는 "너희는 먼저 그의 나라와 그의 의를 구하라 그리하면 이 모든 것을 너희에게 더하시리라"[마 6:33]는 말씀을 통해 하나님 나라 건설을 위해 노력하고 수고하면 하나님이 복을 주신다는 것을 알려준다.

성전의 역사		
믿음	다윗의 장막	하나님의 임재를 좇는 열정으로 예배
소망	솔로몬의 성전	하나님의 영광이 충만함이 가득했었다
사랑	예수님 성전 되심	직접 하나님의 영광을 나타내셨다

© 믿소사랑 성경 관통 by 신주식

슥 _ 스가랴는 하나님 나라를 꿈꾸며
Zechariah

성전은 주의 나라 건설			예루살렘 성전 | 8:3 | 스가랴 | 520-480년
믿음	1-6장	8개 환상	성전 건축은 메시아의 영광이 성전에 거할 축복의 미래를 건설하는 일이다
소망	7-8장	4개 메시지	
사랑	9-14장	초림과 재림	

ⓒ 믿소사랑 성경 관통 by 신주식

　스가랴는 학개가 주전 520년 성전 재건 설교를 시작한 지 두 달 후에, 동일하게 성전 재건을 위한 격려의 메시지를 전했다. 그때 당시 성전을 재건하는 일은 중간 정도만 진행된 채 오랫동안 그냥 그 상태에 머물러 있었다. 메시아의 영광이 성전에 거할 것이기 때문에 성전 건축은 반드시 이루어져야 한다. 미래의 축복은 현재의 순종에 달려 있다. 스가랴의 메시지는 '성전을 재건하라'는 메시지로 8가지 환상을 보여 준다. 성전은 정치 지도자 스룹바벨과 종교지도자 대제사장 여호수아를 통해 반드시 성취될 것이다1-8장. 사실 스룹바벨은 막대한 규모의 성전 재건에 확신이 없었다. 그러나 하나님은 "스룹바벨아, 너는 군대의 힘이나 돈의 능력으로 성전 건축이 되는 것이 아니라 오직 여호와의 신으로 이룰 것이다"라고 하셨다. "큰 산아 네가 무엇이냐 네가 스룹바벨 앞에서 평지가 되리라"4:7. 성령의 도우심으로 평탄케 되는 역사가 펼쳐 질 것이다. 작은 일의 날이라고 멸시하는 자들이 놀라게 될 것이다. 후반부는 미래에 나타날 메시아의 영광스러운 도래를 알려 준다.

말 _ 말썽 부리는 이스라엘과 이혼?
Malachi

하나님이 주시는 기회를 바라보며 살라	사자 | 1:11 | 말라기 | 432-414년	
믿•소	1-2장	죄를 버리라	저주를 불러오는 완악한 마음을 버리라
사랑	3-4장	주의 날을 대비하라	

© 믿소사랑 성경 관통 by 신주식

회복의 힘

말라기서는 학개, 스가랴와 함께 포로 귀환 때 쓰인 성경이다. 말라기서는 하나님이 말을 꺼내시는 것으로 시작된다. "내가 너희를 사랑하였노라"고 말씀하시지만, 백성들은 "주께서 어떻게 우리를 사랑했습니까?"라고 대들기를 시작한다. 신랑이신 하나님과 신부된 이스라엘 백성들이 마지막 이혼을 앞두고 말하는 장면이다. 이스라엘 백성들은 7가지 질문으로 하나님께 반문을 하면서 불평을 털어 놓는다.

왜 이 지경까지 오게 되었을까? 그들은 느헤미야가 성벽을 완성한 지 10년이 지났음에도 약속하신 큰 영광이 임하지 않았다고 토라졌다. "주께서 어떻게 우리를 사랑하셨나이까?"라고 의심하였다1:2. 그리고 하나님의 공의로운 통치에도 회의를 가졌다2:17. 그리하여 제사장들은 병든 짐승으로 제사 드리면서 "이 일이 얼마나 번거로운지"라고 불평하면서 저는 것과 병든 것으로 하나님께 제사를 드리고1:13 거짓과 가증한 일을 행하였다2:11. 지도자들은 물질을 탐했다. 백성들은 잡혼을 하고 십일조도 소홀히 하였다. 그들은 십일조를 도둑질하면서도 "우리가 어떻게 주의 것을 도둑질하였습니까?"3:8 라고 덤벼들었다. 이에 구약의 마지막 선지자인 말라기는 하나님과 이스라엘 사이에서 중재하며 "위선적인 삶을 버리고 회개하고 진정으로 돌아오라"고 권면한다.

이스라엘은 포로로 끌려가는 일을 경험했고, 또 은혜로 귀환하는 일을 맛보고도 계속 악을 행하였다. 이런 백성들을 보며 하나님은 탄식하시는 것이 전반부다.

후반부에서는 아무리 설득을 해도 듣지 않는 그들을 향해 작전을 바꾸신 하나님의 모습을 볼 수 있다. 하나님은 새 신랑 되신 예수님이 '언약의 사자'로 올 것이니 "맞이할 준비를 하라!"고 권면하신다. 또한 새 신랑을 소개할 엘리야가 세례 요한으로 주님을 소개하는 역할을 하게 될 것이라고 예언까지 해 주신다.

"너희가 사모하는 바 언약의 사자가 임하실 것이라"3:1. 예수님이 오심으로 이스라엘은 새신랑을 맞이하게 될 것이라는 소망의 메시지를 전한다. "여호와의 이름을 경외하는 너희에게는 치료하는 광선을 비추리니 너희가 나가서 외양간에서 나온 송아지 같이 뛰게 될 것"3:2이라고 격려한다. 우리는 '치료하는 광선'이 병고침을 위해 마치 레이저처럼 하나님이 치료하여 송아지처럼 펄쩍펄쩍 뛰게 되는 역사가 일어나는 것이라고 아는 사람이 많다. 이 구절은 그것을 말하는 것이 아니다.

'치료하는 광선'은 '선지자 엘리야'와 연관되어 보아야 한다. 본문은 예수님이 죄악을 치료하는 광선처럼 임하심으로 '메시아를 통해 이루어질 회복'을 알려 주는 기쁜 소식이다. 복음의 영광을 말하는 것이다. 그 기쁜 소식을 전할 사람이 엘리야 선지자처럼 나타서 '치료자 되신 예수님'을 전하게 될 것이다.

히브리어로 '광선'은 '날개'로 '카나프'이다. 원문에서 광선이 비추인다기보다, 하나님이 이스라엘을 애굽에서 건지심을 "독수리 날개로 너희를 업어 내게로 인도"출 19:4 하듯이 품어 주어 보호해주신다는 것이다. 윤석준의 『101가지 성경 이야기-2』에서 "이 본문은 "치료하는 광선의 능력"보다 "치료의 날개로 덮으시는 하나님의 보호"가 더 잘 드러나고 있는 말씀이다"라고 하였다. 예수님이 오셔서 '공의로운 해'처럼 임하여 백성의 죄악에서 건지심으로 인하여 백성들은 마치 외양간에서 나온 송아지처럼 기뻐 뛰게 되는 기적 같은 일이 일어날 것을 예언한 것이다.

치료하는 광선 = 죄악을 치료하는 광선처럼 임하심 = 메시아를 통한 회복

말라기는 이 놀라운 소망의 메시지를 전하였다. 그럼에도 불구하고 이스라엘 민족은 점점 죄악으로 가득 차게 되었고 말라기 이후 400년 동안 하나님께서는 침묵하셨다. 다시 새신랑이 오실 날을 고대하며!

	7개의 질문으로 하나님께 반문하며 논쟁함	구절
1	"주께서 어떻게 우리를 사랑하셨나이까?"	1:2
2	"우리가 어떻게 주의 이름을 멸시하였나이까?"	1:6
3	"우리가 어떻게 주를 더럽게 하였나이까?"(이혼)	1:7
4	"우리가 어떻게 여호와를 괴로우시게 하였나이까?"	2:17
5	"우리가 어떻게 하여야 돌아가리이까?"	3:7
6	"우리가 어떻게 주의 것을 도적질 하였나이까?"(십일조)	3:8
7	"우리가 무슨 말로 주를 대적하였나이까?"	3:13

© 믿소사랑 성경 관통 by 신주식

십일조 _ 주님을 주인으로 모실 때 누리는 축복을 경험하는 통로		
믿음	십일조는 처음부터 하나님의 것이다	씨를 주심(신 8:18)
소망	축복을 주시기 위해 세운 원칙(말 3:10)	심고 거둠의 법칙
사랑	하나님 나라를 세우는데 부족함 없게	풍성하여 누리게
→ 십일조는 우리를 축복하기 위한 약속으로 풍성한 삶을 주시신 은혜다		

© 믿소사랑 성경 관통 by 신주식

하프타임 _ 침묵시대에도 하나님은 일 하신다

신구약 중간기

	나라	왕	기간	이스라엘 상황	이스라엘 관계
1	바벨론	벨사살	70년	포로됨	유대인 정체의식
2	바사	고레스	200년	귀환-에스라	포로 귀환 공동체
3	헬라	알렉산더	30년	헬라화	
		프톨레미	100년	헬라의 속국	칠십인역 번역
		셀레우코스	34년	헬레니즘 문화공격	
		마카비	100년	100년 독립 전쟁	유대교, 수전절
4	로마	가이사	BC.34	로마 통치 시대	예수님 탄생

ⓒ 믿소사랑 성경 관통 by 신주식

	직책	정치 세력	행한 일	예수님과 관련
1	왕	헤롯 B.C 37	성전 재건	유아 살해 명령
		아켈라오	유대 분봉왕 마2장	갈릴리 살게 됨
		빌립	갈릴리 북동부 왕	가이사랴 가심
		헤롯 안티파스	갈릴리, 베레아 왕	예수님 공생애
		헤롯 아그립바	야고보 죽임	바울이 호소한 왕
2	총독	빌라도	로마에서 파견	십자가 예수 죽임
3	산헤드린	<정치권력자>	유대인 최고 의회	니고데모 만남
4	대제사장	안나스, 가야바	종교 지도자	예수님 심문
5	서기관	<전통주의자>	율법을 가르침	예수님과 논쟁 적대 세력
6	사두개파	<합리주의자>	제사장 귀족 집단	
7	바리새파	<율법주의자>	종교집단, 율법연구	
8	열심당	<정치행동자>	열성적 민족주의	
9	엣센파	<고립주의자>	경건한 유대공동체	세례요한 관련?

ⓒ 믿소사랑 성경 관통 by 신주식

침묵시대에도 하나님은 역사하신다

말라기 이후 예수님이 등장하시기까지 약 400년 동안 성경은 침묵한다. 이 기간을 침묵시대라고 부른다. 이 시기에 하나님은 아무런 말씀 없이 예수님이 오실 만반의 준비를 하셨다.

헬라가 '헬라어를 보급'함으로 '언어가 통일' 되었다. 이 때 신약을 헬라어로 기록함으로써 복음을 전하는 도구가 되었다. 그리고 구약의 히브리어 성경을 헬라어로 번역한 70인역은 복음을 세계로 뻗어갈 그릇이 되었다. 헬라를 정복한 로마는 이스라엘까지 점령하였다. 이스라엘은 로마의 지배 아래 있으면서 '구세주에 대한 소망'이 최고점에 이르게 되었다.

로마는 세계를 통일하고 다스리기 위해 '도로망'을 건설하게 되었는데 이것은 후에 바울이 복음을 전 세계에 전하는데 쓰임 받는 하나님의 도구가 되었다. 아무런 소리가 들리지 않는 그 때에도 하나님은 400년 동안 일하고 계셨다. 하나님은 결코 쉬지 않으신다.

중국이 1949년에 공산화가 되면서 모든 선교사는 추방을 당하고 복음은 폐쇄되었다. 70만 명의 성도들은 엄청난 핍박을 받았다. 그러한 가운데에서도 하나님은 조용히 일하고 계셨다. 모택동을 통해 중국의 언어를 통일하였고, 도로들을 정비하였으며, 조상을 숭배하는 예식과 미신을 축출하였다. 중국은 개방화로 인해서 다시금 하나님이 역사하신 것이다.

현재 중국은 공산당의 압제 아래서도 놀라운 성령의 역사로 현재 약 1억 3천 만 명의 불어난 신자를 가지고 있다. 이들은 100만 명의 선교사 파송을 준비하며 실크로드를 통해 복음의 운동을 일으켜 땅 끝까지 복음을 전할 준비를 하고 있다. 이러한 일은 오직 하나님이 일하시고 계심을 나타내는 증거이다. 하나님은 지금도 일하고 계신다!

신약이 한눈에 보인다

$\mathcal{N}$ew $\mathcal{T}$estament 신약은 **하나님나라의 임하심을** 설명해 준다
ation Teach

© 믿소사랑 성경 관통 by 신주식

'하나님의 나라'는 그리스도가 전하신 복음 선포의 핵심 메시지였다. 현재 하나님의 통치를 받고 있는 자는 믿음을 가지고 그리스도인의 신분에 합당한 삶을 살아가야 할 것이며, 동시에 소망을 가지고 그 나라의 완성을 고대하며, 늘 깨어 있어 기도하고, 천국 복음을 전하며, 모든 고난과 환난 중에서 인내하고 이겨나가야 할 것이다.

5. 복음시대 | 하나님의 나라 도래_ 복음서

6. 성령•교회시대 | 하나님의 나라 확장_ 사도행전과 서신서

7. 성취시대 | 하나님의 나라 완성_ 계시록.

* 바울의 선교여행 : 1차-'C' 모양, 2차- 땅콩 모양, 3차- 국자 모양으로 보면 쉽다.

하나님의 나라 확장과 완성 신약		
복음 시대	교회 시대	성취 시대
하나님 나라 도래	하나님 나라 확장	하나님 나라 완성
백성과 통치 회복	교회 건설과 복음 확장	평화와 안식 실현
예수 부활	성령 임함	성부 심판

© 믿소사랑 성경 관통 by 신주식

예수님의 사역 _ 공생애 3년, 4번의 유월절

공생애	유월절1		유월절2		유월절3 초막절		수전절 유월절4	
30세/4개월	8개월	4개월	1년		6개월	3개월	3개월	
세례 받음	성전청결	가버나움전도	베데스다	사도파송	오병이어	열문둥병	베뢰아	죽음
사단시험	사마리아	치유, 전도사역			천국비유	물위 걸음	초막절	나사로	부활
가나혼인	왕의신하				순회전도	변화산	실로암 기적	나귀입성	
예→갈→예	유다1차	갈릴리 1차	예루살렘	갈릴리 2차 사역		유다2차→베뢰아→예		예루	
5명 제자		4 제자 부름	12 제자	대중사역	제자훈련			
첫기적		고향1배척	치유사역	1차 배척	고향2배척	성전출현	체포	죽음

사건	내용	지역	성경
공생애 시작			
세례요한세례	5명 제자 만남	요단강베다니	마3:13
40일 금식	마귀 시험을 이기심	유대광야	마4장
가나혼인잔치	물이 포도주로 바뀜	갈릴리	요2장
가버나움 가심	전도-갈릴리 사역 거점	갈릴리 중심도시	요2:12
유월절 1년			
성전청결	성전 장사 내쫓음-공식도전	예루살렘 성전	요2:13
니고데모 방문	거듭남 대해 설명하심	예루살렘	요3장
사마리아 여인	영원히 목마르지 않는 생수	사마리아 사역	요4장
왕 신하 고침	신하 아들 말씀으로 고침	갈릴리 가나	요4장
고향-예수배척	나사렛에서 가버나움 이사	가버나움	마13
제자 부르심	갈릴리 복음전파 시작	갈릴리 1차 사역	눅5장
가버나움 안식일	가르침+귀신쫓음(회당)		눅4장
베드로 장모	열방을 고치심		막1장
1차 순회전도	회당 다님, 마태 따름		눅5장

사건	내용	지역	성경
공생애 2년, 유월절(2번째)			
베데스다	38년 병든 사람을 고치심	예루살렘	요5장
12제자 확증	12제자 임명-치유+전도 사역	갈릴리 2차 사역	마10
산상수훈	어떻게 살아야 할지 가르침		마5-7
백부장 종 고침	나인성 과부의 아들 살리심		눅7장
세례요한 질문	"오실 그 이가 당신입니까?"		눅7장
천국 비유	13개 비유 베풂		마13
바다 잠잠	가다라-귀신들린 자 고치심		마8장
마태가 따름	마태가 큰 잔치를 베풂		마9장
헬루증 여인	회당장 야이로의 딸 살림		눅8장
공생애 3년			
오병이어	영원한 생명의 떡 설교	갈릴리 2차 사역	요6장
4천명 먹이심	이방(데가볼리) 사역		마15
위대한 질문	"너희는 나를 누구라 하느냐"	가이사랴	마16
변화산 사건	하나님이심을 증명해 보임	헬몬산	눅9장
누가 크냐	제자들 사이 자리다툼	갈릴리 2차	막9장
70인 전도단	베뢰아 지방에 파송함	베뢰아	눅10
초막절	예루살렘 성전에서 가르치심	유다 2차 사역	요7장
수전절	목자와 양에 대해 설교		요10
나사로 살리심	예수님에게 체포령 내림	에브라임(피신)	요11
베뢰아 3개월	고창병 든 사람 고침, 설교	베뢰아	눅15
삭개오 만남	예루살렘 돌아가는 길에	여리고	눅19
마리아 향유	옥합을 깸-예수 장사 준비	베다니	요12
나귀타고 입성	예루살렘 입성-승리의 왕	예루살렘	눅19
2차 성전 청결	무화과나무 저주(월)	마지막 일주일	마21
감람산 설교	말세에 일어날 징조 설교(화)		마21-25
유월절/잡히심	만찬/심문/베드로 배반(목)		마26
십자가 죽으심	빌라도 재판, 십자가(금)		마27
부활	돌문이 굴러 있음(주일)		마28

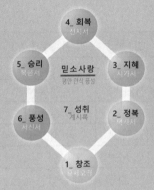

4_ 회복
신지서

5_ 승리   3_ 지혜
복음서   시가서

믿소사랑
평안 안식 풍성

7_ 성취
계시록

6_ 풍성   2_ 정복
서신서   역사서

1_ 창조
모세오경

5. 예수님처럼 승리하는힘 _ 복음서와 사도행전
열매 맺기 | 복음시대 (BC 4년-AD 30년)

하나님 나라의 역사			
	씨(백성)	땅(영역)	뜻(통치)
에덴	아담과 하와	에덴동산	말씀하심-선악과
아브라함	아브라함과 족장	약속의 땅	언약하심
모세	모세와 이스라엘	광야(성막)	시내산 언약
여호수아	여호수아와 이스라엘	가나안 땅(성막)	세겜 언약
다윗	열왕과 이스라엘	예루살렘(성전)	다윗 언약
포로기	신실한 남은 자들	회복된 땅(성전)	새 언약 약속
예수님	새 이스라엘 백성	열방(교회)	말씀으로 임하심
천국	새 이스라엘	새 예루살렘(새 성전)	새 언약 성취

ⓒ 믿소사랑 성경 관통 by 신주식

신약은 "예수, 그는 누구인가?"라는 눈으로 보아야 한다. 이러한 질문은 그 당시 사람뿐만 아니라 현재 우리에게도 해당되는 고민이다. 우리도 "과연 그가 참 평안과 안식을 가져다 줄 왕인가?"라는 질문에 일생일대에 고민하며 목숨 걸고 답을 찾아야 한다.

예수님이 계셨을 당시 95%의 백성들에게 가장 큰 문제는 먹고 사는 것이었다. 그들은 빵 문제를 해결해주고 로마 정권으로부터 수탈당하지 않도록 도와줄 다윗 같은 왕을 기다렸다. 그런 시기에 예수님께서 등장하셨다. 다섯 개의 떡과 물고기 두 마리로 오천 명을 먹이는 기적을 본 백성들은 예수님을 억지로 유대임금으로 삼으려고 하였다. 그들은 예수님이 먹는 문제를 해결해 줄 메시아로 보았기 때문이다.

백성들은 예수님이 행하는 기적을 지켜보면서 그를 선지자로 여겨왔다. 그러나 예수님께서 자신을 자꾸 하나님이라고 하자 혼란을 느꼈다. 그 당시 사람들은 "과연 예수님이 하나님인가?"라는 의문을 가졌다. 이 질문에 우리도 "예수님은 4대 성인 중에 한 사람인가? 아니면 하나님이신가?"라는 고민을 해보아야 한다. 아무런 근거도 없이 자신을 하나님이라고 한다면 그는 미치광이 일 것이다. 그러나 만약 자신이 진정 하나님이란 증거를 보일 수만 있다면 그는 분명 하나님일 것이다. 분명한 사실은 예수님은 우리에게 생명과 풍성함을 가져다주시는 하나님이시라는 것이다. 우리가 예수님이 하나님이라는 사실을 믿지 않으면 예수님이 주시는 참 평안과 안식 그리고 풍성한 축복을 놓치게 될 것이다.

예수님이 오신 목적은 무엇인가? 예수님은 "너희로 생명을 얻게 하고 더 풍성히 얻게 하려함이라"고 말씀하셨다. 요 10:10. 예수를 믿는다는 것은 '영생'을 얻는 것이다. 우리가 예수님을 선택하는 것은 영원히 사는 문제와 직결되기 때문에 중요하다. 영생은 건강하게 오래 살고, 안정을 누리며 사는 것이 아니라 영원한 생명을 누리는 것을 뜻한다.

마_마침내 왕이 오셨다!

Matthew

'예수님은 과연 우리를 구원할 메시아인가?' 마태 당시 사람들은 자신들의 열등감을 극복해 줄 수 있는 로마의 시저와 같은 강력한 군사력을 가진 메시아를 원했다. 마태복음은 예수님이 '메시아로 오신 왕'이심을 유대인들에게 알려주는 책이다. 신약 성경 중 맨 처음에 위치한 이유는 구약과 신약을 연결하는 다리 역할을 해야 하기 때문이다. 마태는 예수님이 다윗의 후손으로 오신 메시아이시며, 메시아에 대한 10가지 예언 성취하신 사실을 설교와 10가지 기적을 통해 증명하였다. 또한 예수님의 여러 가지 가르침과 비유, 그리고 표적들을 통해 하나님의 나라가 어떤 것인가를 사람들에게 구체적으로 보여 주었다.

마태는 유대인들에게 구약의 예언들이 예수 그리스도를 통해 성취되는 사실을 언급함으로써 예수님이 메시아이심을 보여주고자 기록하였다.

예수님은 왕으로 오신 메시아이시다			메시아 | 16:16 | 마태 | 58-68년	
믿음	1-4장 5-10장	왕의 출현 왕의 설교	하나님 나라 시작 ①산상설교 ②파송설교	무리 가르침
소망	11-15장 16-20장	왕의 배척 왕의 가르침	③천국비유 설교 ④제자도 설교	제자 가르침
사랑	21-28장	왕의 부활	⑤종말 설교	왕되심

ⓒ 믿소사랑 성경 관통 by 신주식

온몸으로 드리는 기도	기도 방법의 다양성		
믿음	구하라	입으로 필요를 간구	받고	길
소망	찾으라	해답을 찾기 위해 뛰라	찾고	진리
사랑	두드리다	확인해보고 기다리라	열림	생명

© 믿소사랑 성경 관통 by 신주식

예수님 3가지 시험	말씀으로 물리치심		
믿음	돌이 떡으로	육신의 정욕	재물	말씀으로 살라
소망	뛰어 내리라	안목의 정욕	쾌락	시험하지 말라
사랑	나를 경배해	이생의 자랑	정욕	하나님만 섬기라

© 믿소사랑 성경 관통 by 신주식

주기도문	하나님 나라 통치가 임하길 구하는 기도		
믿음	이름이 거룩하게 여김을 받으시오며 나라가 임하시오며 => 뜻이 땅 위에	아빠 통치	하나님 사랑 = 주 다스림 받아
소망	일용할 양식을 주시고 죄를 사해주시고 시험에 들게 마시고	양식 관계	이웃 사랑 = 땅을 다스리며
사랑	나라와 권세와 영광이 하나님께	영광	오직 주께 영광

© 믿소사랑 성경 관통 by 신주식

두 종류의 삶	두 갈래길		
믿음	두 문,길	생명의 길 vs 멸망의 길	길	애굽
소망	두 나무	좋은 열매 vs 나쁜 열매	진리	광야
사랑	두 기초	반석 위에 vs 모래 위에	생명	가나안

© 믿소사랑 성경 관통 by 신주식

산상설교 5-7장	10가지 기적 행함 8-10장
천국의 삶을 말씀하심	치유를 통해 행함을 보이심
천국 백성 행복하게 사는 비결8복	천국 기적을 베푸신 메시아(10 기적)
	© 믿소사랑 성경 관통 by 신주식

승리의 힘

로마에 좋은 소식이 들려왔다. "좋은 소식입니다! 옥타비아누스 카이사르가 대승을 거두었습니다!" 옥타비아누스는 시저가 죽고 난 후에 초대 로마 황제로 등극했다는 소식이다. 이것은 옥타비아누스가 세상에 평화와 정의와 번영을 가져올 것임을 공표하는 슬로건이다. 우리가 잘 알려진 시저는 공식적으로 황제였던 적이 없다. 기원전 44년 시저가 암살당한 이유는 적들이 그가 절대적인 통치자가 되는 것을 막고자 했기 때문이다. 무자비하게 피를 흘린 정복 전쟁으로 위대한 제국을 이룬 로마는 결국 권력 다툼의 구렁텅이로 빠지고 말았다.

B.C 31년 악티움 해전에서 옥타비아누스는 안토니우스와 클레오파트라 연합군을 격파하고 로마에 개선하였다. B.C 27년에는 로마 원로원으로부터 아우구스투스_{존엄한 자}의 칭호를 받고 초대 황제가 되었다. B.C 12년에는 최고 제사장이 되었다. 이때 유대 땅에 왕이 탄생한다.

예수님은 옥타비아누스가 통치하고 있던 때에 '좋은 소식'을 들고 등장 하셨다. 예수님께서 전하신 좋은 소식은 그로 인해 이 세상과 전혀 다른 세상이 열린다는 것이었다. 예수님이 선포한 하나님의 나라는 로마와 같이 무자비한 피를 흘려 이룬 제국이 아닌 자신이 흘린 피로 '평화'와 '정의'와 '번영'을 이루는 나라를 세우신 것이다. 하지만 많은 사람들은 자신들이 기대했던 것과는 너무 다른 예수님의 '좋은 소식'인 하나님 나라를 보지 못했다. 예수님의 좋은 소식의 가장 중요한 핵심은 하나님이 로마와 같은 폭군으로 통치하는 것이 아니라는 것이다.

예수님이 전한 좋은 소식은 "하나님의 나라가 가까이 왔다"라고 선언하신 것이다. '가까이 왔다'는 것은 미래에 이루어질 일이 아니라 '가까이 다가오고 있다'라는 '엥기조'의 의미이다. 이것의 히브리어는 '카라브'인데, '지금 막 도착한 상태'를 말한다. 하나님 나라가 임한 것이다.

'가까이 하다'는 배우자를 '가까이하매'_{사 8:3}로 '부부가 하나되다'는 의미로 사용하였다. 예수님이 가지고 오신 하나님의 나라는 상호 간에

272

깊은 관계를 누리고 있는 관계를 의미한다. 거리나 시간 보다는 '관계의 친밀함'을 표현 하는 것이 좋다. 신랑으로 신부를 찾으러 오셨다.

예수님이 "천국은 침노를 당하나니 침노하는 자는 빼앗느니라"[11:12]라고 말한 것이 많은 오해를 불러 일으켰다. 중세 유럽은 서로 영토 전쟁이 끊이지 않을 때, 이 구절을 사용하였다. 근대에 기독교 국가들도 이 말씀을 인용하여 제국주의 침략 전쟁을 정당화 하였다. KJV에서는 "천국은 침노를 당하나니"라고 번역하였고, NIV는 "천국은 힘 있게 전진해왔고"로 번역하였다. 그러나 예수님께서는 '강하게 앞으로 전진해가는 하나님의 나라'를 말씀하신 것이다. '침노를 당한다'를 '폭력의 희생양'으로 잘못 해석해 왔었다. 이제는 천국이 '하나님의 나라 통치권을 회복하는 폭발력'으로 번역하는 것이 옳다. 천국은 회복된 나라다.

좋은 소식의 핵심은 '하나님이 통치하신다'는 것이다. 하나님이 통치하신다는 것은 '지금까지 살고 있는 고통스러운 포로의 삶이 끝났다. 나를 억누르고 있는 위협과 압력이 끝났다'는 것이다. 대반전의 역사가 완전한 초월적인 역사가 가능케 하는 것이 하나님 나라 복음이다. '악순환'과 '죄책감'에 침몰해가는 삶의 악순환이 끝났다는 기쁜 소식이다. 이것은 '하나님이 하나님 노릇'해 주시겠다는 것이다. 우리 자신이 할 수 없는 것이 하나님이 '왕노릇'해 주심으로 모든 포로 살이가 끝이 났다는 것이다. 예수님이 죄악의 노예가 된 백성들을 해방시켜 주러 오셨다는 것이다. 하나님은 이 좋은 소식을 아브라함에게 축복을 약속했듯이 우리들에게 약속을 성취하시겠다고 선언하셨다.

하나님의 나라가 임하심 = 가까이 왔다 = 부부처럼 하나가 됨 + 통치

요한복음에 나오는 유명한 3장 16절에 "하나님이 세상을 이처럼 사랑하셔서 외아들을 주셨으니"라고 하신 것은 "하나님이 죄악 덩어리로 변한 세상을 미워하셔서" 외아들을 주신 것이 아니다. 주님은 세상을

바로 잡기 위해서는 먼저 사람이 변화해야 되는 것을 아셨다. 주님은 세상을 바꾸려고 온 것이 아니라 먼저 나를 변화시키려 오신 것이다.

유대인들은 다윗처럼 메시아가 왕으로 오셔서 로마를 박살내서 해방시켜 줄 것이라고 생각했다. 예수님은 왕으로 오신 메시아이지만 로마와 같은 창과 칼, 무력이 아닌 '만군의 여호와 이름으로' 오셔서 골리앗 같은 죄악 덩어리를 박살내려 오신 것이다.

하나님이 세상을 이처럼 사랑하사 = 사랑의 공화국 건설 = 사랑으로 정복

예수님은 시저, 히틀러, 스탈린처럼 무력과 피로 제국을 세우러 오신 것이 아니다. 자신이 피를 흘려 백성들에게 자유를 주고 평화를 이루셨다. 무력으로 제국을 세우는 것은 짧은 시간이면 되지만, 하나님 나라는 '사랑의 공화국'을 세우기 위한 것이다. 이 나라는 아브라함이라는 한 개인의 마음에 오신 것으로 시작하여 천천히 이루셨다. 우리의 개성을 100% 존중하여 자유의지로 반응을 하는 자에게 임하는 하나님 나라를 세우는 것에는 정말 많은 시간이 걸렸다. 하나님은 이런 '전도의 미련한 방법'을 통하여 하나님 나라의 복음을 듣고 들어오는 백성들을 일일이 개인적으로 묻고 허락을 받고 참여할 사람을 모집하신다. 그래서 예수님이 꿈꾸었던 사랑의 공화국은 세상 폭력 공화국에 비하여 더디고 눈에 보이지 않는 것 같지만 누룩이 번지듯이 천천히 확장되어 가고 있다. 마침내 사랑으로 정복되고 말 것이다.

율법을 완성케 하러 오신 예수[제 2의 모세] _ 5-7장

예수님이 오신 이유는 무엇인가? "내가 율법이나 선지자를 폐하러 온 줄로 생각하지 말라 폐하러 온 것이 아니요 온전하게 하려 함이라"5:17라고 단호하게 선언하셨다. 예수님은 제 2의 모세로 율법을 완성하러 오셨다. '본질'이 무엇인가를 알려 주시려고 오신 것이다. 우리의

생각으로는 예수님이 오신 것은 율법이 문제가 있어 '수정'하러 오신 것처럼 생각한다. 그러나 예수님은 "천지가 없어지기 전에는 율법의 일점일획도 결코 없어지지 아니하고 이루리라"5:18는 율법에 대한 '무한 신뢰'의 말씀을 하신다. 잘못된 율법의 비본질은 폭로하셨다.

예수 = 제 2의 모세 = 율법의 완성 = 본질의 회복 = 하나님의 뜻이 땅에

율법은 히브리어로 '토라'이다. 토라의 어원은 '야라'인데 다양한 의미를 가지고 있다. '손가락으로 과녁을 가리키다' '가르치다' '훈육하다' '방향을 제시하다'이다. 일종의 '표지판'이며, '네비게이션'이다. 유대인들에게 '토라'는 인생이 나아가야 할 방향을 제시해 주는 이정표이며 네비게이션 역할을 하는 것이다. 그들에게 토라는 광야 길에서 바른 길로 인도하는 아버지가 친절하게 안내해 주는 사랑의 속삭임으로 여겼다. 히브리인들은 복 있는 사람이 되고자 율법을 주야로 묵상하였다.

율법은 "말 안 들으면 지옥 보내겠다"는 강제로 행해야 하는 딱딱한 법이 아니라 "하나님 사랑과 이웃 사랑을 실천함으로 행복을 누리는 최상의 길"을 안내하는 가르침이다. 마태복음 5장 17절에 나오는 '율법과 선지자 = 모세오경과 선지자 = 구약 성경 = 성경'이라는 것으로 이해해야 한다. 예수님은 비본질을 추구하는 율법의 문제는 비꼬셨다.

바리새인 = 율법의 행위로 의로움 추구, 예수 = 율법의 본질을 추구

예수님이 율법을 '폐한다'는 '메바텔'과 '완전하게 한다'는 '메카옘'을 당시 이스라엘 랍비들과는 전혀 다른 해석을 하셨다. 당시 보수파인 샴마이 학파와 진보파 힐렐 학파간 율법 강령에 대해 대하여 다투었을 때, '폐한다메바텔/완전하게 하다메카옘'라는 단어 문제이었다. 힐렐 학파 샴마이 학파는 안식일에 "촌각을 다투는 중환자가 아닌 이상 안식일에는 환자를 치료할 수 없다"고 주장하였다. 그래서 예수님이 안

식일에 병자를 치료해주신 것에 대해 비난을 퍼 부었다. "예수 당신은 율법을 폐하려메바텔고 행하는 짓이오. 당신은 왜 그것을 모르시오"라고 했다. 예수님은 힐렐 학파나 샴마이 학파의 비난에 새로운 율법 해석을 하신 것이다. 예수님은 "나는 율법을 폐하러메바텔가 아니라 완전하게메카엠하러 온 것이오"라고 하셨다. 이어서 예수님은 "너희 의가 서기관과 바리새인보다 더 낫지 못하면 결코 천국에 들어가지 못하리라"5:20고 하셨다. 예수님이 말씀하신 '의'와 '바리새인의 의'의 차이는 무엇인가?

'의'는 히브리어는 '쯔다카'이다. '쯔다카'는 넓은 의미로 '의의 행동', 좁은 의미로 '구제'를 의미한다. 예수님이 6장에 구제, 기도, 금식에 대해 집중적으로 다루는 것은 당시 바리새파 랍비들이 일으켰던 영성 운동의 핵심 주제들이다. 바리새인들은 구제를 하는 것이 의인의 행위로 천국에 가까이 갈 수 있는 시금석으로 여겼다. 그래서 스스로 천국 백성이라고 여긴 그들은 구제를 권장 사항이 아닌 '의무 조항'으로 지켰다. 바리새인들은 '의로운 행위'를 해야 '의'롭게 된다는 착각에 빠졌다.

의 = 하나님과 바른 관계 우선 = 율법의 본질 = 의로운 행위로 안 됨

예수님은 바리새인들의 잘못된 종교적 열심이 무엇이 잘못된 것인지를 율법의 근본 취지를 알려 주기 위해 산상수훈에서 가르치신 것이다. 당시 바리새인들은 '자기 의'를 '구제'로 제한되면서 의미의 본질을 퇴색시켰다. 이에 예수님은 마태복음 5장 20절 말씀을 하시면서 '쯔다카'의 두 가지 의미를 가지고 일종의 언어유희를 하신 것이다. 예수님이 사용하신 언어유희를 최대한 살려 재해석하면 다음과 같다. "내가 너희에게 말하는데, 너희 의하나님의 의가 서기관과 바리새인의 의자기 의, 구제보다 낫지 않으면 결코 천국에 들어갈 수 없어. 그건 너희들이 멋대로 규정한 의고 내가 요구하는 의는 그게 아니라고!" 하신다5:20.

왜 예수님은 무화과나무를 저주하셨는가

어떤 분이 "예수님은 왜 아무 죄도 없는 무화과나무를 저주하셨는가?"라는 질문하였다. 우리가 알아야 할 것은 예수님이 성격이 조급해서 저주한 것이 아니라는 사실이다. 마가는 "무화과의 때가 아니었다"막 11:13라고 이유를 설명한다. 때가 아닌데 무화과나무에게 화풀이를 하셨다면 예수님은 무엇인가 잘못되신 분이다. 그렇지 않다면 무슨 이유 때문에 저주하셨을까?

예수님께서 무화과나무를 보신 것은 예루살렘의 성전을 살피신 다음날이었다. 보통 무화과나무가 '맛 좋은 열매'테헤나를 맺는 시기는 8월에서 9월까지이다. 예수님이 지나가셨을 때는 3월 말경이므로 아직 무화과의 때가 아니었다. 그러나 보통 그 무렵에도 '작은 열매'파게는 열리기 마련이다. 이때 열리는 열매는 가난한 자들과 이방인들이 먹을 수 있도록 주인들이 따지 않는다. 그런데 그 무화과나무에는 그 어떤 열매도 열려있지 않았다. 이것조차 먹을 수 없다니 무슨 일이 있었나? 예수님은 열매 맺지 못하는 무화과나무에서 무엇을 보셨던 것일까?

예수님은 그 나무에서 '강도의 소굴로 전락한 성전'의 모습을 보셨다. 그래서 무화과나무를 저주하신 것이다. 예루살렘 성전을 향한 하나님의 심판을 상징적으로 보여 주신 것이다. 열매 없는 신앙, 하나님의 뜻을 저버린 삶에는 반드시 심판이 있다. 무화과나무는 이스라엘 백성과 이스라엘의 성전을 상징하는 것으로 이스라엘이 이방인과 가난한 자들에게 '공의'와 '정의'를 보여 주어야 할 소명이 있음에도 실천하지 않은 것에 대한 심판이다. 또한 '만민이 기도 하는 집'의 역할을 해야 할 성전이 그 사명을 감당하지 않고 '장사의 소굴'로 전락시킨 것에 대한 심판으로 '돌 위에 돌 하나도 남기지 않고 흩어버리 게 될' 것을 말씀하셨다. 무화과나무 저주는 성전 심판 상징 그 이상의 의미가 있다.

예수님의 모든 행동과 말씀하신 것은 모두 구약성경과 관련되어서 우리에게 무언가를 가르쳐 주시기 위한 목적으로 하신 것이다. 예수님은 무화과나무에서 '열매를 얻으려 하셨다' 하지만 열매를 맺지 못하자 말씀하심으로 이 무화과나무는 '말라죽었다'. 이 행동은 예루살렘 입성 후에 곧바로 이루어진 것이며, 종말에 있을 성전 파괴 예언의 말씀 전에 하신 것이다. 먼저 예루살렘 입성은 예수님이 십자가에 달려 죽으시기 위하여 입성하신 것이다. 예수님이 예루살렘에 입성하신 것은 그들에게 기쁜 소식을 들을 수 있는 '마지막 기회'였다. 이것은 이후 뒤에 큰 심판을 앞두고 행하신 발걸음이셨다. 예수님이 예루살렘을 바라보시며 우셨다. "돌 하나도 돌 위에 남기지 아니할"눅 19:44 심판을 보셨다. 이 말씀은 예수님을 마지막까지 영접하지 아니한 옛 이스라엘로서의 예루살렘이 큰 심판을 받게 될 것을 내다본 말씀이다.

무화과 저주 = 성전 심판 = 이스라엘 징계 = 회개할 기회를 주심

예루살렘 입성은 "구원을 이루시기 위한 십자가 사건"이지만, 이스라엘은 깨닫지 못하고 예수님을 대적했다. 무화과나무에게 행하신 예수님의 행동은 '이스라엘의 심판'과 '성전 심판'이라는 두 가지를 의미한다. 무화과나무는 통상적으로 '하나님의 백성'호 9:10과 '이스라엘 나라'마 24를 상징한다. 무화과나무는 언약 안에 거하는 백성들이 누릴 '기쁨'과 '안식'을 나타내는 징표로 사용되었다왕상 4:25. 따라서 언약을 파기하는 것은 파기한 자에 대한 심판으로 나타난다렘 8:13, 욜 1:12. 예수님은 언약 파기한 자들에 대한 심판을 무화과나무의 말라죽음을 보여주며, 이것이 예루살렘의 멸망과 성전 파괴를 통해 실현됨을 보여 준 것이다. 왜 이것을 무화과나무의 말라죽음을 통해 보여 주셨을까?

예수님이 무화과나무에게 행하신 일은 이스라엘에게 하신 말씀으로 그들에게 회개할 기회를 주기 위해서이다. 그러나 그들은 그 기회를

저버렸다. 이제 그들에게 남은 것은 심판뿐이다. 이 심판은 AD 70년에 이르러 예루살렘과 성전은 완전히 파괴된다. 하나님의 백성은 버림을 받게 된다. 하지만 하나님은 무화과나무가 언약 안에 이루어질 축복을 상징하므로, 하나님의 신실하심으로 종말에 다시 회복함으로 언약이 다시 실현 될 것이라는 소망을 선지자들은 예언하였다.미 4:4, 슥 3:10.

무화과나무가 마른 사건을 보고 제자들이 "무화과나무가 어찌하여 곧 말랐나이까?" 질문했을 때, 예수님은 "이 무화과나무에게 된 이런 일만 할 뿐 아니라 이 산더러 들려 바다에 던져지라 하여도 될 것"마 21:21이라고 하셨다. 무화과나무가 마른 사건과 '산이 들려 바다에 던져지는 사건'은 무슨 연관이 있을까? 우리는 "기도할 때 믿음이 있고 의심하지 않으면 산이 들려 바다에 던져지는 일이 일어납니다"라는 설교를 많이 들었다. 이것은 예수님이 진정으로 하고자 말씀하신 의미는 아니다. 긍정의 힘이 아니다. 이것은 아주 심오한 진리가 담겨 있다!

주님은 홍해 앞에선 백성들이 "홍해가 없다고 생각해! 긍정적으로 생각하면 이 홍해 같은 문제는 사라질 거야!"라고 하신 것이 아니라, 실제로 홍해를 가르신 분이시다. 광야에서 굶주린 자들에게 "빵이 있다고 긍정적으로 생각하면 행복해질 거야!"라고 하신 분이 아니라, 실제로 하늘에서 빵을 내리신 분이다. 주님은 실제로 기적을 베푸신 분이시다.

무화과 마른 사건 = 산이 들려 바다에 던져 지는 사건 = 권세, 세력 옮김

예수님은 '산이 들려 바다에 던져진다'는 말씀과 '무화과나무가 마른 사건'은 같은 사건을 다룬 것이다. 무화과나무는 이스라엘에 대한 심판과 성전 파괴 심판을 말한다. 산이 들려 바다에 던져지는 것도 같은 의미이다. 산은 '세력'이나 '권세'를 상징한다.미 1:4, 렘 51:25. 이 산들은 때로는 '나라'와 '권세'를 나타내기도 한다. 산은 하나님을 대적하여 높아진 '나라', '권세', '세력'들을 하나님이 부수시고 옮기신다는 것이다. 역사

상에 바벨론과 메데 페르시아도 결국 옮겨짐을 당하였다.

또한 산은 '성전'과 '하나님의 말씀', '하나님의 임재'를 상징하기도 한다. 모세는 율법을 시내산에서 받았고, 예수님은 산에서 설교하셨고, 변화산에서 변화하셨다. 말씀은 시온으로부터 나오고미 4:2, 이스라엘의 거룩한 자도 시온에서 나온다사 2:6. 시온은 하나님이 임재하시는 곳이다사 76:2. 성경에서 산은 하나님의 말씀이 나오고, 임재가 있는 곳이며, 영광을 나타낸 곳이다. 산을 옮겨진다는 의미는 무엇일까?

예수님이 "산이 옮겨지겠다"라고 하신 말씀은 '권세와 세력을 가진 나라'는 '하나님의 임재가 있는 말씀으로 영광을 나타내는 나라'로 옮겨 질 것을 말씀하신 것이다. 사망의 권세에서 하나님의 아들 나라로 옮겨지는 전환이 있을 것이다. 건물로 이루어진 성전은 파괴되고, 성전 되신 주님이 하나님의 나라를 이 땅에 이루실 것이라는 것을 말한다. 그러면 '산이 옮겨져 바다에 던져진다'는 말씀에서 바다는 무엇을 의미하는가? 바다는 '이방 나라'를 상징한다사 11:11, 사 27:1. 또한 이방 나라는 그들의 권세를 조장하는 사탄을 상징한다.

산이 옮겨짐 = 물이 바다를 덮음같이 = 생명수가 덮음 = 성령의 역사

"물이 바다를 덮음같이 여호와의 영광을 인정하는 것이 온 세상에 가득"합 2:14하게 된다는 하박국의 예언은 무엇인가? 이것은 '하나님의 말씀이 임재 하는 하나님의 나라'가 '세상의 나라'를 물로 뒤덮는 일이 일어날 것이라는 예언 성취를 말하는 것이다. 물이 바다를 덮는 것은 상식적으로 불가능하다. 이 세상의 물은 바다에 들어가면 바로 희석되어 힘을 잃고 만다. 하지만 하나님은 불가능을 가능하게 만드시는 분이시다. 하나님의 영광으로 이루어진다. 어떻게 가능하다는 것인가?

에스겔은 성전에서 나오는 생명수가 바다를 덮는 환상을 말하면서, 이것이 성령의 역사로 회복된다는 뜻이라고 예언하였다. 에스겔이 본 환상은 이것이다. "이 물이 동쪽으로 향하여 흘러 … 바다에 이르리니

이 흘러내리는 물로 그 바다의 물이 되살아나리라. 이 강물이 이르는 곳마다 번성하는 모든 생물이 살고 또 고기가 심히 많으니 이 물이 흘러 들어가므로 바닷물이 되살아나겠고 … 그 물이 성소를 통하여 나옴이라"겔 47:8-12. 생수 되신 주님이 세상의 나라를 뒤덮는 것이다. 에스겔이 본 환상은 요한계시록에 동일하게 나온다. 물이 바다를 덮는 역사는 하나님의 보좌에서 나오는 말씀이신 생명수가 강이 되어 "만국을 치료"계 22:1-2하는 일이 있을 것이다. 생명수가 회복시킨다!

물이 바다를 덮는 놀라운 부흥의 역사를 일으키는 열쇠를 예수님은 약속된 말씀을 믿는 '믿음'과 약속된 말씀이 성취 될 것을 '기도'하는 것이라고 하셨다. "너희가 믿음이 있고 의심하지 아니하면 이 무화과나무에게 된 이런 일만 할 뿐 아니라 이 산더러 들려 바다에 던져지라 하여도 될 것"마 21:21과 "너희가 기도할 때에 무엇이든지 믿고 구하는 것은 다 받으리라"마 21:22고 하셨다. 기도가 바다를 덮는 역사를!

이러한 놀라운 약속에 대해 대제사장이 "네가 무슨 권위로 이런 일을 하느냐 또 누가 이 권위를 주었느냐?"마 21:23라고 질문하였을 때, 예수님은 이것이 하나님이 주신 권세로 이러한 일이 일어날 것이라고 말씀하셨다. 예수님은 이 놀라운 부흥을 일으킬 권세를 우리에게 주셨다. "성령이 임하면 권능을 받고" 천국 문을 열 수 있는 믿음과 기도라는 열쇠를 주셨다. 이 천국 열쇠는 믿음으로만 열린다. 그리고 기도가 묶고 푸는 역할을 하게 될 것이다. 묶는 것은 악을 '금지'하고 푸는 것은 '허락'을 의미하는 것으로 믿음으로 '용서' 하는 것이 열쇠가 된다.

예수님은 "믿음이 겨자씨 한 알 만큼만 있어도 이 산을 명하여 여기서 저기로 옮겨지라 하면 옮겨질 것"마 17:20이라고 하셨다. 산은 '믿음'에 의해 옮겨진다. '겨자씨 한 알 만큼'의 믿음이 있으면 하나님 나라의 안식과 기쁨을 누리는 축복을 누리게 된다. 이방인이었던 우리는 예수님께서 주신 '겨자씨 한 알만한 믿음'으로 인해 영광의 나라로 옮겨지게 된 것이다. '겨자씨 한 알만한 믿음'이 물로 바다를 덮는다!

막 _ 막대한 희생을 하신 종 예수

마가는 베드로의 통역관이자 그의 영적 후계자로 예수님을 가장 가까이에서 기록한 자였다. 그는 베드로가 예수님의 생애와 가르침을 전할 때 통역을 도맡았다. 그 때 그는 누구보다 감동을 받았다. 그래서 마가는 예수님의 생애를 사실에 입각해 가장 생생하게 전한다. 그는 "예수님은 하나님의 아들로 복음의 시작을 알리신 분이시다"라는 문장으로 기록을 시작했다. 그는 예수님이 어떤 분임을 말하는가? 그는 하나님의 아들이신 분이 종들과 같이 낮아진 모습, 사람을 불쌍히 여기시는 모습, 마음 속 깊이 탄식하시는 모습, 배고픔을 느끼면서도 사랑을 실천하는 모습에 감동을 받아 예수님이 자처하여 종으로 오신 분임을 강조한다8,9장.

복음서 중에 가장 짧은 마가복음은 예수님이 '종'의 모습으로 오셔서, 자기 백성의 구원을 위하여 쉼 없이 일하시는 희생적인 모습을 보여 준다. 마가복음의 메시지는 한 구절로 요약하자면 "인자의 온 것은 섬김을 받으려 함이 아니라 도리어 섬기려 하고 자기 목숨을 많은 사람의 대속물로 주려 함이니라"10,45이다. 세상 나라는 대접 받고자 하는데 예수님은 "남을 대접하라"는 율법의 정신과 선지자의 삶을 사셨다. 「대」신하여 죄를 「속」죄할 수 있는 제「물」이 되시어 섬김의 삶을 사셨다!

마가가 마가 복음서를 기록할 당시는 로마에서 기독교에 대한 박해가 한창일 때였다. 예수님이 고난당하는 종으로서 스스로 십자가를 지지만, 결국은 승리를 거둔다는 것을 보여주고자 기록했다.

예수님은 섬기기 위해 종되신 그리스도	종(섬김) | 10:45 | 마가 | 65-70년		
믿·소	1-10장	섬기기 위해	종의 신분	사역
사랑	11-16장	희생하기 위해	종의 수난	사명

마가는 고난당하고 있는 성도들에게 이렇게 외친다. "고난당하는 여러분, 우리가 믿는 예수님이 누구이신지 아십니까? 그분은 '복음「복」되고 기쁜 소식을 전해주신 주님의 「음」성'을 주러 오신 분입니다. 예수님이 오신 이유는 여러분을 섬기기 위해1-10장, 희생하기 위해11-16장 오셨습니다. 우리 구원을 위해 고난당하기까지 섬기신 예수님을 바라보세요."

하나님의 아들이신 분이 우리를 섬기기 위해 종으로 오셔서 고난 받아 죽음으로 희생하셨다. 죽음은 생명이 끝났음을 의미한다. 그러나 그분의 죽음은 끝이 아니다. 새로운 삶의 문을 여는 시작이 된다. 그러나 예수님의 죽음은 끝이 아니라 새로운 시작을 보여 준다. 부활로 말미암아 새로운 시작이 열린 것이다. 기독교는 죽음으로 끝나는 종교와 다르다. 기독교만 부활로 새로운 생명을 펼친다. 예수님이 부활의 첫 열매이시다. 우리의 끝이 예수 안에 새로운 시작이 된다. '자아의 죽음'이 '새로운 생명'을 얻는다. 나의 죽음이 예수 시작이다. 이것이 바로 복음이다!

복음 = 예수님이 섬기려 오심+희생하려 오심 = 회복을 주시러 오심

마가복음에서 '예수 그리스도 복음의 시작'1:1은 새 창조의 시작을 알리는 기쁜 소식이다. 예수님은 하나님의 아들로 이 땅에 '복음'을 주러 오신 놀라운 분이시다. 마가는 '놀라운 분 예수 그리스도'라는 표현을 19번이나 사용한다. 마가는 18번의 치유 기적, 자연 기적, 귀신 축출 기적을 통해 예수님이 회복을 주시러 오신 메시아임을 증명한다. 마가는 '즉시'라는 말을 41번 사용하면서 예수님의 사역을 다큐멘터리 생중계 하듯 예수님의 일과를 취재한다.

승리의 힘

● 종의 신분 - 4가지1장

  하나님의 아들1:1, 주1:3, 능력 많으신 이1:7, 나의 아들1:11

● 종의 승리 - 4가지 승리16장

  부활하심빈 무덤, 나타나심막달라 마리아, 시골 가는 두 사람, 열한 제자, 승천하심,

  역사하심복음을 전파할 때 주께서 역사하심

※ 특징: 복음1:1으로 시작해서 복음16:19,20으로 마친다. 1장에 복음을 전파하는 세례 요한이 나오고, 16장에는 제자들이 다시 오실 예수 그리스도를 전파하는 복음으로 마친다. 우리는 마지막 세례 요한이다!

4가지 받은 마음의 상태를 나타냄	
길가 : 새(마귀)가 와서 먹음	돌 : 견딤 부족(환경)
가시떨기 : 세상 염려, 재물 유혹	옥토 : 30,60,100배 결실

	요일 2:12-14	마 13:8	요 15:13-15	의미
믿음	어린아이	30배	믿는 자	팬
소망	청년	60배	일꾼	제자
사랑	아버지	100배	친구	상속자
→ 하나님은 우리가 어린아이 같이 머물지 않고 성장하여 장성하길 원하심				

© 믿소사랑 성경 관통 by 신주식

섬기기 위해 오신 주님

  세례 요한은 "주의 길을 예비하라"는 사명을 받고, 이스라엘에게 예수님을 소개하는 역할을 하였다. 예수님은 세례 받으시고, 시험을 받으신 후 갈릴리로 돌아와서 "하나님의 좋은 소식"을 전하셨다. 예수님의 사역은 한적한 곳에서 기도하며 묵상하는 시간을 따로 가져야 할 정도로 많은 사람들이 몰려들었다. 예수님은 공생애 첫 활동을 제자들과 함께 사역하시면서 갈릴리에서 다양한 '가르침을 주시고 부지런히 병

자들을 고치시는 종 이셨다'[1장].

예수님이 중풍병자를 고친 이야기를 인용하는 설교자들 가운데 '친구들 넷의 믿음'을 강조는 설교가 많이 있었다. 중보기도의 중요성을 강조할 때 이 본문을 자주 언급 한다. 과연 이 사건이 중풍병자를 메고 온 사람들의 정성과 도전적인 믿음을 강조한 것인가? 아니다. 마가는 이 중풍병자를 메고 온 사람들의 믿음이나 중보기도의 힘에 대해 전혀 기술하지 않았다. 그들의 간절함과 믿음을 강조하는 긍정의 힘이나 적극적인 사고방식과 행동력이 요점이 아니다. 핵심을 찾아야 한다.

성경은 오직 '예수 그리스도'에게만 주목하고 있다. 중풍병자 이야기는 예수님께서 '죄를 사하는 권세가 있는 하나님'이시라는 것을 강조하기 위해서 기록된 것이다. 성경은 분명히 "인자가 땅에서 죄를 사하는 권세가 있는 줄을 너희로 알게 하려 하노라"[2:10] 라고 기록했다. 하나님이신 예수님은 몸과 영혼까지 마비되어 죽어가는 자들을 위해 인간의 몸으로 오셨다. 죄로 인해 죽는 자에게 '죄가 없어졌다'는 처방전과 '온전하게 되었으니 걸어가라'는 완치됨을 보여주셨다.

죄를 사하는 권세 = 죄사함 + 온전케 하심 = 죄의 문제를 해결하심

예수님은 인생의 가장 큰 문제는 바로 죄라고 말씀하신다. 하지만 사람들은 문둥병자 같은데도 건강만을 바란다. 사람들은 '걷기만 하면 살 것 같다. 더 이상 불행하지 않으면 괜찮아. 걸을 수만 있다면 소원이 없겠다!'라고 한다. 이것은 착각이다. 예수님은 "네가 몸만 괜찮아지면 행복해질 것 같지. 불만족은 더 깊은 곳에 있어"라고 하신다.

사람들은 자기 정체성을 확립하면 문제가 해결될 것이라고 생각한다. 마치 최근 열풍이 부는 자존감이 높아지면 모든 게 괜찮아질 것이라고 여긴다. 사람들은 불행에서 자신을 구해 줄 누군가를 찾는다. 이러한 소원들은 궁극적으로 '구세주'를 찾는 행위이다. 이것은 자신이

승리의 힘

원하는 소원을 이루지 못하면 심하게 정체성이 흔들리며, 자존감이 무너져 내린다. 그래서 짜증과 불만족으로 화가 치밀어 오르고, 채워지지 않음으로 공허감에 빠진다. 더 심하면 우울증과 대인 기피증으로 이어진다. 그들은 잠시 어려운 고비만 살짝 넘기면 나머지는 스스로 해결할 수 있다고 생각하며 예수님을 의지하지 않는다. 여전히 예수님이 아닌 것에서 만족과 성취를 추구하고자 한다.

문둥병자와 친구들의 믿음 + 예수님의 초청 = 살 길 = 온전케 하심

　예수님은 우리를 초청한다. "나를 만나면 진정한 만족이 올 것이다. 내가 너의 진정한 구세주이다. 더 깊이 들어오라. 나를 만나라"고 말씀하신다. 우리가 예수님의 초청에 귀를 기울이지 않는 것은 내 소원을 이루는 것이 구원이라고 착각하기 때문이다. 그러나 예수님을 구주로 삼는 길만이 문제를 해결하는 진정한 길이다. 우리의 진정한 소원은 예수님 안에 있다. "예수님 당신만이 나의 소원입니다. 주님만이 나의 소원을 이룰 수 있습니다! 나의 질병과 죄의 문제까지도 해결할 수 있는 분은 오직 주님밖에 없습니다!" 라고 외쳐라. 복음만이 살 길이다.

A	X	A'
야이로의 간구	혈루증 여인 치유	야이로의 딸 치료
무화과 저주	성전 청결	무화과 마름

ⓒ 믿소사랑 성경 관통 by 신주식

주님의 시간에는 반드시 의미가 있다

　야이로는 그의 열두 살 딸이 죽을병에 걸리자 예수님을 찾아와 무릎을 꿇고 고쳐달라고 애원했다. 그것은 회당장과 재판관을 거친 자신의 지위와 체면을 모두 포기한 절박한 마음에서 우러나온 행동이었다. 하지만 예수님은 열두 해를 혈루증으로 앓아 온 여자가 예수님의 옷자락

286

을 만진 일로 그녀와 이야기를 나누고 있었다. 야이로는 예수님이 빨리 가지 않으면 어떻게 될지 몰라 속이 새까맣게 타 들어갔다. 야이로는 기가 막힐 노릇이다. 하찮은 여인과 시간을 보내면 딸은 어떻게 될까? 혈루병은 피가 흐르는 부인병의 일종으로 그 당시 혈루병을 앓던 환자들은 죄인 취급을 받았다. 그녀는 병으로 인한 직접적인 고통뿐만 아니라 사회적 격리와 죄인 취급이라는 삼중고를 겪고 있었다. 그녀는 예수님의 옷자락을 만지면 나을 수 있다는 믿음으로 행하였고 놀라운 기적이 나타났다고 간증했다. 대단한 믿음이 아닌가? 어디에서 이런 믿음이 나왔을까?

우리는 이 본문을 가지고 설교하기를 "예수님의 옷자락만 만져도 낫을 수 있다는 믿음으로 살자!"라고 들었을 것이다. 그렇게 단순하게 볼 것이 아니다. 이 사건은 깊은 의미가 숨어 있으니 자세히 살펴보자. 율법대로 볼 때 무슨 일이 일어난 것인가? 여인의 병은 율법에 의거해서 부정한 자이다. 여인의 부정함 때문에 예수님도 부정해졌다. 구약 율법에 의하면 정한 것과 부정한 것이 접촉하면 항상 정한 것이 부정해진다. 율법의 정결법 아래에서 하나님께 제사를 드리는 제단에 드려진 제물로서 깨끗해지는 것 말고는 부정한 것이 정해지는 방법은 없었다. 구약의 제단은 '어린 양의 피'로부터 거룩해지는 힘을 받았다. 제단의 모든 기구들에 어린 양의 피를 발랐다. 부정한 것들이 거룩한 힘을 받은 것은 '어린 양'의 피 때문이었다.

피에 무슨 능력이 있기 때문인가? 혈루병으로 부정해진 여인이 정결해진 것 역시 십자가에 뿌려진 어린 양 되신 예수님의 피로 정함을 입은 것이다. 예수님이 우리의 병과 약함이라는 부정함을 짊어지셨다. 그래서 우리의 죄와 불행이 예수님께로 이전된 것이다. 죄가 예수님에게 전가됨으로 예수님이 부정하게 되셨다. 그런데 예수님께 전가된 죄는 십자가로 정결하게 되는 기적이 일어난다. 화목제물 되신 예수님께로 나온 능력이 여인의 질병의 근원을 말려 버리는 것이다. 불이 태워 없애듯이! 주의 보혈은 흰 눈보다 더 깨끗하게 정결하게 만드는 힘이다. 율법에서 정결하기 위해 또 다른 방법은 제사장이 속죄 제물로 번제를 드려야 한다. 그 제물이 다 타고 재가 남으면 그 재를 부정한 사람에게 뿌리면 다시 정결하게 된다. 죄 없으신 예수님이 화목제물 되심으로 우리의 부정을 정결로 바꾸는 기적을 이루셨다. 화목제물 되심으로!

혈루증 여인의 이야기는 무엇을 말하는가? "저 여인이 창피함을 뒤로하고 예수님의 옷자락만 만지면 낳겠다는 용기 있는 믿음"을 이야기하는 것이 아니다. '부정을 정결하게 하신 예수님의 십자가 사건으로 우리를 죄의 속박에서 자유롭게 하셨다. 예수님을 주목하고 바라보아야 함을 보여 준 것이다. 어린 양의 보혈을 통해 우리를 구속하신 은혜로 우리가 정결함을 받게 되었다는 것에 초점을 맞추어야 한다.

여인의 정결 = 예수님의 피로 정결케 됨 = 부정을 정결로 = 화목제물

이런 소동 중에 결국 야이로의 딸이 죽었다는 소식을 듣는다. 야이로는 모든 것이 끝났다고 생각했다. 이러한 상황은 여인이 보여준 믿음을 배우도록 하신 예수님의 '작전 타임'이다. 야이로는 모든 것이 끝났다고 할 때, 예수님이 시작하신다는 것을 깨닫고 예수님을 초청한다. 예수님은 죽은 딸의 손을 붙잡았다. 예수님이 죽은 시체를 붙잡는 것은 율법적으로 부정하게 된다. 하지만 부정을 예수님께 가져 왔을 때, 정결로 바꾸시는 여인에게 행하신 방법을 그대로 사용하셨다. '달리다굼, 소녀야 일어나라'는 말씀으로 생명을 주셨다. 기막힌 작전을 보라!

죽은 소녀의 부정이 예수님께 옮겨 오고 예수님의 속죄를 통한 소녀의 부정한 죽음은 깨끗한 생명으로 돌아왔다. 예수님이 아직 십자가에서 죽지 않았지만 지금은 그 대속의 담보로 기적이 일어난 것이다.

야이로 입장에서 보자. 딸이 죽어 가고 있는 상황에서 만성 질병에 걸

288

린 여자와 상담하고 있는 것이 너무나 불합리해 보였다. 만약 같은 응급실에 두 환자가 실려 왔을 때, 의사가 만성 질환자와 상담하고 있다가 위급한 소녀가 죽으면 명백한 의료 과실이 된다. 하지만 예수님은 서두르지 않는다. "두려워하지 말고 믿기만 하라"5:36만 하셨다.

야이로는 예수님이 오셔서 딸을 치료해 주면 모든 것이 쉽게 해결 될 것이라고 여겼다. 그런데 예수님이 진짜 원하는 것은 '큰 믿음'이었다. 그래서 "두려워하지 말고 믿으라"고 하신다. 예수님은 딸의 병이 야이로에게는 큰 시험거리 이었지만 더 큰 믿음을 가지는 계기로 삼으셨다.

믿음이란? 히브리 의미는 '연합하여 줄을 맨다'는 뜻이다. 도저히 불가능해 보이는 문제를 예수님과 함께 묶음으로서 회복됨을 믿는 것이다. 야이로의 딸은 분명 죽었는데 그는 물러서지 않고 고쳐달라고 간구한다. 그의 딸이 죽은 상태였지만 포기하지 않고 주님과 연합한다.

야이로의 살길 = 큰 믿음으로 예수님과 함께 묶임 = 주님과 연합

부정한 여인보다 딸의 죽음은 최고의 부정해진 상태가 되었다. 하지만 주님과 연합하는 부활로 묶여져서 살아났다. 예수님이 만성 질환의 여인과 죽음으로 소망을 잃은 자를 치유하신 사건은 십자가의 또 다른 그림자이다. 예수님은 여자에게 힘을 주기 위해 자신의 힘을 잃으셨다. 자신이 부정함을 뒤집어쓰고 정결함을 주었다. 자신이 영생의 선물을 주시기 위해 목숨까지 잃는 것을 아까워하지 않으셨다. 우리가 생명과 능력을 받는 길은 예수님이 약해지심과 죽음 밖에 없었다.

인간은 죽는다. 결국 혼자 스스로 죽든지 아니면 예수님과 함께 죽으면 그 사람은 산다. 자신의 죽음이 예수님께 전가되었기 때문에 죽음의 권세가 사라짐으로 생명을 얻게 되는 것이다. 예수님과 함께 죽으면 살고, 스스로 살고자 하면 죽는다. 나의 죽음은 끝이 아니다. 나의 포기는 예수 시작이다. 나의 절망은 예수님의 시간 안에서 소망이 된다!

눅 _ 누가 잃어버린 자를 찾는가?

Luke

누가는 그리스 사람으로 의사이며 개종한 이방인이었다. 그는 복음서를 기록할 때에 근원부터 자세히 미루어 살펴서 기록하였다1:3. 누가는 잃어버린 자에 대한 관심이 많았다. 예수님이 이방인에게까지 병들고 소외된 자들을 찾아 나서는 모습을 보고 감동을 받았다.

예수님은 '잃어버린 자를 찾아 구원함'19:10을 위해서 소외된 가난한 자, 병자, 어린이, 여자, 이방인들을 돌아보시는 분이시다. 이방인 의사인 누가는 이방인 신자의 믿음을 굳게 세우기 위하여 예수님의 생애를 연대순으로 기록하였다. 예수님의 사역과 십자가 부활 사건은 이방인들까지도 구원을 누릴 수 있게 하려는 것임을 보여준다. 예수님은 부활을 통해 제자들이 잃은 자를 찾는 사역을 계속하도록 만들었다.

누가는 하나님의 구원 역사는 예수님을 통해 이어지며 더 나아가 교회 시대, 즉 사도행전을 통해 계속 완성되어 나가는 것까지 기록하였다.

예수님은 잃어버린 자를 구하러 오신 인자		인자 | 19:10 | 누가 | 60-62년		
믿음	1-4:13 4:14-9:50	인자의 소개 인자의 사역	탄생, 세례요한 갈릴리 활동	출현 활동
소망	9:51-11장 12-19장	인자의 배척 제자 가르침	예루살렘 여정 예루살렘 여정	배척 가르침
사랑	19:28-24장	인자의 부활	마지막 주간	죽음

© 믿소사랑 성경 관통 by 신주식

290

이사야 예언 61:1-2	예언 성취 눅 4:18-19
가난한 자- 복음, 포로됨- 자유	귀신- 쫓아내심, 시몬 장모 고침
희년(해방과 자유)이 왔음을 선포	새로운 시대 도래를 보여 주심
→ 예수님은 진정한 해방과 참 자유를 주는 희년을 성취하려 오셨다	

잃어버린 삭개오를 찾아오신 주님 19장

삭개오는 세리장이며 부자였다. 세리는 로마인을 대신해 세금을 거두는 관리인데 모든 사람에게 매국노라는 멸시를 받았다. 삭개오는 세리장으로 더 심한 배신자라는 죄인 취급을 받았다. 세리들은 로마에서 바쳐야 하는 액수보다 더 많은 돈을 거두어 세금을 강제로 빼앗는 일을 거리낌 없이 자행하였다. 동족들에게 미움을 받는 일이지만 부자가 되는 지름길을 뿌리 칠 수가 없었다. 누가 돈이 되는 자리를 버리겠는가?

삭개오는 사람들의 미움을 받으면서 왜 세리가 되었을까? 그것은 돈 때문이다. 돈만 있으면 악덕 자본가라는 소리를 들어도 상관없다고 생각했을 것이다. 특별히 로마의 지배를 받고 있는 상태였기 때문에 이 기회에 큰돈을 벌 수 있는 기회를 놓칠 수가 없었다. 그의 정체성은 돈에 달려 있었다. '돈이 넉넉해야 사람대접을 받을 수 있다'고 생각했다.

돈을 사랑하는 이유는 무엇일까? 돈 때문에 자신이 다른 사람으로부터 인정과 자신을 보호해 줄 수 있는 '보호막'이라고 생각하기 때문이다. 그런데 돈을 숭배하면 돈의 종이 된다는 사실을 사람들은 잊어버린다. 예수님은 '하나님과 돈을 겸하여 섬길 수 없다. 그 이유는 하나님이 주인이 되든지 아니면 돈이 주인이 되든지 하나를 선택할 수밖에 없기 때문이다'고 하셨다. 돈은 왕이나 상전을 섬기듯이 우상이 되어 하나님의 자리를 대신 차지하기 때문이다. 돈이 '자기 영혼을 팔아 이익을 추구하는 우상'이 된다. 우상을 사랑함으로 인정과 안전을 보장받고자 하기 때문에 기꺼이 돈의 종이 되는 것이다. 그러므로 돈이 있

승리의 힘

어야 하고 돈을 섬길 수밖에 없다. 돈을 섬긴다는 것은 마치 하나님을 섬기듯이 '돈을 왕으로 섬기는 것'이다. 결국 돈이 주인이 되어 버린다. 돈을 벌기 위해 살면 돈이 주인이 되고 당신은 종이 된다. 하나님은 돈을 벌기 위한 수단으로 전락하게 된다. 돈이 주는 인정과 안전은 자신이 왕이라는 기분을 뿌리칠 수 없게 만든다. 만약 하나님이 주인이 되면 돈이 주는 유익과 욕심이 뿌리를 내릴 수 없다. 그러므로 둘 중에 하나를 섬겨야 한다. 예수님은 재물이 '맘몬 신'으로 섬기는 행위라고 하셨다. 하나님을 섬기지 않으면 '맘몬 신'_{재물}을 섬기는 것이다. 재물을 섬긴다는 것은 탐욕에 빠져 물질지상주의가 되는 것이다.

바울도 탐심이 우상숭배라고 했다. 예수님은 "삼가 모든 탐심을 물리치라"고 하였다_{12:15}. 돈은 하나의 도구 일뿐이다. 그것은 돈을 가지는 것이 선하거나 악한 것이 아니다. 다만 돈이 주는 유익에 빠지면 탐심으로 우상숭배가 된다. 문제는 '마음의 문제'다. 돈에 마음이 빼앗기면 눈이 멀어진다. 다른 것보다 돈이 주는 이익을 추구한다. 욕심이 당신을 지배하는 순간 돈은 우상이 된다. 결국 돈, 돈, 돈만 찾는다.

사탄은 에덴동산에서부터 지금까지 하나님과 관계를 끊기 위해 사용한 것은 '탐심'이라는 미끼다. 탐심은 하나님이 아닌 다른 것으로도 채워질 수 있다는 지혜롭고 탐스러운 선악과이다. 하나님과의 만족함을 대체시키는 것이 돈과 쾌락과 성공이다. 돈은 성공을 위한 수단이요 지름길이다. 성공을 위해, 돈을 벌기 위해 죄는 잠시 묻어 두고 산다.

오늘날 돈이라는 선악과는 사람들이 먹음직스럽고 탐스러운 열매다. 산업혁명이전까지 돈은 왕이나 귀족만이 누릴 수 있다고 생각하였다. 산업혁명 이후에 누구든지 쉽게 돈을 벌면서 누구나 자신이 왕이나 귀족이 될 수 있다고 생각이 바뀌었다. 돈만 가지면 모든 것을 누릴수 있고 다스릴 수 있다는 생각에 빠지게 되었다. 하지만 오늘날 사람들은 과거보다 더 부유해졌는데 여전히 돈의 노예가 되어 더 많은 돈을 벌기 위해 많은 시간을 투자하여 일한다. 돈은 잡을 수 없는 무지개처럼 더 많이 가지고자 하지만 잡을 수 없는 공허감 가지게 되었다. 솔로몬도 누구보다 많은 부를 누렸지만 모든 것이 공허하고 공허하다고 하였다. 왜 돈을 가졌는데 공허하고, 부자인데 자살을 할까?

돈 탐심 = 돈을 주인으로 섬김 = 돈의 종이 됨 = 맘몬 신 섬김 = 우상

삭개오도 공허한 마음이 가득하였다. 사람의 미움과 멸시를 받으면서까지 재물을 취하였다. 하지만 사람으로부터 버림을 받고 자신에게도 안전을 보장할 수 없다는 것을 깨달았다. 깨달을 때 기회가 찾아왔다.

그는 어느 날 예수님이 그가 살던 지역을 지나간다는 소식을 들었다. 그러나 그는 키가 작았기 때문에 인파속에 계신 예수님을 볼 수가 없었다. 그래서 그는 나무에 올라갔다. 품위를 중요시하였던 그 당시 문화에서는 성인이 나무에 올라간다는 것은 엄청난 조롱거리가 될 수 있었다. 특별히 삭개오는 사람들의 미움을 받는 대상이었기 때문에 남을 시선을 중요하게 생각하였다. 나무에 오른 것은 대담한 모험이었다.

무엇이 삭개오를 나무에 오르게 했는가? 그는 "예수께서 어떠한 사람인가 하여 보고자" 했다. 단순히 예수님을 구경하기 위해 올라갔다고 하기 보다는 체면불구하고 필사적으로 보기를 원했다. 그렇지 않으면 나무에 올라가지 않았을 것이다. 그가 올라간 나무는 사람들이 훤히 보이는 종려나무가 아니라 잎이 큰 뽕나무에 올라가서 몸을 가릴 수 있었다. 체면을 어느 정도 가릴 수 있다고 생각한 것이다.

뽕나무는 이스라엘의 돌 무화과나무가 오역된 해석이다. 뽕나무 가지네쩨르는 영적의미가 있는데, 자르면 바로 죽는 뽕나무처럼 사울의 가계는 끊어지고 말았다. 올리브나무 가지네쩨르는 잘라서 어린 묘목으로 심으면 자라는 것처럼 다윗의 가계는 이어졌다. 뽕나무는 주님을 떠난 인생은 살 수 없다는 것을 의미한다. 삭개오는 뽕나무로 자신의 체면

을 가리고 예수님을 '구경하는 팬'으로 끝날 뻔하였다. 하지만 주님은 그를 뽕나무에서 불러 주심으로 자신의 '체면을 벗어 버린 제자'로 변했다. 이는 아담이 무화과 잎으로 가린 것을 벗고 가죽옷을 입듯이!

그는 선악과가 생명을 주지 못한다는 것을 어렴풋이 알게 되었고 생명나무가 주는 풍성함을 주는 예수님을 알고 싶었다. 그래서 그는 나무에 올라간 것이다. 그가 체면 불구하고 나무에 올라간 것이 인생역전이 되었다. 인생역전은 바로 생명나무 되신 예수님을 만난 것이다.

예수님은 그의 마음을 아셨기 때문에 직접 만나주기로 하신 것이다. 삭개오는 그 많은 군중들 중에 가장 악독한 죄인으로 취급받았던 사람인데 그를 찾아 주셨다. "삭개오야 나는 오늘 너의 집으로 가고 싶다"라고 말씀하셨다. 그 문화에서는 함께 음식을 먹는 것은 친구나 가족이 되었다는 의미를 가지고 있다. 삭개오는 돈 많은 바리새인 친구들이 예수님과 함께 식사를 하면 따돌림을 받을 수 있다는 것을 알면서도 기꺼이 집에 초대한다. 「따」가운 시선 「돌」아와도 주님 따름을 선택한다.

선악과로 만족을 채울 수 없음을 깨달음 = 참된 만족을 주는 본질 추구

팀 켈러는 『내가 만든 신』에서 "결국 삭개오가 예수님을 자신의 삶 속에 청한 게 아니라 예수님이 삭개오를 그분의 삶 속에 청하셨다"라고 하였다. 예수님이 가장 부도덕한 삭개오를 찾아와서 만나 주셨다. "오늘 너의 집에 온 것은 내가 너를 만나고 싶기 때문이다"고 하신 것이다. 주님은 삭개오를 개인적으로 만나 친구가 되어 주기로 하신 것이다. 삭개오는 예수님이 자신의 집에 찾아온 것이 바로 자신을 만나 구원해 주러 오신 분임을 깨달았다. 그 순간 그는 기쁨으로 예수님을 영접하였다. 그는 '돈으로 공허한 마음을 해결할 수 없는 것을 예수님은 공허한 마음을 참된 만족으로 바꿀 수 있다'는 것을 알았다. 솔로몬이 추구

했던 부가 만족을 줄 수 없고 공허함으로 가득하게 하지만 그가 하나님을 다시 찾음으로 참 만족을 얻게 된다는 것을 알게 된 것과 같다.

삭개오는 예수님을 집으로 영접한 순간, 그에게는 돈이 문제가 됨을 깨닫게 되었다. 그는 돈_{선악과}만을 추구하다가 자신에게 진짜 도움이 되고 만족을 채워줄 수 있는 분이 예수님_{생명나무}이라는 것을 깨닫게 되었다. 그래서 그는 모든 것을 해결해 줄 수 있는 분을 영접하였으므로 돈을 나누어 주는 것이 기쁨이 될 수 있다고 생각하였다. 부가 주는 가장 나쁜 점은 '가난한 자에 대한 무관심'이다. 부가 우상이 되면 나만 잘 살고 먹으면 상대방이 어떻게 되든지 상관하지 않는다. 주님을 영접하는 것은 재물의 자리에 예수님을 대치함으로 더 이상 재물이 우상이 되지 않고 '도구'로 변하게 된다. 예수님으로 채울 때 우상은 비어진다.

주님을 영접함 = 재물의 자리에 예수님을 대치 = 예수님으로 채움

삭개오는 우선 소득의 50%를 가난한 사람들에게 주기로 약속했다. 율법에서는 십일조를 말하고 있지만 50%는 엄청난 액수였다. 삭개오는 많은 것을 주어도 아깝지 않다고 여겼다. 또한 그는 "만일 누구의 것을 속여 빼앗은 일이 있으면 네 곱절이나 갚겠나이다"라고 주님 앞에서 약속하였다. 그는 이제까지 남을 속여서라도 큰돈을 벌기 위해 수단방법을 가리지 않은 사람이었다. 그는 세금을 과잉 징수해서 부자가 되었다. 그는 율법에 명시된 '물건을 훔치면 20% 이자를 갚아야 한다.' 착취 금액의 4배로 갚겠다고 하는 것은 300%의 이자를 갚겠다고 한 것이다. 강요하지도 않았는데 자원하여 약속한 것은 미친 짓과 같다.

어떻게 이런 약속을 할 수 있었을까? 삭개오의 마음이 변화되었기 때문이다. 만약 그의 마음이 이전과 같은 마음이었다면 부자 청년처럼 "내가 얼마를 드려야 당신의 인정을 받을 수 있을까요?"라는 질문을 했을 수 있다. 그러나 그는 예수님을 모시는 순간 재물이 주인이 아니

라 예수님이 주인이 되어 참된 만족을 줄 수 있는 분임을 깨달았다. 이제 그는 멸시받고 인정받지 못하면서 오직 돈만을 추구한 악덕 죄인을 받아 준 은혜에 감사하여 '내가 얼마나 최대한 드릴 수 있을까?'를 생각하였다. 그는 예수님께 인정받기 위해 돈 얼마를 주님께 받치겠다는 서원을 한 것이 아니다. 주인 되시는 예수님이 기뻐하시는 것을 나누어 주는 기회를 재물로 섬기는 것이었다. 큰 주님을 만나면 작은 돈은 문제가 되지 않는 것과 같다. 본질을 알면 비본질 문제는 문제가 아니다.

그가 이렇게 기쁨으로 나눌 수 있는 마음을 가지게 된 것은 재정적으로는 부유했지만 영적 파산 상태임을 깨달았기 때문이다. 예수님을 집으로 초대함으로 자신을 모든 것에서 구해 줄 수 있는 구세주가 돈이 아니라 예수님이라는 것을 알았다. 돈이 예수님으로 대체됐다. 돈의 자리에 예수님을 모시게 된 것이다. 돈이 자신의 왕국을 세우는 도구가 아니라 사람을 섬기는 도구로 바뀌게 되었다. 그는 안전의 근원에 주님을 두면서 돈이 목적이 되지 않았다. 하나님의 은혜가 재물이 주인 자리에서 예수님으로 바뀌게 만들었다. 주님의 뜻과 일치되는 순간이다.

삭개오는 예수님이 지나가시는 길에서 믿음으로 반응했을 때에 예수님은 나무에 오른 그를 만나주신 것은 은혜다. 그는 참 소망이 재물이 아니라 주님이 능히 채워줄 수 있다는 것을 깨닫는 순간 사람들을 섬기는 사랑의 사람으로 변했다. 그가 이렇게 변한 것은 돈 밖에 모르는 악덕한 자를 만나 주신 주님의 은혜이었기 때문에 가능하였다.

그날 밤, 삭개오는 큰 은혜를 받아 사람들을 초대하여 함께 잔치를 베풀었다. 예수님과 함께한 식사는 평생 잊을 수 없는 날이 되었다.

믿음은 진짜 참 만족 것은 주님이라는 것을 깨닫는 것이다.

소망은 돈을 추구했어도 찾아오는 공허함을 버리고 주님으로 만족!

사랑은 주님의 은혜를 알고 나누고 베푸는 삶을 살기로 작정함.

탕자 이야기의 진실 15장

돌아온 탕자 이야기를 '둘째 아들이 방탕하다가 돌아오니 아버지가 잔치했다는 이야기'라고 이해하면 곤란하다. 이야기의 진실을 살펴보자.

'탕자'라는 것은 '제멋대로 군다'라는 뜻이 아니라 '무모할 정도로 씀씀이가 헤프다'라는 뜻이다. '하나도 남김없이 다 쓴다'는 의미다. 탕자 이야기는 우리들의 이야기다. 오늘날도 두 부류의 탕자가 예수님 주위를 맴돌고 있다. 우리도 '잃어버린 두 아들'처럼 세상을 향해 질주하고 있다. 맏아들인가? 둘째 아들인가? 집탕인가? 돌탕인가? 맏아들은 종처럼 아버지를 열심히 섬긴다고 하지만 유산에만 관심을 가진 '집에 있는 탕자'다. 동생은 아버지를 등지고 '집 나간 탕자'다. '돌탕'과 '집탕' 이 둘은 본질적으로 같다고 할 수 있다. 먼저 둘째 아들을 보자.

둘째 아들이 친구로부터 '도시에 가면 즐길 것이 너무 많다'는 소식을 전에부터 들었다. 그는 아버지에게 달려들어 유산을 달라고 한다. 원래대로라면 그가 상속 받을 수 있는 유산은 재산의 1/3이었다. 실제로 1/9정도 밖에 받지 못했다. 그러나 둘째 아들에게는 그런 사실이 중요한 것이 아니었다. 그는 자신이 받아야 했을 몫을 제대로 챙기지도 못하고 먼 도시로 향했다. 당시의 사회 분위기를 생각하면 이는 상상도 못할 일이었다. 당시에는 부모에게 치욕을 끼친 자식을 죽은 사람처럼 취급해 장례식까지 치를 정도였다. 율법에 따르면 돌에 맞아 죽을 수도 있다. 그러나 둘째는 아버지의 명예나 관심에 대해서는 전혀 관심이 없었다. 그의 머릿속에는 오직 자신의 쾌락만이 전부였다.

도시에는 사리 분별이 부족한 청년들을 이용하여 돈을 갈취하는 사기꾼이 많았다. 그들은 청년들을 술과 마약에 취하게 하여 재산을 털어갔다. 둘째 아들도 그런 어리석은 청년들 중 하나였다. 둘째 아들은 자신이 편안하게 살도록 온갖 도움을 주었던 충성된 사람들에는 존경심이 없었다. 그는 오직 일신의 쾌락만을 추구하는 근시안적이고 경솔한 자였다. 한치 앞을 보지 못하고 당장에 즐길 것만 찾는 어린애처럼. 결국 둘째아들의 돈은 얼마 못가 모두 떨어졌다. 방탕한 잔치가 끝난 것이다. 그는 먹고 살기 위해 돈을 벌어야 했다. 자유분방하던 그의 삶이 한순간에 노예 신세로 전락했다. 쾌락은 고통으로, 즐거움은 절망으로 바뀌었다. 이런 형편에 처할 줄 미리 알았더라면 그런 행동을 하지 않았을 것이다. 탕자는 그 길을 나선 것을 계속 후회하고 후회했다.

불행하게도 그때 그 지역은 가뭄을 겪고 있었다. 청년에게 일거리를 주는 곳은 아주 드물었다. 그때 그는 돼지 치는 일을 할 기회가 생겼다. 그러나 그 일은 이방인들조차도 기피할 정도로 힘든 일이었다. 게다가 유대인들은 돼지를 부정한 짐승으로 여겨 돼지와 접촉한 사람의 영혼은 더러워진다고 여겼다. 그런데도 그는 어쩔 수 없이 돼지 치는 일을 하면서 먹고 살았다. 그리고 그것은 여간 힘든 것이 아니었다. 극심한 가뭄 때문이었다. 둘째 아들은 가뭄 때문에 먹을 것이 없어지자 돼지가 먹는 쥐엄 열매라도 먹고자 했다. 쥐엄 열매는 소화시키기도 어려운 콩 나무 열매로 기근 시에만 사용하였다. 일반적인 상황에서는 사료로도 사용하지 않는 열매였다. 그는 돼지가 먹는 쥐엄 열매로 배를 채우고자 했다. 그러나 그에게는 그것마저 허락 되지 않았다. 어느새 둘째 아들은 거지꼴이 됐다. 모든 것이 절망적이었다. 하지만 그에게는 단 한 가지 희망이라는 카드가 있었다. 집으로 돌아가는 것이었다.

둘째 아들 = 선악과 추구 = 결핍 찾아옴 = 희망의 카드 찾음 = 돌이킴

그는 아버지에게 가서 '아버지의 아들이라 못하겠나이다. 품꾼이라도…'라고 말 할 것을 되새기고 또 되새겼다. 작은 아들은 법적으로나, 도덕적으로나 더 이상 아들의 자격 유지할 수 없었다. 그는 죄를 저질렀음을 자책했다. 자신의 행위에 의해 그는 아버지와 아들의 관계가

상실되었을 것으로 단정할 수밖에 없었다. 그는 이미 상속분을 다 받았으므로 아무런 권리도 주장할 수 없을 뿐만 아니라 관습 따라 음식이나 의복과 같은 것도 아무런 대가 없이 주어질 수 없는 것임을 깨달았다.

　한편 아버지는 아들이 돌아오기만을 기다리며 시장터 입구에서 매일 서성이고 있었다. 어느 날 멀리서 돼지 오물로 얼룩진 누더기 옷을 입고 오는 아들을 발견했다. 코를 찌르는 악취를 풍기고 있었다. 아버지는 한달음에 달려가 둘째 아들의 목을 껴안았다. 둘째 아들은 송구하여 입을 우물거리며 아버지에게 '품꾼이라도…'라고 말하려고 하는데, 그가 입을 열기도 전에 아버지가 소리쳤다. "제일 좋은 옷명예를 상징하는 선물을 내어다가 입히고, 손에 가락지권위를 상징하는 선물를 끼우고, 발에 신아들이라는 신분을 상징하는 선물을 신기라. 그리고 살찐 송아지를 끌어다가 잡으라 우리가 먹고 즐기자!"라고 말이다. 아버지는 "이 내 아들은 죽었다가 다시 살아났으며 내가 잃었다가 다시 얻었노라"라고 말하며 동네 사람들을 초대하여 잔치를 벌였다. 송아지를 잡으면 어른 200명이 먹을 수 있는 어마어마한 양이다. 당시 송아지 고기는 부자들도 특별한 날에만 먹을 수 있는 음식으로 귀했다. 오직 아버지는 둘째 아들이 돌아온 것만으로 기뻐하며 반겨 주었다. 그 어떤 책망도 하지 않았다.

『탕부 하나님』의 저자 팀 켈러는 말한다. "하나님이 인생의 죄악을 사하기 원하시되 신속하고 완벽하게 사하기 원하신다는 사실을 보여준다. 이어지는 뒷부분은 이기적 탐욕으로 가득한 입으로 하나님의 자비를 오히려 비방하는 자들의 왜곡된 모습을 적나라하게 지적하고 있다. 두 아들의 비유가 일명 '돌아온 탕자의 비유'로 잘 알려져 있지만, 보다 엄밀한 의미에서 보면 여기 등장하는 두 아들 모두가 소위 '잃어버린' 자들이라 할 수 있다. 호색과 방탕으로 가진 소유를 깡그리 탕진 하고서 아버지께 돌아온 탕자가 하나님을 모르고 방황하는 모든 죄인들을

승리의 힘

상징하며, 큰 아들 또한 진정한 의미에서 하나님을 모르는 자가 있다는 점에서 '잃어버린 자'였던 것이다." 집 안에 있는 탕자를 살펴보자. 잔치가 벌어진 그 때, 첫째는 밭에서 돌아오는 중이었다. 그가 집에 가까이 왔을 때 갑자기 풍악 소리가 들렸다. 첫째는 종을 불러 무슨 일인지 물었다. 종은 "당신의 동생이 돌아왔으매 당신의 아버지가 건강한 그를 다시 맞아들이게 됨으로 인하여 살찐 송아지를 잡았나이다"라고 대답했다. 그는 화가 치밀어 올라 집 들어가고자 하지 않고 씩씩거리고 있었다. 아버지가 나와서 함께 잔치를 즐길 것을 첫째 아들에게 권했다. 권면하는 아버지의 따뜻하고 배려하는 마음이 느껴지지 않는가?

맏아들이 토라져서 말하길 "내가 여러 해 아버지를 섬겨 명을 어김이 없거늘 내게는 염소 새끼라도 주어 나와 내 벗으로 즐기게 하신 일이 없더니 아버지의 살림을 창녀들과 함께 삼켜 버린 이 아들이 돌아오매 이를 위하여 살진 송아지를 잡으셨나이다"라며 따지듯이 아버지께 말했다. 그러나 사실 그는 아버지를 섬긴 것이 아니었다. 자신에게 돌아올 유산을 계산하면서 일하고 있었다. 그런데 동생이 다시 아들 지위를 부여받으니 자신이 상속받을 유산이 줄어들 수 있다는 것에 화가 난 것이었다. 그는 '동생에 대해서도 차라리 죽어 버리면 재산 전부가 자기 것이 되는데……' 라며 잔머리를 굴렸다.

아버지는 이런 속마음을 아시면서도 사랑스럽게 부탁하듯이 말한다. "너는 항상 나와 함께 있으니 내 것이 다 네 것이로되 이 네 동생은 죽었다가 살아났으며 내가 잃었다가 얻었기로 우리가 즐거워하고 기뻐하는 것이 마땅하지 않은가?" 살아 온 것에 함께 잔치하자고 청한다.

집탕과 돌탕에 대해 팀 켈러는 "비유에 나오는 형제를 통해 사람들이 행복과 만족을 찾으려 하는 두 가지 기본적인 길을 보여 주신다 … 두 아들을 보통 기준에서 보면 하나는 '못됐고' 하나는 '착하지만' 아버지와 멀어져 있기는 둘 다 똑같다. 못된 아들은 아버지의 잔치에 들어

가는데 착한 아들은 그렇지 않다. 창녀들과 놀아난 사람은 구원받는데 도덕적으로 올바른 사람은 여전히 잃어버려진 상태다. 그와 아버지를 갈라놓은 것은 그의 죄가 아니라 자신의 도덕적 이력에 대한 교만이다. 그를 아버지의 잔치에 동참하지 못하게 막는 건 그의 '악'이 아니라 '의'다. 자기 뜻을 관철하는 방식만 달랐다.

집탕 = 지극히 착했을 뿐 = 자기 유산에 욕심 = 규율을 지키는 종교인
돌탕 = 못되게 굴었을 뿐 = 쾌락 욕심 = 아버지를 등진 잃어버린 자

다시 말해 두 아들 모두 반항했다. 방법상 하나는 아주 못되게 굴었고 또 하나는 지극히 고지식했을 뿐이다. 둘 다 아버지의 마음을 멀리 떠난 잃어버린 아들이었다. 하나님께 반항해 그분과 멀어지는 길이 두 가지라는 뜻이다. 하나는 그분의 규율을 어기는 것이고 또 하나는 규율만을 열심히 지키는 것이다. 때로는 종교적인 사람들도 아주 도덕적으로 살지만 그들의 목표는 하나님을 수단으로 이용하고, 그분을 통제하고, 자기네 생각대로 그분께 의무를 지우는 것이다. 바리새인처럼. 당신도 하나님께 순종해 착한 사람이 되려고 열심히 노력했다는 이유로 그분이 당신에게 복과 도움을 베푸셔야 할 의무가 있다고 믿는다면, 예수님은 당신을 돕는 자 내지 감화를 주는 기준은 될지언정 당신의 '구주'는 아니시다. 당신 스스로 구주 역할을 맡고 있는 것이다.

당신도 순종을 통해 하나님을 통제하려 든다면 당신의 모든 도덕은 하나님을 이용하는 수단에 지나지 않는다. 죄란 단순히 규범을 어기는 게 아니라 구주요, 주님이요, 재판장이신 하나님의 자리에 자신이 올라서는 것이기 때문이다. 죄는 자기가 주인이 되는 자리에 앉는 것이다. 예수님은 잃어버린 자들을 찾으러 이 땅에 오셨다. 잃어버린 둘째 아들 뿐 아니라 잃어버린 형을 찾아 대가를 지불하려고 오셨다. 하나님이 먼저 우리를 찾지 않으시면 우리는 절대로 그분을 만날 수 없다. 주

승리의 힘

님은 우리를 찾으러 옆 나라로 가는 정도가 아니라 저 높은 하늘에서 이 낮은 땅까지 오셨다. 엄청난 금액 정도가 아니라 자신의 목숨이라는 무한한 대가를 기꺼이 치러 우리를 하나님의 집안에 들이셨다. 우리의 빚이 그만큼 막대하기 때문이다. 팀 켈러는 말한다. "예수님의 이타적인 사랑은 하나님을 향한 우리 마음속의 불신을 허물어뜨린다."

예수님이 우리를 위해 희생적으로 섬기려 오신 분임을 믿는다면, 우리도 희생적으로 섬기는 사람이 되어야 하지 않겠는가? 우리도 잃어버린 영혼을 위해 아버지처럼 섬기는 것이 마땅하지 않는가? 하나님은 좌우를 분변하지 못하는 자가 많음을 안타까워하시면서 "내가 어찌 아끼지 아니하겠느냐?" 하듯이 우리도 아껴주는 것이 마땅하지 않는가?

탕자 이야기 나타난 묘사			
	타락	회복 과정	진행 방법
믿음	떠남	돌이켜	내 원하는 대로
소망	섞임	아버지 집으로	안녕, 행복 확보 위해
사랑	굶주림	잔치+상속자	결과: 결핍, 노예
→ 주님은 탕자 된 우리를 상속자로 삼아주시고 풍성함을 주려고 오셨다			

© 믿소사랑 성경 관통 by 신주식

복음의 최대 적은 율법주의다

탕자의 비유는 예수님께서 자신들이 의롭다고 여기는 바리새인들을 향해 일침을 가한 것이다. 맏아들은 율법주의를 대표하는 바리새인으로 그들은 예수님의 최대의 적이 되었고 예수님을 죽이고 말았다. 맏아들이 한 말을 들어보라. "내가 여러 해 동안 아버지를 섬겨 명을 어김이 없었습니다. 나는 대우를 받을 자격이 충분하다고요!" 율법주의는 이처럼 하나님을 위해서 노력하면 그분의 사랑과 보상을 받을 자격이 있다고 생각하는 사고방식이다. 교회를 열심히 섬겼는데 하나님이 기대에 부응하시지 않으면 불평하고 하나님과 다른 사람들과 비교하며 화를 낸다. 율법주의자의 기준은 '법'이라는 잣대로 따진다. 자격을 따진다.

오늘날 신자들을 가장 힘들게 하는 것은 "조금만 더 열심히"라는 말을 반복하면서 신앙생활을 하려고 노력하지만 결국 '불안'과 '무기력'에 빠진다는 것이다. 더 심각한 문제는 왜 이러한 일이 일어나는지를 모르고 더욱 노력만을 하려고 한다. 열심히 노력하는데 왜 불안할까?

어거스틴은 "우리 마음이 하나님 안에서 쉼을 찾기 전까지는 여전히 불안하다"라고 하였다. 그 불안의 증상은 우리가 오직 예수님만이 채워 주실 수 있는 것을 다른 것에서 채우려는 시도하기 때문이다. 왜 사람들이 스마트폰 중독, 포르노 중독, 게임 중독, 일중독, 선행을 이용한 인기 중독에 빠지는가?" 우리는 원하는 것을 얻을 수 없을 때 '쾌락', '명성', '성취' 등에 중독된다. 갈망하는 것을 얻지 못한 '공허감'을 채우려는 본능이다. 그 중독도가 가볍든 심각하든 간에 근본적인 뿌리는 같다. 이때 우리가 던져할 질문이 있다. "우리가 진정으로 찾는 것이 무엇인가?" "원하는 것이 무엇인가?" "추구하는 본질이 무엇인가?"

중독에서 회복 = 본질 추구 = 돌이킴 = 대안 찾기 = 예수로 충분하다

조바심, 불안, 우울 등의 감정들은 모두 '불안'에 뿌리를 두고 있다. 그 불안은 우리가 공간을 메우려는 시도를 하는 것에서 시작된다. 튤리안 차비진은 "그 공백을 어떻게 메워야 하는가?"라는 질문에 대한 답변을 『예수로 충분합니다』에서 말해준다. "가장 좋은 출발점은 부족하다고 느끼는 문제가 무엇이든, 그 문제가 크든 사소하든, 주님이 이미 우리와 같은 죄인들을 위해 그 모든 것을 확보해 놓으셨다는 사실을 믿어야 한다."

안타깝게도 사람들은 구원을 얻은 뒤에도 시선을 예수님께만 두는 것을 힘들어 한다. 복음이 구원으로 들어가는 관문이라고만 생각할 뿐,

그 후에 자신의 노력과 성과로 그 구원을 유지해야 한다고 생각하는 사람이 너무나 많다. 이러한 생각에 빠지는 것이 '율법주의'이다. 율법주의는 정신보다 법을 중시하며 선행을 구원조건으로 착각한다. 한마디로 '성과주의'이며 '도덕주의'를 추구한다. 율법주의는 예수님이 이미 해 주신 일이 아니라 우리가 해야 할 일이 더 중요하다고 생각한다.

율법주의 = 노력 보상 받기 = 성과 주의 = 도덕주의 ⇒ 불안 + 교만

성과주의의 문제점은 자신이 원하는 것을 얻어 성공했을 때는 '교만'을 낳고, 실패했을 때는 '절망'이 따라온다. 이 둘은 궁극적으로 '자유의 상실'로 이어진다. 차비진은 "예수님이 우리를 위해 이미 이루어 주신 일에서 쉼을 얻지 못하고 자신이 주인공으로 나서서 성과를 내려고 애쓰면 평생 가도 참된 쉼을 얻지 못한다. 이렇게 예수님이 아닌 자신에게 초점을 맞추는 것은 복음에 반하는 태도이다"라고 했다.

우리는 하나님만이 채울 수 있는 것을 스스로 채우려는 시도를 끊임없이 한다. 우리가 잘 알지 못하고 범하는 실수가 주님 안에서만 찾을 수 있는 것을 자신에게서 찾으려는 시도를 계속한다는 것이다.

이러한 사람들은 자신이 정한 기준을 따라 노력하면 자신을 구원하고 성화할 수 있다고 믿고 그 방법에 만족하며 산다. 오랫동안 교회에 다닌 사람일수록 자신 안에 숨어 있는 율법주의를 잘 인식하지 못하고 산다. 세상에 부도덕한 행위를 보도하는 뉴스를 보고 정죄하는 데는 열을 낸다. 뉴스를 보면서 "끔찍한 살인을 한 저 놈은 감옥에 가야 돼! 성폭행한 저 놈은 아주 나쁜 놈이야!"라고 정죄한다. 정작 자신이 그에 못지않은 잘못을 하고 있다는 상상도 하지 못한다. 하나님이 불의를 행하는 악한 행위를 미워하신다는 사실은 모두가 알고 있다. 하지만 자기가 의롭게 행한다는 선행도 그만큼 하나님이 미워하신다는 것을 알고 있는가? 차비안은 "자신의 순종을 자랑스러워하는 태도야

말로 가장 무서운 적이다"라고 했다. 자기의 행위를 자랑하는 순간 '교만'에 빠진다.

우리가 행하는 악행보다 훨씬 더 심각한 문제가 숨어있다. 문제의 뿌리는 살인이나 강간같이 드러난 범죄가 아니다. 이런 죄들보다 훨씬 더 교묘하여 우리가 알아채지 못한다. 그것은 하나님을 떠나 스스로 의를 이루려는 시도다. 지혜롭고 탐스러운 저것을 가지면 나도 "하나님 같이" 될 수 있다는 선악과를 취하는 것이 모든 문제의 뿌리이다.

율법주의 = 자기 힘으로 해낼 수 있다는 교만 = 좋아하는 성경 구절만 취함

율법주의는 '자신을 사랑하는 자아'를 숭배한다. 율법주의는 자기 힘으로만 해낼 수 있다는 '교만'이다. 우리 영혼에 갈망을 채우기 위해 자신에게 유익되는 설교만 듣거나 자신이 좋아하는 성경 구절만을 취사선택한다. 이 규칙들을 지키면 마치 성경 전체에 순종하는 것처럼 착각하면서 산다. 스스로 규칙을 지키면 주님이 기뻐하신다고 착각하면서 자신을 속인다. 성과 중심으로 살면 그가 바라는 세상은 더 숨 막히는 곳으로 변하게 된다. 모든 것을 혼자서 해내려고 할수록 구원이 아닌 절망 속으로 더 깊이 빠져들 뿐이다. 가정이 통제 불능이 되고 직장 생활이 위태로워지기 시작한다. 자신의 약점을 가리려고 노력 할수록 '절망감'에 사로잡힌다.

하나님이 아닌 다른 것에 안정과 인정을 추구한 인류는 절망에 빠졌다. 예수님은 하나님과 같이 되기 위해 선악과 탐한 자리에 생명나무를 주시려고 오셨다. 가장 율법을 잘 지킨다는 바리새인들이 예수님을 십자가에 못 박았다. 하지만 예수님은 십자가에서 율법을 못 박고 값을 지불하기 위해 오셨다. 율법주의의 옷을 벗고 피로 정결하게 된 의의 옷을 주셨다. 율법주의는 죽음으로 몰아가지만 복음은 우리를 살린다. 복음만이 우리를 율법에서 해방 시킬 수 있는 유일한 길이다.

승리의 힘

요한은 야고보의 동생으로 '주님께서는 은혜로우시다'라는 뜻의 이름을 가졌다. 요한은 비교적 부유한 환경에서 자랐다. 그의 어머니 살로메는 아들 출세를 위해 예수님께 청탁한 여인으로 오늘날 치맛바람의 원조였다. 그의 복음은 다른 복음서와 다르게 예수님의 신성을 강조하였다. 그래서 요한복음은 독수리 복음이라고 불리기도 했다. 당시 예수님이 인간의 탈을 쓰고 왔다는 이단자 마르키온의 주장을 반박하기 위해 예수님의 죽음을 자세히 묘사하고 강조하였다.

인간의 참된 행복은 어디에 있을까? 요한은 인간의 참 행복은 순간의 기쁨을 주는 돈이나 명예로부터 찾을 수 없다고 보았다. 그는 인간의 참 행복이 평안과 안식, 풍성한 삶을 주는 '영생의 복'을 누리는 것이라고 보았다. '영생'이란 죽고 난 다음에 주어지는 삶이 아니라 예수님을 믿는 순간 하나님의 자녀가 되는 것이다. 영생을 받은 자들은 '서로 사랑하라'는 계명을 실천해야 한다. 서로 사랑함으로써 참된 행복을 누릴 수 있기 때문이다. 따라서 영생은 '예수님 따라 풍성함을 누리는 삶'이다.

예수님은 영생을 주실 하나님의 아들			주 | 3:16 | 요한 | 60-90년	
믿음	1-12장	7가지 표적	공적 사역	믿게
소망	13-17장	7가지 사역	새계명, 보혜사	생명을 얻게
	18-20장	7가지 사건	십자가 부활	
사랑	21장	7마디 말씀	나를 따르라!	사명

© 믿소사랑 성경 관통 by 신주식

하나님 사랑의 다양한 차원 요 3:16		
엡3	요 3:16	설명(빌 2장 참조)
너비	세상을 이처럼 사랑하사	인종, 지위 모두 포용
길이	독생자를 주셨으니	보좌에서 내려오셔서
깊이	믿는 자마다 멸망하지 않고	죽음까지도 감당하심
높이	영생을 얻게 하려 하심이라	영광스러운 자리 주심
→ 측량할 수 없는 하나님의 사랑의 풍성함이 예수님을 통해 주셨다		

7가지 기적 : 예수님이 하나님의 아들이심을 나타냄		
물을 포도주로	새 시대의 풍성한 구원 주심(2:1-11)	질을 초월
왕의 신하 아들	참 생명을 주시는 예수님(4:46-54)	공간 초월
38년 된 병자	원하는 자에게 생명을 주심(5:1-16)	시간 초월
오병이어 기적	생명의 떡을 주시는 예수님(6:1-13)	양을 초월
물 위를 걸으심	환경을 초월한 신적인 능력(6:16-21)	환경 초월
날 때부터 소경	세상의 빛으로 오신 예수님(9:1-7)	질병 초월
나사로 살리심	부활이요 생명이신 예수님(11:1-44)	죽음 초월
→ 예수님이 행하신 기적은 모든 것을 초월하심으로 하나님의 아들 증거		

승리의 힘

절 기	사 건	상 징	의 미
안식일 5장	38년 된 병자	광야회복 38년	참 안식 주심
유월절 6장	오병이어 기적	출애굽 성취	하늘 양식 주심
초막절 7장	생수 약속	성령 부으심	성령 주심
수전절 10장	소경 눈뜸	생명의 빛	계시의 빛 주심
→ 예수님은 풍성함과 회복을 상징하는 절기를 성취하려 오신 분이시다			

절기는 히브리어로 "모아딤"으로 이는 문자적으로 "정해진 때들"을 의미한다. 이 절기들은
하나님께서 자신의 독생자를 보내시어 인류를 구원하시는 계획을 의미하는 것이다.

7가지 "나는 … 이다"		구약의 "나는 스스로 있는 자" 동일시
1 나는 생명의 떡이다 (6:35, 48)	자신 몸을 생명으로 주기 위해 오심오병이어 기적	유일한 하늘양식 ↔썩을 양식
2 나는 세상의 빛이다 (8:12, 9:12)	자신이 하나님을 알게 하심 날 때부터 소경 고치심	유일한 계시 ↔영적 어두움
3 나는 양의 문이다 (10:7, 9)	우리를 하나님 나라로 들어가게 하시는 분	유일한 구원의 문 ↔담
4 나는 선한 목자이다 (10:11, 14)	하나님의 백성에게 생명을 주신 분선한 목자 되신 주	유일한 보호자 ↔도적
5 나는 부활, 생명이다 (11:25)	죽은 자를 살리시고 생명을 주심죽은 나사로를 살리심	유일한 부활 ↔영원한 사망
6 나는 길, 진리, 생명 (14:6)	하나님을 알게 하여 생명을 얻게 하시는 분	유일한 구원의 길 ↔사망의 길
7 나는 참 포도나무 (15:1-5)	우리 안에 거하여 풍성한 열매를 주시는 분	유일한 공급자 ↔사망

ⓒ 믿소사랑 성경 관통 by 신주식

최초의 기적, 가나의 혼인잔치 2장

예수님이 공생애에서 제일 먼저 하신 일은 결혼식에 참석하는 것이었다. 하나님이 에덴동산을 창설하시고 제일 먼저 한 일이 아담과 하와를 짝 지으신 것인 것처럼 말이다. 세상 끝을 알리는 계시록은 예수님과 혼인 잔치로 마무리 한다. 예수님은 가나의 혼인잔치에서 인간을 풍성하게 채워주시는 '참주인'의 면모를 보여 주신다.

그 당시는 엄청나게 부유한 사람도 날마다 좋은 음식을 먹기 힘든 시대였다. 성경에서 잔치는 단순히 식사하는 것 이상을 보여준다. 잔치는 하나님이 사람들의 가장 깊은 필요를 채워줄 뿐만 아니라 더 풍성하게 채워 주시는 분임을 보여 주는 무대이다. 잔치에 등장하는 '아주 좋은 음식'은 예수님을 상징한다. 가나의 혼인잔치의 '포도주'도 당연히 풍성하게 채우시는 예수님의 상징이다. '포도주'는 하나님 나라 잔치의 '기쁨'과 '축복'을 상징한다^{전 10:19.} 또한 '평화'와 '번영'을 상징하기도 한다^{왕상 4:25.} 하나님 나라는 잔치와 같은 풍성함이 넘치는 곳이다.

혼인잔치는 새로운 인생의 시작이다. 그런데 가나의 혼인잔치에서 포도주가 떨어졌다. 마리아가 도움을 요청했다. 예수님께서는 "이 일이 저와 무슨 상관이 있습니까? 내 때가 아직 이르지 아니하였나이다"라는 대답하셨다. 이는 "내가 할 일은 결혼식의 포도주 문제나 해결해 주려고 참석한 것이 아닙니다. 나는 어머니의 부탁을 따르는 것이 아니라 하나님께서 예비한 십자가를 지고 가야 할 일을 이루는 시간에 따라 움직입니다"라고 말씀하신 것이다. 예수님은 아무 때나 우리가 원한다고 무조건 들어주시는 분이 아니다. 예수님은 '하나님의 영광이 가장 잘 드러날 수 있는 때' 일하신다. 그러므로 우리는 주님의 때가 이르기까지 마리아처럼 준비하면서 기다려야 한다. 마리아는 예수님의 말씀을 거절이 아닌 환경을 준비하라는 뜻으로 해석하고 하인들에게 "무슨 말씀을 하시든지 그대로 하라"고 마음을 준비시켰다. 기적은 순종으로 환경을 준비할 때 일어난다.

"포도주가 떨어진지라"^{3:2}의 원문은 '결핍되다', '실패하다', '열등하다'는 의미를 가지고 있다. 인생의 가장 행복해야 할 시간에 사용되어야 할 포도주가 떨어진 것은 우리 인생이 결핍, 실패, 열등으로 가득한 인생이라는 것을 보여준다. 예수님이 오신 것은 우리에게 생명을 주고 더 풍성하게 채워 주시려고 오셨다. 예수님이 "하나님 나라가 가까이 왔다"라고 선언하신 것은 하나님 나라에 있는 '잔치의 풍성함'을 표현한다. 예수님은 텅 빈 인생에 잔치와 같이 풍성하게 채우기 위해 찾아오신 것이다. 「잔」치는 풍성함으로 결핍을 「치」유하는 마당이다.

예수님은 결핍을 아시고 '유대 정결 예식에 따라' 손과 발을 씻는 물을 담아 두는 항아리에 물을 채우라고 하셨다. 항아리의 물은 손님들

승리의 힘

이 올 때 발을 씻을 수 있도록 받아 둔 물이었다. 이 물은 '과거 율법의 의식'을 나타내는 것이다. 항아리의 물은 인간의 '수고'와 '노력'으로 채울 수 있는 그릇을 상징한다. 예수님이 이 여섯 항아리에 들어 있는 물을 사용하는 것은 율법으로는 정결하거나 인생의 참 만족을 줄 수 없는 것을 아셨다. 주님은 이러한 맹물을 포도주로 바꿈으로 '질적인 변화'를 가져 올 분임을 보여 준다. 이것은 '과거 율법의 의식 시대'를 '새로운 것'으로 변화시키는 분임을 보여 주는 표적이다.

이 맹탕인 물을 하인들이 "채우라 하신즉 채웠더니"3:7, "갖다 주라고 하시매 갖다 주었더니"3:8 순종하였을 때 기적이 일어났다. 연회장은 물로 된 포도주를 맛보고도 어디서 났는지 알지 못하고 신랑을 불러 "좋은 포도주를 두었도다"3:10라고 칭찬하였다. 사람들은 취하면 정신이 없기 때문에 좋지 않은 것을 주지만 예수님은 최상의 것을 주신 분이다. 기적은 '채웠더니' 이후에 '갖다 주었더니' 일어난 것이다!

가나의 혼인 잔치 = 결핍에서 풍성으로 = 좋은 소식 = 십자가 예표

여기 '좋은 포도주'가 무엇인가? 예수님이 이런 표적을 행한 진짜 이유는 무엇인가? "그의 영광을 나타내시매 제자들이 그를 믿으니라"3:11. 예수님이 좋은 포도주가 되실 것을 예표한 사건이 가나의 혼인잔치다. 36가지 기적 가운데 가나 혼인잔치의 기적은 모든 기적을 대표하는 것으로 예수님이 십자가에서 흘린 보혈로 인류에게 '좋은 소식'이 이루어질 것을 보여 주신 것이다. 예수님의 기적은 제자들이 십자가에서 이룰 영광을 믿도록 하신 것이다. 하나님 나라가 이 땅에 와서 잔치가 이루어 졌음으로 '결핍', '열등', '실패'를 십자가를 통과하면서 '풍성', '충만', '승리'를 주실 것을 보여 주신 것이다. 진짜 기적 중에 기적은 십자가에서 피흘림으로 모든 것을 변화 시키는 능력이다.

생명을 주시고 더 풍성히 채우러 오신 주님

인간에게는 두 가지 생명, 두 가지 삶이 있다. 생명이라는 헬라어로 βίος비오스'와 ʹζωη조에'가 있다. 비오스의 생명은 동물적인 생명이다. 태어나서 먹고 자고 성장하다가 때가 되면 죽는 동물적인 생명을 말한다. 하나님을 모르는 생명을 말한다. 실컷 먹어도 결국 죽는다.

성경이 말하는 '비오스'의 생명은 어떤 생명인가? 누가복음 8장 43절과 21장 4절에서는 '생활비'라고 번역할 수 있다. 먹고 살기 위해 사는 삶 자체가 '비오스 생명'이다. "이는 세상에 있는 모든 것이 육신의 정욕과 안목의 정욕과 '이생비오스'의 자랑이니 다 아버지께로 좇아 온 것이 아니요 세상으로 좇아 온 것이라"요일 2:16. 비오스의 생명은 그리스도의 생명이 없는 삶이다. 「비」어 「오」는 것을 「스」스로 채우는 공허함.

성도의 생명은 비오스의 생명이 아니라 '조에'의 생명이다. "아들이 있는 자에게는 '생명(조에)'이 있고 하나님의 아들이 없는 자에게는 '생명조에'이 없느니라"요일 5:12. 우리가 예수님을 영접하면 '하나님의 자녀가 되는 권세'요 1:12를 받고 하나님의 생명을 받는다. 하나님이 주시는 생명의 특징은 환경을 초월하는 기쁨과 평강이 주어진다.

하나님을 믿으면서도 비오스의 삶은 사는 사람들이 있다. 비오스는 내 스스로의 힘으로 이루어 가는 삶이다. 수많은 사람들이 주의 이름을 부르짖으면서도 자기 성취를 위해 스스로의 힘으로 인생을 살아가고 있다. 그 결과, 여러 가지 제약과 연약함에 부딪쳐 파산하는 인생을 살게 된다. 하나님의 생명에 대한 지식과 자신의 삶이 결합되지 않았기 때문이다. 우리가 이 땅에 살면서 풍성한 '조에'의 생명을 누리지 못하는 이유는 하나님이 복을 주시지 않아서가 아니라 내 죄가 나에게 오는 복을 가로막고 있기 때문이다.

비오스 = 스스로의 힘으로 삶, 조에 = 하나님과 인격적 교제로 생명

왜 하나님의 생명의 축복을 누리지 못하는지를 근원부터 살펴보자. 하나님은 인간을 하나님과 인격적인 교제를 하도록 만드셨다. 인간은 그런 교제를 통해 '하나님의 생명'이 흘러들어 오도록 만들어졌다. 예를 들어보자. 인간과 돼지는 교제할 수 없다. 인간과 돼지는 종이 다르다. 누군가와 교제를 하려고 한다면 같은 종이 되어야 한다. 돼지는 영적인 존재가 아니다. 인간은 하나님이 영적임을 허락한 존재이기 때문에 통한다. 인간이 영적이라는 것은 동물과 다르게 생각할 수 있는 능력이 있다는 것이다. 우리는 '생각이라는 통로'를 통해 하나님과 '인격적인 교제'를 할 수 있다. 하나님이 인간과 인격적인 교제를 하도록 인간을 창조하신 것이다. 육의 생각은 사망이요 영의 생각은 생명이다.

하나님은 에덴동산에 생명나무를 통해 인간이 하나님의 생명의 축복을 누리게 창조하셨다. 하지만 인간은 "하나님과 같이" 누릴 수 있다는 사탄의 속임수에 넘어갔다. 그 결과 선악과를 택했다. 그 순간 인간은 목숨을 부지하기 위해 생활비를 벌어야 하는 '생명비오스'으로 전락하고 말았다. 하나님과 교제가 끊어지는 것은 '하나님의 생명조에'이 끊어지는 것이다. 그 결과 사망이 찾아왔다. 이 사망을 생명으로 바꾸기 위해 주님이 오셨다. 하나님과의 교제를 회복함으로 생명을 주기 위해 오셨다. 그것은 말씀으로 이루려고 하신 것이다. 그 말씀이 곧 생명이었다.

예수님은 "육신이 되어 우리 가운데 거"1:14하셨다. 말씀이 우리 안에 거함으로 우리는 생명을 얻게 되었다. "거한다"는 단어의 뜻은 이스라엘 백성이 광야에서 성막을 세웠고 그 안에 거한다는 뜻과 같은 의미이다. 하나님이 임해 주심으로 하나님의 생명을 맛보게 하신 것이다. '광야'는 히브리어로 '말씀'과 동의어근이다. 하나님의 말씀은 광야와 같은 곳일지라도 말씀이 있으면 사막에 길이 나고 광야에 샘이 넘친다.

예수님은 자신이 '광야 같은 인생에 물을 공급하는 생명'이라고 말씀하셨다. 예수님은 "마시는 자는 영원히 목마르지 아니하리니 내가 주는 물은 그 속에서 영생하도록 솟아나는 샘물이 되리라."4:14고 하셨다. 예수님 안에는 생명이 있었는데 이 생명은 "사람들의 빛이라"1:4 라고 하셨다. 사람들에게 빛을 선물한다는 것이 아니라 '생명'이 '빛처럼 주어진다'는 것이다. 나무는 빛이 비치는 곳을 향해 자란다. 빛에 '생명력'이 있기 때문에 '생명을 공급'받는 것이다. 예수님께서 "나는 세상의 빛"8:12이라고 하시면서, 자신을 따르는 자는 "생명의 빛을 얻으리라"고 약속하셨다. 단어 그대로의 '빛'이 아니라 '생명'을 이야기하신 것이다. 예수님이 오신 목적도 '생명'을 주시기 위함이다. 더 풍성하게 하려고 오신 것이다10:10. '더 풍성'한 생명을 주시려고 오셨다.

우리가 말씀을 들으면서 "나와는 상관이 없는 것 같은데……."라고 한다면 지식만 쌓고 생명이 되지 못한다. 참으로 기가 막힐 노릇이다. 예수님은 우리가 생명을 누리기 위해서는 "내 안에 거하라 나도 너희 안에 거하리라 가지가 포도나무에 붙어 있지 아니하면 스스로 열매를 맺을 수 없음 같"15:4다고 하시면서 생명을 공급받기 위해서 "그가 내 안에, 내가 그 안에 거하"는 삶을 살아야 열매를 맺을 수 있다고 하셨다. 예수님을 떠나서는 "아무 것도 할 수 없음이라"고 하신 것은 공허하게 된다는 것이다. 말씀 안에 거해야, 즉 붙어 있어야 한다!

정말 예수님을 떠나면 아무 것도 할 수 없을까? 나무에서 떨어져 나간 가지도 바로 시들어 죽지 않는다. 아담과 하와가 선악과를 먹자마자 기운이 빠지고 몸에 마비가 와서 죽은 것이 아니다. 바로 죽지 않지만 하나님의 원형인 생명이 박살나서 못쓰게 된 것이다. 하나님이 주신 생명은 박살났기 때문에 몸도 점점 깨어져서 죽는다. 사람의 생명에 죄가 들어오니 하나님이 주신 생명이 바이러스 걸려 '죽을병'에 걸린 인생이 된다. 이것이 사망이다. 인간이 죽는 것보다 더 두려워해야 할 것은 하나님과 영원히 분리되는 사망이다. 예수님은 사망의 이름표를 떼고 우리에게 생명이라는 이름표를 붙여 주시려 오셨다. 우리가 주님께서 주시는 이름표를 우리 마음에 접붙이면, 우리는 생명을 얻고 더 풍성한 열매 맺는 삶을 누리게 된다. 그 이름표에 새겨진 것은 말씀이다!

포도나무 비밀을 깨달은 허드슨 테일러 15장

허드슨 테일러는 중국 선교의 아버지로 불린다. 당시 외국인이 중국 내륙에 들어가 선교한다는 것은 상상하기 어려운 일이었다. 그럴 때 그는 내륙 선교의 지평을 열었다.

그는 스무 살에 오직 하나님만을 의지하여 재정적 필요를 직접 요청하지 않고 기도함으로 공급받는 믿음선교를 시행했다. 그런 그에게 위기가 찾아왔다. 늘어나는 사역과 넓어지는 관계 속에서 심적 압박을 느끼게 되면서 그는 평정을 잃고 분노하고 근심하고 초조해하는 자신의 모습을 발견하게 되었다. 할 수 있는 방법과 노력을 다 해보았지만 그럴수록 점점 더 절망스러워졌다. '난 안 되는구나, 난 틀렸구나'라는 생각에 빠져 신경쇠약 증세까지 나타났다. 이제는 선교사는커녕 하나님의 자녀라는 확신마저 흔들릴 만큼 심한 갈등과 고통스러운 시간을 보내고 있을 때, 맥카디라는 동료 선교사에게 편지가 왔다. 그의 편지는 자신도 같은 고민을 하였고 어떻게 해결되어 갔는지 자세히 적혀 있었다.

"어떻게 하면 믿음을 강하게 할 수 있는가? 그것은 믿음을 구하기 위해 애쓰는 것이 아니라 미쁘신 분 안에 거하는 것이다." 그는 주님과 연합하는 것이 해결하는 길이라는 것을 깨달은 것이다. 편지를 읽던 허드슨 테일러의 심령에도 희망이 생겼다. 그는 "나는 포도나무요 너희는 가지라 그가 내 안에, 내가 그 안에 거하면 사람이 열매를 많이 맺나니 나를 떠나서는 너희가 아무 것도 할 수 없음이라"15:5라는 말씀을 통해서 주님이 십자가에서 이루신 놀라운 비밀을 깨닫게 되었다.

"줄기에서 가지가 나왔지 가지가 줄기를 버터준 것이 아니다. 나무가 포도나무면 거기서 나온 가지는 포도나무 가지다. 우리가 하나님으로부터 난 자가 아닌가. 주님이 거룩하시니 우리도 거룩하다." 허드슨 테일러는 이 사실을 깨닫고 놀랍게 변화했다. 주님이 이미 이루신 십자가의 놀라운 비밀을 보게 되자 그는 더 이상 거룩해지기 위해 투쟁하지 않았다. 더 이상 애쓰지 않았다. 가지가 왜 열매를 맺으려고 용을 쓰겠는가? 가지가 나무에 붙어 있으면 그 뿌리로부터 양분이 공급되어 저절로 열매를 맺지 않겠는가? 그분 안에서 영원한 안식을 누리는 비결을 알게 되었다.

그 후 그는 중국내지선교회OMF를 설립했다. 그를 지켜본 동료 선교사들은 그에 관하여 이렇게 말했다. "그는 진정으로 주님 안에서 안식할 줄 아는 사람이었다."

오병이어 기적은 생명을 주신 사랑 6장

오병이어의 기적은 예수님이 우리에게 생명을 주기 위해 오신 분임을 잘 나타내 준다. 예수님은 사람들이 굶주리고 있는 것을 보시고 그들에게 양식을 먹이길 원하셨다. 계산이 빠른 빌립은 2백 데나리온이 부족하다고 보고하였다. 우리는 5+2=7이라고 배웠다. 그러나 예수님의 계산을 뛰어 넘는다. 5+2=5,000+12이다. 보리떡 5개와 물고기 2마리로 장정 5,000명을 먹이시고도 12바구니가 남은 것이다. 이것이 예수님이 원하는 답이었다. 예수님의 계산법은 인간의 계산법을 뛰어 넘는다.

안드레가 보리떡 5개와 물고기 2마리를 가지고 있는 어린아이를 예수님께로 데리고 왔다. 만약 예수님이 오병이어를 베푸신 이유가 '저 소년처럼 너희도 헌신해야 하나님의 축복을 받을 수 있다'를 가르치기 위한 것이라고 해석한다면 큰 착각을 하는 것이다. 오병이어의 기적은 예수님 자신이 '참 만나, 곧 생명의 떡'이심을 이스라엘 사람들에게 가르치고자 하셨다. 이스라엘 사람이라면 오병이어 사건이 광야에서 만나를 내린 사건의 재현으로 인식하였을 것이다. 광야의 이스라엘은 '하늘의 떡의 모형인 만나'를 먹었다. 예수님이 그들에게 떡이 없는 상황에서 자신의 기적으로 풍성하게 먹이신 것은 '사람이 떡으로만 사는 것이 아니라, 하나님의 입에서 나오는 것으로 사는 것이구나!'라는 것을 깨닫게 해 주신 것이다. 우리는 '생명 되신 예수 그리스도를 통해 사는 것이구나!' 하는 것을 깨닫게 하려는 것이다. 예수님이 곧, 생명이다.

오병이어 = 참 만나 = 생명의 떡 = 물고기(신의 아들) + 떡(말씀)

믿는다는 것이 무엇인가? "예수님 믿으면 구원 받습니다"라는 지적 동의만으로 되는 것이 아니다. 믿는다는 것은 예수님이 생명을 주기 위해 우리에게 주신 자신의 살과 피를 먹고 마시는 것이다. 살과 피를 왜 주시려고 하는가? 하나님은 우리에게 절규하며 말씀하신다. "내가 너희에게 생명을 너무 주고 싶다. 생명을 주기 위해서 내 아들을 십자가에 죽기까지 해서라도 너희에게 생명을 주고 싶다. 예수의 살을 너희가 먹고 살 수 있다면 좋겠다. 피를 마시고 살 수 있으면 좋겠다. 다른 방법이 없구나. 예수의 살과 피를 마시고 제발 영생을 얻고 살기 바란다."

우리는 유월절 어린 양 되신 주님을 마음껏 먹고 마심으로 우리는 그 생명을 누릴 수 있는 길이 열렸다. 주님이 주신 살과 피를 먹고 마시는 길만이 우리가 하나님의 생명을 얻는 유일한 길이다. 이 길은 주님의 희생으로 주신 사랑이다. 우리는 십자가에서 죽으심으로 화목제물 되신 주님을 먹음으로 소망 가운데 살아갈 힘을 얻었다.

행 _ 행진, 땅 끝까지 비행하다

Acts

누가는 누가복음에서는 예수님의 사역을, 사도행전에서는 베드로와 바울 사역을 기록한다. 누가는 "오직 성령이 임하시면 너희가 권능을 받고 예루살렘과 온 유대와 사마리아 땅 끝까지 이르러 내 증인이 되리라"1:8는 약속이 어떻게 성취되는가를 보여준다. 성령의 역사를 강조한다!

사도행전은 '유대 땅에서 시작된 기독교가 어떻게 전 세계로 확산될 수 있었을까?' '교회는 어떻게 시작되었나?'라는 물음에 답을 준다. 사도행전은 사도들보다는 복음이 어느 지역땅으로 전파되어 가느냐에 초점이 맞춰져 있다. 누가는 복음이 예루살렘1-7장에서 시작하여 유대와 사마리아8-12장 그리고 땅 끝13-28장까지 전해지는 과정을 자세하게 보도 한다. 복음은 유대를 벗어나 문화적인 장벽을 넘어 열방을 변화시켰다. 이것은 힘이나 능력이 아닌 성령의 힘이다.

복음 전파 : 로마 선교30-500년→유럽 선교500-1500년→세계 선교현재

복음은 성령의 능력으로 전파 된다				성령 | 1:8 | 바울 | 61-63년	
믿음	1-7장	예루살렘	베드로	성장	30-36(7년)
소망	8-12장	유대,사마리아	빌립	확장	37-46(10년)
사랑	13-28장	땅 끝까지	바울	선교	47-66(20년)
→ 땅 끝까지 복음은 확장 되는 것은 성령이 주도권을 가지고 임하심으로					

ⓒ 믿소사랑 성경 관통 by 신주식

승리의 힘

사도행전 | 317

성령이 임하시면 1:8			
선교 원리	선교 도구	선교 영역	선교 사역
성령 임함	성령의 권능	땅 끝까지	주님의 증인
→ 성령의 임함은 하나님 나라를 살아낼 수 있는 능력을 준다			

비움에서 채움으로, 성령의 역사 1-3장

예수님이 하늘로 올라가시기 전에 "하늘과 땅의 모든 권세를 내게 주셨으니 그러므로 너희는 가서 모든 민족을 제자로 삼아 … 가르쳐 지키게 하라"마 28:20라고 하셨다. 세상으로 가기 위해서는 당장 돈이 필요하다. 제자 삼기 위해서도 돈이 필요하다. 가르치는 일에도, 사람을 세우기 위해서도 돈이 필요하다. 예배드릴 건물을 살 돈도 필요하지 않겠는가? 그런데 주님은 돈을 하나도 주지 않으시고 "너희와 항상 함께" 해주시겠다는 '약속'만 남기시고 하늘로 올라가셨다. 제자들은 하늘로 올라가는 예수님을 보면서 현금은 주지 않고 약속만 남겨 주시고 올라가시니 기가 찼다. 예수님의 약속은 어음과 같아서 돈보다 더 가치 있다.

제자들이 할 수 있는 일은 성령을 보내 주신다는 약속을 믿고 기다리며 '기도'하는 것 밖에 없었다. 성령이 예수님의 사역을 계속해 나갈 것이라고 하셨기 때문이다. 성령님이 임하셨는데 물질을 주시지도 않고 오직 '함께 해 주겠다'는 약속을 하신 것을 주목하라. 제자들 중에는 "주님의 명령을 이루기 위해서는 과연 돈 없이 가능할까? 성령님이 함께 하신다는 것으로 가능할까?" 의심하는 자도 있었다.

성령의 능력 없이 예수님을 따르려고 하면 나타나는 증상이 있다. 그것은 '짜증'과 '분노'이다. 원하는 일을 하고자 원치 않는 행동만 하게 되니 짜증이 날 수밖에 없다. 그리고 원하지 않는 성질이 밑에서 치밀어 오는 '분노'가 나타난다. 많은 사람들이 "앞으로 주님을 위해 잘 해봐야지"라고 결심한다. 그러나 결심했던 마음이 오래가지 않을 때, 오히려 힘이 빠지는 경우가 많다. "그렇다고 포기할 수 없어. 다시는 게임하지 않을 거야!" "다시는 지저분한 웹사이트 보지 않을 거야"라고 다짐하지만 이런 일이 결심만으로 되는가? 성령으로 충만하지 않은 채로 예수님을 따르고자 하면 '좌절'하고 '자책감'에 빠진다. 성령의 능력에 따라 행동하지 않으면 차에 연료가 소모되어 차가 움직일 수 없는 것처럼 된다. 겉으로 보기에는 그리스도를 따르는 것 같이 보이지만 성령의 능력이 아니라면 언젠가 문제가 발생한다. 그리고 자기 힘으로 도저히 문제를 해결 할 수 없다는 것을 알게 된다. 주님을 붙들지 않으면 실망스러운 일이 자꾸만 꼬이기 마련이다. 제자들은 성령의 능력 없이는 주님의 일을 헤쳐 나갈 수 없다는 사실을 깨달았다.

오직 성령이 임해야 주님의 일을 감당할 수 있다. "오직 성령이 너희에게 임하시면 너희가 권능을 받고 예루살렘과 온 유대와 사마리아와 땅 끝까지 이르러 내 증인이 되리라"[1:8]. 제자들은 배운 것도, 인맥도, 하물며 돈도 없었다. 예수님이 구름으로 사라지고 앞으로 어떻게 그분의 위대한 사명을 감당할 수 있다는 말인가? 특별한 힘도 없고, 전략도 없고 정치적 영향력도 없었지만, 단 한 가지 그들은 성령님이 함께 해 주신다는 약속을 믿었다. 그것 하나면 충분하다! 온 세상에 복음을 증거하는 것은 성령님 한 분만 의지할 때 이루어졌다.

팬은 자기 힘으로 예수님을 따르는 자이고, 제자는 성령의 능력을 의지하며 사는 자이다. 구약에 성령님은 한 동네 높으신 어른처럼 취급받았다면, 신약에서는 우리 집 안에 개인교사로 함께 하시는 분이다. 팬은 성령에 대해 듣고 아는 사이 정도 이지만, 제자는 성령님을 주인으로 모시고 내 집에 모시는 것과 같다. 팬은 성령을 선물로 받았다고 해도 성령으로 충만한 삶을 누리지 못하는 사람이다. 제자는 성령이 우리에게 필요한 힘과 지혜를 초자연적으로 공급해 주실 것을 믿는 자이다.

베드로에게 성령이 임하자 거지 앉은뱅이에게 필요한 것은 돈이 아니었다. 예수의 이름이었다. "은과 금은 내게 없거니와 내게 있는 이것을 네게 주노니 나사렛 예수 그리스도의 이름으로 일어나 걸으라" 3:6. 예수님을 영접하니 돈과 음식은 문제가 아니었다. 거지가 자신을 영적으로 부유케 하신 예수님을 간증하고 다녔다. 돈으로는 문제를 극복 못하지만 예수 이름은 가능하다! 돈이냐? 예수 이름이냐? 는 항상 고민거리였다.

초대시대는 금과 은은 없었지만 오직 예수 이름만 의지하였다. 중세는 금과 은이 가득하였지만 예수 이름의 능력을 상실한 암흑의 시대였다. 근대 종교개혁을 통해 금과 은이 아닌 오직 예수, 오직 믿음, 오직 성경으로 회복을 외쳤다. 현대는 금과 은이 풍성해지고 예수의 이름의 능력이 점점 쇠퇴해가는 기로에 서 있다. 무엇을 선택할 것인가?

성령의 능력을 받는 것은 오직 믿음을 통해서 온다

많은 사람들이 물어보는 질문이 있다. "예수님은 귀신들린 아이를 고치시면서 기도와 금식 외에는 다른 방법이 없다고 하셨죠. 그러면 능력을 받기 위해 금식과 기도를 많이 해야 하지 않습니까?"라는 질문이다. 그러나 진짜 문제는 '기도를 얼마나 세게 했느냐?' '금식을 얼마나 오래했느냐?'가 아니다. 문제는 바로 '믿음'이다. 예수님이 제자들의 '믿음이 적은 것'을 책망하셨다. "너희에게 믿음이 겨자씨 한 알 만큼만 있어도 이 산을 명하여 여기서 저기로 옮겨지라 하면 옮겨질 것이요 또 너희가 못할 것이 없으리라" 마 17:20. 겨자씨는 생명 되신 예수님의 말씀에 대한 비유다. 예수님이 말씀하시면 기적은 일어난다. 기적으로 가는 통로는 바로 '믿음'이다. 말씀을 믿으면 생명이 나타나기 때문이다.

수도의 물이 흐르기 위해서는 파이프가 있어야 한다. 플라스틱 파이프보다는 금이나 동으로 된 파이프가 최상품이다. 하지만 파이프가 최상품이라고 할지라도 오물로 가득 차 있으면 물이 흐를 수 없다. 파이프는 믿음이다. 믿음은 하나님의 능력을 흘러 보내는 파이프와 같다.

우리는 성령의 능력을 받으면 사도행전의 사도처럼 기적을 베풀 수 있다고 생각하며 간절히 기도한다. 제자들이 주님의 능력을 받은 것은 기도를 많이 했기 때문이 아니다. 많은 사역자들이 능력을 받기 위해 기도를 많이 하는데 기도를 많이 했기 때문에 성령의 불을 받고 능력 받는 것이 아니다. 오직 믿음으로 성령의 인도하심대로 행함으로 능력이 나타나는 것이다. 믿음이 성령의 '나타나심'을 이루는 통로다. 성령의 능력은 믿음이 없이는 절대로 누려질 수 없도록 하나님이 계획하신 것이다. 성령의 권능은 처음부터 '믿음'으로 작동 되도록 계획 하셨다.

예를 들어보자. 모든 전자제품은 전기 에너지를 통해 기능을 발휘한다. 다른 에너지를 공급한다고 무작정 작동되는 것이 아니다. 마찬가지로 성령의 역사나 능력도 '믿음'이라는 에너지를 통해서만 나타나도록 고안된 것이다. "믿음과 결부"히 42시키지 않으면 안 된다. 믿음이라는 연결된 선을 통해야만 이루어진다. 오직 성령 충만도 '믿음으로 누릴 수 있는 하나님의 선물'이다. 중요한 것은 "내가 열심히 기도하면 성령 충만해 질 거야"라는 자기 확신이 아니다. 주님이 약속하신 것을 믿고 간절히 주님께 구할 때, 성령 충만하게 되는 것이다. 내 힘이 아닌 하나님의 방법에 맞추는 것은 나무에 붙어있는 가지가 생명을 공급받는 것과 같은 이치다. 믿음을 전제로 하지 않는 성령 충만은 이루어질 수 없다는 것을 알고 믿는 믿음으로 간절히 기도하며 구하자. 그러면 그 기도에 응답하시고 풍성한 성령의 은혜를 부어 주실 것이다.

승리의 힘

1. 예루살렘에서의 증거 1-7장 : AD 30-36년 (7년간)

당시 이스라엘은 하루 종일 죽도록 일해도 하루의 품삯을 가지고 하루의 끼니를 연명하기가 어려웠던 시기였다. 그들은 정치적으로 독립을 원했고, 경제적으로는 착취당하는 삶이 해결되기를 원했다. 예수님이 부활하신 것을 보고 자신들의 '세속적인 왕국'이 건설되기를 바랐다. 제자들이 "주의 나라가 회복하는 것이 바로 이 때입니까?"라고 물었을 때, 예수님은 땅 끝까지 '복음을 전파함으로 하나님의 나라가 성취될 것'이라고 하셨다. 하나님 나라의 풍성함을 주는 시간과 영역은 하나님의 주권아래 속한 것이다. 제자가 해야 할 일은 복음 전파다1장. 진정한 복음은 먹는 문제 뿐 아니라 영혼 문제도 해결해 준다.

명령에 순종한 제자들은 위로부터 임하실 성령을 기다리며 함께 모여 기도하였다. 오순절 날에 성령이 임함으로써 성령으로 충만하여 권능을 받게 되었다AD 30년. 오순절 날 성령이 바람과 불 같이 임하였고 방언을 하게 되었다. 오순절은 시내산에 하나님이 강림하실 때 바람과 불, 그리고 음성을 들려주신 것과 같다. 이것은 이스라엘 민족에게는 아주 중요한 것이다. 새로운 영적 이스라엘이 출발하는데 3가지 상징을 보여주심으로써 '시내산 사건이 재현'되었다는 확신을 갖게 한 것이다2장.

오순절(추수) = 불 + 바람 + 음성 = 시내산 재현 = 토라 받음 = 3천명

오순절 성령 강림을 통해 인종과 국가를 초월하는 교회가 탄생하게 되었다. 선교활동을 하기 전에 성령의 강력한 임재하심이 일어났다. 베드로의 첫 설교는 3,000명이나 되는 사람들이 가슴을 치며 주님께로 돌아오는 역사를 만들었다. 요한과 베드로는 미문의 앉은뱅이를 "나사렛 예수의 이름으로" 고치는 치유의 기적을 일으켰다3장. 이 기적으로 모인 군중들은 베드로의 설교를 듣게 되었고 5천명이나 되는 사람들

이 예수님을 믿게 되었다. 이들은 매일 시간과 장소를 가리지 않고 예수의 그리스도 되심을 가르치고 고백하는 일을 계속했다. 또한 서로의 것을 나누는 '사랑의 공동체'를 이루어 나갔다. 이것이 바로 성령 충만의 공동체이다.

위협을 느낀 유대인 산헤드린 공회는 사도들을 체포하여 "예수 이름으로" 말하거나 가르치지 못하게 하지만4장, 베드로는 "다른 이로써는 구원을 받을 수 없나니 천하 인간에 구원을 받을 만한 다른 이름을 주신 일이 없다"4:12며 더욱 담대히 예수 이름을 전하였다. 사도들이 다시 체포되는 위협에 불구하고 베드로와 요한은 "우리가 보고 들은 것을 말하지 않을 수 없다"라고 말하며 복음 전파하는 일을 쉬지 아니하였다. 하지만 교회 안에서 아간과 같이 아나니아와 삽비라가 탐심을 가지고 사도들을 속이는 사건이 발생했다. 교회의 '내적인 순결성'을 지키기 위해 아나니아와 삽비라는 죽임을 당하였다5장.

평신도들의 활발한 복음전파 활동으로 예수 그리스도의 복음이 예루살렘에서 이방인 세계로 뻗어 나아갔다6-7장. 하지만 믿는 사람들이 점점 늘어나 교회 안에 구제의 문제로 불평과 불만의 소리가 나자 사도들은 7명의 집사를 세워 문제를 해결하였다. 일곱 집사 중 스데반은 하나님의 은총과 성령의 능력으로 백성들 앞에서 놀라운 일들과 굉장한 기적들을 행하며 그리스도를 증거했다. 스데반의 설교를 들은 공회원들은 화가 나서 이를 갈며 그를 돌로 쳐 죽였다AD 35년. 스데반의 순교의 씨는 바울이 회심, 빌립의 효과적인 사마리아와 유대 전도로 이어졌다.

순교의 씨가 뿌려져도 다시 일어나게 되는 것이 바로 하나님의 사랑 때문이다. "누가 그리스도의 사랑에서 끊으리요? 환난이나 곤고나 박해나 기근이나 적신이나 위험이나 칼이랴! … 이 모든 일에 우리를 사랑하시는 이로 말미암아 우리가 넉넉히"롬 8:35,37 이기는 역사가 나타났다!

2. 유대•사마리아에서 증거 8-12장 : AD 37-46년 (10년간)

스데반의 순교는 더 많은 사람들을 복음의 증인으로 일어나게 했을 뿐만 아니라, 사마리아 사람들과 당시 땅 끝에 있는 나라 중 하나로 간주된 에디오피아 내시에게까지 복음이 확장되는 결과를 가져 왔다8장. 전도자 빌립은 이러한 전도 사역에 있어서 중요한 역할을 수행한 인물이었다. 교회를 향한 핍박은 교회를 파괴하는 것이 아니라 오히려 교회가 하나님의 은밀한 섭리 가운데 세계 복음화의 사명을 감당할 수 있도록 하였다.

예수님은 유대인들뿐만 아니라 이방인들에게까지 복음을 선포할 인물인 바울에게 나타나서 땅 끝까지 복음을 전할 사람으로 세웠다9장. 한편 사도 베드로가 행한 두 가지 기적으로 말미암아 룻다와 욥바 지역에서 많은 사람들이 주님께 돌아왔다. 로마 백부장 고넬료의 개종 사건을 통해 이방인에게도 복음 전파가 본격적으로 왔음을 보여 주셨다10장.

드디어 '이방인 선교'를 위한 거점으로 '안디옥 교회'가 세워지게 되었는데 이 교회는 헬라인, 곧 이방인으로 구성된 최초의 교회였다11장. 다시 핍박이 일어나 야고보 사도는 죽고, 베드로는 기적적으로 감옥에서 나오게 되었다12장. 이러한 박해에도 불구하고 "하나님의 말씀은 점점 더 흥왕하여져 갔다"12:24. 유대 지역의 교회가 어려움에 직면했지만 주님은 교회를 온전히 지켜 주심으로 바울은 세계 선교를 향한 힘찬 발걸음을 시작한다. 바울이 전한 복음은 후에 세계 최대의 종교가 되었다.

3. 땅 끝까지 증거 13-28장 : AD 47-66년 (20년간)

헤롯의 박해로 교회 본부가 예루살렘에서 '시리아 안디옥'으로 옮겨지고 바울의 전도 여행이 시작되면서 선교시대가 시작 된다. 이전까지 유대인에게 집중되었던 선교와 복음의 불길이 이방인에게까지 번지기 시작했다. 그 복음의 불길은 누구도 끌 수 없는 강력한 성령님의 불길이었다.

1차 선교여행 2년간 주후 48-50년 : 아시아 전도

이때 바울과 바나바는 '갈라디아 지역'에 복음을 전파하기 위해 비시디아 안디옥의 안식일 회당에서 그리스도 중심의 설교를 하고, 이고니온, 루스드라에서는 태어나면서부터 앉은뱅이 된 자를 치유하고, 안디옥으로 귀환했다14장. 그리고 안디옥 교회로 돌아와 선교 보고를 하는 것으로 1차 선교 여행을 마무리 한다. 제 1차 선교여행에서 가장 중요한 것은, 이방인들에게 믿음의 문이 열린 것을 확인한 것이다14:27. 특히 바울의 이 여행은 예루살렘교회에서 공회를 여는 중요한 계기가 되었다. 예루살렘 공회에서는 이방인 신자들은 모세의 율법에 속할 필요가 없음을 결정하였다15장. 이 회의를 통해 이방인 선교가 인정을 받게 되었으며 이는 바울의 독자적인 선교를 위한 중요한 토대가 형성되었다. 이는 선교역사의 중대한 전환점이라 할 수 있다. 복음이 유대를 넘어 유럽으로 퍼지기 시작한 것이다.

2차 선교여행 3년간 주후 50-53년 : 유럽 선교

2차는 마케도니아와 아가야와 '헬라 지역'에 예수님의 복음을 전파하는 여행이었다. 사도 바울은 마가가 떠나간 후에 새로운 동역자, 실라를 데리고 수리아와 길리기아를 통과하면서 서진하게 된다. 루스드라에서 새로운 동역자 디모데가 합세한다16장. 드로아에서 마게도냐 환상을 본 후에, 유럽 선교의 출발지인 빌립보에서는 루디아의 회심이 있었다. 바울은 점치는 귀신들린 여종을 치료해 준 것이 계기가 되어 감옥에 갇히지만, 오히려 간수장의 가정을 구원하는 결과를 가져왔다. 이 때 바울은 간수에게 "주 예수를 믿으라. 그리하면 너와 네 집이 구원을 얻으리라"16:31는 유명한 말을 남긴다. 선한 행위의 결과로 기적이 일어났다.

유럽 선교의 두 번째 아가야 지방 중심도시 데살로니가에서 3주간 복음을 전파하였다17장. 이에 많은 사람들과 헬라 사람, 귀부인들까지

승리의 힘

예수님을 믿게 되었다. 그러나 유대인들의 심각한 반대 때문에 갓 믿은 초신자들을 놓아둔 채로 베뢰아를 떠나야만 했다. 바울은 아덴에서 연설한 후에, 고린도로 가서 브리스길라 아굴라 부부와 함께 천막을 만들며 1년 반을 머물면서 교회를 세우고 부흥시켰다. 고린도에 머물고 있을 때, 데살로니가에서 실라와 디모데가 도착하여 데살로니가 성도들이 온 아가야와 마케도니아까지 모든 성도들의 귀감이 될 믿음의 삶을 산다는 좋은 소식과 재림에 대한 혼란에 빠졌다는 나쁜 소식을 듣는다. 그래서 쓴 편지가 <데살로니가 전후서>이다17:11. 이후 안디옥으로 돌아왔다18장.

3차 선교여행 4년간 주후 53-57년 : 아시아 전도

2차 선교여행 지역을 재방문하여 '아시아 전도에 집중'한다. 브리스길라와 아굴라 부부가 아볼로를 만나 하나님의 도를 가르쳤고, 아볼로는 고린도로 건너간다18장. 에베소에서 고린도 교회의 문제가 심각하다는 사실을 알고 <고린도전서>를 기록하여 디도를 통해 앞서 보낸다. 디도가 늦게 오자 마게도냐로 건너가서 디도의 보고를 듣고 난후<고린도후서>를 쓰게 된다19:22. 특히 두란노서원에서 2년간의 사역은 유대인과 이방인이 주의 복음을 듣게 만드는 전략적으로 중요한 사역이었다. 소아시아의 중심도시 에베소에서는 온 사회를 복음의 능력으로 흔들어 놓는 성공적인 사역을 하였다19장. 바울은 이방인이나 유대인이나 차별 없이 믿는 사람에게 주시는 은혜의 구원을 알리기 위해 <갈라디아서>를 기록한다. 그 후 마게도냐와 헬라를 두 번째 방문하여 고린도에서 <로마서>를 쓰고20:3, 드로아에서 밀레도까지 바울이 여행하고 밀레도에서 에베소 장로들에게 긴 고별설교를 하였다20장. 바울 일행은 3차 전도 여행을 마무리하면서 오순절 안에 예루살렘에 도착하기 위하여 여정을 서두른다.

로마 선교 : 5년간 주후 57-62년

바울은 많은 사람들의 만류에도 불구하고 예루살렘에 올라가, 결국 유대인들에게 붙잡혀 성전에서 죽을 뻔했는데 천부장에 의해 구출됐다(21장). 가이사랴로 이송되기까지 12일 정도의 기간이 소요되었다.

바울은 성전 뜰에 모인 유대인 무리들에게 1차 변론을 했지만 유대인들은 더 큰 소란을 일으켰다. 로마군이 채찍질하려고 하자 로마 시민권을 가졌음을 밝히며 항변하였다(22장). 바울의 2차 변론(23장)은 산헤드린 공회 앞에서 이뤄졌다. 천부장은 군중의 난폭한 반응을 보고 바울을 죽이려는 음모를 알게 되었다. 그래서 그는 바울을 가이사랴의 총독 벨릭스에게 보냈다. 벨릭스 총독은 혹시 돈을 뜯을까 하여 2년 동안 감금(AD 57-59년)하였다. 이어서 바울은 유대인 총독 벨릭스 앞에서 3차 변론(24장), 베스도 총독 앞에서 4차 변론(25장), 아그립바 왕 앞에서 5차 변론(26장)을 하며 자신의 무죄를 주장하면서 예수님을 고백했다. 바울이 황제에게 상소를 보내 바울은 특별 경호 부대원들에게 호위되어 로마로 항해를 하였다(AD 59). 바울은 가이사에게 호소하여 로마까지 먼 항해를 했고, 그곳에서 재판 때까지 1차 구금되어 2년 동안 셋집에서 유하였다(28장).

초대교회를 향한 박해에도 복음을 의지한 것이 살아낼 수 있었던 힘이었다. 비참한 노예 신분, 억울하게 착취당하는 상황 속에서도 어느 무엇도 그들을 굴복시키지 못했다. 복음의 능력은 현실 문제를 극복하게 했다.

첫 번째 로마 수감 : 2년간 주후 60-62년

바울은 재판을 기다리며 가택 연금을 당하고 있는 동안에도 로마 황제 근위대 및 황실 깊숙이 주의 복음을 전도하려 했다. 옥중에서 바울은 옥중서신인 <에베소서, 빌립보서, 골로새서, 빌레몬서>를 기록했다(AD 60-62). 바울은 그 시간에 주옥같은 서신서들을 기록하는 기회로 삼았다.

4차 선교여행 : 5년간 _{주후 62-67년}

역사학자들은 약 2년 후, 바울이 석방되고_(AD 62) 스페인까지 복음을 전했다고 믿는다. 한편, 바울은 에베소, 골로새 그리고 마케도니아의 각 지방을 다니며 이미 개척해 놓은 교회들을 굳게 세우고 다시 로마로 돌아왔을 것이다. 바울은 디모데에게 에베소를, 디도에게 그레데에 목회를 하도록 하였다. 얼마 후 로마에 원인 모를 대화재가 일어났다_(AD 64). 네로는 방화의 의혹을 피하기 위하여 희생양으로 그리스도인을 지목하였다. 결국 베드로는 순교를 당하고, 바울은 투옥됐다.

두 번째 로마 수감과 순교 _{주후 66-67년경}

A.D 67년경, 바울은 에베소에 목회하는 디모데와 그레데 섬에서 목회하는 디도에게 <디모데전서, 디도서, 디모데후서>를 쓴 뒤 얼마 후 참수형을 받고 생애를 마감하였다. 바울은 죽었지만 복음의 불길은 핍박의 강풍을 타고 1세기 말에는 지중해 연안 모든 지역이 주의 복음을 듣게 되었다. 이러한 사실은 사도행전 28장 31절의 마지막 진술인 "담대히 하나님 나라를 전파하며 주 예수 그리스도께 관한 것을 가르치되 금하는 사람이 없었더라"는 말씀은 하나님의 역사를 막는 것은 아무 것도 없다는 것을 보여준다. 복음 확장과 승리를 위해 그의 종들의 배후에서 일하고 계시는 하나님을 볼 수 있다. 이제 복음의 물결은 Act29로 열방을 향해 퍼져 나아간다. 사도행전 29장은 우리 차례다.

선교의 성경적 기초			
선교 근거	부활	선교 내용	구속
선교 수행	성령	선교 목적	종말
→ 선교는 하나님의 계획, 예수님의 사랑, 성령님의 도우심으로 성취 된다			

* 사도행전 통독 : 행 15→갈라디아서. 행 18:11→살전후. 행19:22→고전. 행 20:1→고후.
행 20:3→롬. 행 28→골,몬,엡,빌,딤전,딛,딤후. 약→유→벧전→벧후→히→요1,2,3→계

4_ 회복
성지서

5_ 승리
복음서

믿소사랑
평안 안식 풍성

3_ 지혜
지기서

6_ 풍성
서신서

7_ 성취
계시록

2_ 정복
야사서

1_ 창조
오경 역사

6. 더 많은 풍성한 열매를 맺으라 _ 서신서
열매 재생산하기 | 교회 • 선교시대 30-100년

예루살렘	유대	사마리아	땅 끝까지 이르러 증인			
베드로		빌립	바울			
오순절	스데반순교35년		1차 선교	2차 선교	3차 선교	로마-4차
A. D 30년	이방선교		2년47년	3년49년	4년53년	8년59년
행1-7장	행8-12장		행13-28장			

© 믿소사랑 성경 관통 by 신주식

바울의 선교여행			
1차 선교	2차 선교	3차 선교	로마-4차 선교-감옥
2년47년	3년49년	4년53년	8년59년
안디옥-선교사 파송	예루살렘 종교회의	에베소2년<고전후>	2년 감금-바울 변론
구브로-서기오 전도	소아시아 선교	아데미 우상-폭동	예루살렘→가이사랴
비시디아 안디옥	루스드라, 드로아	고린도<로마서>	로마행
이고니온, 루스드라	마게도냐 선교	드로아 설교-유두고	2년 감옥<옥중서신>
더베-많은 제자 삼음	빌립보-루디아,간수	고별설교-에베소장로	서버나 선교→체포
안디옥-<갈라디아>	데살로니가→베뢰아	두로, 가이사랴	<딤전후•디도서>
	아가야 선교<살전후>	예루살렘-선교 보고	순교함66-67년
	아덴, 고린도→귀환	바울이 체포됨	

© 믿소사랑 성경 관통 by 신주식

바울의 초기서신 48-55년	데살로니가전서51, 데살로니가후서51, 갈라디아서55 또는 48
바울의 주요서신 54-57년	고린도전서54-55, 고린도후서55-56, 로마서57
바울의 옥중서신 61-62년	에베소서61, 골로새서61, 빌레몬서61, 빌립보서62
바울의 목회서신 62-64년	디모데전서62, 디도서63, 디모데후서64

© 믿소사랑 성경 관통 by 신주식

서신서는 복음서와 사도행전에서 뿌린 열매를 어떻게 풍성하게 거둘 것인가를 알려준다. 또한 열매를 재생산하는 원리와 방법을 설명해 준다. 열매를 맺는 비결은 성령 충만이며, 성령의 인도를 받는 삶이다.

더 많은 열매를 거두기 원하는가? 그렇다면 우선 더 많이 심어야 한다. 심은 대로 거두기 때문이다. 더 풍성한 열매를 얻기 위해서는 '씨앗'을 심어야 한다. 씨앗은 '미래를 창조하는 도구'이다. 하나님은 우리에게 승리의 열매만을 주지 않는다. 다만 씨앗을 주셔서 우리에게 승리의 열매를 맺을 수 있는 기회를 주실 뿐이다. 하나님은 모든 사람들에게 풍성한 씨앗을 주셨다. 그러나 이 씨앗들은 심는다고 다 잘 자라는 것은 아니다. 중요한 것은 자신에게 주신 재능과 은사를 찾아 선택하여 심어야 한다는 점이다. 선택의 중요성을 깨달아야 한다. 하나님은 우리를 대신하여 직접 선택해 주시지 않는다. 선택은 당신의 손에 맡겨졌다.

강준민은 "씨앗을 선택하고, 씨앗을 심고 또한 가꾸는 것은 우리가 해야 할 일입니다"라고 하였다. 아볼로가 심고 바울이 물을 주었으되 자라게 하시는 분은 하나님이시다. 하나님은 우리가 심은 씨앗이 자라 열매를 맺을 수 있도록 도우시는 분이다. 승리의 열매를 맺기 위해서는 계속해서 씨앗을 뿌려야 한다. 좋은 미래를 위해 무엇을 심을지를 선택하라.

우리는 그리스도 안에서 풍성한 축복의 씨앗을 받았다. 무기력에서 해방된 성취함_{로마서}, 세상과 비교될 수 없는 사랑함_{고린도전후서}, 자유함_{갈라디아서}, 풍성함_{에베소서}, 기뻐함_{빌립보서}, 탁월함_{골로새서}, 소망함_{베드로전후서}, 사랑함_{요한서신} 등은 우리가 누릴 수 있는 씨앗들이다. 이러한 것은 돈이나 노력이 아닌 '믿음'으로 받는 것이다. 이 선물을 주신 것에는 하나님의 목적이 있다. 하나님의 소망은 당신에게 준 은혜와 은사를 찾아 잘 가꾸어 열매 맺는 것이다. 그리고 사랑으로 열매를 나눔으로써 더 풍성하게 하길 원하신 다는 것을 잊어서는 안 된다.

바울의 최대 걸작은 로마서다. 바울의 복음은 '유대인과 이방인 신자는 어떻게 구원받는가?', '율법과 복음의 차이, 이스라엘이 과연 구원받을 것인가?'라는 중요한 신학적인 논제에 대한 답을 주었다.

어거스틴은 로마서 13:13-14의 말씀으로 변화되어 기독교 역사상 가장 탁월한 신학자로 교회를 섬기게 되었다. 마틴 루터는 로마서 1:17의 말씀 "오직 의인은 믿음으로 말미암아 살리라"에서 종교개혁의 영감을 얻었다. 요한 웨슬리는 루터가 쓴 로마서 서론을 경청하다가 회심을 했고, 존 번연은 천로역정을 썼다. 2천 년 팍스로마를 뒤집었던 바울의 복음이 오늘 나의 삶을 뒤흔든다! 복음이 삶을 변화시키는 능력이 있기 때문이다.

로마서를 이해하려면 역사적 배경을 알아야 한다. 당시 로마는 대제국의 수도로서 인구 80만이라는 많은 인구가 모여 살며, 매우 부유했다. 상업의 중심지로 세계 각지에서 몰려온 다양한 민족들이 모여 살았다. 유대인들은 그 많은 민족들 가운데에서도 상당한 세력을 형성하고 있어서 다른 민족들과의 마찰이 심했다.

A.D 49년에 글라우디오 칙령이 내려졌다. 이는 로마 교회의 갈등의 발단이 되었다. 당시 로마에 거주하고 있던 유대인들은 이권을 차지하기 위해 서로 크게 다투었다. 그리스도를 따르는 유대인과 그리스도를 반대하는 유대인들 사이에서 일어난 다툼이었다. 이 사태가 점점 심각

해지자 글라우디오 황제까지 나서서 극단의 조치를 내린다. 바로 로마에 거주하는 모든 유대인을 로마 도시 밖으로 추방하는 것이었다.18:2. 하루아침에 유대인들이 담당하고 있었던 로마 교회의 중요 요직들이 모두 이방인으로 바뀌게 되었다. 처음에는 이방인들끼리 교회를 이끌어가는 것이 쉽지 않았다. 그러나 유대인들이 없다고 교회를 포기할 수 없었기에 최선을 다했다. 시간이 지나면서 교회는 안정되었을 뿐만 아니라 이방인들로 가득한 교회는 부흥하였다.

이런 상황에서 A.D 49년, 글라우디오 황제가 죽고 네로가 즉위하자 다시 유대인들이 로마로 돌아오게 된다. 5년 만에 돌아온 유대인들은 돌아와서 재회의 기쁨을 누리기는커녕 오히려 더 큰 다툼을 일으켰다. '교회 사역의 주도권', '이방인들을 향한 유대인들의 교만과 무시하는 태도', '유대인들을 향한 이방인들의 판단과 정죄', '유대인들의 정결 예법문제', '이방인과 유대인들의 구원에 대한 견해차이' 등 이유도 다양했다. 이러한 문제들 때문에 로마 교회는 다시 어려움에 처하게 되었다. 유대인 그리스도인들은 이방인 그리스도인들을 향한 무시하는 태도는 상상을 초월할 정도로 심해졌다. 이방인들이 즐겨 먹는 음식들이 유대인들의 율법에 비추어 볼 때 부정한 음식들이었기 때문이다. 유대인들은 그런 음식을 함부로 먹는 것을 보고 기겁을 하였다. 이방인 그리스도인들이 정성스럽게 음식을 준비하여 식사를 같이 하고자 하여도 유대인 그리스도인들을 자존심 상할 정도로 무시하며 함께 식탁도 하지 않았다.

먹는 사소한 문제부터 이방인 그리스도인과 유대인 그리스도인 사이의 비판과 정죄를 서로 할 뿐 아니라 서로 간의 다툼까지 생겼다. 로마서 16장에 따르면 로마 교회는 다섯 분파로 쪼개졌다. 로마교회 안의 유대인 그리스도인과 이방인 그리스도인들 사이에 갈등이 너무 심각하다는 이야기를 들은 바울은 3차 전도 여행 중이던 고린도에서 로

풍성의 힘

마서를 기록하였다.

유대인 그리스도인들은 유대인 출신인 바울이 자신들의 편을 들어줄 것을 기대했고, 이방인 그리스도인들은 바울이 이방인의 사도로 자신들의 편을 들것이라고 기대했다. 바울은 편지의 시작 부분에서 유대인 그리스도인들에 대한 말을 꺼내지 않고 이방인 그리스도인의 문제에 대해 지적을 한다. 이 편지를 들은 유대인 신자들은 내심 좋아했을 것이다.

바울은 먼저 '기쁜 소식'인 복음을 전하려고 로마교회를 방문하고자 함을 알린다. 그러나 지금은 갈 수 없는 형편이라고 말했다. 그러면서 복음은 '구원을 주는 하나님의 능력'이니 '오직 의인은 하나님이 주시는 복음을 믿음으로 받고 믿음으로 살아야 한다'는 메시지를 먼저 선포했다.

우리는 왜 구원의 복음을 받지 못하는가? 그 이유는 바로 '죄' 때문이다. 바울은 그 죄가 이방인들이 지은 죄임을 밝히며 목록들을 열거한다. "곧 모든 불의, 추악, 탐욕, 악의가 가득한 자요……".1:29-31. 무려 21가지의 죄를 구체적으로 밝힐 때 유대인들은 박수를 치며 들었다. 이방인 그리스도인들은 완전히 기가 꺾이고, 유대인 그리스도인들은 기가 살았다. 바울이 이방인들의 죄를 매우 명확하게 열거하고 있어 반론을 제기 할 수 없었다. 유대인들은 자신들이 정통이라는 자부심이 대단했다.

그러나 바울은 바로 다음 장에 '그러므로 남을 판단하는 사람'2:1, 즉 유대인 그리스도인들의 죄를 구체적이고 자세하게 언급했다. 유대인 그리스도인의 죄를 구체적으로 지적할 때 이방인 그리스도인은 신이 났다. "너희 유대인들은 뭐가 잘 났느냐? 너희도 죄가 많네"라고 했을 것이다.

1장과 2장에서 양쪽 모두의 죄를 지적하면서 논파한 바울은 3장에서 "모든 사람이 죄인이다!"라고 말하며 모두 구원 받을 수 없는 절망 상태임을 밝힌다. "하나님을 찾는 자 … 하나도 없도다"3:12.

바울은 이방인과 유대인 모두 어떠한 소망이나 가능성도 없는 완전 절망의 상태임을 인식시킨다. 그리고 복음을 소개한다. "이제 율법 외에 하나님의 한 의가 나타났으니 … 곧 예수 그리스도를 믿음으로 말미암아 모든 믿는 자에게 미치는 하나님의 의니 차별이 없느니라"3:21-22. 바울은 차별 없이 구원을 주시는 하나님의 능력이 된 복음만이 '기쁜 소식'임을 명확하게 설명한다. 바울은 이방인과 유대인이 동시에 구원 얻을 수 있는 모델을 제시한다. 그는 율법 시대 이전에 아브라함이 '믿음으로 말미암아 구원' 받은 자의 표상임을 밝힌다. 아브라함의 '믿음의 의'를 통해 '세상의 상속자'가 되리라는 약속이 주어 졌는데, 이 아브라함의 믿음의 의는 신약의 성도들을 위한 것이라는 기쁜 소식을 알려준다4장. 아담이 하나님과 화평을 깨었지만 제 2의 아담이신 예수님이 하나님과 화목케 하심으로 우리도 하나님과 더불어 평화를 누리게 되었다는 기쁜 소식도 알려준다5장. 바울은 이런 하나님의 화평을 누리는 비결은 그리스도와 연합하여 죽고 부활하는 사건인 '세례'를 받는 것이라고 알려주며, 우리 자신을 하나님처럼 대하여 산 자로 여길 것을 권한다6장.

소망이 없는 절망 상태 인식 = 복음만이 소망 = 하나님과 화목의 길

바울은 누구보다 율법에 열심을 가지고 구원을 받고자 노력한 사람이다. 그는 자신이 예수님 믿기 전에 "오호라 나는 곤고한 자로다"라는 탄식 할 수밖에 없었다고 간증한다7장. 그러나 반전이 일어났다. 그는 이 '생명의 성령의 법'을 통해 '죄와 사망의 법'에서 해방되었다. 바울은 그 누구도 하나님의 사랑을 끊을 수 없다는 기쁜 소식을 전한다8장.

바울은 자신이 깨달은 이 기쁜 복음의 소식을 자신의 종족인 유대인들이 모르고 있는 것을 안타까워했다. '이스라엘의 불순종에 의한 실패'

풍성의 힘

가 도리어 이방인들에게 구원이 넘어가는 계기가 되었음을 밝힌다. 그는 다시 유대인들을 구원하실 놀라운 하나님의 계획에 감탄한다9-11장. 그러므로 구원받은 자는 '거룩한 산 제사'로 하나님께 드리는 삶을 살아야 한다12장. 사랑을 빚진 자로서 권세가들에게 복종하거나 이웃을 업신여기거나 판단하지 말라고 권면한다13-15장. 마지막으로 바울은 5분파로 나누어진 이방인과 유대인 27명에게 기쁜 소식을 받은 자로서 '악에게 지지 말고 선으로 악을 이기는 삶'을 살아 달라고 당부한다.

의롭게 된 자는 의로운 삶을 살라			의 | 1:16,17 | 바울 | 56-57년	
믿음	1-7장	무력감을 벗을 의가 필요	믿음	구원
소망	8장 9-11장	능력을 뛰어 넘는 성취감 하나님의 주권아래 회복	성령 순종	성화 주권
사랑	12-16장	마음을 창조하는 자신감	의무	섬김

ⓒ 믿소사랑 성경 관통 by 신주식

구원을 받은 자는 믿음으로 사랑하며 산다		의 | 1:16,17 | 바울 | 56-57년
믿음	1-3장	의가 필요한 인간에게 복음을 주신 하나님
소망	4-7장	믿음으로 말미암은 의의 소망아브라함
	8장	성령 안에서 새로운 삶과 확실한 소망성화
	9-11장	하나님의 의는 이스라엘의 소망
사랑	12-16장	의롭게 된 자는 사랑하며 살아야 한다섬김

ⓒ 믿소사랑 성경 관통 by 신주식

사람들이 원하는 복음

세상 사람들이 원하는 복음은 두 가지다. 첫 번째는 바로 '소원 성취'로서의 복음이다. 누구나 자신이 갖고 싶은 것을 갖기를 원하고 되고 싶은 것이 이루어져 행복하기를 원한다. 그래서 세상 사람들에게는

'소원 성취'가 복음이 된다. 또 다른 하나는 '문제 해결'의 복음이다. 우리는 이 세상에 살면서 겪게 되는 가정 문제, 빚 문제, 건강 문제 등이 해결되기를 바란다. 그래서 '문제 해결'이 가장 원하는 복음이 되는 것이다. 우리들에게 복음은 무엇인가?

　안타깝게도 그리스도인들 역시 하나님을 믿는다고 하면서 '소원 성취'와 '문제 해결'을 바라는 경우가 많다. 주님은 자녀들에게 필요한 것을 아시고 채워 주길 원하신다. 이런 요구 자체가 잘못된 것은 아니다. 하지만 이것만 해결한다고 우리에게 전부 기쁜 소식이 되는 것이 아니다. 현실 문제가 극복되어 잠시 기뻐하는 것으로만 살 수 없다. 인간은 보다 근본적이고 본질적인 기쁨을 누려야 산다. 주님은 우리가 진정한 기쁨을 누리고 살 수 있도록 예비하셨다. 그것이 바로 복음이다.

　기쁜 소식이 되는 복음은 누가 주느냐가 중요하다. 아무런 해결을 주지 않는 복음은 필요 없다. 예수 그리스도는 누구에게나 복음이시다. 예수님이 주신 복음은 영원하며, 근본적인 해결책을 준다. 그래서 주님이 주시는 복음은 완전한 복음이 되신다. 상황과 조건과 환경이 달라도 누구에게나 근본을 해결할 수 있는 복음이 되시는 유일한 길이다.

　복음만이 이 세상이 줄 수 없는 것을 준다. 복음은 하나님과의 관계를 '화평'이라는 줄로 묶어 주고 온 세상과 '화목'하게 하는 어마어마한 선물이다. 복음은 우리에게 참 기쁨과 평안을 가져다준다. 여러 상황과 조건들이 우리를 넘어지게 하려고 해도 오히려 세상이 줄 수 없는 근원적인 기쁨을 얻게 된다. 오직 '주님' 한 분 만으로도 기뻐하고 감사할 수 있게 된다. 이러한 변화를 가져다주는 것이 복음이다. 우리는 복음을 받아들이면서 우리 마음에 중심이 변화가 있는지 3가지를 점검해 봐야 한다. 우리 마음의 참 주인이 바뀌었는가? 사랑의 대상이 바뀌었는가? 진리 안에서 참 자유를 누리는가?"

구원을 주시는 하나님의 의 <small>1장</small>

어릴 때, 우리는 구원이 미래를 위한 보험 같은 것이라고 배운 적이 있을 것이다. 마치 구원이 천국에 들어가는 데 필요한 '통행증'인 것 마냥 생각한다. 복음을 천국에 가는 자격을 얻는 차원에서 필요한 것으로 이해하였다. 그러나 복음과 구원을 우리가 죽은 후에 천국 가는 데 필요한 '천국행 티켓'처럼 여기면 놓치는 것이 많다.

복음이란 무엇인가 정의해 보자. 복음은 "예수 그리스도에 의해 완성된 '구원의 기쁜 소식'이다." 이것을 풀이하면 다음과 같다. "복음이란 성부 하나님에게서 계획하시고, 예수 그리스도에 의해 완성된 기쁜 소식이자, 이 사실을 깨달아 알도록 도우시는 성령님이시다." 복음은 하나님이 주신 선물로 처음부터 끝까지 하나님께서 주도하신 결과물이다. 인간의 공로나 의로움으로 주어진 것이 아니라는 것이다.

구원에 관해 먼저 이해할 것이 있다. 우리는 "구원을 받았고_{과거}, 구원 받고 있으며_{현재}, 구원 받을 것_{미래}"이라는 것이다. 톰 라이트는 구원에 관련하여 이렇게 설명하였다. "구원의 완성은 미래에 나타나겠지만, 구원은 현재를 향하면서 사람들을 죄의 상태에서 구출하고, 하나님의 백성을 괴로움과 박해에서 구출한다. 구원은 미래의 소망인 동시에 현재의 실재다."

로마서의 핵심인 1장 17절, "복음에는 의가 나타나서"와 "믿음에서 믿음에 이르게 하나니" 이 두 개념을 제대로 아는 것이 중요하다. 먼저 복음에 나타난 '하나님의 의'가 무엇인가를 이해해야 한다. 이는 두 가지로 설명할 수 있다. 하나는 '하나님의 의'를 '공의로우신 하나님의 성품'으로 해석하는 견해이고 또 다른 하나는 '하나님이 행하신 의로운 행위'로 해석하는 견해다.

우선 '공의로운 하나님의 성품'으로 보는 견해는 '심판'이라는 요소가 담겨 있다. 하나님이 우리에게 하나님의 의를 요구하시는데, 오리발을 내밀면 무서운 심판이 뒤따른다는 것이다. 또 다른 해석인 '하나님이 행하신 의로운 행위'는 하나님이 인간의 힘으로는 하나님이 요구하는 만큼의 의를 절대로 구현할 수 없다는 것을 인정해 주시고 예수님을 보내 의로워졌다고 여겨 주시는 것이다. 예수 그리스도의 의로 말미암아 하나님이 우리를 보실 때 '의롭다'고 인정해 주신 것이다. 전자는 공의의 하나님에게 '심판을 받지 않기 위해' 애쓰는 모습이다. 그러나 이러한 해석을 받아들이면 많은 오해가 생긴다. 인간의 힘으로 하나님의 의에 도달할 수 없기 때문에 하나님의 심판을 받지 않기 위해 노력하면 할수록 '낙제점수'라는 절망밖에 남지 않는다. 복음은 절대로 인간의 고행이나 노력으로 하나님의 점수를 얻을 수 없다. 그래서 하나님은 우리에게 예수 그리스도를 보내주심으로 직접 '하나님의 의'를 제시해 주신 것이다. 이것을 깨닫지 못하면 엄청난 고통의 시간을 보낸다.

루터는 1장 17절의 의미를 깨달았는데, 롤런드 베인턴의 『마르틴 루터의 생애』에서 "수도사로서는 털 끝만치도 흠잡을 데가 없었지만, 하나님 앞에서는 여전히 마음이 괴로운 죄인이었기에 도무지 나의 공로를 가지고는 그분을 누그러트릴 자신이 없었다. 그러므로 나는 공정하고 성난 하나님을 사랑하지 않았으며, 오히려 증오하고 그분에게 투덜댔다. … 어느 날, 나는 '하나님의 의'와 '의인은 믿음으로 말미암아 산다'는 말 사이에 관련이 있다는 것을 깨달았다. 그때 나는 하나님의 의란 하나님께서 은혜와 순수한 자비를 발휘하신 나머지 우리의 믿음을 보시고 우리에게 죄가 없는 것으로 취급하는 그 의라는 걸 터득했다. 그 순간 나는 새로 태어나서 열린 문을 통해 낙원에 이른 기분이었다." 루터는 우리는 하나님의 의를 구현할 능력이 없다. 그렇기 때문에 우리는 하나님이 대안으로 주신 예수 그리스도와 그분의 십자가를 의지하고 나아갈 때에만 의에 이를 수 있는 복음을 깨달은 것이다.

복음은 두 가지 요소가 다 있어야 한다. 우리 삶에 '공의로우신 하나님의 성품'과 '하나님께서 행하신 의로운 행위'를 전적인 하나님의 은혜로 여기며 사는 겸손한 태도가 필요하다. 복음은 "믿음으로 믿음에 이르게"하는 데까지 나아가야 한다. 삶에 복음의 능력이 나타나기 위해서는 우리의 받아들일 수 있는 통로인 파이프가 필요한데 이것이 '믿음'이다. 믿음이라는 파이프를 통해 받을 수 있다.

복음 = 공의 + 의로운 행위(하나님께서 행하신) = 전적인 은혜

믿음이란 하나님께서 베풀어 주신 호의를 거절하지 않고 감사함으로 받아들이는 태도이다. 풀어 설명하면, 믿음이란 한 번 약속하신 것을 끝까지 지키시는 하나님의 신실함에서 오는 선물이다. 하나님의 신실하심이 예수님을 통해 전달되었고 우리는 이에 신실하게 반응해야 한다. 하나님의 신실하심과 인간의 신실하게 반응하는 태도가 서로 손을 맞잡는 것이다. 하나라도 빠지면 헛된 것이 된다.

죄의 바이러스에 감염된 우리 1-3장

사랑하는 연인이 서로 입맞춤하기를 원하는데, 만약 한 사람이 바이러스에 감염되어 있다면 어떻게 해야 하겠는가? 빨리 병원에 가서 치료를 받아야 할 것이다. 아무리 사랑해도 바이러스에 감염된 상태에서는 멀리 떨어져야 할 것이다. 하물며 죄에 감염되었다면 어떻겠는가.

우리가 아무리 하나님을 사랑한다고 열광해도 우리가 죄에 감염되어 있다면 하나님과 접촉할 수 없다. 우리가 하나님을 만나기 위해서는 죄를 도려내는 수술을 해야 한다. 수술대에 오르면 하나님이 예수 그리스도의 대속으로 치료하실 것이다. 어떻게 죄를 도려낼까?

먼저 우리가 어떤 죄에 감염된 것을 정확히 진단해야 보아야 한다.

얼마나 심각한지를 알아야 그것에 맞게 수술할 수 있기 때문이다. 복음이라는 선물을 받아야 할 인간이 '하나님의 진노'를 받는 원인을 정확하게 파악해야 한다. 하나님의 진노를 사게 되는 이유는 두 가지이다. "하나님의 진노가 불의로 진리를 막는 사람들의 모든 경건하지 않음과 불의에 대하여 하늘로부터 나타나나니"1:18. 하나님께서 진노하시는 이유 중 첫 번째는 '모든 경건하지 않음', 다른 말로 '불경건'이다. 불경건을 영어로 'godlessness'로 '내면에 신이 없다'는 상태이다.

한마디로 말해서 '하나님을 내 마음에 모시지 않고, 하나님을 떠나 내 마음대로 살고자 하는 욕구'이다. 아담과 하와가 선악과를 따 먹은 것이 "하나님과 같이 되어"창 3:5 자기 마음대로 선과 악을 판단하며 자기 기준으로 살고자 하는 욕구이었다. 자신이 하나님이 되어 하나님 자리에 자신이 인생의 주인 노릇 하고자 하는 행위이다. 자기 인생의 주인 자리를 하나님을 제쳐두고 자신이 차지하겠다는 것이 '불경건'이다.

그럼 '불의'는 무엇인가? '불경건'은 하나님 자리를 차지하고 하나님 없이 사는 상태라면. '불의'는 그래서 나타나는 현상들이다. 마음에서 자신이 앉았을 때 생기는 결과물이다. "그들이 마음에 하나님 두기를 싫어하매 하나님께서 그들을 상실한 마음대로 내버려두자"1:28.

'마음에 하나님 두기를 싫어하는 상태'가 불경건이라고 한다면 그 불경건의 결과는 "곧 모든 불의, 추악, 탐욕, 악의가 가득한 자요 시기, 살인, 분쟁, 사기, 악독이 가득한 자요 수군수군하는 자요 비방하는 자요 하나님께서 미워하는 자요 능욕하는 자요 교만한 자요 자랑하는 자요 악을 도모하는 자요 부모를 거역하는 자요 우매한 자요 배약하는 자요 무정한 자요 무자비한 자라"1:29-30. 참으로 목록이 길다. 이 목록 가운데 자신에게 해당하지 않는 사람이 있는가? 비방하는 것, 수군수군 하는 것도 불의가 된다. 이런 목록에 벗어날 인간은 없다. 모두가 하나님 기준에 불합격이 된다. 불합격 받으면 어떻게 되는가.

죄악은 마음에 하나님 자리를 좇아 버림으로 하나님의 진노를 일으킨다. 죄악은 '불경건'에서 시작하여 '우상숭배'라는 종착점으로 연결된다. 일반적으로 '우상숭배'하면 불상에 절하는 것이나 제사 하는 것 부적을 붙여 놓는 것이라고 생각한다. 십계명을 보면 우상 숭배는 첫 계명인 '다른 신들을 섬기지 말라'에서 말하는 것은 "하나님보다 더 사랑하는 모든 것이 다 우상숭배다"라는 것이다. 십계명의 마지막 "탐심이 곧 우상 숭배이다"라고 못을 박는다. 하나님의 자리에 자신의 이익이나 욕심을 위해 사는 것이 우상숭배로 이어지는 것이다. 우리가 기도하는 것도 우상숭배가 될 수 있다. 기도로 자신이 원하는 것을 받아내기 위해 하나님께 열심히 기도하였으니 반드시 응답해 주어야 한다고 하나님을 조정하는 것이 우상이 된다. 선행도 자신의 선심 쓰는 것을 자랑하는 것이면 우상숭배로 빠질 수 있다. 이러한 기준이 그 마음의 중심이 '탐심'이 있느냐? 아니면 정말 욕심이 없이 하나님과 이웃 사랑을 위해서 한 것이냐? 라는 것으로 분별할 수 있다. 내 배만 채우는 것도 탐심으로 우상 숭배가 된다. 이것이 무서운 것은 "탐내는 자들은 미혹을 받아 믿음에서 떠나 근심으로 자기를 찔렀도다"딤전 6:10라고 한다. 탐심의 파괴력은 하나님을 믿는 믿음에서 떠나가고 근심이 자신을 찔러 멸망 길로 빠지게 된다는 것이다. 결국 탐심은 멸망 길로 빠진다.

하나님의 진노가 얼마나 큰지 알아야 한다. 왜냐하면 죄의 바이러스가 온 몸에 퍼지듯이 멸망 길로 이어지기 때문이다. 하나님의 진노는 "그러므로 하나님께서 그들을 마음의 정욕대로 더러움에 내버려두사…"1:24. '정욕'은 '에피튀미아'로 긍정적으로 쓰이면 '열정, 소원'이라는 뜻이고, 부정적으로 쓰이면 '성적인 타락 차원에서의 정욕'이라는 뜻으로 쓰인다. 이 단어는 성적인 욕망에 빠져 금지된 것도 탐하는 마음을 가졌다는 것이다. 이런 일에 대한 하나님의 처방은 "이 때문에 하나님께서 그들을 부끄러운 욕심에 내버려두셨으니…"1:26. '부끄러운 욕심'은 육체적인 충동에 빠져 변질된 사랑을 한다는 것이다.

이런 사람들에 대해 하나님이 "내버려두사"라는 것은 "분별력을 잃게 하셔서 부적절한 행위를 하도록 허락하셨다"는 것이다. 하나님은 자유의지를 주셨기 때문에 인격적인 분으로 손을 비틀어 강제로 막지 않으신다. 결국 하나님은 죄를 허락하실 수밖에 없는 처지에 이른 것이다. 그래서 바울은 '내버려두사'를 세 번에 걸쳐 반복하여 표현한다. 타락한 인간은 하나님의 마음도 모르고 하나님이 없는 것으로 느껴 세 번에 걸쳐 나타난 양상이 '바꾸었느니라', '바꾸었느니라', '바꾸었느니라'로 나타난다. 무엇으로 바꾸어 치기 했느냐? 동성애로 바꾸었다. "하나님께서 그들을 부끄러운 욕심에 내버려두셨으니 … 순리대로 쓸 것을 바꾸어 역리로 쓰며"1:26. 동성애는 성소수자를 보호해 주어야 하는 인권 행위가 아니다. 이것은 욕심에 이끌린 '자기합리화'와 '변명'이다. 최근에 동성애는 큰 이슈가 되고 있다. 동성애를 단군 신전을 몰래 깨부수는 일을 하듯이 할 수도 없다. 도리어 사람들의 지탄을 받을 수 있다. 죄는 미워하되 사람은 미워하지 말라는 말씀대로 우리는 동성애 성향을 가지고 있는 크리스천이라면 정죄하지 말고 그저 품어줘야 한다. 그들에게 필요한 것은 '수용'과 '사랑'이다. 어떠한 죄를 지은 사람이라도 교회에서 받아들여지고 사랑받을 수 있음을 확신시켜주는 교회 문화가 필요하다. 또한 동성애는 성경에서 분명히 올바른 길에서 벗어난 죄라고 했기 때문에 서명 운동 및 입법 과정에서의 투표 등을 적극적으로 활용하여 막아야 한다.

　마약이나 담배의 부작용은 엄청나게 광고를 하며 금하고 있지만 동성애는 도리어 감싸고 있는 어처구니없는 현상이 벌어지고 있다. 담배는 본인과 옆에 있는 사람에게만 피해를 주지만 동성애는 하나님의 진노를 사서 그 땅 전체가 징계를 받게 될 수 있다. 성경은 성적인 타락을 방치할 경우 받게 될 하나님의 진노에 대해 말해주고 있다. "그 땅도 더러워졌으므로 내가 그 악으로 말미암아 벌하고 그 땅도 스스로 그 주민을 토하여 내느니라"레 18:25고 하셨다. 소돔과 고모라와 노아 시대에도 동성애로 땅이 더러워졌기 때문에 하나님의 진노가 임하였다. 바벨론과 로마의 멸망의 원인을 뒷조사한 결과 동성애가 판을 쳤던 기록들이 있다. 주님께서 마지막 때가 노아의 때와 같다고 하셨다. 따라서 동성애가 판을 치면 결국 그 땅에 사는 사람들에게 땅이 토하며 내치는 지진 등이 일어날 것이다.

둘째로 나타난 역리현상은 윤리적 타락이다. 윤리적 타락은 영적으로 병든 상태이다. 결국 인간은 하나님의 공의에 불합격하여 하나님의 진노를 받을 수밖에 없는 존재다. 이방인이나 유대인도 예외 없이 하나님의 의 앞에서 불합격 판정을 받았다. "기록된 바 의인은 없나니 하나도 없으며 깨닫는 자도 없고 하나님을 찾는 자도 없고"3:10-11. 의인은 하나님과 바른 관계를 맺는 사람인데 그런 사람이 없다는 것이다. 나는 어릴 적에 죄인이라고 생각해 본적이 없다. 인간은 태어날 때부터 죄인이라는 존재, 즉 '죄붕어빵'으로 찍혀 태어난다. 존재론적 죄인이다.

절망에 빠진 우리에게 소망이 있다 3장

인간은 더 이상 소망이 없는 절망에 빠진 상태다. 이런 인간에게 '죽음병 진단서'가 내려졌다. 그러나 하나님은 사망 진단을 받은 인간을 방치하시는 것이 아니라 당신이 직접 수술하여 회복할 계획을 세우신다. 그 처방전이 '하나님의 한 의가 나타나는 것이다'3:21. 이는 "곧 예수 그리스도를 믿음으로 말미암아 모든 믿는 자에게 미치는 하나님의 의니 차별이 없느니라"3:22. 아무나 자신에게 사망 진단서를 내린 것을 알고 예수 그리스도를 찾아가면 '하나님의 의'와의 '맞교환'이 이루어지게 된다. 그것은 "그리스도 예수 안에 있는 속량으로 말미암아 하나님의 은혜로 값없이 의롭다 하심을 얻은 자 되었느니라"(3:24)라고 하셨다. 맞교환 비용은 예수님이 다 지불하였음으로 수수료가 없다. 그러나 공짜는 아니다. 이 맞교환 비용은 예수님이 화목제물이 되어서 다 지불하신 것이기 때문이다. 값은 예수님이 지불하셨다.

"곧 이 때에 자기의 의로우심을 나타내사 자기도 의로우시며 또한 예수 믿는 자를 의롭다 하려 하심이라"3:26. 예수님의 '의로우심'이 우리에게 전가 되어 믿는 자도 '의롭다'는 진단서를 받게 되었다. 이러한 진단서는 믿을 때 효력이 발생하게 된다. 율법대로만 행동한다고 되는 것이 아니다. '믿음의 법'이라는 도장이 찍힌 것만 '의롭다'는 판정을 받게 된다. "그러므로 사람이 의롭다 하심을 얻는 것은 율법의 행위에 있지 않고 믿음으로 되는 줄 우리가 인정하노라"3:28. '믿으면 의롭다'고 판정받는다는 진단의 선언을 받아들이면 '인정'을 받는 것이다.

믿는 자들 중에 "의롭다하심"과 "구속"이라는 용어를 헷갈려 하는 분들이 있다. "의롭다하심"은 법적 용어이고 "구속"은 상업적 용어이다. 예수님 당시 노예를 사고파는 노예 제도에서 사용되었다. 노예는 주인의 소유물인데 좋은 주인은 노예를 사서 풀어주어 자유를 주는 것을 "구속"이라고 한다. 우리는 예수님으로 인해 죄의 노예에서 구속을 받았다. 하나님의 은혜로 값없이 "의롭다함"을 얻은 사람들은 법적으로 의롭게 되었다. 즉 "노예에서 해방 됨"이라는 근거를 받게 된 것이다. '의롭다하심'과 '구속'은 같은 용어이다. 이것을 인정받는 근거는 하나님의 절대적인 사랑과 은혜로 이루어진 것이다.

어떻게 의롭게 살 수 있는가 3-6장

그렇다면 죄의 바이러스에 걸린 죄인을 하나님께서 어떻게 의롭게^죄 ^{씻고 회복} 하시는가? 의롭게 된다는 것은 일반 사람들이 이해하기 어렵기 때문에 잠시 법정으로 초대해서 설명해 보겠다. 인류는 죄의 바이러스에 감염되어 죽음병에 걸린 존재가 되었다. 율법이 검사가 되어 "모든 사람은 죄를 지었기 때문에 사형"이라고 주장한다. 이때 우리를 위해 변호해 주시는 분이 바로 예수님이시다. 예수님은 "내가 피 값으로 지불했다"라고 변론하신다. 법정에서 결론은 무죄냐 유죄냐 둘 중에 하나이지 절대로 중간 형태는 없다. 최고 재판장이신 하나님께서는 예수님의 십자가에서 행한 일에 대한 변론을 들으시고 "믿는 자에게는 무죄"라는 선고를 내린 신다. 무죄를 믿는 자는 "죄에서 의롭다함"를 받지만, 믿지 않으면 여전히 효력이 없다. 마치 배고픈 사람이 맛있는 음식을 앞에 두고 먹지 않는 자는 어리석은 자가 아닌가?

우리는 오직 믿음으로 말미암아 의롭게 되는 것이다. 정말 믿는다고 죄의 바이러스 문제가 해결 될 수 있단 말인가? 죄의 백신바이러스를 삭제하는 것이 필요하다. 의롭다함죄의 바이러스가 없다고 인정은 오직 하나님의 은혜를 믿음으로 말미암아, 그의 피로 인하여, 오직 예수 그리스도에 대한 믿음으로만 우리가 의롭다는 인정을 얻을 수 있다3:21-31. 한 마디로 예수님이 대신 "피를 흘려 우리의 죄를 깨끗케 해 주셨다"는 것을 믿으면 되는 것이다. 믿음을 받아들이면 죄는 삭제된다. 혹자는 너무 쉽다고 생각할지도 모르겠다. 그러나 믿음으로 의롭게 됨은 아브라함이 증명해 보였다4장.

아브라함은 할례를 받기 전에 이미 믿음으로 의롭다함을 받았으며, 또한 약속도 믿음에 근거하여 받았다3:28-30. 첫째, 아브라함은 '행위'가 아니라 '믿음'으로 의롭다는 칭의를 받았다4:1-8. 둘째, 아브라함이 얻은 칭의는 '할례'가 아닌 믿음으로 받았다4:9-12. 셋째, 아브라함과 그의 자손들이 물려받은 상속자가 되리라는 약속을 받은 것은 '율법'의 근거가 아니라 약속을 믿음으로 된 것이다4:13-17. 넷째, 아브라함은 어떻게 믿었는가? 그는 바랄 수 없는 중에 바라고 불가능한 상황에서도 믿음으로 강하여져서 하나님께 영광을 돌렸다4:18-22. 마지막으로 아브라함의 믿음의 원리는 지금 우리에게도 적용되고 있다4:23-25. 믿으면 아브라함의 놀라운 축복이 당신에게도 있다!

그렇다면 "예수님을 믿기만 하면 앞으로 심판에서 우리를 건져 주실 것인가?" 이러한 고민에 바울은 담대하게 선포한다. 하나님과 관계가 회복된 사람은 죽음의 세력5장, 죄의 세력6장, 그리고 율법의 세력7장으로부터 자유함을 얻게 된다. 율법의 세력에서 해방되었다는 실존을 알아야 성령 안에서 죽음의 세력, 죄의 세력에서 해방된 것을 알게 된다. 죄의 실존이 무엇인가? 죄의 뿌리, 즉 죽음으로 몰고가는 근원은?

오호라 나는 곤고한 사람이로다 7장

누구보다 율법에 열심이었던 바울은 '자유에 이르지 못하고 죄 아래에 있던 옛 모습'을 고백한다. 이것은 그리스도가 오시기 전에 율법 아래에서 방황하는 이스라엘 모습을 보여 주는 것이다. 그 때 인간은 '죄의 노예 상태'였다. 이 상황이 되면 율법이 약해서가 아니라 내가 죄 아래에 팔려 육신에 속하여 원하는 것을 할 수 없게 된 것이다. 그래서 "원함은 내게 있으나 선을 행하는 것은 없노라"라고 고백할 수밖에 없는 것이다. 이것이 인간 실존의 한계와 좌절을 맛보는 것이다. '속사람은 하나님의 법을 즐거워하나 죄의 아래 사로잡힌 것'을 보게 된다. 이 때 외칠 수밖에 없는 고백이 터져 나온다. "오호라 나는 곤고한 사람이로다. 이 사망의 몸에서 누가 나를 건져 내랴?"7:24. 완전히 파산한 상태인 '곤고한 사람'이었던 예수님을 만나기 전의 바울의 경험이 이스라엘의 현주소임을 적나라하게 보여 준다.

우리를 무력하게 만드는 율법의 권세에서 벗어나 살 수 있는 것은 오직 성령의 능력 아래 사는 것이다8장. 성령 안에는 새로운 삶과 미래를 새롭게 창조하는 소망이 있다.

성령이 우리를 도우시고 하나님의 사랑이 이기게 한다 8장

"그러므로 이제 그리스도 예수 안에 있는 자에게는 결코 정죄함이 없나니. 이는 그리스도 예수 안에 있는 생명의 성령의 법이 죄와 사망의 법에서 너를 해방하였음이라"8:1-2. 예수님 때문에 정죄에서 의롭다함을 받은 것은 '죄와 사망의 법'에서 종노릇 하던 우리가 해방되어 '생명의 성령의 법'으로 '상속자'가 되었다. 죄에 종속된 상태에서 자유롭게 되었다.

예수님이 해방시킨 결과는 무엇인가? '육신적 패러다임'의 한계를 벗고, '성령의 패러다임'에 따라 살게 된 것이다. '육신을 좇는 삶'이 아니라 '성령을 좇는 삶'이다. '성령을 좇는 삶'은 육신의 일을 생각하지 않고 영의 일을 생각하는 것이다. 육신의 생각을 따른 결과는 '사망'이지만, 영으로 생각을 따른 결과는 '생명과 평안'이 온다. 성령을 좇는다는 것은 육신적인 생각에 따른 것이 아니라 성령이 주시는 가치관을 가지고 결정하며 행동을 하는 것이다. 성령께서 원하시는 것들을 생각하는 것이다. 그 열매가 마음에 흔들리지 않는 '평안'을 주님 주시는 사랑 때문이다. '생명'과 '평안'이 맺히는 결과가 오면 성령의 생각을 따른 것이다. 우리가 육신의 생각을 따르면 결국 멸망으로 이르게 된다는 경고를 무시하지 말아야 한다.

성령을 좇는 삶은 '양자의 영'을 받아 하나님의 자녀로서 사는 삶이다. 우리가 하나님의 아들인 이유는 성령으로 양자의 영을 받았기 때문이다. 성령을 통해서 우리가 하나님의 자녀가 되고 '상속자'의 축복을 받은 것이다. 자녀가 되면 '상속자'의 자격이 누리는 영광을 받기 위한 '성화 훈련'이 있다. '상속자의 영광'을 받기 위해 '잠시의 고난'도 있다는 것을 잊지 말아야 한다.

왜 고난이 있는가? 우리는 성령 안에 들어왔으나 여전히 육신의 자아의 흔적이 남아 있다. 때문에 우리 내부를 청소하는 작업이 필요하다. 우리 힘으로는 절대로 욕심으로 가득한 자아를 청소 할 수 없다.

성령을 좇는 삶 = 영의 생각 = 상속자의 축복 = 성화 훈련(고난) = 합력 선

오직 성령이 우리 연약함을 도와주신다. "우리가 마땅히 빌 바를 알지 못하나 오직 성령이 말할 수 없는 탄식으로 우리를 위하여 간구"8:26하신다. 성령님께서는 우리를 상속자로 만드는 성화의 과정을 돕기 위해 '기도'를 통해 일하신다. 우리는 마땅히 구해야 할 것도 알지 못하고 자신의 욕심대로 구한다. 그러나 성령은 우리를 위하여 탄식하며 중보기도해 주신다. 성령은 '하나님의 마음을 감찰하시는 분'으로 성도를 위하여 간구하신다.

이러한 성령의 도우심의 어떠한 결과를 낳는가? "하나님을 사랑하는 자 곧 그 뜻대로 부르심을 입은 자들에게는 모든 것이 합력하여 선을 이루"8:28는 축복을 받는다. 우리가 처한 환경이 비록 고통스러운 환경으로 여러 가지 시험을 당한다고 할지라도 성령님은 결국 모든 것을 합력하여 선을 모으신다. 하나님이 합력하여 선을 이루기 위해 우리를 '의롭게 하시고, 영화롭게 하시기' 위한 성화의 과정이 있다. **부르심 받은 자를 선으로 이끄신다.**

이러한 부르심의 효과는 무엇인가? 고난은 있다. 하지만 고난 가운데 살아가지만 하나님의 사랑으로 승리하는 삶이 있다는 것이다8:31-39. "이 일에 대하여 우리가 무슨 말을 하리요?" "누가 우리를 대적하리요?" "우리에게 은사로 주지 아니하시겠느뇨?" "누가 능히 하나님의 택하신 자들을 송사하리요?" "누가 정죄하리요?" "누가 우리를 그리스도의 사랑에서 끊으리요?" 여섯 번의 의문문을 통해 강하게 표현한다. 우리에게 '대적', '송사', '정죄', '사랑으로부터 단절'과 같은 하나님의 자녀에게 처한 고난의 환경도 하나님의 사랑에서 결코 파괴할 수 없다! 끊을 수도 없다! 이기게 된다!

누구도 정죄할 수 없는 것은 예수님께서 우리를 위해 하나님의 우편에 앉아서 우리를 위해 중보하시고 계시기 때문이다. 그러므로 우리에

게 환란과 곤고함, 핍박과 기근, 적신수치를 드러내는 벗음과 위험 같은 그 어떠한 것도 우리를 그리스도의 사랑에서 끊을 수 있는 것은 없다. 우리를 사랑하시는 이로 말미암아 우리는 '넉넉히 이길 수 있는 힘'을 가졌다. 성령님이 함께 하심으로 주의 사랑으로 이 세상에 존재하는 어떠한 존재든지 이길 수 있다! 우리는 어떤 고난도 주님이 십자가에서 주신 사랑으로 넉넉히 이길 수 있다. 우리는 이 세상에 정복당하며 살아가는 자가 아니라 정복하는 자가 되었다. 우리가 싸우게 되는 이 세상의 삶과 영적 세력과의 싸움에도 능히 이길 수 있다. 현재와 미래의 일 모두 하나님이 주관하시며 모든 피조물과 환경을 주님이 통치하신다. 하나님의 사랑에서 우리를 좌절시킬 수 있는 것은 아무것도 없다. 하나님의 사랑이 우리를 넉넉하게 이기게 하신다! 우리는 이 사랑을 받은 자이다! 우린 승리자가 된다. 최후에 웃는 자가 승리자다!

육신을 따르는 삶과 성령을 따르는 삶			
육신	육신의 일을 생각	죽음과 고통	주님을 기쁘시게 못함
성령	성령의 일을 생각	생명과 평안	주님을 기쁘시게 함
→ 성령은 생각을 통해 일하신다. 성령이 주시는 생각 따라 살라			

ⓒ 믿소사랑 성경 관통 by 신주식

교회생활 12장	사회생활 13장	신앙생활 14-16장
산제사로 드리는 영적 예배(1-3)	국가-권세자에게 복종하라	약자에게-비판을 삼가고, 사랑으로 도와주라(14장)
믿음의 분량대로 지혜롭게 생각(4-13)	이웃-사랑하라 사랑-율법의 완성	믿음이 강한 자-약한 자 연약함을 담당하라(15장)
핍박받는 자를 축복하고 기도(14-20)	경건-육체 도모 말고 그리스도로 옷 입어라	성도 교제-구제, 중보기도 교제(문안)(15-16장)

ⓒ 믿소사랑 성경 관통 by 신주식

하나님의 방법으로 구원 - 하나님의 의 (3:21-5:11)	
의의 방법 3장	하나님의 은혜로, 예수의 피로 말미암아 → 예수 그리스도를 믿음으로 의롭다하심
의의 실례 4장	아브라함이 믿음으로 말미암아 의롭게 됨 → 행위, 할례, 율법이 아닌 믿음으로 의롭다함을 받음
의의 완성 ①죽음5장	그리스도의 죽으심과 부활로 말미암아 완성됨 → 예수의 순종으로 말미암아 의와 생명을 경험
②죄6장	주와 함께 세례 받음 → 죄의 세력에 대하여 죽고 그리스도의 부활로 거듭나 새로운 삶을 영위
③율법7장	주의 죽음에 동참하여→율법의 저주로부터 해방

© 믿소사랑 성경 관통 by 신주식

구원의 여정 = 칭의, 성화, 영화		
믿음	칭의	"나는 무죄 선고 받았어, 의인 되었어"는 선언 아님 죄 용서=무죄 선언(부정적)+의인이라 칭함(긍정적) 하나님과 올바른 관계로 회복됨 = 통치 받는 백성
소망	성화	"구원 확신 있으면 돼, 이제 상급받기 위해?" 아님 씻김 받고=분리(과거)+하나님께 바쳐지기(채움.현재)
사랑	영화	올바른 관계 속에 서서 '의의 열매 맺음' 살기 이 사회에 하나님의 의와 화평(샬롬)을 이루도록 성령 따르는 삶=하나님 사랑+이웃 사랑=의의 열매 구원의 완성, 아직 이루어지지 않음. 재림으로 완성 하나님과 올바른 관계 회복됨, 의인 됨, 자녀 됨 세상 통치하심에 참여, 영광에 참여, 신적생명 얻음

© 믿소사랑 성경 관통 by 신주식

성화는 하나님께 바쳐지기이고 성령을 따르는 삶이다

톰라이트는 "성도는 구원 받았고칭의, 구원 받고 있으며성화, 구원을 받을 것이다영화"라고 하였다. 칭의는 과거적 개념으로 이미 의롭다함을 받아 하나님의 자녀가 되었다는 과거에 일어난 사건이다. 우리가 구원 받은 것_{칭의}과 구원 받을 것_{영화}은 전적으로 하나님의 주권과 은혜에 달려 있다. 그러나 구원 받아감_{성화}은 성령 하나님의 은혜와 더불어 우리의 노력도 필요하다. 성화, 즉 거룩함을 이루어가기 위해서는 우리의 조금의 거짓도 없는 날마다의 진실된 회개와 정결함을 유지하기 위한 피나는 노력이 있어야 한다. '성화'는 「성」서로운 사람으로 「화」사하게 사는 것만을 말하는 것이 아니다. 또한 하나님의 거룩한 백성으로 살아가기만을 뜻하는 것도 아니다. 성화는 '하나님께 바쳐지기', 하나님의 소유된 거룩한 백성으로 '성도들이 되기'이다. 자녀, 곧 상속자가 된 우리들이 어떻게 살아가야 하는 가의 문제이다. 성화는 "너희 몸을 하나님께 산 제사로 바치라"_{롬 12:1}는 말씀대로 '하나님의 거룩한 백성으로 사는 것'이다. 이것은 "너희 몸을 하나님께 바쳐지기를 원한다면 우상 숭배에 빠지지 말고, 음행에도 빠지지 말고, 이웃의 것을 탐내지 말고, 성령의 도움으로 성화를 이루어 가라"_{살전 4:1-8}는 것이다. 이것이 거룩한 백성으로 사는 것이다.

그렇다면 성화와 칭의는 어떤 차이가 있는가? 성화의 현재는 칭의의 현재와 마찬가지로 하나님의 백성으로 '의의 열매 맺기'를 의미한다. '칭의'는 '죄 사함'과 '하나님과의 올바른 관계로 회복됨'을 표현한다. 따라서 성화와 칭의는 사실상 동의어이다. 칭의 다음에 성화가 일어나는 것이 아니다. 둘은 세례 때 함께 일어난다. 세례 때 죄 사함을 받고 하나님과 올바른 관계로 회복된다는 관점에서는 '칭의'라고 하고, 죄_{오염} 씻음을 받고 거룩한 하나님의 백성으로 바쳐짐으로 볼 때는 '성화'라고 한다. 둘 다 우리가 거룩하고 의로운 하나님과의 올바른 관계로 회복됨, 그의 거룩하고 의로운 백성 됨을 뜻하는 말이다. 바울은 칭의를 '의인으로 살기'를 함축한 단어를 사용한다.

성화 = 씻김 받고 = 분리(과거) + 하나님께 바쳐지기(채움.현재)

우리는 '칭의'를 '믿는 자' 된 순간에만 적용하려 한다. 바로 그것이 문제가 된다. 그러면 '구원받으면 죄 짓는 것은 문제가 안 되겠지. 회개하면 괜찮겠지'라고 착각하는 사람들이 많다. 의로운 삶이 없는 칭의론은 자만과 구원파적 안일에 빠지게 만든다. "성경은 하나님이 태초로부터 구원받을 자들을 선택하여 구원을 주시기로 예정하시고, 구원하신 자들을 끝까지 지켜 주신다고 하는데, 나는 의인이라 칭함을 받았어. 이제 어떤 경우에도 구원의 확신만 가지고 있으면 천국 가는 것은 따 놓은 당상이지. 그러니 아무렇게 살아도 상관없다"라고 착각하면 문제가 되는 것이다. '칭의'는 '믿는 자' 된 순간부터 최후의 심판 때 비로소 완성되는 것으로 이해해야 한다. 구원의 과정을 믿는 순간에만 적용하면 의로운 삶이 없는 칭의론이 되고 만다.

의인으로서의 삶이 없이도 의인으로 자처하는 칭의론에 빠지면, "성화를 위해 열심히 교회 봉사하고 죄 짓지 않고 양심적으로 살려고 노력해요. 사랑도 많이 실천하려고 노력해요"라고 하면서 칭의의 현재적 과정으로 이해하지 않고, 이미 칭의된 자들로서 자신이 장차 하늘나라에서 '상급'을 받게 된다는 생각만 한다. 즉 성화를 상급 받는 과정으로 생각하게 되는 것이다. 이것도 문제가 된다.

김세윤은 이런 문제점에 대해 이렇게 지적하였다. "이것이 지금 한국교회에 만연한 구원론 구도이다." 구원칭의은 은혜로 모든 믿는 자들이 이미 받은또는 받기로 확정된 것이다. 그들 중에서 신앙생활을 열심히 한 사람들은, 다시 말해 성화에 열심을 낸 사람들은 구원에 더하여 '상급'을 받는다." 그래서 우리 개신교도들이 중세 가톨릭교회의 공로신학, 상급신학에 빠졌다. 이것이 지금 우리의 영성을 심각하게 왜곡하고 있다. 우리는 우리가 믿음으로 이미 받은 칭의가 최후의 심판 때 비로소 완성된다는 것을 의식하여, 칭의된 자로서 의롭게 살려고 더 노력할 것이다. 그러나 성화를 칭의와 근본적으로 구분되는, 칭의 뒤에 오는 구원의 한 단계로 이해하면, 우리가 이미 칭의를 받았으니 성령 성화가 부족하여 장차 하늘나라에서 상급을 못 받아도 최소한 구원은 이미 확보한 것이니 그것으로 되었다고 자만에 빠질 수 있다. 그런 생각을 가진 사람들이 현재의 삶에서 '의의 열매'를 맺으려는 노력을 게을리 할 것은 뻔 한 이치이다."

성화를 '겸손하기', '정직하기', '성적으로 순결하기' 등을 이루는 일에만 집중하면 되는 수준으로 이해하면 안 된다. 성화를 칭의를 받은 사람이 이루어가야 할, 하나님의 통치를 받는 삶의 윤리적 요구가 사회 윤리까지 포함하고 있다는 것을 의식하며 살아야 한다. 그러면 우리는 나의 삶뿐 아니라 전 사회적, 전 세계적인 하나님 나라의 실현에 관심을 갖게 된다. 그리하여 늘 '의인으로 사는 것'은 이 사회에 하나님의 의와 화평샬롬이 이루어지도록 노력하는 하는 것까지 포함해야 한다는 것이다. 의인으로 산다는 것은 무엇인가?

성화는 우리가 의인으로 사는 것이다. 우리는 하나님과 올바른 관계 속에서 하나님의 주권 아래 그 통치를 받으며 산다는 것이다. 쉽게 말해서, 날마다 '하나님의 뜻대로 살기'로 결심하면서 하나님의 통치를 받는 것이다. 그렇지 않으면 심각한 문제가 발생한다. 넘어질 수 있다, 하나님과의 올바른 관계에서 끊어질 수 있고 탈락 될 수 있다. 정말일까?

우리가 하나님께 의지하고 순종하는 삶을 살지 않으면서, "예수님을 믿는데요"라고 말만 한다면, 그것은 '헛되이 믿는 것'으로 헛된 믿음이다. 그것으로 '구원의 은혜'를 누릴 수 없다. 예수님도 "주여, 주여"하는 자는 천국에 갈 수 없다고 경고하셨다. 우리는 고백하는 것으로 끝내면 안 된다. 우리는 두렵고 떨림으로 하나님과의 올바른 관계에 서 있어야 한다. 이것이 육신을 따르는 삶이 아니고 성령을 따라 사는 삶이다. 하나님의 통치를 받는 삶이어야만 성령의 열매를 맺는 삶이다. 성령의 열매들이 대부분 도덕적인 덕목이라는 것을 아는가. 그리고 이것은 하나님과 관계뿐만 아니라 이웃과의 올바른 관계에서 나오는 행위이다. 이것이 바로 '의의 열매들'이다. 성령의 열매는 성령의 도우심으로 하나님의 통치를 받으며 사는 삶으로 '의의 열매'를 맺어 가는 삶이다.

많은 성도들이 "한 번 받은 구원은 영원한 구원이고, 한번 칭의를 받으면 자동적으로 천국가게 된다"고 믿는데, 이것은 구원파들이 믿는 신앙관이다. 성경은 구원이 완성될 때까지 주님과 회복된 관계에 서 있어야 하는데 그렇지 않고 자꾸 곁길로 가면 구원의 은혜에서 탈락한다고 가르친다고전 10:12. 구원의 은혜에서 탈락할 가능성에 대해 제일 무서운 선포는 히브리서 6:1-10절에 나온다. 여기 보면 한번 세례를 받아 빛을 체험하고 죄 씻음을 받은 자가 배교하면, 신앙에서 뒷걸음질 치면 다시 회개할 수 없다고 분명하게 말한다. 이런 경고를 한 히브리 기자는 걱정하는 사람들에게 하나님의 신실함이 우리의 구원을 지켜준다는 확신을 주며 살살 달래기도 한다. 그러나 신자가 성령의 인도하심에 따르기를 계속 거부하고 끝까지 신앙에서 뒷걸음치면 언젠가는 되돌아올 수 없는 낭떠러지로 떨어질 수도 있다는 것도 성경의 가르침이다.

김세윤은 이렇게 결론을 맺는다. "로마서 8:28-39를 보면 하나님이 우리를 끝까지 지켜주신다고 약속하신다. 이에 대해 바울은 "누가 우리를 그리스도 안에 있는 하나님의 사랑에서 끊을 수 있으리요!"라고 외친다. 이 우주 안에 있는 어떤 세력도 하나님의 사랑에서 우리를 끊을 수 없다. 바울은 '하나님이 베푸시는 은혜에 의한 구원'과 더불어 '타락의 가능성'이라는 두 가지 가르침을 함께 가르치는데, 이 둘이 일으키는 논리적 긴장을 의식하며 살아야 한다. 지금 우리가 하나님의 주권을 의식하고 거기에 순종해야 함을 자각하면서 '내가 이렇게 살면 안 되는데…', '내가 과연 성령의 인도하심에 따라 하나님과 이웃을 사랑하고 살고 있는가?'라는 마음을 갖는 것이야말로 우리가 하나님과의 올바른 관계에 서 있고 성령의 깨우침을 받고 있다는 증거이다."

고전 _ 고전하는 것은 욕심 때문이다
1 Corinthians

고린도는 인구가 60-70만 명이 사는 대도시였다. 중요한 상업 도시이며 헬라의 중심 도시였다. 고린도는 운동 문화가 성하여 당시 올림픽에 버금가는 큰 경기를 자주 개최했다_{고전 9:24-27}. 그러나 도덕적인 수준은 오히려 아주 낮았다. 그리스 신화의 미의 여신 아프로디테의 신전이 있었고, 이 신전의 여사제들은 성적으로 매우 문란하였다. 고린도는 부요와 사치, 술 취함과 방탕이 넘쳤다.

바울이 2차 전도 여행 시에 마케도니아를 지나 아덴을 거쳐 고린도에 와서 1년 6개월 동안 머물며 성장한 교회가 바로 고린도교회이다_{행 18장}. 한창 때는 2만 5천에서 3만 명의 그리스도인이 있었다. 고린도에서 바울은 로마에서 온 아굴라와 브리스길라의 집에 머물면서 회당에 전도를 하였다. 이때 그는 큰 성공을 이루었다. 회당장 그리스보를 개종시킨다. 바울은 그곳을 떠나 안디옥으로 돌아와 2차 전도 여행을 마무리 한다.

그런 고린도교회가 성장하다가 여러 가지 문제에 봉착한다. 교회 성도들이 이 문제들을 해결하기 위해 바울에게 편지를 쓴다. 고린도전서를 쓸 당시 바울은 3차 전도 여행으로 에베소에 장기간 머물면서 사역을 한다. 그는 고린도전서를 보낸 후 근심 중에 고린도교회를 잠시 방문한다_{고후 2:1}. 후서는 전서를 기록한 후 고린도를 다시 방문한 지 얼마 되지 않아, 바울이 에베소를 떠나 마케도니아 지방에 머물며 사역할 때 써서 디도 편에 보낸 것이다. 그 후에 바울은 다시 고린도를 방문하여 3개월간 머문다. 그것이 그의 최종 방문이었다^{행 20:12, 고전 16:5-7.}

바울이 에베소에 있을 때, 고린도교회에서 목회를 하고 있던 아볼로가 바울을 찾아왔다. 아볼로가 전한 소식은 고린도교회에 많은 문제가 있다는 것이었다. 도저히 혼자서는 교회 문제를 해결할 수 없던 아볼로는 바울에게 찾아와 고린도교회의 문제를 이야기했다.

고린도교회에는 언변과 인물이 출중한 아볼로를 좋아하는 사람도 있었지만, 바울을 그리워하는 사람들의 수도 적지 않았다. 결국 아볼로를 지지하는 사람들과 바울을 지지하는 사람들 사이에 다툼이 일어났다. 이에 또 다른 무리는 "우리는 예수님의 직계 뿌리인 베드로로 가자"고 주장했고 "그리스도를 따르는 사람들이 되자"는 파벌 또한 형성되었다. 이러한 파벌들이 형성된 후에는 사사건건 파당에 따라 의견이 엇갈렸다. 교회가 분열되는 가운데 도저히 목회를 감당할 수 없었던 아볼로는 바울을 찾아가 도움을 요청하였다. 바울은 아볼로가 전해준 고린도교회 문제들에 관해 하나하나 해결책을 써 보냈다. 가장 큰 문제인 은사 문제는 사랑의 동기로 해야 한다고 권면하였다.

바울은 편지를 써서 디모데 손에 들려 보낸다. 이때 아볼로에게 고린도에 다시 돌아가라고 여러 차례 권면 하였지만 아볼로는 전혀 갈 마음이 없다고 말했다^{고전 16:12.} 디모데가 가지고 간 고린도전서를 교인들이 읽고 난 후, 바울이 보내온 해결 방책이 옳다고 수용하는 부류도 있었지만, 이 편지로 인해 오히려 역효과가 난 분파도 있었다. 바울 반대파 사람들은 "말은 시원찮은 사람이 글은 굉장하네" 혹은 "바울은 사도가 아니잖아?"라는 식의 비난을 쏟아냈다. 바울의 사도권까지 시비를 걸고 있었다. 이때 바울이 "매 주일 첫 날에 돈을 좀 저축해 두라"^{고전 16:2}고 당부한 것이 큰 논란으로 확산 되었다. 바울이 연보를 준비하라고 말하자, 사람들은 "어? 겉으로는 자비량 운운하더니 연보를 준비하라

풍성의 힘

고! 결국 사람을 보내서 뒤로 돈을 걷어가는 게 아냐?"라는 의심을 품었다.

바울은 앞서 고린도전서를 써서 보내고 해결의 실마리가 생길 것이라고 기대하고 있었는데, 오히려 기대에 못 미치는 정반대의 반응을 보이지 안타까워했다. 그래서 다시 쓴 편지가 고린도후서 10-13장이다. 바울은 이번에는 디도 편에 편지를 보낸다. 디도가 이 편지를 가지고 가서 고린도 교인들에게 보여준다. 카리스마 있는 디도 앞에서 교인들이 모두 크게 반성을 한다. 그런데 바울은 편지를 써서 보내 놓고 소식이 늦자 조마조마 하다가 고린도에 직접 가려고 길을 나선다. 바울이 에베소에서 마케도니아로 간다. 그곳을 거쳐서 고린도로 가려고 한 것이다. 마침 디도가 고린도 교인들이 뉘우쳤다는 좋은 소식을 전하여 주었다. 바울은 다시 고린도 교인들에게 편지를 보내 감사와 위로의 메시지를 전한다고후 1-9.

십자가로 변화된 삶을 살라		분쟁 | 15:58 | 바울 | 55-57년	
교회 발생한 문제 책망 1-6장			
1	분쟁1장	세례로 인한 파당	하나님의 지혜로 해결
2	근친상간5장	계모와 근친상간	회개할 때까지 추방
3	신자간 소송6장	형제 속임. 재판함	법정보다 성도가 해결
4	성적 부도덕6장	성적관계 권리 주장	몸은 주의 성전이다
교회 문제에 대한 답변 7-15장			
1	결혼7장	독신과 이혼?	구원 위해 이혼 말라
2	우상 재물8-10장	우상 음식 먹음?	복음전도 위해 절제
3	예배질서11장	예배 수건, 성찬?	질서를 따라 경건하게
4	은사문제12-14장	방언이 최고?	사랑을 따라 행하라
5	육체의 부활15장	육체적 부활?	부활은 확실히 있다

ⓒ 믿소사랑 성경 관통 by 신주식

세상의 지혜	하나님의 지혜
십자가의 도를 미련하게 여김	십자가의 도-구원을 얻는 하나님의 능력
유대인-표적, 헬라인-지혜 추구	믿는 자-십자가에 못 박힌 그리스도
강한 것, 지혜로운 것을 자랑	약한 것으로 세상을 부끄럽게 함
능한 자, 문벌 좋은 자를 택함	미련한 자를 택하사 있는 자를 폐하심
→ 십자가는 세상의 지혜로 미련해 보이지만 하나님의 지혜로 믿는 자를 구원	

© 믿소사랑 성경 관통 by 신주식

부요하게 하려 오신 주님 8-9장

바울은 고린도후서 8-9장에서 가난한 이들을 위한 구제 헌금을 부탁하였다. 예루살렘에 흉년이 들어 그들을 돕기 위한 돈이 필요했다. 이때 바울은 "명령하는 것은 아니다. 억지나 인색함으로 헌금하지 않으면 좋겠다"라고 하면서 "너희의 사랑의 진실함을 보여 주면 좋겠다"고 권면하였다. 바울이 이렇게 말 할 수 있었던 근거는 무엇인가? "우리주 예수 그리스도의 은혜를 너희가 알거니와 부요하신 이로서 너희를 위하여 가난하게 되심은 그의 가난함으로 말미암아 너희를 부요하게하려 하심이라"고후 8:9. 예수님은 우리를 부요하게 하려고 오신 분이다. "내가 온 것은 양으로 생명을 얻게 하고 더 풍성히 얻게 하려는 것이라"요 10:10 예수님은 더 풍성히 얻게 하려고 오신 것이다. 예수님이 우리를 풍성하게 위해 대가를 지불하셨다. 하지만 세상에는 공짜가 없다.

예수님이 우리를 부요하기 위하여 선택한 것은 무엇인가? 예수님은 무한한 부를 가지고 계신다. 그 부를 나누어 주지 않는다면 우리는 가난하게 살다가 죽을 것이다. 그분이 나누어 주심으로 완전히 가난해지시면, 우리는 그분의 부로 말미암아 부요하게 될 것이다. 둘 중에 하나이다. 예수님은 생명을 나누어 주지 않으면 우리는 영적으로 죽는다. 예수님이 자신의 생명을 내어주시면서 까지 사랑해 주시면 우리는 부

풍성의 힘

요해진다. 그분의 희생으로 말미암아 이루어지는 것이다.

예수님은 우리를 부요하게 하시기 위해여 기꺼이 가난하게 살기로 작정하셨다. 이 땅에 마굿간에 태어나시고 십자가에 죽음으로 한 방울의 생명까지 다 주셨다. 예수님은 우리를 보배 삼으시려고 하늘의 모든 보화를 버리고 오셨다. 우리가 그분의 보배로운 보화가 되었다. 우리의 '가난'이라는 '죄의 옷'을 대신 입으시고 우리에게 '부요'라는 '의의 옷'을 입혀주심으로 우리는 보배가 되었다. 우리를 보배로 삼고자 죽으신 그분의 은혜 때문에 우리도 그분을 보배 삼게 된다. 우리는 전에 돈을 보배로 삼는 자이었으나 이제는 주님을 보배 삼는 자가 되었다. 돈에서 안전과 인정을 받고자 했던 것을 내려놓고 남을 돕고 싶은 사랑의 마음을 가지게 된다. 우리가 복 받은 보배임을 알게 됨으로 남을 대접하는 후한 백성이 된다.

이제는 돈의 결핍 때문에 걱정할 필요가 없다. 풍성하신 하나님을 주인으로 모심으로 문제가 해결되기 때문이다. 풍성하신 하나님이 "너희의 쓸 것을 모두 다 알고 있다. 그러므로 이방인같이 염려하지 말라"고 하신다. 먹을 것 입을 것을 걱정하는 우리 인생을 하나님만이 채워 줄 수 있다. 주님은 우리 영혼뿐만 아니라 모든 것을 부요하게 하실 구원자이심을 알기를 원하신다. 우리가 그의 구원을 더 깊이 이해할 때 우리는 생명을 얻고 더 풍성하게 얻게 될 것이다. 그분이 십자가에서 피와 물을 다 쏟아가며 가난해지셨으므로 우리가 부요함을 누리게 된 것이다.

믿음은 우리를 참으로 부요하게 하시려고 친히 가난해지신 그분을 위해 사는 것이다. 우리가 재물의 우상을 밀어내고 그 자리에 주님을 모시는 것이 소망이다. 십자가로 말미암아 주신 한없는 풍성함을 나누는 삶이 사랑이다.

성령의 은사, 방언은 쉽게 받을 수 있다 12-14장

성령의 은사「은」혜로 「사」역할 수 있도록 주신 선물는 말 그대로 주신 분의 마음에 따라 주시는 선물이지 받는 사람이 요구대로 받는 것이 아니다. 성령의 은사라 하면 지혜의 말씀, 지식의 말씀, 믿음, 병 고치는 은사, 능력 행함, 예언함, 영들 분별함, 방언 말함, 방언들 통역함이 있다. 만약 은사를 골라잡으라고 하면 사람들이 은사 중에 제일 받고 싶어 하는 것은 무엇일까? 예언이나 병 고치는 은사 일 것이다. 조종하기도 싶고 자신의 위치를 높이기도 쉽기 때문이다. 놀랍게도 은사는 그런 것만 있는 것이 아니다. 섬기는 은사도 있고 구제하는 은사도 있다. 그러나 중보기도 은사나 전도 은사는 없다. 왜냐하면 이것은 은사가 아니라 누구든지 해야 하는 것이기 때문이다.

논란이 많은 방언에 대해 이야기 해 보자. 방언을 받는 것은 너무나 쉽다. 방언을 사모하는데 받지 못하는 사람들이 많다. 그들은 "내가 간절함이 부족해서인가? 기도가 부족하기 때문인가?"라고 생각한다. 방언을 내 힘으로 받으려고 노력하는 것이 더 문제가 된다. 내 자신을 내려놓고 성령님이 역사하도록 내어드리기만 하면 된다. 나도 이것을 몰라서 7년이라는 세월이 걸렸다.

먼저 알아야 할 것이 있다. '방언 은사가 임한 것이 성령 세례를 받은 것인가'에 대해 논란이 많다는 것이다. 우리가 예수님을 믿을 때, 성령이 임한 것이며, 성령세례를 받은 것이다. 그러면 왜 성령 세례를 받는 장면이 사도행전에 또 나타나는가를 질문하는 분들이 많다. 방언은 우리가 예수님을 믿는 순간 모두에게 임한 것이다. 다만 성령의 나타심을 감각적으로 느끼는 소수의 사람들이 있는 것이다. 감각에 의존하기 때문에 오해한 것이다. 원래 기질이 활달하고 큰소리로 기도하는 사람들이 방언 은사를 쉽게 받는 것뿐이다. 우리가 믿을 때 방언 은사가 임

풍성의 힘

하였지만 '성령의 나타나심'과 '성령의 임하심'을 감지하지 못하고 잠겨 있기 때문이다. 성령 세례가 임해야 방언 은사가 나타나는 것이 아니다. 방언과 성령 세례는 얼마나 기도를 많이 했느냐의 문제가 아니다. 그저 믿음으로 주신 것임을 믿고 받아들이면 된다. 혹시 감각이 둔해서 믿음으로 나타나지 않는다고 해도 걱정할 필요는 없다. 회개기도하며 주실줄 믿고 구하면 주실 것이다. 혹 방언을 받지 못하는 사람들은 대부분 지적이며 차분하고 냉철한 분들이 많다. 기질이 많은 것을 좌우한다는 사실을 잊지 말라. 평소에 큰 소리로 기도하는 사람들이 방언을 더 잘 받는다. 방언 받으려면 먼저 성령께 임하여 주시길 구하고 회개할 것이 있으면 회개하라. 기도하고 난 후에 절대로 우리말을 계속하면 안 된다. 내 생각을 따라 기도하는 것이 아니라 혀를 맡기고 기도하는 것이다. 그저 내가 생각하지 못한 단어가 나왔을 때 따라 하면 쉽게 된다.

방언은 내 생각이 죽고, 내 느낌이 죽고 오직 성령님께 맡기고 주실줄 믿고 기대하면 된다. 방언 은사가 나타나지 않았다고 성령 세례를 안 받은 것은 아니다. 방언을 사모함에도 불구하고 나타나지 않으면 인내하며 기도하라. 절대로 방언이 안 된다고 좌절하지 말라. 방언은 성령의 열매와는 관련이 없는 것으로 오직 성령님만 의지하고 살면 된다. 방언보다 더 중요한 것은 '성령의 열매 맺는 삶'이다. 방언을 받았다고 모든 것을 엉망으로 살면 도리어 주님의 영광을 가리는 일이다.

말썽 많은 예언 은사, 덕을 세우는 좋은 은사

많은 교회들이 예언의 은사 때문에 말썽을 겪는다. 나름대로 열심히 기도하는 분 가운데 예언의 은사를 남용하므로 문제를 일으키는 경우가 너무 많다. "하나님이 말씀하시길…" "하나님이 가라사대…"라는 말을 함부로 쓰는데, 이것은 구약의 선지자들이 예언할 때 사용한 것으로 신약에는 적절하지 않다. 우리가 알아야 할 것은 구약의 선지자와 신약의 예언 은사는 분명히 차이가 있다는 것이다. 구약의 선지자는 예언이 틀렸을 경우 돌에 맞아 죽기도 했다. 하나님이 직접 계시하기 때문이다. 신약은 그렇지 않다. 신약의 예언은 "오직 성령의 감동하심을 받은 사람들이 하나님께 받아 말한 것"벧전 1:21이다. 성령의 감동이란 그 사람의 믿음의 분량만큼 믿음의 파이프를 통해 전달되는 것이다. 구약에 선지자처럼 직접 하나님의 음성을 듣는 것이 아니라 내적인 세미한 '감동'을 받은 것이라는 말이다. 그러므로 믿음의 성숙도에 따라 예언의 정확도가 확 달라진다. 만약 하나님이 감동을 주었다고 자신이 구약 선지자들처럼 100퍼센트 옳다고 생각한다면 그것은 착각이다. 우리가 하나님의 음성을 들으려고 할 때 주의 할 점이 있다. 하나님의 음성과 사탄의 음성, 그리고 자신의 생각에서 나오는 음성 3가지가 쉽게 혼동된다는 것이다. 기도와 방언을 많이 하는 사람들에게 대부분 예언의 은사가 나타난다. 그렇다고 하나님의 감동을 받았다고 호들갑을 떨면서 선지자 노릇을 하면 안 된다.

주님께서 직접 말씀하셨다. "주의 이름으로 선지자 노릇 하며 … 주의 이름으로 많은 권능을 행하지 아니하였나이까?"마 7:22. 사람들 중에 '선지자 노릇'하는 자가 많다고 하셨다. 우리는 선지자 노릇하는 사람들을 멀리해야 한다. 성경에서도 그들은 "양의 옷을 입고 너희에게 나아오나 속에는 노략질하는 이리"마 7:15고 하셨다. 우리가 분별할 수 있는 방법은 "그들의 열매로 그들을 알지니"마 7:16라고 하셨다. 예언하는 사람이 열매 가운데 금전적인 이익과 같은 다른 이익을 추구한다면 이것은 반드시 목회자에게 알려 검증을 받아야 한다. 특히 교회 지도자 몰래 예언을 하는 경우가 많이 있는데 성경은 이것에 대하여 분명하게 지침을 말해주고 있다. "예언하는 자는 둘이나 셋이나 말하고 다른 이들은 분별할 것이요"고전 14:29. 공개적으로 지도자의 권위 아래 순종하며 행해야 한다. 예언을 할 때 "예언하는 자들의 영은 예언하는 자들에게 제재를 받"14:32으며 해야 한다. 하나님의 주신 귀한 선물은 마치 칼 같이 유용한 도구가 될 수 있지만, 금품 등 이익을 구하는데 사용한다면 그 사람은 도둑 행위를 하는 것이다.

신약의 예언은 구약 선지자처럼 죄를 지적하거나 저주하는 것이 아니다. 우리는 그 사람의 죄악이 보이면 먼저 중보기도 해야 한다. 중보기도 없는 자는 예언 할 자격이 없다. 중보기도 후에 이렇게 말해야 한다. "하나님께서 저에게 감동 주시는 것이 있는데, 이러한 죄가 떠올랐는데 맞는지요? 만약에 옳다고 인정하시면 그 문제가 해결 될 수 있도록 기도로 도와 드리겠습니다"라고 해야 한다. 인정하지 않으면 먼지를 털듯이 하고 중보기도만 해주면 된다. 예언 은사를 받았다고 자신이 선지자가 되는 것이 아니라는 것을 꼭 명심해야 한다. 신약에서 "예언하는 자는 사람에게 말하여 덕을 세우며 권면하며 위로하는 것이요"14:3. 예언은 질서에 따라서 3가지 목적을 지켜야 한다. '덕'이 되고, '권면'하며, '위로'가 되는 것이어야 한다.

현대판의 선지자이며 예언자를 소개하고자 한다. 윌리엄 윌버포스는 유복한 상인 집안에서 태어난 그는 21살에 하원의원이 된다. 당시 의원들이 그랬듯 클럽을 전전했고 도박과 춤에 빠져 지냈다. 하지만 1785년이 되면서 몇몇 사람의 영향으로 그는 참회를 했고 기독교의 정신을 현실에서 구현해야겠다는 생각을 품었다. 당시 의회는 노예상이나 서인도제도의 농장주들에게 상당 부분 장악당한 상황이었던 탓에 반발은 심했다. 윌버포스는 수차례 노예무역 폐지 법안을 제출했지만 번번이 근소한 표 차이로 패배했다. 그러나 그는 포기하지 않고 매년 문제를 제기해 마침내 1807년 노예무역 폐지법안이 의회를 통과했다. 그리고 그는 1833년 7월 노예의 완전해방을 규정하는 법안이 상원을 통과

됐다는 소식을 들은 지 사흘 뒤 세상을 떠났다. 그는 진정한 이 시대의 예언자로 미국에도 영향을 주어 링컨도 노예해방에 동참하게 되었다. 또 한 사람을 소개하면 마틴루터 킹 목사이다. 그는 비폭력 흑인 운동가로 "나에게는 꿈이 있습니다"라고 외쳤다. 그의 외침은 이루어졌다. 이 시대는 사회를 변혁 시킬 이런 예언자의 소리를 찾고 있다.

사랑은 은사가 아니다 12-13장

많은 사람들이 '최고의 은사는 사랑이다'라고 생각한다. "너희는 더욱 큰 은사를 사모하라"12:31는 구절을 보고 "봐라 더욱 큰 은사는 방언이나 예언이 아니라 사랑의 은사이다"라고 단정 짓는다. 그러나 성경이 말하는 것이 그것이 다인가? 성경은 이어서 "내가 또한 가장 좋은 길을 너희에게 보이리라"라고 말한다. 즉 '사랑'은 큰 은사가 아니라 그 은사를 시행할 수 있는 방법, 가장 좋은 '길'이며, 방언과 예언, 그리고 9 가지 은사들을 나타낼 수 있는 가장 좋은 길이다. 이어지는 내용에서 "사랑이 없다면 방언과 예언도 구제도 꽝이라는 것이다." "사랑을 통하지 않는 길로 행하는 것은 모두 무용지물이 될 수 있으니 무슨 은사를 행할 때는 사랑하는 마음과 섬기는 마음으로 해야 한다." 이것이 바울이 말하고자 하는 핵심이다. 믿음도 소망도 구제도 사랑으로 해야 한다. 사랑 없이 하는 모든 일은 꽝이다.

방언의 은사 12장	사랑의 길 13장	예언의 우월성 14장
개인의 유익	제일 좋은 길	교회의 유익
개인 하나님과 교통	.. 제일은 사랑이라	교회 덕을 세움
→ 사랑이 빠진 방언과 예언은 꽝이 된다. 오직 사랑의 동기로 행하라		

ⓒ 믿소사랑 성경 관통 by 신주식

풍성의 힘

고린도후서는 내용이 고린도전서와는 완전히 다르다. 고린도후서는 고린도교회가 바울에 대해 자행했던 사도직에 대한 공격과 그들이 가졌던 오해에 대해 변명하기 위해서 쓰였다. 예수님과의 사역 경험이 없는데 어떻게 사도라고 할 수 있는지에 대한 공격에 대한 것이다. 바울은 다메섹 도상에서 부활하신 예수님을 만나 주님께로부터 직접 사도로 부르심 받은 것을 강력하게 증명한다. 또한 그의 사도 된 표시는 모든 참음과 표적과 기사와 능력을 행하는 것이라고 했다12:12.

고린도후서는 바울과 고린도교회 사이를 아버지와 반항하는 아들의 관계처럼 묘사하면서 고통스러워하는 아비의 심정이 표현되어 있다. 다행히 교회가 회개하고 돌이킨 것에 대해 들으면서 기쁜 마음으로 위로의 편지를 보낸다. 바울은 또다시 고린도교회에 연보를 요구한다 9:1-3. 그들의 헌신에 하나님께서 풍성히 채워주시리라는 축복을 한다. 바울은 바울의 일을 강하게 추진하되 그 과정에서 생길 수 있는 오해와 갈등을 미리 조심하고 연보를 가져오기 위해 디도를 보낸다8:6.

그리스도인의 정체성			방어 | 12:9 | 바울 | 56년	
믿음	1-7장	화해의 사역	위로, 그리스도의 편지	격려
소망	8-9장	연보와 헌금	그리스도의 부요 나눔	모금
사랑	10-13장	사도의 사역	그리스도의 일꾼 희생	변론

ⓒ 믿소사랑 성경 관통 by 신주식

바울이 삼층천을 체험 후 사단의 가시로 인한 고백 고후 12장	
믿음	영적인 축복들은 육신적인 축복보다 더 중요하다
소망	기도 응답되지 않는다고 하여 해결되지 않는 것이 아니다
	연약함이란 그리스도께서 함께 하시는 한 강함이 된다
사랑	그리스도의 은혜는 모든 것을 이길 힘이 된다
→ 고난과 연약함은 주님의 은혜로 이길 힘을 주시는 선물이 된다	

© 믿소사랑 성경 관통 by 신주식

약함이 강함이며, 낮아짐이 높아짐이다

우리가 사는 이 세상은 약함이 아니라 강함을 좋아한다. 당시 고린도 도시도 예외가 아니었다. 그들이 살던 도시는 사치스러운 생활을 자랑하는 화려한 것을 좋아했다. 음란이 판치고 술을 즐기던 땅이었다. 인간의 능력과 성취를 자랑하는 곳이었다. 학위와 배경이 있는 사람들이 인정받는 곳이었다. 이런 곳에서 목회를 하는 것이 얼마나 힘들 것인가.

그 당시 교회에서도 강의나 설교를 하려면 인가된 학위와 추천서가 있어야 했다. 바울에게는 추천서가 없었다. 또한 예수님을 직접 만나 제자가 되어야 사도로 인정받을 수 있었는데, 바울은 예수님 직계 제자도 아닌데, 자신이 사도라고 주장해 사람들의 의심을 샀다. 바울은 "어떤 사람들처럼, 우리가 여러분에게 보일 추천장이나 여러분이 주는 추천장을 필요로 하는 사람들이겠습니까?"3:1라고 말하며 도리어 사람들에게 질문을 던졌다. 이어서 "나에겐 더 확실한 추천서가 있으니, 하나님께서 주신 성령의 추천서요. 내가 전한 복음이 내가 하나님의 종임을 증거하는 것이요"라고 말했다. 그러나 사람들은 믿지 않고 도리어 깔보았다. 바울은 인정받는 학위와 추천서가 없음에도 불구하고 복음을 전하고자 하는 열정에 불타는 사람이었다. 그는 사람들이 무시해도 자신의 약함이 하나님의 강하심이 나타날 기회가 된다고 믿었다.

풍성의 힘

고린도후서 | 367

바울은 14년 전에 셋째 하늘에 올라간 체험을 간증했다. 바울은 "내 육체에 가시, 곧 사탄의 사자"고후 12:7를 주셔서 자만하지 않게 하신 하나님의 뜻이라고 받아 들였고 이러한 것을 자랑하지 않았다. 그렇다면 육체의 가시, 사탄의 사자는 무엇인가?

바울은 사람들 곁에 지나가기만 해도 치유되고 귀신이 떠나가는 능력을 지닌 자였다. 그런 그에게 "육체의 가시"가 있었다. "육체의 가시"를 놓고 온갖 추측이 많다. 갈라디아서에 '큰 글자로 쓴' 것을 두고 안질이라고 해석하기도 하며, 심지어 간질병이라고도 한다. 과연 그럴까? 이런 것은 근거도 없는 추측성이다. 사탄이 사람에게 병을 주는가? 아니다. 성경 원문과 좌우 문맥을 살펴보면 쉽게 알 수 있다. 새 번역에서는 "하나님께서 내 몸에 가시를 주셨습니다. 그것은 사탄의 하수인"이라고 분명히 말하고 있다. 가시는 사사기에서 백성을 괴롭히는 주위의 적들을 표현할 때 사용되는 단어다. 따라서 사탄의 사자, 곧 바울을 괴롭히는 유대인을 말한다.

앞의 문맥을 보면 더 정확하게 나온다. 고린도후서 11장 21-30절에 바울은 유대인들로부터 받은 핍박이 자신에게는 교만하지 않도록 하신 하나님의 계획이라고 말했다. 그리고 바울 자신이 그리스도를 위해 유대인으로부터 받은 고난, 즉 가시인 "약한 것들과 능욕과 궁핍과 박해와 곤고"를 기뻐한다고 하였다. 그 이유는 "내가 약한 그 때에 강함"이 되기 때문이다고후 12:10. 바울은 유대인으로부터 받은 가시가 자신을 더 겸손하게 만들고 교만하지 않기 위한 것으로 주님을 더욱 의지한 말한다.

약할 때 강함 = 겸손하게 만들고 교만하게 않게 = 주님만 의지함

세상은 "강해야 해." "실력을 쌓아야 해"라고 부추긴다. 그러나 복음은 "그리스도를 통해 무엇이든 할 수 있어"라고 말한다. 우리가 약할 때

주님이 더욱 빛날 수 있다고 말한다.

사람들은 자신의 약점을 내보이길 싫어한다. 약함을 보이길 싫어하는 이유는 '열등감' 때문이며, 또한 '교만'하기 때문이다. 일부러 자신의 약점을 숨기기 위해 다른 사람 앞에 자신의 업적과 성과를 내세우기도 한다. 이것이 안 되면 심각한 열등감에 빠져 포기하기도 한다. 솔직하게 약함을 당당하게 드러내려면 용기가 필요하다. 자신은 의지할 것이 없고, 오직 주님의 도움을 바라볼 수 없음을 인정하는 것이다. 우리의 문제는 약한 것이 아니라 약함을 숨기려 하며 환경을 탓하는 것이다. 그래서 우리는 중요한 복들을 많이 놓친다. 수없이 우리는 약해 보이지 않으려고 하며, 강한 모습을 보이려고 한다. 그러나 우리의 약함과 실패를 주님 앞에 솔직히 고백하고 도움을 구하는 것이 지름길이다.

예수님은 자신의 강함을 내세우지 않았다. 바리새인들은 하나님의 아들이라는 것을 증명해 보이면 믿겠다고 말하고, 사람들은 기적을 보여 주면 믿겠다고 하였다. 주님은 그들의 요청을 거절하셨다. 썩어질 양식으로는 근본적인 문제를 해결 할 수 없음을 아셨기 때문이다. 예수님은 자신이 가장 약해지고 약해질 때까지 낮아지셨고 멸시와 조롱을 받으면서 십자가를 지셨다. 그 길이 사탄을 이기고, 죽음을 이기고, 어둠을 이기며, 약함을 이길 수 있는 유일한 길임을 아셨기 때문이다. 주님은 자신을 "비워" 종의 형체를 가지시고 자기를 낮추시고 죽기까지 복종하는 길이 높아지는 길임을 아셨다빌 2장 그 길이 "곧 십자가에 죽으심"이었다. 그렇게 할 때 "하나님이 그를 지극히 높여 모든 이름 위에 뛰어난 이름을 주사 … 모든 무릎을 예수의 이름에 꿇게" 만드셨다.

믿음은 우리의 약함을 바라보는 것이 아니라 강함을 주시는 주님을 보는 것이다. 소망은 자신의 약함을 인정할 때 주님의 일하심을 보게 된다. 사랑은 주님의 낮아지심이 나를 세우기 위한 것임을 아는 것이다.

갈라디아서는 종교개혁을 일으키는 원동력이 되었다. 이 책은 갈라디아서는 '자유의 복음'이다. '그리스도인의 자유선언문' 또는 '그리스도인의 대헌장'이라고 부른다. 로마서와 갈라디아서는 오직 예수 그리스도를 믿는 믿음으로만 구원이 온다는 새 언약을 설명한다. 왜 갈라디아서는 믿음을 강조할까?

1차 전도 여행지역에 유대주의자들은 "믿음에 모세의 율법 행위를 더해야 더 완벽해진다"라고 가르쳤다. 바울은 교인 중에 자유를 포기하려는 사람들이 있다는 소식을 듣고 안타까워한다. 유대주의적 선동자들은 갈라디아 교회에 침투하여 "기독교 복음은 초보이며 불완전하기 때문에 완전한 구원을 위해서는 할례를 받아야 한다"고 가르치며 예수 안에 있는 자유를 빼앗아가고자 하였다. 교회 성도들은 "다른 복음"을 따르기 시작하여 "바른 복음"의 진리를 순종하지 않게 되었다. 바울은 '예수님을 믿으면 의롭게 된다'는 복음을 강하게 전하면서 참 자유를 누리는 삶을 전한다. 바울은 "다른 복음을 전하면 저주를 받을 것이다"라는 엄포를 놓으면서 참 자유를 주는 복음이 무엇인가를 가르친다.

율법주의는 교회에서 부지런히 봉사해야 더 많은 축복을 받을 수 있다고 한다. 세상 사람들보다 죄를 범한 적이 없기 때문에 기도가 빨리 응답되고 선한 일을 다른 사람보다 많이 했음으로 보상을 받을 수 있다고 생각한다. 이것이 문제다.

율법과 죄의 속박에서 자유하라		믿음	2:16	바울	53-56년(49년)	
믿음	1-2장	바른 복음 ↔ 거짓 복음	복음으로 살라	변호
소망	3-4장	바른 믿음 ↔ 율법 행함	은혜로 살라	설명
사랑	5-6장	바른 생활 ↔ 거짓 생활	성령 따라 살라	적용

© 믿소사랑 성경 관통 by 신주식

예수님을 믿음으로 의롭게 됨 이신칭의	
1. 믿음에 의한 것, 율법의 행위로는 불가능	아브라함- 믿음으로 의로움
2. 의롭다함 받는 것은 율법을 행함이 아님	율법-일시적 관리자일 뿐
3. 신자는 더 이상 율법에 매여 있지 않다	하나님의 아들로 입양됨
4. 율법에 해방된 자는 율법 종이 되지 말라	자유인의 아들답게 살라
→ 종의 멍에를 매는 자는 은혜에서 떨어지므로 바른 신앙을 가지라	

© 믿소사랑 성경 관통 by 신주식

옛 자아 다스리기 위한 성령 사역				
믿음	흔들기	바로	동요사역	정을 떼게 하신다
소망	제한하기	홍해	제한사역	담벼락으로 막으신다
사랑	거룩하기	광야	통치사역	거룩에 참여하게 하신다
→ 자아가 막으면 성령의 축복을 채울 수 없다. 비움에서 채움으로!				

© 믿소사랑 성경 관통 by 신주식

자기 의가 문제다

자기 의를 앞세우는 것에 문제점에 대해 알아보자. 의 자체는 좋은 것이다. 그런데 자기 의, 자기 고집만 앞세우면 골치 아프다. 병든 자아의 모습 중에 가장 깨지기 어려운 것이 '자기의'로 충만한 인간이다. 율법의 의로 흠잡을 데가 없이 자기의로 충만한 사람은 사람 눈에 대단해 보여도 하나님이 보시기에는 악하고 교활한 병든 자아가 있다.

하나님의 의를 모르는 사람은 "자기 의를 세우려고 힘써 하나님의 의에 복종하지 아니"롬 103하는 사람이다. 그들은 "하나님께 열심이 있으나 올바른 지식을 따른 것이 아니" 한 자이다. 하나님의 의도 모르고 오직 자신의 의를 통해 무엇인가를 성취하려는 것이 문제이다. 이것이 무서운 이유는 무엇일까? 자신이 도덕적으로 깨끗하게 살았고 주님을 위해 헌신했으며 율법을 철저히 지킨 것이 무엇이 잘못된 것인지를 모른다는 것이다. 예수님을 십자가에 못 박아 죽이도록 한 사람들이 율법을 철저히 지킨다는 바리새인들이었다. 그들은 율법이라는 자아를 부둥켜안고 하나님을 위해 살았다고 자부하였다. 이런 '병든 자아'는 결국 하나님의 '진노'를 받게 될 것이라고 성경은 경고하고 있다.

자기 의에 열심 = 병든 자아 = 올바른 지식 따르지 않음 = 진노 = 멸망

새로운 연인과의 관계를 시작하려면 과거의 연인을 잊어야 한다. 만약 부인이 1년 가운데 하루만 옛 남자와 같이 내 마음껏 시간을 함께 보내 달라고 한다면 어떻게 되겠는가? 단 한 시간이라도 그것은 진노를 일으키는 일이다. 주님은 "너희가 아무리 최선을 다해 하나님을 섬긴다고 하지만 성전에서 똥냄새가 나는 가축과 함께 있을 수 있겠느냐? 너희가 아무린 비싼 제물로 정성껏 제사를 드린다고 할지라도 그것을 받겠느냐?" 라고 물으실 것이다.

우리가 아무리 눈물겹게 최선을 다해도 선한 것이 없다면 그것은 선하지 않은 것이다. 예수님은 우리의 가축이 아닌 본인 자신이 화목제물대속의 의이 되어 우리가 의로워 질 수 있게 하신다. 우리 자신의 의를 내려놓아야 한다. 하나님은 대속의 의로만 인정하신다. 우리가 행하는 자아는 완전히 죽이고 오직 대속의 의를 옷 입고 주님 앞으로 나아가야 한다. 그렇게 해야 하나님이 예비하신 새 생명과 새로운 의를 입은 온전한 축복을 누릴 수 있다. 우리에게 십자가를 통한 대속의 의가 우리의 소망이다. 주님만이 우리의 소망이다.

성령의 열매			
믿음	주님과 관계	사랑↔미움 희락↔슬픔 화평↔다툼	하나님 사랑, 서로 사랑하라 예수님의 기쁨이 나의 기쁨 화평 된 자는 화평하며 살자
소망	이웃과 관계	오래참음↔조급함 자비↔해악 양선↔자기사랑	기다림마저 행복한 삶 잘못한 자를 품는 기적 찾아가서 베푸는 선행
사랑	자신과 관계	충성↔불충성 온유↔교만 절제↔방종	변하지 않는 신실함 잘 길들어져 다듬어진 내 마음대로 살지 않기

ⓒ 믿소사랑 성경 관통 by 신주식

성령의 열매는 단 한가지이다

성령의 열매는 몇 가지인가? 9가지가 아니다. 단 한가지이다. 바로 '사랑'이다. 바울은 열매를 복수가 아닌 단수로 표현했다. 성령의 열매는 '사랑'이라는 열매가 7가지 무지개처럼 표현된 것이다. 마치 포도송이를 한 송이라고 표현하듯이 사랑이 9가지 모습으로 표현된 것이다. 히브리 수 개념으로 하나는 단순한 '한 개'를 말하는 것이 아니라 복합적인 단수의 성격으로 '집단적인 하나'를 말한다. 성령의 열매는 복음으로 말미암아 맺혀지는 기적이다. 성령의 열매라는 의미가 무엇인가?

하나님께서는 '사랑하라'가 아니라 '사랑하게 될 것이라'고 말씀하셨다. 이것은 사실이다. '원수도 사랑하라고? 그럴 능력과 자신이 없어'라고 미리 겁먹지 말라. '이제 예수를 믿었으니 주님이 나로 하여금 원수도 사랑하게 만들어주시겠구나. 주님 어떻게 원수도 사랑할 수가 있을까요?' 주님께 묻고 행해보라. 이것이 믿음이다.

유기성은 『주 안에서 사람은 바뀐다』에서 "예수님께서 우리 마음에

풍성의 힘

계심을 정말 믿고 예수님을 바라보며 살면 사랑의 열매가 맺어집니다. "사랑해야 한다"가 아니라 "사랑하게 된다"입니다. '나의 사랑'이 아닌 '예수님의 사랑'으로 사랑하게 되는 것입니다.

그러니까 노력하는데도 사랑을 실천하기 어렵다고 하는 분들은 안심하시기 바랍니다. 사랑은 성령님의 역사입니다. 그 성령께서 온전히 일하실 수 있도록 우리가 먼저 성령님을 인격적으로 알아야 하고 순종해야 합니다. 그 인도하심을 따라야 합니다. 용서 받은 것을 인식하는 것만 가지고는 사랑의 열매를 바로 맺을 수 없습니다. 내가 성령님을 따라 살 때 비로소 맺어지는 열매가 사랑입니다"라고 말한다.

온유함이란 나약함이나 비겁함을 말하는 것이 결코 아니다. 온유는 잘 길들여진 야생마와 같다. 힘과 능력이 있지만 자신의 힘으로 처리하지 않고 주 뜻대로 한다. 원수가 찾아와서 화해를 청하는 것이 가장 큰 승리인 것이다. 굳이 사람들과 싸우거나 다툴 필요가 전혀 없다.

'내가 사랑의 열매를 맺어야지' 그러면 지치게 된다. 내가 맺는 것이 아니다. 주님을 계속 바라보면 열매는 그냥 맺어지는 것이다. 믿음으로 예수님의 성품을 바라보고, 내 안에 선한 일을 이루실 주님을 소망하며 오직 주님만 바라보라. 그러면 열매는 저절로 맺어진다.

왕의 재정 : 성부가 되기 위한 성품 훈련 김미진			
믿음	겸손	보상은 재물.영광.생명	존귀의 앞잡이, 은혜 주심
소망	온유 부지런	기업을 받을 것임, 상속 부하게 됨, 다스리게 됨	말씀에 길들여진 자 상속 형편을 부지런히 살펴라
사랑	사랑	부귀.영예.형통함 얻음	사랑하면 곳간을 채워주심
→ 맘몬재물이 아닌 하나님을 주인으로 삼는 성품 훈련으로 부요한 삶 살라			

© 믿소사랑 성경 관통 by 신주식

엡 _ 예쁘게 여겨주신 주님의 풍성함
Ephesians

  에베소서는 '모든 서신서 중의 여왕'이라고 불리는 가장 우수한 서신이다. 골로새서와 55구절이 닮아 '쌍둥이 서신'이라고도 불리며 에베소서를 "더 우수한 또 하나의 골로새서다"라고 평하기도 한다. 에베소서는 바울이 개척한 소아시아 모든 교회들에게 보낸 편지이다. 바울이 로마 감옥에 갇혀있으면서 에베소서를 소아시아의 교회들에게 보낼 때, 배달부로 두기고를 통해 교회들을 위로하였다.

바울은 "내가 감옥에 갇혀 있다는 것을 제발 걱정하지 마세요. 예수님은 모든 것에 충만하고, 여러분이 섬기는 교회는 예수 그리스도의 몸으로 주님의 충만으로 가득한 존재입니다. 그러므로 우리는 자신의 정체성을 똑바로 알고, 우리가 싸워할 대상은 로마가 아니라 마귀이니 전신갑주를 입고 당당하게 살아라!"라고 외친다.

  구원받은 사람과 교회는 어떻게 살아가야 하는가? 에베소서의 메시지는 '영적 사람, 영적 교회, 영적 생활'로 구분할 수 있다. 신자는 삼위하나님의 놀라운 은혜로 '영적 사람'이 되었다1-2장. 그러므로 인간의 궁극적인 삶의 목적은 교회를 섬기면서 '하나님의 형상을 회복'3-4장하는 것이다. 성도들은 교회에서 말씀과 성도의 교제를 통해 신앙을 더욱 성숙시킬 수 있다. '영적 생활'은 성령 충만한 삶으로 연결되어야 한다 5-6장.

풍성의 힘

에베소서 | 375

영적 부자답게 승리하며 살라			연합 | 3:10-11 | 바울 | 60-61년	
믿음	1-2장	영적 사람	당신은 영적 부자이다	위치
소망	3-4장	영적 교회	성령 충만으로 부요한 자 되라	특권
사랑	5-6장	영적 생활	사랑하며, 전신갑주 입으라	행함

삼위 하나님으로부터 온 축복 1장		
성부	우리를 택하심, 양자 삼으심, 우리를 용납하심	하나님 자녀 됨
성자	구속하심, 하나님의 뜻을 계시, 상속자로 만드심	하나님의 은혜
성령	기업으로 인치심, 보증하심(상속 재산, 유산)	하나님의 소유

당신은 걸작품이다

남아프리카공화국에서 다이아몬드 광산 개발이 시작된 것은 우연한 기회를 통해서였다. 한 상인이 어느 마을에 머물렀을 때 선반 위에 빛나고 있는 커다란 돌멩이 하나를 발견했다. 상인이 주인에게 물었다. "저 돌멩이는 누구의 것입니까?" "저것은 내 아들이 산에서 주어온 것입니다." 상인은 주인에게 부탁했다. "제가 좋은 장난감이 있는데 아들이 좋아할 것입니다. 저 돌멩이를 내게 주지 않겠소?" 주인은 "그렇게만 해 주신다면 감사하지요. 제 아들도 매우 기뻐할 것입니다." 주인은 상인에게 몇 번이나 고맙다고 인사를 했다. 그것이 값비싼 다이아몬드라는 사실을 전혀 몰랐다. 결국 이 돌은 보석상에게 12만 5천 달러에 팔렸다. 오늘날 수백만 달러를 호가한다. 인생도 마찬가지다. 진정 중요한 것들의 가치를 모르는 사람이 너무 많다. 구원과 영생에 대한 가치를 모르고 심심하면 가지고 놀 수 있는 장난감 정도로 취급하고 있다. 얼마나 안타까운 일인가? 진짜 우리의 정체성은 무엇인가?

우리는 '하나님의 걸작품'이다. 오늘날에도 피카소가 그린 그림은 어마어마한 값으로 팔려 나간다. 피카소가 그렸기 때문이다. 누구의 작품인지 중요하다. 우리가 가지고 있는 스스로에 대한 생각이나 남들이 우리를 평가하는 여러 기준들과 상관없이 하나님이 직접 우리를 지으셨다는 것 자체로 우리는 값어치를 매길 수 없이 귀한 존재들이다. 우리 모두가 하나님의 작품이기 때문이다.

하나님께서는 창세 이전에 모든 것을 디자인_{예정}하시고 '하늘에 속한 모든 신령한 복'을 주려고 우리를 지으셨다_{1:3}. 하나님은 "그들에게 복을 주"_{창 1:28}시기 위해서 인간을 창조하셨다. 아브라함은 '땅의 모든 족속이 너를 통하여 복을 받게 해줄 작품'_{창 12:4}으로 하나님 앞에 불려 나갔다. 한마디로 우리를 '복덩어리'로 지으신 것이다.

그런데 왜 우리는 복을 누리지 못하는가? 창세전부터 지금까지 그분의 목표는 한결같다. 우리는 안타깝게도 사탄에게 속아 복덩어리를 빼앗기고 말았다. 인간은 잃어버린 복덩어리를 찾으며 목말라하고 있다. 사람들은 복에 목말라 날마다 복을 빌며 사는 존재로 변하고 말았다. 하나님은 원래 계획하신 하늘에 속한 복을 누리도록 예수 안에서 찾아 사용하도록 하셨다. 하지만 우리가 살아가는 현실에 찌들려 살면서 정신을 못차리고 있다. 하나님은 우리가 당신의 자녀이며 하나님의 것이 다 우리 것이라고 분명히 말씀하셨다. 그럼에도 우리는 '주님이 약속만 하지 말고, 당장 필요한 현금을 주면 좋겠다'는 생각으로 가득하다.

창세 이전부터 우리를 택하신 목적이 무엇인가? 그것은 우리가 "자기의 아들들이 되게"_{1:5}하기 위해서이다. 우리는 '사랑과 기쁨의 교제'를 누리는 대상으로 창조된 것이다. 인간의 존재 목적은 '영원한 하나님과의 사랑의 교제'이다. 에덴동산을 지으신 목적도 마찬가지이다. 그곳에서 친밀한 교제 가운데 기쁨을 누리며 살도록 하신 것이다.

우리를 택하여서 "그 앞에 거룩하고 흠이 없게 하시려고"_{1:4} 예정하시고 자녀로 삼아주시기까지 하셨다. 그러나 아담은 하나님과 같이 되려고 하였다. 그는 거룩하기는커녕 더러워졌고 온전한 것이 아니라 흠집이 생기고 말았다. 예수님의 공로로 우리는 다시 자녀의 신분을 가지게 되었다. 주는 우리에게 '거룩함이라는 옷'과 '흠 없는 옷'을 입혀 주셨다. 이것은 믿음으로 받은 선물이다.

우리를 구원하신 하나님의 사랑은 결코 우연히 발생한 사건이 아니다. 태초부터 우리를 향한 놀라운 예정 속에 이루어진 것이다. 이는 곧 성령이 역사하셔서 이루어진 것이다. 하나님은 성령의 역사하심을 교회를 통해 이루고자 하신다. 하나님은 오늘도 창세전부터 준비하신 사랑으로 그 자녀들과 교회를 돌보고 계신다.

풍성한 교회의 모습 4가지

에베소서는 교회의 모습을 4가지로 설명한다. 첫째, 교회는 예수님의 '몸'이다. 주님은 포도나무이고 우리가 가지와 같은 것처럼, 주님이 머리라면 교회는 몸이다. 사람의 머리와 몸이 하나로 연결되듯이 교회의 머리 되시는 주님의 풍성함이 몸 된 교회에 그대로 흘러간다1:22,23.

둘째, 교회는 '집'이다. 예수님은 그 집의 반석이며 교회는 그것을 기초로 세워진 집니다. 반석이 서로 연결되면서 한 건물이 되듯이 모든 그리스도인은 서로 연결되어 교회가 되어간다2:20-2.

셋째, 교회는 '신부'와 같다. 예수님은 신랑이며 교회는 신부이다5:22-33. 신랑은 자기 목숨까지 주면서 사랑하고, 신부는 신랑을 위해 순종하는 모습을 보인다. 이것이 예수님과 교회의 관계이다.

넷째, 교회는 영적으로 전쟁하는 '군인'이다6:10-17. 그리스도인은 어둠의 영과 전쟁하며 하나님의 나라를 확장하는 임무를 부여 받은 군인이다. 우리는 말씀으로 무장하고 마귀와 싸워야 한다. 우리의 유일한 공격무기는 '말씀'이다. 만약 우리가 싸움을 거부하고 뒤돌아서면 보호할 장비가 없기 때문에 적이 당신의 뒤통수를 칠 것이다. 믿음의 방패로 막아내며, 성령의 검으로 공격하고 기도로 협력함으로 승리한다.

무엇을 기도할 것인가

에베소서에는 모범 사례로 여겨지는 두 개의 기도문이 있다. 우리가 무엇을 기도해야 할지를 잘 보여준다.

1. 기도문 1:17-19

우리 구해야할 첫 번째는 '믿음'이다. 믿음은 하나님을 아는 것에서부터 출발한다. 하나님의 말씀이 없으면 우리는 까막눈이 된다. 두 번째는 '소망'이다 소망은 믿음의 눈을 통해 부르심을 알게 된다. 하나님이 우리 각자에게 주신 사명을 알고 살아야 한다.

셋째는 '사랑'이다. 사랑은 주님의 힘으로 사는 것이다. 성령께서 역사하심을 따라서 주님이 베푸신 일을 알아야 우리도 주님의 사랑에 동참할 수 있다. 그러기 위해서는 주님의 능력인 "그리스도 안에서 역사하사 죽은 자들 가운데서 다시 살리신 부활의 능력"이 무엇인지 아는 것이 우선이다. 믿음의 계시, 부르심의 소망, 능력 있는 사랑이 충만하기를 구할 때 풍성한 삶을 살게 된다.

2. 기도문 3:16-19

첫째, "성령으로 ○○○의 속사람을 강건하게 하소서." 믿음은 겉으로 보이는 사람의 건강보다 영적인 건강을 더 중요하게 여기는 것이다. 영이 강건하면 범사가 잘 풀리고 육신도 강건해진다(요삼 1:2).

둘째, 믿음으로 주님만 바라보면 사랑이 우리 가운데에 뿌리 박히고 터가 굳어지게 되는 소망을 가지게 된다. 주님과 동행하기를 소망하면 주님이 마음에 들어와 주셔서 주님의 사랑이 뿌리 내릴 것이다.

셋째, 그 사랑이 어떠한 것인지 깨닫게 해 주시길 구하면 하나님의 충만으로 채워진다. 속사람에 믿음을 심고, 마음에는 소망이 자라고, 지식에는 사랑이 넘치는 열매 충만하기를 구하면 풍성 해진다.

성령 세례와 성령 충만			
믿음	유월절	구원(칭의)	죄 사함과 신분 획득
소망	홍해	성령세례	옛 자아 죽고 새 자아
사랑	광야	성령 충만	성령인도와 내주하심
→성령 충만을 위해 나를 내려놓고 예수 바라보기를 계속하라			

하나님의 전신갑주- 진리로 자유와 풍요를 누리는 비결 6장	
진리-허리띠 말씀으로 채움	믿음-방패 불의, 부정을 막음
의-흉배 의로운 자됨 대한 확신	구원-투구 구원의 확신 가짐
평안의 복음-신발 복음전도 열정	성령의 검-말씀 말씀으로 정복
중보기도 - 항상 무시로 성령 안에서 깨어 기도해야 승리할 수 있다	

오직 성령 충만하라! 그렇지 않으면 세상의 술에 취한다

성령의 충만함이란 주께 온전히 맡기고 주께서 우리를 통해 하고자 하시는 일을 온전히 이루는 것이다. 자아를 내려놓고 예수님이 나타나 도록 성령님께 의지하는 삶이다. 성령은 믿는 자에게 내주하고 계신다. 우리에게 임하신 성령이 나타나도록 하는 것은 오직 믿음이라는 통로 로 이루어진다. 은사도 믿음으로 받고, 성령의 능력도 믿음으로 받고, 성령 충만도 믿음으로 받는다. 믿음으로 성령이 임하셨을 때 오합지졸 이었던 사도행전의 제자들이 온 세상을 뒤흔드는 혁명가가 되어 세상 을 변화시켰다. 성령 충만은 '성령의 내주하심이 흘러넘치는 것'이다.

성령 충만 = 비움 + 채움 = 십자가 + 성령의 임재 = 믿음 + 내주하심

'술에 취함'과 '성령에 취함'에는 공통점이 있다. 첫째, 기분이 좋아지 고 흥을 돋군다. 둘째, 평소하지 않은 말도 많이 한다. 셋째, 흥얼거리며 노래도 부른다. 넷째, 주위 사람에게도 권한다. 다섯째, 용감무쌍해진

다. 여섯째, 냄새를 풍긴다. 일곱째, 둘 다 이젠 없으면 못 산다.

바울은 "술취하지 말고 오직 성령으로 충만함을 받으라"엡 5:18고 명령한다. 세상술의 기운이 아닌, 주님 주신 성령 기운으로 살라고 한다. 충만한 성령은 인간이 능동적으로 채울 수 있는 것이 아니다. 성령께서 채워 주셔야한다. 채우기 위해 우리가 얼마나 많이 기도 했는지가 기준이 아니다. '비움'과 '채움'을 위해 기도라는 도구를 사용해야 한다. 먼저 성령을 충만하게 채우기 위해서는 비워야 한다. 세상의 돈과 쾌락, 성취욕에 취해 있으면 성령이 들어올 수가 없다. 다른 것으로 꽉 들어차 있으면서 성령님께 능력도 채워달라고 많은 사람들이 기도한다. 그러나 먼저 '비움'이 있어야 '채움'이 풍성해진다. 심령을 비워내야 복이 들어올 수 있다. 그때 비로소 충만하게 성령을 채워주신다.

성령 충만은 반드시 '십자가 파이프'를 통해서만 흘러 들어온다. 십자가에서 '죄를 비움'으로 '거룩한 영이 채워지는 것'이다. 오직 십자가라는 파이프를 통해서만 믿음이 연결된다. 성령 충만을 주시기 위해 주님은 모든 것을 비워 주셨다. 십자가에서 비워주신 사랑이 우리에게 성령의 '채우심'을 부어 주신 것이다. 그러므로 성령 주심은 은혜이자 주님의 십자가의 희생으로 이루어진 가장 값비싼 선물이다.

세상의 쾌락과 권력에 취하는 것 보다 더 기쁘고, 더 행복을 주는 선물이다. 하나님은 가장 좋은 것을 주시기 위해 "자기 아들을 아끼지 아니하시고 우리 모든 사람을 위하여 내어" 주셨다. "어찌 그 아들과 함께 모든 것을 우리에게 주시지 아니하겠느냐?"롬 8:32. 우리에게 가장 좋은 것인 '성령'을 주셨다. "하물며 너희 하늘 아버지께서 구하는 자에게 '성령'을 주시지 않겠느냐?"눅 11:13.

믿음은 쾌락 같은 더러운 찌꺼기를 비우면서 온다. 소망은 오직 말씀하시는 명령에 순종하여야 '채움'이 온다. 사랑은 십자가 앞에 자신의 '비움'과 성령의 '채움'을 통해 변화 된다.

빌 _ 빌어먹지 않고 사는 기쁨!

Philippians

　빌립보서는 '기쁨의 책'이라고 불린다. 빌립보는 알렉산더 왕의 아버지 빌립이 건설한 도시로, 그의 이름에서 도시의 이름을 따온 것이다. 바울의 계획은 아시아로 가는 것이었는데, 마케도니아 사람의 환상을 보고 계획을 변경하여 유럽으로 간다. 그리고 도착한 곳이 빌립보이다. 이곳에서 바울은 복음을 전파하며 교회를 세운다. 빌립보 교인 중에 자주 장사를 하던 루디아는 아시아 상인으로 매우 성공한 상류층 옷감 장사꾼이었다. 바울과 실라는 빌립보에서 심한 고난을 당했으며 결국 감옥에 갇혔다. 그러나 바울과 실라를 심하게 때렸던 로마의 간수와 그의 가족들도 예수를 믿게 되었다. 그때 바울이 외쳤던 유명한 말이 있다. "주 예수를 믿으라 그리하면 너와 네 집이 구원을 얻으리라" 구원받은 로마 군인은 당시 사회의 중류층에 속하는 자였다.

　점치던 여자가 바울을 통해 예수를 믿고 교회의 일원이 되었다. 그녀는 헬라인이며 노예였던 하류층의 사람이다. 이처럼 빌립보교회는 다양한 국적과 사회 계층의 사람들이 함께 이루어졌다.

　어떻게 환경을 초월해 기뻐하며 살 수 있는가? 그리스도 중심의 인생관을 가지면 가능하다. 또한 그리스도께서 주시는 은혜를 끊임없이 경험하며 살아갈 때, 우리는 기쁨이 충만한 삶을 살 수 있다. 바울이 고난 가운데서도 오직 그리스도를 높이고자 했을 때1장와 "모든 것을 해로 여김은 내 주 그리스도 예수를 아는 지식이 가장 고상함을 인함이라"고 하며 그리스도를 목표로 삼고 달음질 할 때 기쁨을 누리게 되었다3장. 하나님의 은혜를 아는 사람은 겸손한 그리스도의 마음2장과 그리스도의 평강4장으로 주 안에서 기쁨을 누리게 된다. 환경을 초월한 기쁨의 비결은 풍성한 교제에 있다.

주 안에서 기쁨을 빼앗을 수 없다			기쁨 | 3:10 | 바울 | 62년	
믿•소	1장	그리스도와 동행	고난	생각을 바꾸면
	2장	그리스도의 마음	복종	환경을 초월한다
사랑	3장	그리스도를 쫓아감	구원	상을 받기 위해
	4장	그리스도의 평강	성화	푯대를 향해 달리라

ⓒ 믿소사랑 성경 관통 by 신주식

생각을 바꾸면 환경을 초월하게 된다 1-2장

절망에 갇혀 살 필요가 없다. 그러나 당시 빌립보의 성도들은 핍박으로 인하여 그들 스스로 절망에 빠져 있었다. '상황이 이렇게 나쁜데 우리가 무엇을 할 수 있겠어? 차라리 조용히 지내는 것이 좋아'라고 생각했다. 이때 바울은 외친다. "아니다. 너희 가운데 착한 일을 시작하신 하나님의 일을 이룰 것이다. 기뻐하라." 감옥에 갇혀 있던 바울이 '바깥에' 있는 그들에게 "좋은 날을 기대하고 하나님이 주신 멋진 미래를 믿고 푯대를 향해 달려가라!"고 권면한다.

우리는 '믿음의 눈'으로 자신의 모습을 보고 기뻐하며 살아야 한다. 비록 미래가 암울하고 절망적인 상황일지라도 소망의 하나님께 기도하면 힘을 얻을 수 있다. "아무것도 염려하지 말고 오직 모든 일에 기도와 간구로 너희 구할 것을 감사함으로 하나님께 아뢰라 그리하면 평강의 하나님이 너희가 쓸 모든 것을 채우시리라"4:6-7.

소망의 기도 = 염려 말고 + 기도와 간구 + 감사함으로 = 평강 + 채우심

풍성의 힘

우리는 염려하지 말아야 한다. "하나님이 다스리심으로 비록 불가능한 일이 있을지라도 상황이 바뀔 줄 믿고 감사합니다." "사업이 망했지만 주님의 도우심으로 제 사업이 번창할 것입니다. 주님의 기적을 보여주실 줄 믿습니다"라고 기도해보라. 희망을 가지고 기대하라.

"내가 아무리 힘을 써보아도 무엇이 되겠어. 남들 따라하면 되겠지"라고 생각하지 말라. 당신은 남들 꽁무니만 따라 다니는 강아지가 아니다. '나는 저 연예인과 같이 되고 싶다'는 생각을 하며 연예인 흉내를 내며 사는 청년들이 있다. 남들에게 보이기 위해 옷이나 행동을 따라하지만 진짜 자신의 모습은 아니다. 자신을 있는 그대로 보일 수 있는 당당함이 있어야 한다. 다른 사람들에게 인기를 얻으려고 생애를 걸지 말라. 다만 당신 자신의 마음을 바꿀 시간을 만들라. 당신이 변화되고 성숙해지면 조용한 혁명이 일어난다. 간디는 "당신이 이 세상에서 변화시키고 싶은 대상은 당신 자신이 되어야 한다"고 말했다. 다른 사람을 변화시키는 일은 쉬운 일이 아니다. 우리가 할 일은 자신의 변화와 성숙에 집중해야 하는 것이다. 영적 성숙을 쉬운 지름길은 무엇인가?

다만 영적 성장을 위해 우리가 가장 우선적으로 바꾸어야 할 것은 생각하는 방법이다. 생각을 바꾸면 인생이 바뀐다. 그리스도와 같이 되기 위해서는 그리스도적 사고를 가져야 한다. 회개란 원어로는 '생각을 바꾸는 것'이다. 예수님의 태도와 관심을 나도 가지는 것이다. 우리는 "예수 그리스도와 같은 방법으로 생각하라"2:5는 명령을 받았다. 생각을 바꾸면 결국 그리스도처럼 승리할 수 있다. 예수님의 생각은 긍정적이고 적극적이셨다. 그분은 십자가 넘어 영광을 바라보셨다. 우리가 그리스도와 함께 고난을 이기면 하나님이 높여주신다. 걱정하지 말라. 생각을 바꾸면 인생이 달라질 것이다. 무슨 일이 있더라도 절망적인 생각은 하지 말라. 항상 성령을 품고 승리의 날이 올 것을 기대하며 살라.

푯대를 향해 달리라 3-4장	
그리스도의 낮아짐 비하(卑下)	그리스도의 높아짐 승귀(昇貴)
믿음	동등 됨을 취하지 아니함	모든 이름 위에 뛰어난 이름
소망	자신을 비어 종의 형체	모든 무릎을 꿇게 하시고
사랑	십자가에 죽으심	모든 입으로 예수를 주라 시인
→ 주님께서 십자가를 지시기까지 낮아짐으로 주님은 높임을 받음	

© 믿소사랑 성경 관통 by 신주식

우리의 기쁨이 되시는 그리스도 3장		
믿음	구원-과거1-11	종교가 아닌 믿음으로 영광스러운 부활에 참여
소망	성화-현재12-16	상을 향하여 땀 흘리며 달려가는 선수같이
사랑	영화-미래17-21	우리의 시민권은 하늘에 있으므로 푯대를 행하여

© 믿소사랑 성경 관통 by 신주식

인생에서 행복을 누린 사람들의 공통점은 '자신의 일을 사랑하고 즐 겼다'는 것이다. 과정이 힘들고 어려워도 그 일을 좋아하면 행복한 마음으로 할 수 있다. 하나님이 주신 비전을 가지고 즐겁게 달리다보면 어느 날 성공한 인생으로 살게 될 것이다. 우리가 비전을 성취하기 위해 나아갈 때 어떤 시각을 가지고 목표를 향해 달려가느냐가 중요하다. 바라보는 시각에 따라 행동이 달라진다. 바울은 "모든 것을 배설물로 여기고 푯대이신 주님을 향해 달려간다"고 하였다. 바울은 무엇을 바라보았기 때문에 부유한 가문의 재물과 유대의 최고 학위를 버린 것일까? 예수님 안에 풍부함을 보았기 때문이다. 예수님은 부유하신 분이시다. 그 부유하신 분을 바라보며 사는 것이 믿음이다!

고린도후서 8장 9절을 보면 "우리 주 예수 그리스도의 은혜를 너희가 알거니와 부요하신 자로서 너희를 위하여 가난하게 되심은 그의 가난함을 인하여 너희로 부요케 하려 하심이니라"고 하셨다. 부요한 자이

풍성의 힘

신 예수님이 가난하게 되신 것은 가난한 자들과 자신을 동일시하셨기 때문이다. 예수님 안에는 풍성함이 넘친다. 그러나 우리에게는 결핍과 부족함이 항상 있다. 사람들이 '결핍'에 빠지면 자신은 다른 사람보다 가진 것이 없다고 생각한다. 상대적으로 부족하다고 여긴다. 항상 눈에 보이는 것으로 판단하기 때문이다. 눈에 보이지 않는 세계의 무한한 가능성을 보지 못하여 자신 안에 있는 풍성함은 보지 못하고 남에게 있는 것만 크게 본다. 그리하여 "다른 사람들은 잘하는데 나는 잘하는 것이 없어"라고 푸념한다. 자신의 부족함과 다른 사람의 풍부함을 비교하며 이중으로 고통을 받는다. 결핍의식, 부족의식을 가지게 하는 것은 사탄의 전략이다. 사탄은 우리가 가진 충만한 것을 보지 못하게 하고 비교함으로 속인다. 비교의식은 경쟁의식을 불러오고, 경쟁의식은 패배의식을 가져 온다.

부유하신 자로 가난하게 되심 = 가난한 자와 동일시 = 부유케 하려고

어떻게 패배와 좌절감에서 벗어날 수 있는가? 하나님이 주시는 '풍부의식'과 '충만 의식'으로 바꾸라. 하나님께서 그 영광 가운데 풍부히 채워주실 것을 믿고 나아가라4:19. 우리가 할 일은 나에게 주어진 푯대를 향해 달려가는 것이다. 푯대에 도달하면 '풍부함'과 '부요함'을 누리게 될 것이다. 지금 당장 다른 사람과의 비교의식을 버리고 하나님이 나에게 주신 소명을 찾아보라. 그 부르심에 순종하여 나아갈 때 풍부함과 부요함으로 채워질 것이다. 자신에게 주어진 재능과 은사를 가지고 사명을 이루는 삶을 살아가라.

우리가 푯대를 향해 달려 가야할 길에서 얼굴을 찡그리지 말자. 바울처럼 감옥과 같은 환경에 처하였을지라도 우리가 웃으며 갈 수 있는 것은 하나님이 그 영광 가운데 모든 필요한 것을 채워주실 것을 믿기 때문이다.

골 _ 골인! 하나님의 충만함
Colossians

골로새서는 브루기아 지방의 중심 도시로 라오디게아와 가까운 곳에 있었다. 소아시아 교회 중의 하나인 골로새교회는 당시 부흥하고 있었다. 에바브라가 세운 교회이고, 빌레몬이 사역했었다.

왜 사람들은 잘못된 가르침에 쉽게 빠지는가? 오늘날 사람들은 예수님을 부처나 소크라테스 같은 위대한 역사적 인물들의 반열에 올려놓는 것을 좋아한다. 예수님을 좋은 분으로 여기지만 다른 이들에 비해 탁월하다고 생각하지는 않는다. 골로새의 교인들도 역시 이런 생각을 하고 있었던 것 같다. 바울은 예수님을 다시 삶의 중심에 모시게 하고자 골로새서를 썼다.

성도들이 문화라는 이름으로 침투한 거짓 가르침에 현혹되면서 교회는 문제를 겪는다. 바울은 '문화 혼합주의'로부터 복음을 지키기 위해 다시 한 번 예수 그리스도의 유일성과 탁월성을 강조했다. 결국 골로새 교인들 사이에서 복음을 공고히 했다.

탁월하신 예수님, 탁월한 신자의 삶			으뜸 | 1:18 | 바울 | 62년		
믿·소	1-2장	탁월한 예수님으로 모든 문제 해결된다	그리스도의 탁월성	위해 하신 일
사랑	3-4장	그리스도인은 탁월하게 살아야 한다	그리스도인의 탁월한 삶	위해 할 일

ⓒ 믿소사랑 성경 관통 by 신주식

풍성의 힘

골로새서 | 387

모든 것을 충만케 하시는 예수님

바울은 원래 바리새인이었다. 그들은 "올바르게 행하면 하나님과 사람들에게 인정을 받고 스스로도 떳떳해진다"고 여기며 외적인 행동을 완벽하게 하려고 치장하며 사는 달인들이다. 예수님이 광대하시고 위대하신 분임을 알아야, 우리 자신의 노력으로 의롭게 될 수 있다고 여기는 생각이 얼마나 헛된 것임을 알게 된다.

바울은 우리가 그리스도 예수 안에서 하나님의 '모든 충만'한 것을 받을 수 있다고 말한다. 이것은 "그의 십자가의 피로 화평"1:19을 이루심으로 이루어진 선물이다. 주님은 우리가 하나님과 '화목'하게 되기를 바라셨고 그러한 모습을 보면 기뻐하셨다. 하나님의 모든 좋은 것이 그리스도 안에 거하게 하셨다. 또한 교회를 통해서도 하나님의 '충만'을 채워 주셨다1:18. "교회는 그의 몸이니 만물 안에서 만물을 충만하게 하시는 이의 충만함이니라"엡 1:23.

하나님은 우리가 하나님의 모든 것으로 충만해졌다는 사실을 알기 원하신다. "그 안에는 신성의 모든 충만이 육체로 거하시고"2:9, "그 안에는 지혜와 지식의 모든 보화가 감추어져"2:3 있는 것을 알기를 원하신다. 주님은 우리에게 필요한 모든 것이다.

안타깝게도 성도들도 이러한 진리를 잘 모르고 예수님보다 작은 것에 기대며 살고 있다. 세상의 지혜와 돈으로 해결해 보려고 비틀거리며 살아간다. 우리는 하나님의 모든 충만을 받은 존재인데도 세상의 작은 것에 기대며 산다. 우리는 무한한 충만을 받았음에도 불구하고 돈과 쾌락과 성공을 위해 빠져 살아간다면 어리석은 자가 된다. 그런데 우리는 너무나 쉽게 세상 것에 만족하며 살아간다. 참된 만족은 주님 안에 충만하게 있다. 주님이 십자가의 피로 화평을 이루시고 "만물 곧 땅에 있는 것들이나 하늘에 있는 것들이 그로 말미암아 자기와 화목하게"[1:20] 하셨다. 예수님은 우리와 화목하게 하심으로 우리는 하나님의 모든 '충만함'을 누리는 상속자가 되었다. 우리의 작은 것을 바라보지 말고 충만케 하시는 주님을 바라보자.

그리스도의 탁월성 [1장]	
십자가에 나타난 탁월성	구속 곧 죄 사함을 얻게 하신 분
창조에 나타난 탁월성	모든 피조물 중에 가장 높으신 분
교회에 나타난 탁월성	교회는 그의 몸, 그리스도는 그 몸의 머리
→ 충만케 하시는 주님을 바라보라. 탁월한 삶을 살 것을 믿으라	

© 믿소사랑 성경 관통 by 신주식

우리는 흑암의 권세에서 하나님 나라로 이사한 자다

주님은 우리를 "흑암의 권세에서 건져내사 그의 사랑의 아들의 나라"[1:13]로 옮겨 주셨다. 한마디로 하나님 나라로 '이사'하게 해 주신 것이다. 이 축복은 천국에 가서 이루어지는 것이 아니라 십자가에서 죗값을 지불함으로 주어진 축복이다.

인간 스스로가 하나님을 대신함으로 '흑암의 권세'에 노예가 되고 말았다. 이것이 죄의 본질이다. 그런데 하나님이 친히 십자가에서 죗값을 지불함으로 우리는 '사랑의 아들 나라로 이사'하게 된 것이다. 이것이 구원의 본질이다. 인간은 하나님만이 계셔야 할 '사랑의 나라'라는 자리에 우리를 앉게 하시고, 하나님은 우리가 있어야 할 '죄의 노예 자리'로 친히 들어 가셨다. "그 아들 안에서 우리가 속량 곧 죄 사함을 얻었도다"[1:14]. 죄 사함, 곧 속량은 몸값을 지불하고 노예 상태에서 해방시켜준 것이다. 모세를 통해 바로의 노예에서 해방된 것이다. 노예로 사는 이스라엘 백성의 운명은 무엇인가? '생명의 소진'과 '죽음'이었다. 주님은 죄의 노예가 된 우리를 몸값을 지불하시고 죄를 씻어 주셨다.

주님의 구원의 값으로 죄 값과 맞교환이 이루어졌다. 죄 값은 십자가에서 이미 다 지불되었다. 우리는 삶을 바꾸는 '주님의 나라'에 입주하게 된 것이다.

최대의 역전이 십자가에서 교환이 이루어진 것이다. 자리바꿈이 이루어진 것이다. 가난하고, 병들고, 힘들게 살고 있는가? 우리가 주님께서 마련하신 나라에 들어가면 생명을 얻고 더 풍성히 얻게 된다. 삶이 회복되어지고 평안과 안식을 누리게 된다.

십자가 = 죗값 지불 = 죄값과 맞교환 = 생명의 소진과 죽음 대신 생명

예수님께서 십자가에서 자신을 버림으로 우리가 다시 채워지게 되었고, 자신을 낮추심으로 우리는 높아짐을 받았으며, 가진 것을 남김없이 내주심으로 우리는 부유하게 되었다. 세상의 가치가 완전히 바뀌는 교환이 이루어진 것이다. 비루하고, 쓰레기 같은 인생도 우리를 구원하기 위해 값을 지불했기 때문에 우리는 맞교환만 하면 된다. 예수님이 우리를 위해 자신을 내어 주고 기꺼이 값을 지불함으로 우리의 위치를 바꾸어 주신 것이 얼마나 큰 힘이 되는가?

주님이 내 안에 계시는 연합의 비밀

주님이 우리 안에 계시는 것은 신비 중의 신비이다. 주님이 내주 하신다는 것은 '내 안에 거하신다'는 것이다. 내 안에 주님이 사시는 것이다. 이 영광스러운 비밀의 영광은 "만세와 만대로부터 감추어졌던 것"1:26이었다. "이 비밀은 너희 안에 계신 그리스도시니 곧 영광의 소망"1:27이시다. 만세와 만대로부터 감추어졌던 십자가의 비밀이 우리에게 주어졌다. 창세전부터 우리를 사랑하시고 선택해 주셨다. 하나님 아버지의 마음 안에 준비되었던 완전한 비밀이 바로 우리 안에 계신 그리스도니 곧 영광의 소망이시다. 우리에게 영광의 소망 되시는 그리스

도가 내 마음 안에 오신 것이다.

우리를 너무나 사랑하시는 하나님께서 당신의 아들을 십자가에 매달면서까지 하나님이 바라신 것이 무엇일까? 우리와 한 번 만나 주신 것이 아니라 아예 내 안에 내주하신 것이다. 바울이 가장 바라던 것이 무엇이었을까? 바울은 "나의 간절한 기대와 소망"은 "살든지 죽든지 내 몸에서 그리스도가 존귀"빌 1:20하게 되게 하는 것이었다. 그는 "이것만 있으면 됩니다. 이것만 있으면 충분합니다. 예수 한 분이면 됩니다!" 라는 고백했다. 바울은 내 안에 예수님이 내주하여 동행하는 삶을 살수 있다면 죽는 것도 좋다고 한다. "이는 내게 사는 것이 그리스도니 죽는 것도 유익함이라"빌 1:21. 바울은 예수님이 내 안에 살도록 자신이 죽은 것과 맞교환 했다. 간단하다. 예수만 모시기로 하면 된다.

주님이 내주 하심 = 나는 죽고 예수로 사는 삶 = 영광의 비밀 = 풍성함

바울은 그리스도가 드러날 수만 있다면 자신은 언제라도 죽을 수 있었다. 우리에게도 이것이 간절한 기대와 소망이어야 한다. 그리스도가 우리가 사는 이유이며 삶이다. 바울은 예수님이 주님이 내주하는 삶의 비결은 십자가에 내가 죽고 내 안에 그리스도께서 사는 것이라고 말한다. 이제 내가 살아야 할 목표가 있다면 "나를 사랑하사 나를 위하여 자기 자신을 버리신 하나님의 아들을 믿는 믿음 안에서 사는 것"갈 2:20이다. 믿음 안에 살 때 소망이 있다.

풍성의 힘

믿음의 결단 3단계	
여기라	1.인식의 전환 2.진리의 발견 3.사실로 간주
드리라	1.변명하지 말라 2.즉시 하라 3.자신을 드리라
신뢰하라	1.계속 믿음으로 나아가라 2.계속 적용하라
→진리를 발견했다면 믿음으로 여기고, 소망으로 드리며 살라	

데살로니가전서와 후서는 "예수님의 재림을 어떻게 준비하고 살아야 할까?"라는 질문에 답해준다. 예수님이 재림하시기까지 어떻게 살아야 하는지와 재림이 어떻게 일어나는지를 설명한다.

먼저 지역 배경을 살펴보자. 데살로니가는 알렉산더의 고향으로 지리적, 전략적으로 아주 중요한 도시였다. 그곳의 한쪽은 아시아의 관문인 이스탄불과 이어지고, 다른 한쪽은 로마로 통하는 전략적 요충지이다. 당시 로마와 이스탄불은 세계에서 가장 부강한 도시였다. 두 곳 모두 경제적, 문화적으로 번영했던 도시였다. 그래서 데살로니가는 복음 전파에 있어서도 중요한 위치였다.

바울은 2차 전도 여행 중에 마게도냐 환상으로 아시아로 가려던 계획을 유럽으로 바꾸었다. 그리고 빌립보에 도착해서 사역을 하던 바울은 그 후 데살로니가에서 복음을 전한다. 그 결과 경건한 헬라인 무리와 많은 귀부인들이 복음을 믿게 되었다. 유대인들은 이를 시기하여 불량배들을 동원하여 온 도시에서 소동을 일으켰다. 바울과 실라는 소동을 피해서 베뢰아로 간다. 그곳에서도 헬라인과 귀부인들이 복음을 받아들이지만 데살로니가의 유대인들은 그곳까지 와서 소동을 일으킨다. 이때 바울은 실라와 디모데를 그곳에 남겨두어 더 사역을 수행하게 하고 혼자만 아가야 지방으로 떠난다. 아덴에서 복음을 전하고 내려가서 고린도에서 사역을 할 때, 마케도니아 지방에서 사역하던 실라와 디모데가 와서 합류한다. 바울은 이들에게서 데살로니가교회에 대한 좋은 소식과 나쁜 소식을 듣는다.

좋은 소식은 이들의 믿음이 더욱 견고해졌다는 것이다. 데살로니가교회가 많은 환난 중에도 '믿음'과 '사랑'과 '소망'이 있는 것을 보며 바울은 큰 위로를 받는다. 반면에 나쁜 소식은 데살로니가교회 안에 예수 그리스도의 '재림에 대한 오해'로 혼란이 있다는 것이었다. 바울은 이들이 재림에 대한 올바른 이해를 갖도록 두 통의 짧은 편지를 보낸다.

바울은 두 가지 면에서 재림에 대해 말한다. 하나는 예수님의 재림이 급히 올 것이라고 여기라는 것이었고, 둘째는 일을 하지 않고 규모 없이 사는 사람에게 대하여 "일하지 않으면 먹지도 말라"고 엄하게 경고한 것이다. 바울은 노동과 계획의 중요성을 말하며 날마다 근신하며 정신을 차리고 깨어 있어야 한다고 하였다. 재림에 대한 또 다른 오해는 '예수님께서 재림하기 전에 죽은 사람은 어떻게 될 것인가?'라는 것이다. 바울은 질문에 답해준다. 성경은 예수님을 믿고 죽은 사람들도 예수님께서 재림하실 때 동일하게 영광에 참여한다고 한다. 그들은 죽음에서 일어나 모든 믿는 사람들과 함께 구름 속으로 끌어올려져 공중에서 주를 영접하게 된다. 그러므로 예수님의 재림과 부활의 소망이 없는 사람처럼 슬퍼하지 말고, 날마다 예수님의 재림을 기억하면서, 소망 중에 서로 위로하고 격려하며 살아가라고 말씀한다.

데살로니가전·후서는 바울의 2차 선교 여행 기간 중 고린도에서 기록된 신약의 가장 초기 서신이다. 바울은 핍박 때문에 이제 막 교인이 된 데살로니가 교인들에게 장차 힘난한 고난을 이겨낼 신앙의 준비를 충분히 갖추도록 가르쳐 주지 못하고 떠나는 것을 안타까워했다. 그리하여 바울은 아덴에서 방문하기를 원했지만 좌절되자 디모데를 보내 신앙의 성장함에 대하여 칭찬을 하며 재림 신앙으로 깨어 있을 것을 권면하였다. 바울은 그들의 믿음이 더욱 탁월해지고 주님 오심을 사모하여 "목표를 두고 살라"고 권면한다. 목표를 두고 살 때, 소망이 생기며 사랑할 힘을 가진다!

삶의 목표를 두고 사는 신앙			재림	4:16-17	바울	50-51년	
믿•소	1-3장	믿음과 사역	재림을 준비	세움
사랑	4-5장	재림을 기다리는 삶	재림의 소망	권면

ⓒ 믿소사랑 성경 관통 by 신주식

행복은 비전을 가지느냐에 달려 있다.

행복은 미래에 대해 어떻게 그리고 있느냐에 따라 결정된다. 미래에 대한 비전이 분명하지 않은 사람은 현재의 삶에 활력이 없다. 왜 자살을 하려고 하는가? 자신에게 미래가 없다고 생각하기 때문이다. 어떤 비전이 있느냐에 따라 현재의 행복이 결정된다.

신자들이 보통 사람들보다 행복한 이유는 다른 사람들보다 '소망적인 미래관'을 가지고 있기 때문이라고 한다. 기독교 신앙의 중요한 특징은 예수님이 재림함으로써 새로운 세계가 임할 것이라는 믿음이다. 그래서 예수님이 하늘로 올라가신 날부터 그분이 다시 돌아오시기를 기대하며 살고 있다. 그리스도인들이 미래에 대해 알아야 하고 믿어야 하는 가장 중요한 것이 바로 '예수님의 재림'이다. 유진 피터슨은 "이 믿음의 실제적인 영향으로 인해 현재의 모든 순간들이 소망으로 충만해진다. 이 믿음은 우리가 살아가는 삶 속에서 혼란을 없애준다"고 하였다.

그러나 우리가 "예수님이 곧 재림하실 것인데……"라며 현실을 외면한다면 그것은 '게으름'에 빠질 수 있는 지름길이다. 바울은 이 세상의 종말이 내일 온다고 할지라도 주어진 사명에 최선을 다하는 삶을 살아야 한다고 말한다. 어떤 분들은 예수님이 재림하실 것이므로 전도만을 강조한다. 그러나 정치, 예술, 교육 등의 영향력을 포기한다면 세상은 더욱 악해져 갈 것이다. 그럼에도 "세상은 더욱 악해지므로 세상에 깊이 관여하지 말라"고 가르침으로써 복음 전파가 더욱 힘들어 지는 경우도 많다. 예수님은 우리가 모든 영역에서 열심히 활동하는 모습을 간절히 바라신다.

바울은 교인들을 위해 온 몸을 다해 수고하였지만 비난자들은 그를 종교적 사기꾼이라고 불렀다. 이에 바울은 그들을 위해 "유모와 같은" 애정을 쏟았으며, "아비같이" 훈계 하였던 것을 생각해보라고 말한다2장.

모범된 종 2장		
믿음	충성된 청지기	신자는 복음과 하나님 말씀의 청지기이다
소망	유순한 어머니	사랑으로 돌보는 영적인 부모로서 말씀으로 돌봄
사랑	염려하는 아버지	가족을 돌보듯이 희생하는 영적 아버지의 모범

© 믿소사랑 성경 관통 by 신주식

바울은 데살로니가로 돌아갈 수 없게 되자, 디모데를 보내어 그들의 믿음과 사랑이 굳게 서도록 4가지를 권면하였다4-5장. 첫째, 그 당시 로마인들은 혼외정사를 부도덕 한 것으로 여기지 않았다. 이에 바울은 온갖 성적인 음란 속에서 성적인 부도덕을 버리고 정결한 성생활을 통해 주님이 다시 오시는 날에 부끄러움이 없는 성도가 될 것을 부탁하였다. 둘째, 성도들이 박해 때문에 죽었고, 죽은 그리스도인들이 어떻게 되는지 알 수 없어 불안해하였다. 이에 대해 바울은 죽은 자들은 부활할 것이며 살아 있는 자들은 그리스도의 재림 때 그리스도 앞으로 들려 올라갈 것을 확신시킴으로써 위로하였다4장.

셋째, 바울은 주님이 오실 날을 전하면서 성도들을 격려하기를 이날은 성도들에게 진노의 날이 아니라 구원받도록 예정된 날이기 때문에 '빛의 자녀들'같이 '깨어 근신'할 것을 권면하였다5장. 마지막으로 바울은 계속해서 지도자를 공경할 것과 공동체를 유지하는 것과 경건 생활을 위해 기도에 힘쓸 것을 부탁하였다.

삶의 목표 가지고 사는 비결 5장

"항상 기뻐하라. 쉬지 말고 기도하라. 범사에 감사하라. 이것이 그리스도 예수 안에서 너희를 향하신 하나님의 뜻이니라"살전 5:16-18. 이 말씀은 자주 들어서 익숙한 말씀 중에 하나다. 하지만 실제 삶 속에서 가장 실천하지 못하는 말씀이기도 하다. 살다보면 기뻐할 수 있다. 또 급한 일이 생기고 어려움이 있으면 기도하지 말라고 해도 기도한다. 나를 도와 준 사람이 있거나 좋은 일이 생기면 감사할 수 있다. 이런 감사와 기도는 누구나 얼마든지 할 수 있는 것들이다. 그런데 앞에서 붙어 있는 수식어처럼 '항상' 기뻐하고, '쉬지 말고' 기도하고, '범사에' 감사하는 것은 쉽지 않다. 현실적으로 항상 기뻐하는 것도 몹쓸 병에 걸려 있고, 지금 당장 돈이 없어서 힘들어 하거나 지금 다른 사람으로부터 모욕을 당하거나 억울한 일을 당했는데 어떻게 기뻐할 수 있을까?

첫째, 항상 기뻐하라. 이것은 하나님의 명령이다. 기뻐해도 좋고 안 해도 좋다는 말이 아니고 '무조건' 기뻐하라고 하셨다. 기쁘기 때문에 고백하는 것이 아니라 고백하기 때문에 기뻐지게 된다. 행복하기 때문에 기뻐하는 것이 아니라 기뻐하면 행복해지는 것이다. 말도 안 되는 것 같지만 최근 뇌과학에서 밝혀졌다. 현실이나 상황에 상관없이 즐거워하면 행복해진다는 것이 연구 결과가 나왔다. 뇌는 기뻐하면 그대로 받아들인다.

최근 하버드 의과대학 연구에 따르면, 기뻐하면 암 세포를 없애는 자연 살해 세포의 활동을 촉진시켜 암 치료와 예방에 도움을 준다고 한다. 건강을 위해 가장 좋은 습관 중 하나는 자주 미소를 지으며 웃는 것이다. 스트레스가 많으면 우리 몸에는 해로운 활성 산소가 생산되고, 암세포로 변질 된다. 그러므로 즐겁고 기쁜 마음을 가져야 건강해지는 것이다. 사탄이 우리를 공격하는 것은 바로 우리의 기쁨이다. 기뻠은 하나님이 주신 선물로 절망을 이길 수 있는 힘이다. 문제는 우리는 이것을 알고 있는데 실천하기 힘들다. 이것이 인간이 가지고 있는 불안전성 때문이다. 인간이 원래부터 가지고 있는 죄의 성품 때문에 잠시 기뻐해도 다시 불안해지고 절망하고 실망하는 것이 우리 인간이다. 항상 기뻐하기 위해서는 기도가 필수적인 것이다. '쉬지 말고 기도할 때' 가능하기 때문이다. 진정한 기쁨은 하나님이 주시기 때문에 감사하고 기도할 때 가능하다.

둘째, 범사에 감사하라. 감사는 받은 것을 받았다고 말하는 것뿐만 아니라 앞으로 받을 것에도 감사를 보내는 것이다. 어떤 고난이 와도 오늘 하루를 건강하게 보낼 수 있게 하신 하나님께 감사하라. 작은 문제 때문에 불평하며 감사를 포기하지 않기로 결심하라. 어떤 상황이든지 행복하기를 선택하라. 행복한 날을 맞이하기 위해 기도하는 것 보다 더 좋은 것은 없다. 베스트셀러 작가들도 '감사의 능력'을 조언한다. 하지만 인간은 감사는 하되 '범사에' 감사는 인간의 힘으로 할 수 없다. 우리가 범사에 감사할 수 있는 것은 "선을 이룬다"라고 하셨기 때문이다. 이 말을 '잘 되게 하신다', '최선의 결과를 가져온다'는 것이다. 그러므로 우리는 모든 일에 소망을 가지고 믿음으로 감사하며 받아들이게 된다.

셋째, 쉬지 말고 기도하라. 인간의 힘으로는 쉬지 않고 기도하는 것은 불가능하다. 이것은 몇 시간 정하여 하나님께 말하는 것이 아니라 '주님이라면 어떻게 하실 것인가?'라는 끝임 없는 질문을 하며 하나님의 음성을 듣는 삶을 사는 것이다. 쉬지 않고 기도한다는 것은 순간순간 하나님께 문제를 맡기고 예수님의 도우심을 구한다는 것이다. 기도하면 환경이 변하고, 주위의 사람이 변화된다. 자신에게도 변화가 일어난다는 것이다.

이러한 삶은 인간의 힘으로는 안 된다. 성령이 도와주셔야 가능하다. 24시간 주님을 바라보는 것이다. 주님을 바라보며 주님께 묻고 주님이

풍성의 힘

인도해 주실 것을 믿고 기뻐하고, 감사하며, 기도하며 사는 것이다. 오직 소망으로 주님만 바라보고 살 때 이러한 삶을 가능하다!

한국 교회와 성도들은 삶이 변하지 않는 것이 문제라고 말한다. 그러나 "어떻게 삶이 변하느냐?"라고 생각하는 사람은 많지 않다. 많은 그리스도인들이 열정을 가지고 있지만, 주님과 친밀하게 동행해야 하는 것은 잘 모르고 산다.

예수님과 인격적인 관계를 맺고 동행하는 삶에 대한 눈이 열리는 것만으로도 우리 삶에는 놀라운 변화가 일어날 것이다. 그러나 예수님을 바라보고 예수님과 동행하는 것은 한 번의 체험으로 그치는 것이 아니라 일평생 지속되어야 할 '삶'이다. 그래서 우리는 영서일기를 써야 한다. 영성일기는 예수님과 동행하는 삶을 훈련하는 가장 탁월한 도구가 될 것이다. 영성일기는 '자기 반성문'이 아니다. '주님 감사문'이다. 영성일기는 어떻게 쓰는 것인가?

영성일기는 함께 하신 예수님을 바라보며 사는 것을 매일 기록하는 것이다. 아침에 눈뜰 때부터 잠잘 때까지 내 안에 계신 예수님을 얼마나 생각했는지 또 예수님을 잊고 있는 시간은 언제였는지 기록하며 점검하는 일기이다. 그러면서 예수님께서 말씀을 주시고 깨닫게 하거나 역사하신 것을 기록하는 것이다. 그것을 가지고 5~7명으로 구성된 소그룹 안에서 나누면 더 좋다.

재림 전에 일어날 징조 살후2장 - 미래	
1. 기근, 지진, 전쟁	재난의 시작, 세계 전쟁, 땅 끝까지 복음 전파
2. 대규모 영적 미혹	기독교 신앙으로부터의 이탈, 종교 통합
3. 멸망의 아들 등장	성전에 앉음, 적그리스도가 큰 반란을 일으킴
4. 그리스도의 재림	적그리스도 심판
→ 땅 끝까지 복음이 전 세계에 전하기 전에는 주님의 재림은 오지 않는다	

ⓒ 믿소사랑 성경 관통 by 신주식

데살로니가전서는 여러 이유로 인해 교인들에게 혼란을 주었다. 주의 재림이 갑작스럽게 이루어질 것이라는 말은_{살전 5:3} 오히려 재림이 임박할 것이라는 오해를 주었고, 또 거짓 교사들이 선동하여 자신들이 하나님으로부터 계시를 받았다느니, 바울로부터 다른 편지를 받았다느니 하면서 혼란을 부채질하였다_{2:1-2}. 그래서 성도들은 일상 생활을 포기하고 기도로 재림을 준비한다는 미명하에 성도들끼리 어울려 다니며 불필요한 말들을 만들어 퍼뜨리며 자신들의 생활은 다른 사람들에게 의존하는 등 무질서하고 무책임하게 생활하는 자들이 속출하였다.

바울은 예수님의 재림 전에 반드시 적그리스도의 출현이 있을 것이기 때문에 주의 날이 이르렀다는 주장에 현혹되거나 동요하지 말아야 한다고 전했다. 또한 성도들은 예수님의 재림 때까지 환난을 당하지만, 반드시 적그리스도는 주의 재림 때 멸망을 받게 될 것이다. 따라서 성도들은 나태하여 체념할 것이 아니라 복음을 위해 힘쓰는 것이 올바른 태도라고 말했다_{2장}. 마지막으로 바울은 재림이 가까웠다고 일을 하지 않는 자를 책망하며 내일 종말이 온다고 할지라도 주어진 일을 열심히 해야 한다고 말하며_{3장}, 바울은 "누구든지 일하기 싫어하거든 먹지도 말라"고 했다.

주님의 날을 준비하라		지금 일하라 | 2:15 | 바울 | 50-51년		
믿•소	1-2장	주의 날에 대한 훈계	격려	성장
사랑	3장	재림을 기다리는 삶	책임	권면

풍성의 힘

딤전 _ 뒷전인 자들에게도 목회하라
1 Timothy

디모데전후서와 디도서는 목회서신이라고 부른다. 바울은 로마에서 2년간 비교적 자유로운 옥중생활을 하며 방해받지 않고 복음을 전했다. 그는 2년 후에 석방되어 로마에서 2,3년간 자유로이 활동하였는데, 이 시기를 전후로 하여 디모데전서와 디도서를 기록한 것으로 보인다. 바울은 그의 생애를 마감해야 할 때가 다가왔음을 알았다. 그는 이제 사랑하는 믿음의 아들 디모데에게 자신의 사역을 물려주어야 했다. 그래서 바울은 에베소교회의 젊은 목회자 디모데에게 편지를 쓴다. 특별히 디모데전서는 교회란 무엇인가에 대해 알게 하며, 목회를 돕기 위한 여러 가지 조언을 한다.

선한 싸움을 싸우라			선한 싸움 | 6:12 | 바울 | 65-67년
믿•소	1-4장	선한 싸움을 싸우라	예배와 직분자
사랑	5-6장	부탁한 것을 지켜라	다스림과 경건

ⓒ 믿소사랑 성경 관통 by 신주식

선한 싸움을 싸우라

어떤 사람들이 나타나 "다른 복음"을 가르쳤다. 디모데는 이들에게 "다른 복음"을 가르치지 못하도록 경고했다. 바울은 디모데에게 "선한 싸움을 싸우라"고 명령한다_{1장}. 어떻게 해야 선한 싸움을 싸우는 것인가?

교회의 일꾼으로 부르심 1장	
믿음 청지기-하나님의 사역을 맡음	사역을 맡기신 하나님께 충성하라
소망 종-맡은 일에 감당할 능력 주심	은혜를 통하여 사랑으로 봉사하라
사랑 군사-전쟁을 위하여 부르심	진리로 선한 싸움을 싸우라
→ 일꾼은 하나님의 비전과 계획을 따름으로 승리의 싸움을 하는 자다	

　교회의 질서를 세우기 위해 지도자를 세워야 한다2-3장. 높은 지위에 있는 지도자들을 위해 기도해야 한다. 왜냐하면 "모든 경건과 단정함으로 고요하고 평안한 생활"을 위해서이다. 또한 모든 사람을 위해 기도해야 하는 이유는, 하나님이 모든 사람을 구원하시고자 하시기 때문이다. 교회가 "이 집은 살아계신 하나님의 교회요 진리의 기둥과 터"가 되도록 교회 지도자들은 경건한 삶으로 힘써야 한다3장. 바울은 "예수의 선한 일꾼"으로 무엇보다 경건의 훈련에 전력하는 것이 중요하다고 했다4장.

　사역 중인 나이 젊은 목회자들이 겪는 가장 힘든 일 중 하나는 교회 안에서 질서 세우는 일이다. 바울은 문제를 일으킨 젊은 과부들과 장로들에 대한 교훈을 주었다5장. 부자 성도들은 재물에 소망을 두는 어리석음을 버리고 오직 하나님께만 소망을 두어 어려운 사람들에게 베풀어야 한다.

돈은 일만 악의 뿌리인가

　인간에게는 돈이 필요하다. 그래서 사람들은 돈을 중요하게 여긴다. 과거의 돈은 왕과 귀족들의 전유물이었다. 산업혁명 이후 민주주의 사회에서 사람들은 돈맛을 보기 시작했다. 사람들은 성공을 추구했고, 성공을 위해서는 돈이 필요했다. 돈과 성공은 실과 바늘처럼 항상 같이 붙어 다녔다. 사람들은 돈이 행복을 가져다 줄 것이라고 찰떡같이 믿었다. 인류는 결국 돈을 신처럼 섬기기 시작했다. 많은 돈은 정말 많은 사람들의 꿈이었다. 돈만 있으면 모든 것이 해결 될 수 있다고 믿었다. 돈 자체는 좋은 것도 아니고 나쁜 것도 아니다. 문제는 돈이 아니라 돈을 사랑하는 '마음'이다. 돈을 주인으로 삼을 때, 인간은 돈의 노예가 된다. 그 누구도 예외가 아니다. 그 많은 돈을 가지고 있으면서도 더 많이 벌기 위해 죄를 저지르고 결국 감옥 가는 뉴스를 자주 본다. 예수님께서 경고하시길 한 사람이 두 주인을 섬길 수 없는 이유는 "혹 이를 미워하고 저를 사랑하거나 혹 이를 중히 여기고 저를 경히 여김이라"마 6:24고 하셨다. 인간은 궁극적으로 마음이 가는 쪽 하나를 선택한다. 예수님보다 돈을 좋아하는 마음이 더 크면 돈이 주인이 되고 왕이 되는 것이다. 왜 우리가 돈의 노예가 되어 돈벌이를 위해 사는가?

돈이 문제를 해결해 줄 것으로 믿음 = 돈을 주인 삼음 = 돈의 노예가 됨

돈은 신적인 힘을 가지고 있다. 우리는 하나님께서 우리를 위해 해 주시기를 바라는 일들이 채우는 일을 돈이 우리를 위해 해 주기를 기대한다. 사업을 잘 되기를 기도는 하지만 돈이 해결해 줄 것이고 믿는다. 그래서 사람을 돈을 찾고 돈을 모을 방법을 찾는다.

돈이 신적인 힘을 가지는 3가지 이유에 대해 알아보자. 돈이 신이 되는 이유는 다음과 같다. 첫째, 돈은 '안도감의 원천'이 된다. 사람들은 돈을 안도감의 원천으로 삼고 산다. 돈을 충분히 쌓아두면 더 이상 걱정할 일이 없을 거라고 생각한다. 오늘날 고령화로 노후준비 자금 마련이 최대 이슈로 떠오르고 있다. 우리는 경제가 갑자기 붕괴되면 어쩌나, 건강이 나빠지면 어쩌나, 일자리 잃으면 어쩌나 걱정하며 산다. 돈을 충분히 모아두면 모든 걱정은 사라질 것이라고 믿는다.

이처럼 우리가 돈을 '안도감의 원천'으로 삼고 의지할 때, 돈은 우리의 신이 된다. 왜냐하면 우리가 돈에 소망을 두고 의지하기 때문이다. 그

릴 때 우리는 '기도'하지 않게 된다. 왜냐하면 돈이 있으면 모든 문제를 해결할 수 있을 것이라고 믿기 때문이다. 사람들이 신을 찾는 공통적인 이유는 신이 우리의 모든 필요를 처리할 수 있다고 믿기 때문이다.

돈을 믿으면 "하나님은 좋은 분이지만 꼭 필요한 분은 아니다"라고 말한다. 카일 아이들먼은 『거짓 신들의 전쟁』에서 "우리가 일용할 양식이 꽉 찬 식품저장고를 갖고 있기 때문에 일용할 양식을 위해 기도할 필요가 없다고 여긴다. 성공의 신은 우리의 자급자족 성향, 독립 성향을 불러일으킨다"고 하였다.

둘째, 사람들이 돈을 '만족감의 원천'으로 삼기 때문이다. '조금만 더 모으면 더 편안하게 살 수 있을 거야', '먹고 즐거워할 수 있을 거야', '조금 더 넓은 집으로 이사하면 더 편안할 거야', '돈이 좀 더 있으면 더 행복할거야'라는 생각을 한다. 하지만 돈은 우리를 원하는 만큼의 만족을 주지 못한다. 그래서 우리는 더 많은 돈을 추구한다. 자신의 능력이 부족함을 절감한다. 그럴수록 사람들은 신의 이름을 부르면서 자신의 욕구를 더 채워달라고 보챈다.

셋째, 돈을 '자기 가치를 높이는 원천'으로 삼기 때문이다. 우리는 스스로 자기 자신이 얼마나 많이 축적했는가를 따져 자신의 가치를 매긴다. 주위 사람들도 얼마나 돈을 많이 가지고 있느냐 하는 것으로 평가해 준다. 돈은 우리가 자신의 가치가 자신이 버는 돈으로 결정된다는 것을 믿도록 부추긴다. "돈이 있어야 있어 보이고…" "멋 있어 보이고…"

우리의 정체성은 어디에서 찾아야 하는가? 하나님이 우리를 만드실 때에 '하나님의 형상'으로 만드셨다. 창조주의 설계대로 살 때 가치와 보람을 느끼며 살도록 프로그램 시켜 둔 것이다. 하나님이 인간에게 내린 첫 번째 명령은 "땅을 정복하라"였다. 우리가 돈을 정복해야 한다. 거꾸로 우리가 돈의 종이 되려고 하나님이 창조한 것이 아니다. 하나님은 우리에게 "복을 주시며"^{창 1:28} 땅을 정복하라고 하셨다. 우리에게 이 땅의 재물을 다스리고 정복할 수 있는 능력을 주셨으며 복을 주셨다. 우리는 재물을 이 땅을 정복하는 도구로 삼아야 할 것이다. 돈이 있어야 먹고 살 수 있으며 사업도 할 수 있다. 하지만 우리는 더 높은 차원으로 가야 한다. 우리는 돈을 선교와 같은 선한 일을 하는데 사용할 수 있다. 돈이 도구이냐? 목적이냐? 종이냐? 주인이냐? 이것이 중요하다.

재정의 축복 = 돈을 다스리고 정복하라 = 주는 삶 = 도구가 아닌 목적

어떻게 하면 재물을 하늘에 쌓아두고 살 수 있는가? 바울은 "주 예수께서 친히 말씀하신바 '주는 것'이 받는 것보다 '복'이 있다"라고 하였다. 존 웨슬리는 "돈을 최대한 많이 벌어라. 돈을 최대한 절약하며 살아라. 돈을 최대한 나누며 살아라"고 하였다. 이것이 우리가 재물의 종이 되지 않고 세상을 다스리며 정복해 가는 방식이다.

재정 사용의 성경적 원칙 _ 크래그 힐, 얼 피츠		
믿음	주님의 것을 구별하라	맘몬은 두려움으로 틈타 공격
소망	청지기가 되라	사람을 공급자라고 믿으면 노예 됨
	빚을 해결하라	맘몬으로 노예로 만드는 것 청산
사랑	심고 거둠으로 배가	심은대로 거둔다는 법칙대로 살기
→ 형통은 영혼과 재정을 가장 높은 곳으로 나아가는 삶을 살아가는 것		

ⓒ 믿소사랑 성경 관통 by 신주식

왕의 재정 사용법으로 하나님 사랑하기			
믿음	말씀대로 산다	내 뜻이 아닌 말씀대로	시간.열정.재물로
소망	보물을 하늘에	내 원함 아닌 주 뜻대로	재물을 주 뜻 우선
사랑	재물로 섬김	주 사랑을 나눔으로	행함으로 상주심
→ 보물을 땅보다 하늘나라를 위해 사용할 때 상급이 있음 기억하라			

ⓒ 믿소사랑 성경 관통 by 신주식

딤후 _뒤를 부탁해, 복음을 전파하라!

2 Timothy

로마 감옥의 연금 상태에서 잠시 풀려난 바울은 동역자들과 함께 니고볼리 전도집회를 준비하고 있었다. 그런데 전도 집회가 한창 준비 중일 때, 로마 당국으로부터 모든 죄수를 다시 감금하라는 명령이 내려왔고 바울은 다시 감금된다. 네로 황제는 기독교를 희생양 삼아 자신의 정치적 실수를 기독교인들에게 뒤집어씌우려는 계획을 진행하고 있었다. 바울은 자신이 육신의 장막을 벗을 때가 되었다는 것을 깨닫고 유언에 가까운 편지를 쓴다. 이게 바로 디모데후서이다. 바울이 로마에서 순교를 직감하고 디모데에게 쓴 글이다.

바울은 마지막 당부로 "복음과 함께 고난을 받으라"는 메시지를 남긴다. 바울은 군인처럼, 농부처럼, 경기하는 운동선수처럼 복음을 위해 힘써 달라고 권면한다. 바울은 디모데에게 "때를 얻든지 못 얻든지 복음을 전파하는 일에 충성을 다 하라"고 한다. 거짓 교사들에 대비해야 할 것은 오로지 하나님의 말씀인 것이다. 그러므로 계속해서 신실하게 복음을 전파하기 위해서는 하나님의 말씀으로 무장해야 한다.

복음을 전파하라			복음 사수 | 2:2 | 바울 | 67년
믿•소	1-2장	현재의 시험을 인내하라	복음 능력, 인내
사랑	3-4장	미래의 시험을 견뎌라	복음 수호, 선포

© 믿소사랑 성경 관통 by 신주식

풍성의 힘

복음의 일꾼 2장		
믿음	하나님의 군대	다른 사람에게 가르쳐 충성스러운 자에게 위임
소망	하나님의 팀	하나님이 세워 놓으신 목표를 향해 경주하라
사랑	농부(일꾼)	충성된 농부와 같이 인내와 수고를 하라
→ 핵심은 성숙이다. 그리스도를 닮아 섬김과 사랑으로 수고 한다		

바울은 복음을 위하여 고난을 받는 자신을 부끄럽게 하는 신실하지 못한 자가 되지 말고, 오네시보로 같이 충성된 일꾼이 되라고 하였다1장. 디모데에게는 많은 증인들 앞에서 자신에게 배운 것을 다른 사람에게 가르치며 사명을 완수하라고 하였다2장. 다른 사람을 키우는 것이다.

바울은 디모데에게 부끄러움이 없는 하나님의 일꾼이 되기 위해서는 먼저 "진리의 말씀을 옳게 분별"할 수 있어야 한다고 말하였다2장. 말세에는 사람들이 배교하고 악한 행위를 행하며, 헛된 종교 의식이나 거짓된 가르침에 점점 휩쓸려 갈 것이기 때문이다. 이것을 극복하기 위해서는 하나님의 말씀을 배운 것을 확신하고 거해야 한다3장. 많은 이들이 진리를 떠나 배교할 것이기 때문에 거짓 교훈을 조심하며 세상에 복음을 전파할 사명을 다해야 한다고 격려하였다4장.

오늘날 복음 전파는 너무 힘들다. 모두들 전도가 안 된다고 아우성이다. 먼저 생각을 바꾸지 않으면 안 된다. 복음 전파를 이루어지려면 '왜 안 될까?'에서 '어떻게 하면 될까?'로 방향을 잡아야 한다. 복음 전파할 수 있는 첫 번째 비밀은 목표를 세우고 기도하라는 것이다. 우리의 기도를 들어주실 하나님을 확실히 믿고 목표를 세우고 소망을 갖고 계획에 따라 기도해야 한다. 그리고 기도하면서 두 가지 질문을 던져 보라. "왜 안 될까요?" "어떻게 하면 될까요?" 이 두 가지 질문 앞에 모든 해답이 있다.

딛 _ 디도의 교회 세우기 작전

이 편지에서 바울은 타락한 성도들에 맞서기 위해 그리스도인들의 생활 속에서 드러나야 할 의의 필요성을 강조한다. 할례당들이 헛된 말을 하며 사람들을 속이고 있었기 때문이다. 바울은 젊은 사역자 디도에게 이제 믿기 시작하였지만, 괴팍한 그레데 성도들과 교회를 조직하는 임무를 맡겼다. 디도는 새 교회를 조직하기 위하여 지도자들을 세웠다. 지도자들은 성도들이 복음에 합당한 생활을 하도록 해야 했고, '바른 교훈'으로 세우기 위해 거짓 교훈을 물리쳐야 했다.

교회를 굳건히 세우기 위해서는 무엇보다 '교회 조직'을 정비하는 일이 중요하다_{1장}. 조직을 세운 후에 목회자의 올바른 권위 행사로 교회의 질서를 잡고 성도들을 '바르게 양육'해야 한다_{2장}. 양육은 하나님의 은혜로 구원받은 자가 "선한 일에 열심하는" 하나님의 백성들이 되게 하는데 목적을 두어야 한다_{2:14}.

바른 복음 → 바른 교훈 → 바른 조직 → 바른 양육 ⇒ 친백성 세움

우리가 세상 사람들에게 "선을 행하는 것"은 모범이 되기 위한 것이다. 우리도 한 때 경건하지 못한 세상 속에 살았기 때문에 불경건한 세상을 위하여 경건한 삶을 보여야 한다_{3장}. 우리가 경건한 삶을 살아야 하는 이유는 은혜로 구원받아 성령의 새롭게 하심을 입었기 때문이다. 우리는 은혜를 받았음으로 자비와 사랑을 보여 주는 것이 마땅하다.

풍성의 힘

복음에 합당한 교회 세우기				본보기 | 2:1 | 바울 | 63년
믿음	1장	지도자를 세우라	장로를 세우고, 거짓 교사를 대적
소망	2장	바른 교리 가르치라	바른 교훈으로 거짓 교훈을 물리침
사랑	3장	선한 일을 계속하라	목적-선한 일에 열심히 섬기는 백성

© 믿소사랑 성경 관통 by 신주식

우리는 상속자의 축복을 받은 자이다

주님이 주신 새 생명은 '상속자의 생명'이다. 하나님의 자녀가 되면 "하나님의 상속자요 그리스도와 함께 한 상속자"롬 8:17가 된다. 상속자가 된 신분은 어마어마한 축복이다. 로마인들은 후계자를 택할 때 제 자식이라도 마땅하지 않으면 차라리 양자를 들였다. 그 가문을 이어갈 만한 실력자를 뽑아서 완전한 적자로 삼는다. 자녀라고 다 상속자가 되는 것이 아니었고, 상속자가 된 자녀는 차원이 다르다.

로마의 양자법은 〈벤허〉라는 영화를 보면 쉽게 이해가 된다. 벤허는 절친한 친구의 배신으로 인해 로마 군함의 노 젓는 노예로 전락하였다. 벤허는 끌려가는 도중에 예수님과 마주치게 되는데 그분의 사랑에 힘입어 자신의 신세에 대한 희망을 갖게 된다. 그리고 자신의 노예 생활을 잘 견디어 낸다. 그러던 어느 날 해적들이 벤허가 노예로 노를 젓고 있는 배를 침략할 때 벤허는 노예로서 해적들을 맞서 싸우다가 그 배의 함장 로마사령관의 목숨을 구해 준다. 그 후 사령관은 그를 양자로 삼게 되고 벤허는 일약 노예에서 상속자의 신분으로 상승하게 된다. 벤허가 로마 사령관의 은혜로 한 순간 노예 신분에서 상속자의 귀족 신분으로 상승하게 된 것처럼 우리는 하나님께서 자녀로 받아 주셔서 한 순간에 신분이 상승되었다. 하나님이 우리에게 주신 신분이 바로 상속자이다. 우리가 "그의 은혜를 힘입어 의롭다 하심을 얻어 영생의 소망을 따라 상속자"3:7가 되게 하신 것이다.

상속자 = 유업을 갖는다(추구하는 것, 투자하는 것, 삶의 방식이 다름)

몬 _ 빌레몬을 사랑으로 섬기며

Philemon

형제같이 사랑하라			형제 사랑	1:16	바울	60-61년		
믿음	1-7	빌레몬을 칭찬함 감사	빌레몬	성품
소망	8-21	오네시모를 위한 간청	호소	오네시모 회심
사랑	22-25	빌레몬에게 주는 약속	약속	바울 확신

© 믿소사랑 성경 관통 by 신주식

이 편지는 노예를 어떻게 사랑으로 대할 것인가를 다룬 책이다. 링컨은 이 책을 읽고 노예해방에 힘을 얻고 추진하게 되었다.

오네시모는 빌레몬의 노예였다. 노예였던 오네시모가 엄청난 경제적 손실을 입히게 되었다. 그는 빌레몬을 피해 로마로 도망갔으나 결국 감옥에 갇히게 되었다. 감옥에서 그는 바울을 만났다. 바울은 그에게 복음을 가르치다가 그가 바울의 제자이었던 빌레몬의 노예이었다는 것을 알게 되었다. 빌레몬에게 오네시모의 위치를 알릴 경우 오네시모는 당장 처형을 당할 수 있었다. 바울은 오네시모를 양육하여 영적인 아들로 삼았다. 그는 바울의 사역에 없어서는 안 될 일꾼이 되었다. 바울은 그의 주인인 허락을 받지 않고 통보만 해도 되는 관계였다. 그럼에도 불구하고 정중하게 편지를 보낸다. 바울은 자기 곁에 두고 싶었지만 돌려보내기로 결심한다. 먼저 오네시모가 변화 된 것을 알리고 주인에게 용서를 구하기 위해 편지를 손에 쥐어 주면서 보냈다. 주인이 용서하지 않으면 노예는 죽을 목숨이다.

풍성의 힘

바울은 편지에 이렇게 썼다. "나이 많은 나 바울은 자네에게 특별히 부탁할 것이 있네. 이것은 명령하는 것이 아니고 사랑으로 권면하는 것일세. 오네시모를 용서하고 받아 주시길 바라네. 용서하고 받아 주는 것은 자네에게 달려있네. 만일 오세시모가 도망침으로 손해를 본 것이 있다면 내가 배상할 용의가 있네. 자네가 오네시모를 '형제'로 받아 주어 주님의 사역자로 쓰임 받을 수 있도록 해 주면 좋겠네."

바울은 오네시모에 대해 "그가 전에는 네게 무익했으나 이제는 나와 네게 유익하다"라고 말한다. 오네시모라는 이름은 헬라어로 '유익하다'는 뜻이다. 남에게 피해를 끼친 오네시모가 십자가 복음으로 말미암아 유익한 사람으로 변하였다. 이러한 변화는 주님의 사랑 덕분에 가능했다. 십자가의 복음은 사람을 변화시킨다. 노예를 형제로 받아 주는 힘이다. 유익한 사람으로 만드는 능력이다. 실제로 빌레몬은 바울의 부탁을 기쁨으로 섬기며 자신의 노예였던 오네시모를 에베소교회의 존경받는 감독목사로 세워졌다. 복음에는 사람을 변화시키는 힘이 있다.

미국의 노예 해방은 링컨 대통령의 대표적인 업적이다. 그는 1863년에 '노예해방 선언'을 한다. 이러한 노예해방은 영국의 윌버포스의 영향에 의해 시작 되었다. 그는 주님을 믿고 나서 노예는 이익을 위한 수단이 아니라 형제로 받아 들여야 한다고 주장했다. 암살의 위협을 포함한 온갖 수모를 참아내며 1807년 노예무역폐지법을 성립시켰다. 그가 죽던 1833년 영국 전역에서 노예제도가 폐지되었다.

왕의 재정 : 재물을 다스리는 삶 _김미진		
믿음	재물의 노예 되지 않고 다스리라	믿음으로 사는 삶을 훈련
소망	보물처럼 소유하지 않고 관리하라	청지기의 삶을 훈련하라
사랑	재물을 다루면서 장막생활을 하라	단순한 삶을 훈련하라

© 믿소사랑 성경 관통 by 신주식

히 _ 히어로는 대제사장이신 그분(He)

Hebrews

초대교회가 안팎으로 큰 어려움을 당하고 있었다. 당시 신자들도 핍박과 고난으로 마음이 조금씩 흔들리고 있었다. 그런 사람들이 예수님을 믿다가 유대교로 되돌아갔다. 로마의 박해를 피해서 살아가고 싶었기 때문이다. 유대교의 정체성은 모세, 율법, 성전, 제사장 등이었다. 반면 기독교의 정체성은 오직 예수 그리스도이다. 유대교는 외부에 위협이 되지 않았기 때문에 박해를 받지 않았지만, 기독교는 세상을 변화시킬 의무를 가지고 나가기 때문에 박해를 받을 수밖에 없었다.

히브리 기자는 외적인 위험 때문에 다시 옛날로 돌아가는 어리석음을 경고하였다. 유대인들 가운데 예수님을 믿기는 했는데 신앙이 깊어지지 못한 채 흔들리는 사람들을 위해서 기독교와 유대교를 비교해 주었다. 유대교의 유산들을 열거해 가면서 기독교와 비교한다. 그리고 그 모든 유대교의 전통과 대비되는 기독교의 자랑은 '오직 대제사장이신 예수님'뿐임을 강조했다.

저자는 헬라인들에게 "당신들은 실체를 구하고 있습니다. 그런데 안타깝게도 그림자에서 실체를 탐구하고 있군요. 예수 그리스도가 당신이 찾고 있는 실체입니다"라고 말한다. 히브리인들에게는 "오직 예수 그리스도 안에서만이 하나님과 우리 사이에 정상적인 관계를 회복할 수 있는 완전한 제사장이며 완전한 제물입니다"라고 말한다. 예수님이 구약의 탁월한 인물이나 제사장보다 탁월함을 증명해야 했다.

풍성의 힘

기독교로 개종한 유대인들은 고난으로 인하여 유대교에 복귀하려는 유혹을 받고 심히 낙담하며 예수님에 대해 의심을 하고 있었기 때문이다. 저자는 이들에게 구약의 탁월한 인물들보다도 그리스도가 절대적으로 우월한 분이심을 보여 주고자 했다. 그리고 그리스도 안에서 성숙한 단계로 '정진해 나가도록' 권고한다. 예수님의 인격과 사역의 우월성, 지도자로서의 삶의 우월성을 통해 볼 때 우리가 따라야 할 진정한 지도자는 예수님이심이 분명하다.

성숙한 믿음 단계로 나가라			대제사장 우월성 | 1:1-3 | 바울? | 64-68년	
믿음	1-4:13	우월한 예수	선지자, 천사들, 모세보다 뛰어남	인성
소망	4:14-10:18	탁월한 대제사장	아론, 더 좋은 약속 더 좋은 중보자	사역
사랑	10:19-13	믿음의 삶	믿음-역사11 소망-인내12 사랑-수고13	생활

ⓒ 믿소사랑 성경 관통 by 신주식

믿음은 바라는 것이다

믿음이란 무엇인가? 믿음은 "바라는 것들의 실상받침대, 계약물"과 "보이지 않는 것들의 증거분명한 확신"이다. 믿음은 "내가 믿는 것이 이루어질까?"라고 의심하는 것이 아니다. 믿음이 부도난 것인지 점검해야 한다. 믿음은 실제이다. 믿는 것은 반드시 실제로 결과로 삶에 나타나게 된다. 믿는 대상에 대해 전적인 신뢰와 내 삶에 변화가 일어나는 것이 진짜 믿음이다. 믿음은 막연한 확신이나 신념이 아니며, 지적인 동의가 아니다. 반드시 믿었을 때 그 결과로 행동이 뒤따르게 된다. "믿습니다"라고 말하면서도 행함이 없는 믿음은 믿음이 아니며, 믿는다고 하면서 믿는 대로 살지 않는 것도 진짜 믿는 것이 아니다.

믿음은 하나님이 인류에게 주신 선물이다. 이 세상은 믿음이 없이 이루어지지 않는 것은 하나도 없다. 우리가 차를 타고 가는 것도 차를 믿기 때문이며, 다리를 건너는 것도 믿기 때문에 건너는 것이다. 세상에서 말하는 간절히 원하면 얻을 수 있다는 '적극적인 사고방식'이나 행복해 질 수 있다는 '긍정의 심리학'도 중요한 것이 아니다. 중요한 것은 오직 믿음이다.

로버트 아이셋의 『긍정의 심리학』에서는 "행복은 외부에서 특별한 이벤트가 발생해 나에게 흘러들어오는 것이 아닌, 내가 내 안에서 감정과 정서를 조절해 만들어가는 것이다. 지속적으로 행복해지기 위한 처방전은 간단하다. 부정적인 생각에 갇히지 않는 것이다. 생각을 바꾸면 긍정적인 감정을 키울 수 있다"라고 한다. 이러한 적극적인 사고방식과 긍정적인 심리학은 믿음이 아니다. 자기 확신이라는 감정에 기분을 두면 큰 사고가 날 수 있다. 믿음의 근거를 내 자신과 자기 확신의 터 위에 두기 때문이다. 믿음의 근거는 내 자신이 '조정'하는 것이 아니고 믿고자 하는 '대상'에 있다. 그 대상이 믿을만한지 그 진리가 진리인지가 중요하다. 나는 정말 확실하게 믿었는데 내가 믿는 대상이 사기꾼이라면 큰일이다. 사기꾼은 첫 인상이 믿음직스럽게 보이도록 하고 말이 믿음이 가도록 만든다. 사기에 당하는 사람은 사기꾼이 말해주는 확신에 빠진다. 그러니 믿을만한 받침대가 되어주시는 주님을 의지해야 한다.

믿음현재 = 바라는 것들 실체를 주는 것미래+보이지 않은 것들 확증과거

믿음은 바라는 것의 '실상' 이라고 했다. 실상이라는 단어는 히브리 원어로 '받침대'라는 뜻이다. 원하는 대상을 받침대에 두고 계속 바라보면 실체가 나타난다. 마치 믿음이 씨가 되어 나무로 나타나게 되는 것과 같다. 믿음은 '계약서'와 같다. 집을 계약하면 그 집이 자기의 집이 되는 것이다. 또한 믿음은 보증물과 같다. 보증물이 있어 실제 자신이 계약한 것을 때가 되면 찾을 수 있는 것이다.

또한 믿음은 '보지 못한 것들의 증거'이다. 믿음은 보이지 않는 세계

이다. 이 세상에는 '보이는 실재'와 '보이지 않는 실재'가 있다. 우리는 보고 만질 수 있는 것만 실재라고 착각을 한다. 그러나 보이는 것은 보이지 않는 것에 영향을 받는다. 예를 들어보자. 보이지 않는 마음이 눈에 보이는 얼굴에 영향을 끼친다. 짜증나는 마음이 있으면 얼굴에 나타난다. '인격'은 보이지 않으나 인간의 중심에서 반응하는 것이다. 믿음은 보이지 않지만 분명하게 실제로 존재하는 것이다.

그러므로 우리는 그냥 만지고 느껴지는 것만이 전부라고 착각해서는 안 된다. 오직 모든 일에 믿음으로 행해야 한다. 눈에는 보이지 않지만 분명한 실재가 있음을 알고 믿음으로 반응해야 한다. 그 믿음은 지금도 살아계셔서 모든 상황을 다스리는 하나님께서 나와 함께 하신다는 믿음의 눈으로 바라보아야 한다. 모든 상황을 믿음으로 상황을 돌파해 나갈 수 있다는 믿음으로 살아갈 때 우리는 승리하는 삶을 살 수 있다. 현실이나 상황을 다스리는 주님이 있다는 사실을 믿고 그분이 이 모든 문제를 극복해 주실 것이라는 변치 않는 진리를 붙잡고 살아야 한다. 믿음은 진리이다. 진리가 반드시 자유롭게 만들어 준다.

믿음이 어디에서 이루어지는가? 믿음의 뿌리는 '마음'이다. 믿음은 머릿속에서 일어나는 지적인 작용뿐만이 아니라 심령에서도 역사가 이루어져야한다. "사람이 마음으로 믿어 의에 이르고 입으로 시인하여 구원에 이르느니라"롬 10:10. 구원은 믿음으로 이루어진다. 그저 입술로 고백한다고 되는 것이 아니다. 마음이 믿음에 뿌리이며 근원이다. 마음이 "생명의 근원"잠 4:23이며, 생명의 샘이다. 근원의 샘이 말라 있는데 물이 나올 리가 없다. 진실로 마음속으로부터 믿게 되면 마음의 샘에서 확신이 올라온다. 그래서 의심하지 않고 고민하지 않게 된다. 이것은 누구도 막을 수 없는 성령의 역사로 이루어진다. 내가 애쓴다고 이루어지는 것이 아닌 주님의 약속에 결합할 때 마음이 믿어진다. 마음으로 믿어지면 행동이 뒤따르게 될 것이다.

우월한 그리스도 사역과 직분 1-10장		
1장	선지자들보다우월	아들은 하나님의 본체의 형상, 하나님 우편에 계심
2장	천사들보다 우월	천사의 경배를 받으시는 분, 천사는 자녀들을 섬김
3-4	모세보다 우월	모세-사환의 충성, 예수-아들로 충성, 안식에서 우월
5-10	대제사장 우월	아론의 제사장직과 구약 제사보다 우월한 대제사장

우월한 그리스도인의 삶 11-13장			
11장	믿음에서 우월	약속을 믿고 하나님을 의지하며 살라	믿음의 삶
12장	소망에서 우월	온전케 하시는 믿음의 주를 바라보라	인내의 경주
13장	사랑에서 우월	주 안에서 형제 사랑, 선을 행하라	찬양의 제사

믿음의 삶이란		
믿음	보이지 않지만 바라보고 가는 믿음	두려움보다 크신 주를 보라
소망	어둠 속에서도 빛을 구하며 살아냄	결과보다 과정에 순종하기
사랑	연약함에도 이기는 싸움이라 믿음	주님의 일하심을 믿고 동행
→ 불확실함으로 두려움 있어도 주님을 신뢰하며 믿음으로 바라보는 것		

믿음으로 하나님의 음성 분별 법			
믿음	내적인 증거	평강과 기쁨을 확신주심	믿음으로 취함
소망	내적인 음성	기도할 때 내면에 확신주심	소망으로 확신
사랑	외적인 열매	환경이나 계시를 통해 인도	사랑으로 확인
→ 경건의 훈련으로 이루어지는 것으로 대화하는 삶을 계속하라			

믿음을 세 단계로 반응하라			
믿음	보다	주님은 고통을 보신다	하나님을 계속 바라보라
소망	듣다	부르짖음 들으신다	부르짖을 때 응답을 소망하라
사랑	알다	알고 구해 주신다	합력하여 선을 이룸을 믿으라
→ 주님은 우리의 고통을 분명히 알고 계시므로 부르짖고 나아가라			

풍성의 힘

약 _ 약한 자를 돌보는 것이 참 믿음
James

성경에는 두 사람의 야고보가 있다. 예수님의 열두 제자 중 한 사람이었던 요한의 형 야고보와 예수님 동생 야고보가 있다. 야고보서는 예수님의 동생인 야고보가 기록한 것이다. 그는 초기 교회공동체에서 중요한 사역을 감당하고 있었다. 그는 처음에 예수님이 구세주이심을 믿지 않았다. 예수님이 십자가에서 죽으시고 부활하신 것을 보고 예수님을 다시 믿음으로 인생을 새 출발했다. 시간이 흘러 그리스도인들을 향한 로마의 핍박이 점점 거세져 갔다. 이런 역사적 배경 속에서 야고보는 편지를 기록한다. 어려운 상황 가운데서는 신앙을 잃지 않고 끝까지 인내하는 믿음, 곧 실천하는 믿음이 필요했다. 그래서 그는 이를 강조하는 서신을 썼다. 야고보는 시험을 당하고 있는 성도들에게 그 고난을 기쁘게 여기라고 격려한다. 야고보서는 특별히 "행함이 없는 믿음은 죽은 믿음"이라고 하면서 행함을 강조하였다.

믿음과 행함은 어떤 관계가 있는가? 당시 부자들이 점점 더 교회에 많이 들어오면서 다양한 계층 간에 갈등과 충돌이 많아졌다. 교회는 부유한 신자들이 궁핍한 사람들을 배려하고 돌보는 것을 잘 감당하지 못했다. 부자와 가난한 사람이 동등하게 대우 받지 못한 것도 큰 문제였다. 큰 사업 하는 사람은 노동자들을 착취하는 상황에서도 교회는 그저 "서로 사랑하며 삽시다"라는 식에 공허한 말만을 반복할 뿐이었다.

참된 믿음은 삶으로 증명되어야			행함 | 2:26 | 야고보 | 46-49년	
믿음	1-2장	시련이 나를 변화시킨다	진보	시험
소망	3-4장	혀를 사용한 만큼 복 받는다	행위	다스림
사랑	5장	믿음은 행함으로 복을 받는다	능력	승리

© 믿소사랑 성경 관통 by 신주식

참 믿음이란? 2-4장		
1	참된 믿음은 행함으로 증명된다(2장)	행함 ↔ 행함 없는 믿음
2	참된 믿음은 혀를 제어한다(3장)	선한 말 ↔ 악한 말
3	참된 믿음은 참된 지혜를 준다(3장)	참된 지혜 ↔ 세상적 지혜
4	참된 믿음은 겸손하게 만든다(4장)	겸손 ↔ 싸움과 다툼
5	참된 믿음은 하나님을 의지한다(4장)	의존 ↔ 자기 자랑

© 믿소사랑 성경 관통 by 신주식

혀 3장			세상적인 것 4장		
1	방향을 결정하는 힘	재갈, 키	정욕	욕심들은 육신을 자극함
2	파괴하는 힘	불, 짐승	세상	세상 속에서, 세상 방식으로
3	기쁘게 하는 힘	샘, 나무	마귀	세상과 육신대로 살 때 공격

© 믿소사랑 성경 관통 by 신주식

구원 : 가장 위대한 소유				
믿음	칭의	과거	죄의 형벌에서	즉시 구원받음
소망	성화	현재	죄의 능력에서	점차 구원받음
사랑	영화	미래	죄의 존재에서	궁극적으로 구원받음

© 믿소사랑 성경 관통 by 신주식

풍성의 힘

야고보는 '행함이 없는 믿음은 죽은 것'이라고 폭로함으로써 행함 있는 믿음이 참 믿음이라고 말한다. 참 믿음은 행함으로 증명된다. 말에서, 행동에서, 하나님을 의지하는 지혜에서 나타난다.

진짜 믿음은 행함 있는 믿음이다.

우리는 "행함이 있어야 진짜 믿음이다"라고 한다. 사람들은 믿음이라고 하면 '내가 행함으로 최선을 다하면 하나님의 도움이 더해지는 것이지' 한다. 이것이 믿음이라고 하면 착각하는 것이다. 믿음은 내 마음대로 행함과 반대 개념이다. 마치 인간의 최선과 믿음은 서로 반대 방향으로 달리는 기차와 같다. 최선은 내가 무엇인가 해야지 라고 생각하고 '자신'에게 뿌리는 두는 것이다. 믿음은 그 뿌리가 '하나님'께 두고 행하는 것이다. 믿음은 하나님 아버지가 자녀들에게 준 선물과 같다.

참 믿음 = 행함 있는 사랑 = 자신 힘 아닌 하나님 은혜로 = 선물

예를 들면 복음은 '하나님의 은혜'로 주신 것이다. 우리는 하나님이 예비하신 은혜라는 선물을 믿음으로 구원을 받는 것이다. 이것은 믿음으로 이루어지는 것이다. 인간의 최선과 선함으로 구원을 이루도록 무슨 일을 해야 하는 것은 아니다. 진짜 믿음이라는 것은 나의 열심이나 노력이 아닌 오직 하나님이 주신 축복으로 하는 것이라고 믿고 행하는 것이다. 내가 주체가 되어 하는 것이 아니라 주님이 주체가 되어 내가 따라가는 것이다. 내가 주님을 위해 무엇인가를 성취하는 것이 아니라 내가 죽고 나를 통해 주님이 일하시도록 주님의 뜻을 따라 행하는 것이다. 행함 있는 믿음은 성령의 도우심과 능력으로 하는 것이다.

행함으로 참 믿음을 보이라		
믿음	진짜 믿음을 점검하라	인내하는가? 유혹을 이기는가?
소망	말씀을 알고 행하라	입의 말은? 청지기답게 사는가?
사랑	삶으로 실천하기	주님 생각하고 사는가? 기도하는가?
→ 세상을 넉넉히 이기는 방법은 믿음으로 사는지 확인하며 살아가다		

베드로전후서와 히브리서, 야고보서와 요한일이삼서와 유다서를 한데 묶어 일반서신 또는 공동서신이라고 한다. 바울의 편지는 일반적으로 개개의 교회에 보낸 데 반해 이 공동서신은 특정 대상이 아닌 교회 전체에 보낸 것이다.

베드로전서는 공동서신 가운데서 가장 유명하고, 많이 읽히며, 사랑받는 서신이다. 베드로는 '흩어진 나그네'들에게 보낸다고 했는데, 이 지역들은 소아시아 북동쪽에 위치한 넓고 인구가 많은 지역이다.

A.D 64년, 네로 황제가 로마 화재 사건의 책임을 그리스도인들에게 전가하면서 기독교 박해가 급속히 가중되었다. 박해는 형언할 수 없을 만큼 잔혹했다. 이러한 상황 속에서 베드로는 교회의 장래를 염려하지 않을 수 없었다.

그래서 베드로는 고난과 핍박을 견디고 있는 성도들에게 힘과 격려를 주는 편지를 썼다. 조병호는 『성경통독』에서 고난에 대해 말한다. "고난은 성도들에게 분명 감당하기 어려운 일이지만, 동시에 믿음을 더욱 강하게 만듭니다. 소망에는 인내가 필요합니다. 내일이 있는 사람에게는 인내가 필요합니다. 미래에 대한 강한 소망과 비전이 있는 사람에게는 현재의 시련과 고난을 오히려 기쁨으로 바꿔낼 수 있는 힘이 있습니다." 베드로는 살아있는 소망이신 주님이 주신 힘으로 바꿀 수 있다고 말한다.

풍성의 힘

베드로는 이 사실을 강조하며 예수님 안에서의 소망을 이야기 한다. 성도들을 격려한다. "너희 믿음의 시련이 불로 연단하여도 없어질 금보다 더 귀하여 예수 그리스도의 나타나실 때에 칭찬과 영광과 존귀를 얻게 하려 함이라"1:7. 엄청난 핍박과 고난 속에서 기뻐하라고 말한 것이다. 그 어떤 것도 영원한 즐거움과 비교되지 않을 것이기 때문이다.

우리가 예수를 믿는다고 해서 금세 삶이 달라지는 것은 아니다. 그러나 소속은 확실하게 달라졌다. 고난 가운데 있어도 생명의 성령의 법이 나를 주장한다. 생명의 법이 나를 주장하기 때문에 모든 것이 합력하여 선을 이루신다. 이제 소속이 달라지면 삶도 달라져야 한다. 왜냐하면 바로 하나님께 속한 자요 하나님의 자녀이기 때문이다.

고난을 주를 의지함으로 이겨라			산 소망 | 4:13 | 베드로 | 63-64년	
믿•소	1-3장	믿음- 구원, 행동- 순종	산 소망	거룩
사랑	4-5장	고난- 청지기, 양무리의 본	선한 삶	겸손

© 믿소사랑 성경 관통 by 신주식

우리는 누구인가 2장		
믿음	하나님 가족의 자녀들	신령한 양식인 말씀을 먹고 살라
소망	하나님 성전의 돌들	주 영광을 위하여 성전을 이루어 가라
사랑	새로운 나라의 시민들	왕 같은 제사장으로 당당하게 살라
→ 하나님의 자녀 된 우리는 성전 되어 왕과 제사장으로 사는 자다		

© 믿소사랑 성경 관통 by 신주식

영적인 싸움 이기는 법		
믿음	원수의 전략을 간파하라	권위를 통해 파괴함
소망	마귀 원하는 것을 거부	입으로, 기도로, 삶으로
사랑	예수의 이름으로 물리치라	십자가와 보혈을 선포
→ 마귀가 생각, 입, 마음의 전쟁터 공격할 때, 예수 이름으로		

© 믿소사랑 성경 관통 by 신주식

산 소망을 가진 베드로

베드로는 예수님의 열두 제자 중에서 다른 어떤 제자보다 예수님의 칭찬과 책망을 많이 받은 자이다. 주님은 그를 산 믿음으로 세우시고 지도자로 탈바꿈시켰다. 예수님은 그가 견고한 믿음의 사람이 되기를 바라시며 믿음의 사도로 세우셨다. 주님이 베드로를 부르신 것은 그가 직업의 달인이거나 특별히 용감해서 부른 것이 아니다. 예수님은 오히려 베드로가 자신을 부인할 것을 알고 계셨다. 그런데도 그를 부르셨다. 이것은 그의 '잠재적 가능성'을 보고 불러 주신 것이다. 우리가 주님의 제자로 부름 받은 것은 우리가 잘나서가 아니다. 우리의 가능성을 보고 불러 주신 것이고 주님께서 만들어 가시는 것이다.

베드로는 실수도 많았지만 무엇보다 열정적인 사람이었다. 그는 누구보다 질문을 하는 사람이었다. 제자로서 배우고자 하는 열망이 컸기 때문이다. 간혹 베드로는 주님의 질문에 주님께서 기대하지 않는 방식으로 대답하기도 하였다. 예수님의 가르침의 요지에서 벗어난 자기중심적인 대답이었다. 그럼에도 그는 주도적으로 행동과 말을 하였다. 어느 날 그는 "주는 그리스도요 살아 계신 하나님의 아들이시니이다"마 16:16이라는 기가 막힌 답변을 한다. 이러한 답변은 하나님이 잠시 베드로에게 문제의 정답을 보여주신 것이다. 정답을 보고 읽지 못할 사람이 어디 있겠는가? 그는 엄청 용감하게 답변을 하고 또 엉뚱하게 예수님이 십자가에 삼일 만에 죽는다는 말씀에 "주님 그러하시면 곤란하지요"라는 말을 하다가 엄청 혼이 나기도 하였다. 그런 베드로가 천방지축 하다가 예수님을 부인했지만 주님의 사랑으로 변화되어 성령이 임함으로 변화되었다.

베드로는 자신처럼 고난 받고 있는 성도들을 향해 위로의 편지를 한다. 그들은 신앙 때문에 비난과 고난을 당하였다. 심지어 생계와 가족

관계, 사회적 지위마저도 위협을 받아야만 했다. 베드로는 "너희 믿음의 확실함은 불로 연단하여도 없어질 금보다 더 귀하여 예수 그리스도께서 나타나실 때 영광과 존귀"1:7를 받을 수 있을 것이다.

어떻게 믿음이 금보다 더 귀하여 칭찬과 존귀를 받게 되는 것일까? 그만큼 주님은 믿음의 연단의 결과로 현재 고난은 장차 나타날 영광과 비교할 수 없다고 하신다. 금은 원래 불순물과 섞여 있다. 이것을 불에 넣으면 녹아내리지만 타서 재가 되어 없어지지 않는다. 불 속에서 잡티들은 다 타고 없어지고 오직 금만 더 순수하고 아름답게 제련될 뿐이다. 주님은 고난이라는 풀무불에 신자들은 넣어 마음의 안락, 교만, 쾌락, 자아의 욕심이라는 불순물을 제거하는 도구로 사용하신다. 불이 금을 단련하듯 고난은 인간의 숨은 욕심을 깨트리고 깨끗이 하신다. 그리고 성령의 열매를 맺도록 하신다. 베드로는 이런 잠깐의 고난을 당하는 이들에게 "너희를 친히 온전하게 하시며 굳건하게 하시며 강하게 하시며 터를 견고하게"5:10 하실 것이라고 격려한다.

베드로는 고난 앞에서 주님을 부인하기까지 하였다. 하지만 그 불같은 시험에서 주님이 친히 찾아오셔서 '함께 나란히 걸어가 주겠다'는 약속을 받고 일어나게 되었다. 베드로는 디베랴 호숫가에서 주님과 만남을 경험하면서 단단해져서 주님의 길을 걸어 갈 수 있었다.

당시 1세기의 로마 가정에서는 남성 가장이 절대적인 권위로 군림하였다. 따라서 가장이 기독교로 개종하지 않으면 기독교로 개종한 아내와 자녀, 노예들은 로마의 문화와 종교의 관례를 따라야만 했다. 베드로는 이렇게 전통을 따르지 않는 자들에게 고난 중에도 소망을 가지고 인내하며 선한 행실로 모범을 보이라고 권면하였다. 만일 선을 행하다가 고난을 당할 때, 베드로는 "산 소망"되신 주를 바라보고 인내하고 살면 반드시 회복 될 것이라고 위로했다.

소망의 씨를 뿌려야 열매를 볼 수 있다

씨를 뿌려야 열매를 기대할 수 있다. 우리가 수확을 기대한다면 반드시 씨앗을 뿌려야 한다. 재물의 복을 거두고 싶으면 남에게 재물을 심어야 한다. 행복을 거두고 싶으면 행복을 심어야 한다. 이것이 하나님이 정하신 법칙이다. 우리가 열매를 거두지 못하는 것은 씨앗을 뿌리지 않았기 때문이다. "나는 너무 바빠서 남에게 씨앗을 뿌릴 시간이 없어"라고 생각한다면, 결코 열매를 수확할 수 없다. "나 같은 실패자가 무엇을 할 수 있겠어"라고 좌절하지 말라. 완전히 실패했지만 성공적으로 산 사람이 있다. 바로 베드로이다.

베드로는 완전히 실패자였다. 예수님을 부인했을 뿐 아니라 맡겨진 사명을 포기한 적이 있었다. 그런 그에게 예수님은 소망의 씨앗을 주셨다. 교회의 기초가 되도록 하신 것이다. 베드로는 그런 일을 해낼 인물이 못되었지만 하나님은 그에게 위대한 계획을 진행시키셨다. 하나님은 싸구려를 작품으로, 짝퉁을 명품으로, 실패를 영광으로 바꾸시는 분이시다. 우리 눈에는 실패한 듯 보이는 인생이지만 하나님은 성공으로 이끄신다.

환란이 있고 핍박이 있는 순간에 우리는 더욱 포기하고 싶어 한다. 베드로는 교회의 성도들이 핍박으로 인하여 믿음을 저버리는 것을 보고 소망을 가지라고 권면했다. 자신이 예수님을 부인하였던 실패자였지만 지금은 하나님이 자신을 사용하고 있음을 베드로서는 통해 간증한다. 복을 받기 원하는가? 복을 기다릴 필요가 없다. 지금 씨를 뿌리라!

너희는 행복한 백성이다 2장

성경은 결코 우리의 삶 속에서 풍요와 번영, 그리고 하나님의 축복을 경시하지 않는다. 복은 영적인 것과 삶의 모든 풍성함을 포함하는 '전인

풍성의 힘

적인 것'이다. 복은 이 세상뿐 아니라 내세까지 영원한 상급이 포함되어 있다. 하나님은 우리가 하나님을 사랑함으로 "그 후손이 땅에서 강성하고 정직자의 후대가 복이 있으리라"시 112:1-2는 말씀을 통해 우리가 축복을 누리길 원하신다. 그리고 하나님이 복을 주시는 목적은 '만민이 주를 자랑하게 하려는 것'이다. 하나님께 영광을 돌리기 위한 것이다.

하나님이 우리를 부르신 목적은 "오직 너희는 택하신 족속이요 왕 같은 제사장들이요 거룩한 나라요 그의 소유된 백성이니 이는 너희를 어두운 데서 불러내어 그의 기이한 빛에 들어가게 하신 자의 아름다운 덕을 선전하게 하려 하심"이다29. 우리는 하나님의 복을 받아 '왕 같은 제사장'의 특권을 받았다. 우리가 사람들을 축복해주는 것은 신성한 권리요 의무이다. 이것은 하나님이 우리에게 주신 사명이다. 복을 빌어 주는데 주저하지 말라. 우리는 왕, 제사장이다! 이 세상에 다스릴 권세가 있다!

하나님 외에 어떤 것도 큰 복을 줄 수 없다. 돈이나 쾌락은 잠시 풍요를 가져다주는 듯 보일 수 있다. 그러나 이것은 일시적이다. 하나님만이 유일한 생명과 축복의 길이기 때문에 그분을 따르는 길이 가장 행복한 것이다. 믿음 안에서 주신 부와 풍요는 가치가 있다. 이것을 하나님께 영광 돌려 영원한 가치를 두게 하라. 우리는 복을 빌고 복을 간구하지만 하나님의 영광을 위해서 사용되어져야 비로소 행복을 누릴 수 있게 된다. 바로 당신이 복덩어리다.

세 단계 하나님의 일하심			
믿음	내려가다	고통 가운데 오신다	신실하심을 바라보라
소망	건져내다	반드시 건져내신다	구원하심을 소망하라
사랑	인도하다	약속 땅으로 인도하심	인도하심을 의지하라
→ 고통스러울 때 거짓 위로자를 찾지 말고 참 위로자 되신 주를 만나라			

ⓒ 믿소사랑 성경 관통 by 신주식

베드로전서에서는 성도들이 불신자로부터 받는 핍박을 다루었지만, 베드로후서에서는 교회 안에서의 훨씬 더 파괴적인 변절에 대하여 이야기 한다. 이 편지는 당시 일급기밀문서에 해당되는 것으로 교회에 위협을 주는 사람들의 핍박 가운데서 승리하는 그리스도인의 삶을 위한 것이었다. 재림을 부정하는 악한 사람들과 성경을 곡해하는 사람들로 인해 혼란스러워하는 그리스도인들을 진리로 굳게 서 있게 하기 위해 썼다. 교회 안에서 악한 사람들의 독소로부터 악영향을 받지 않기 위해서는 우리가 영원한 진리로 무장하여 계속 성장해 나아가야 한다.

거짓 선생들은 말씀을 변질시켜 부도덕하고 반항적인 삶을 즐기라고 가르쳤다. 교회 외부적으로는 그리스도인들이 환란과 핍박이 가중되는 가운데 내부로부터는 거짓 선지자들이 극성을 부렸다. 예수님이 부활하시고 시간이 지난 후, 교회에서 예수님의 사역에 대한 의심도 생겼다. 그들은 하나님의 말씀을 알려준다고 하면서 진리를 거짓으로 바꾸어 그럴듯하게 꾸미고 잘못된 재림에 관한 말씀으로 미혹시켰다.

재림을 소망하며 살라			재림 | 1:12 | 베드로 | 63-64년	
믿음	1장	신의 성품에 참여하라	경건한 삶 열매 맺기	거룩
소망	2장	거짓 선생을 멀리하라	믿음을 흔들리지 않기	책망
사랑	3장	재림을 확신하고 살라	지연은 영혼 구원 작전	소망

© 믿소사랑 성경 관통 by 신주식

주의 날을 맞이 하는 자세 3장		
믿음	기억하라	예언자들과 사도들이 지적한 말씀을 기억하라
소망	잊지 말라	사람도 멸망하지 않기를 원하여 더딘 것이다
사랑	힘쓰라	구원 받은 바를 굳게 하고 주님 오심을 준비하라

주의 재림을 소망하며 살라

교회 안에서 거짓 신도들의 악영향을 제거하기 위해서는 우리가 영원한 진리로 무장하여 계속 성장해 나아가는 길이 최선이다. 거짓 선생들은 말씀을 변질시켜 부도덕하고 반항적인 삶을 즐기라고 가르쳤다. 베드로는 거짓 선생들의 유혹과 그리스도 재림을 부인 하는 자들에게 재림은 확실히 있다는 것을 심어 주기 위하여 베드로후서를 기록하였다. 주님의 재림이 확실하므로 경건한 삶을 살아야 하며, 이방인처럼 사는 것은 소돔과 고모라와 같은 심판을 받게 되어 멸망에 이르게 될 것이다.

그 당시 교회에 주의 재림과 종말 심판을 부인하는 거짓 선생들이 나타나 도덕적으로 방종한 자유를 가르쳤다. 이들은 집회를 열어 성도들까지 유혹하였다2장. 베드로는 유혹에 빠진 성도들에게 자기가 변화산에서 변화된 예수님을 직접 보았다고 말하였다. 우리도 예수님이 재림하면 예수님처럼 변화될 것이므로 소망을 잃지 말아야 한다. 주의 재림은 주님 자신과 선지자들의 예언을 통해 분명하게 예언한 것이므로 성도들이 거짓 선생들을 따르는 것은 멸망을 자초하는 길이다2장. 재림이 확실하므로 거룩하고 선한 삶을 살아야 한다3장. 바른 종말론적인 삶은 신의 성품에 참여하여 경건하고 흠 없이 믿음으로 굳게 서서 살아가는 것이다.

요일 _ 요한처럼 서로 사랑하자

1 John

요한복음과 요한일이삼서와 계시록을 기록한 사람은 요한이다. 요한은 사랑의 사도로 편지에 "예수님은 세상의 생명이요, 빛이요, 사랑이시다"라고 강조하였다. 요한복음에서는 빛으로 오신 예수님이 어떻게 사셨는가를 보여주었다. "하나님은 사랑이시다. 하나님이 세상을 사랑하셔서 독생자 예수 그리스도를 보내셨다. 그를 믿는 자마다 구원을 얻을 것이다." 요한일서에서는 세상의 빛 되시는 예수님을 따르는 그리스도인들이 어떻게 사랑하며 살아야 하는지를 말한다. "하나님은 사랑이시다. 그 놀라운 사랑을 받은 우리들은 서로 사랑해야 한다!"가 주요 메시지이다. 요한복음이 수직적인 관점에서 위로부터 오신 예수님을 소개한다면, 요한일서는 수평적인 관점으로 그리스도인이 사랑 가운데 서로 교제하는 삶을 살아야 한다고 강조한다.

하나님과 교제는 형제 사랑으로 나아간다				교제 | 1:3 요한 | 90년
믿음	1-2장	빛이신 하나님과의 교제	사귐의 조건의미	죄를 고백하면 용서 받음
소망	3-4장	사랑이신 하나님과 교제	사귐의 특성표현	하나님을 알면 형제 사랑
사랑	5장	생명이신 하나님과 교제	사귐의 결과효과	예수 믿음으로 영생 얻음

ⓒ 믿소사랑 성경 관통 by 신주식

사랑하는 것이 두려움을 이긴다 3-5장

목사님이 천국에 갔는데 천국에서 물어 보는 질문은 한 가지였다고

풍성의 힘

요한일서 | 427

한다. "네가 사랑하는 법을 배웠느냐?" 사랑하는 삶은 사랑을 얼마나 실천했느냐에 달려 있다. 당신도 하나님 앞에 서는 날 이런 질문을 받게 될 것이다. "내가 너를 사랑한 것 같이 네 몸과 같은 사랑을 베풀었느냐?"라고 물어 보실 것이다. 우리는 하나님의 사랑을 받아들이고 다른 사람을 사랑함으로써 자신을 사랑하는 법을 배워야 한다. 사랑은 '관계' 속에서 피어난다. 하나님을 사랑한 만큼 다른 사람에게 사랑을 주어야 한다. 왜 우리는 사랑이 안 되는가? 우리는 항상 행복한 만남만을 기대한다. 누군가와 사귀고 결혼하면 행복할 것이라고 생각한다. 대부분의 사람들은 자신과 잘 맞는 짝을 만나면 사랑에 빠질 것이라고 착각을 한다. 하지만 사랑은 그것과는 상관이 없다.

근원적인 두려움 = 죽음, 두려움을 쫓아냄 = 온전한 사랑 = 십자가

오스왈드 교수는 "사람들은 몇 천 달러 더 벌면 분명히 더 행복해질 거라고 생각하지만 그들이 생각하는 행복의 수준은 대부분 과장되어 있다"고 진단했다. 그는 "좋은 인간관계에서 얻는 행복이 높은 연봉으로 얻는 행복보다 훨씬 크다"며 "행복해지려면 차라리 좋은 남편이나 아내를 찾아다니는 게 훨씬 낫다"고 했다. 그럼에도 불구하고 왜 많은 사람들이 돈으로 행복을 사고자 하는 것일까? 그것은 '두려움' 때문이다. 사람들은 항상 무언가 부족한 것을 느끼고, 그것을 채우기 위해 '조금만 더 갖기만 하면 모든 것이 해결 될 거야'라고 생각한다. 사람과의 관계에서 거부를 당하면 사람의 밑바닥에는 두려움이 깔리게 된다. 모든 두려움의 맨 아래층에 있는 것은 죽음에 대한 두려움이다. 이 본질적인 두려움 앞에서는 모든 사람들이 떨게 된다. 이 '근원적인 두려움'을 초월할 수 있는 감정은 '사랑' 밖에 없는 것이다. 온전한 사랑이 두려움을 쫓아낸다. 두려움을 이길 수 있는 유일한 방법이 바로 '사랑'이다.

왜 형제를 사랑해야 하는가?		
믿음	그리스도 우리 위해 죽으심	사랑하셨은즉 우리도 사랑해야
소망	성령이 우리에게 도우신다	사랑은 성령의 능력으로
사랑	하나님은 우리를 사랑하신다	그가 먼저 사랑했기 때문에

© 믿소사랑 성경 관통 by 신주식

사랑의 근원	사랑의 효과
하나님은 사랑이시라 4:8	세상에서 사랑을 나타낸다 4:7
하나님은 우리를 사랑하신다	하나님을 사랑하며 두려움을 이김
우리를 위해 아들을 주셨다	형제를 사랑하는 것이 마땅하다
우리를 위해 자신 생명 주심	타인을 위해 섬기며 산다 3:16
→ 하나님은 사랑의 생명이시다. 우리도 생명의 통로가 된 자다	

© 믿소사랑 성경 관통 by 신주식

	요한복음	요한서신	요한계시록
강조점	구 원	성 화	영 화
내 용	과거의 역사	현재의 체험	미래의 소망
그리스도	우리를 위해 죽으심	우리 안에 계심	우리를 위해 오심
말 씀	육신이 되심	실재가 되심	승리하심

워런 위어스비의 <핵심성경연구>

5가지 사랑의 언어	
1 인정하는 말	칭찬과 격려의 말, 존경하는 말을 해 주라
2 함께하는 시간	대화나 취미활동 등 상대방에게 집중하라
3 선물	진심을 담은 선물이나 사랑의 증표를 주라
4 봉사	도움을 주거나 상대가 원하는 행동하기
5 신체접촉	스킨십을 통한 정서적 교감을 가져라
→ 문제는 사랑의 언어가 다르기 때문이다. 서로를 위한 언어로!	

© 믿소사랑 성경 관통 by 신주식

풍성의 힘

요이 _ 요 이상한 거짓 선생을 멀리하라
2 John

거짓 선생을 멀리하라				이단 경계 | 8 | 요한 | 90년	
믿·소	1-6	주의 계명을 지키라	사랑은 진리 안에서	계명
사랑	7-13	거짓을 거절하라	거짓 교훈을 경계하라	경계

요한이서는 어떤 부녀에게 보내는 개인적 서신이다. 진리 가운데 행하며 계명을 충실히 지키며 사는 사람일지라도 흔들릴 수 있다. 그 당시 영지주의자들의 가르침이 유행하여 그리스도인들을 넘어지게 하였다. 예수님의 신성을 강조하여 육신으로 오신 예수님에 대해 중요하게 여기지 않았다. 이미 택함 받아 주의 자녀가 된 성도들이 이런 가르침으로부터 자신을 지켜야 한다고 당부한 내용이 요한이서이다.

이 짧은 서신 안에는 거짓 선생들에 대한 경고와 사랑 안에 거하라는 권면이 포함되어 있다. 요한이 권장한 사랑은 단순히 무분별한 것이 아니라 영적 통찰력이 수반된 것이어야 함을 강조한다.

요한은 성도들에게 "누구든지 이 교훈을 가지지 않고 너희에게 나아가거든 그를 집에 들이지도 말고 인사도 말라"1:10고 부탁한다. 단호하게 대처해야 진리의 능력이 교회 안에 지속될 수 있다. 조병호는 "성경적인 사랑이란 바로 선택의 문제입니다. 분별력이 없는 사랑을 가지고 인생을 살아가는 것은 어리석을 뿐만 아니라 위험한 것입니다"라고 하였다.

요삼 _ 요상한 형제라도 격려해?

3 John

형제를 격려하라			| 영혼이 잘됨 | 2 | 요한 | 90년	
믿•소	1-8	가이오를 칭찬함	섬김	호의 베풂
사랑	9-14	디오드레베를 책망함	이기심	교만 위험

© 믿소사랑 성경 관통 by 신주식

요한삼서 1:2	
1. 영혼이 잘 됨같이	영적으로 하나님과 좋은 관계를 가져라
2. 범사가 잘 되고	모든 일이 제자리 질서가 잡혀 형통하게 됨
3. 강건하기	몸은 영혼을 담는 그릇으로 건강을 돌보라
→ 영혼이 잘 된 만큼 재정적인 축복과 육신의 건강의 축복이 온다	

© 믿소사랑 성경 관통 by 신주식

당시 전도인들은 복음 전파를 위해 이곳저곳을 다니면서 많은 어려움을 겪어야 했다. 가이오는 자신의 집을 개방하여 전도인들을 초대하여 숙식을 책임져주었다. 이 모든 일이 교회에 큰 덕을 세우고, 복음을 전하는 일에 좋은 영향력을 끼쳤다. 가이오 집에 머문 경험이 있는 사람들이 사도 요한에게 가서 가이오를 높이 칭찬했다. 이 이야기를 들은 사도 요한이 기쁜 마음으로 가이오에게 편지를 쓴 것이다.

요한은 가이오의 충성되고 헌신된 대접에 비교하여 디오드레베의 적대적인 배척을 대조 시킴으로 가르치는 자를 사랑으로 섬기라고 한다.

풍성의 힘

이단들을 대항하라			이단	3	유다	66-68년	
믿•소	1-19	이단에 맞서 대항하라	대항	배교 분석
사랑	20-25	믿음 위에 자신을 세워라	격려	배교 방어

© 믿소사랑 성경 관통 by 신주식

믿는 자들을 타락시키는 거짓 선생들과 이단은 항상 존재해 왔다. 이들은 반드시 정죄함을 받을 것이다. 우리들은 믿음 안에서 굳건히 서서 성장하며 진리를 위해 싸우는 자가 되어야 한다. 또한 의심하고 믿음이 약한 자들을 위해 중보 기도하며 그들을 도와주는 것을 잊지 말아야 한다. 우리는 바른 신앙 고백을 사수하라는 목소리에 귀 기울여야 한다.

교회 가운데 "몰래 스며들어 온" 일부 거짓 선생들이 있었다. 그들은 공동체 내에서 성도들로부터 인정을 받았고, 애찬에 동참하였다. 순회 선지자로 활동을 하였으나 "당을 짓는 자며 육에 속한 자며 성령이 없는 자들"이었다. 그들은 "은혜를 도리어 색욕거리로 바꾸고", "이성 없는 짐승같이" 그들 자신의 악한 욕망을 따르는 자들로 성적으로 부도덕한 일을 저지르며, "권위를 업신여기며 영광을 훼방하였으며", "원망하는 자며 불만을 토하는 자"였고 교회를 분열시키는 자들이었다. 그러한 사람들은 하나님의 확실한 심판을 받을 운명이다. 우리는 그들에 맞서 대항하고 복음을 사수해야 한다.

4_ 회복
선지서

5_ 승리   믿소사랑   3_ 지혜
복음서   평안 안식 풍성   시가서

6_ 풍성   7_ 성취   2_ 정복
서신서   계시록   역사서

1_ 창조
모세오경

7. 최후 승리를 성취하는 힘 _ 계시록

열매 수확하기 | 성취시대

그리스도의 초림	그리스도의 재림
고통과 눈물이 있는 세상에 오심	고통과 눈물이 없는 천국에 초대함
아기로 오심 성육신	왕으로 오심
낮고 가난함	높으시고 부유하심
멸시 받고 거부 받음	모든 사람이 무릎 꿇고 절함
불의, 불안, 불행의 자리에 오심	평안, 안식, 풍요한 혼인 잔치
죄를 위해 죽었다가 부활하심	죽음을 없애고 재림하여 통치하심
→ 주님은 죄사하기 위해 오셨고 죄를 없애고 평화와 안식을 주실 것	

ⓒ 믿소사랑 성경 관통 by 신주식

에덴동산 실락원	새 예루살렘 복락원
죄로 죽음이 왔음 롬 5:12	사망과 애통이 없는 삶 20:4
충만하게 다스리라 창 1:28-실패	왕노릇 하리라 20:4- 성취
땅에 거주함 창 1:28	새 하늘과 새 땅에 거함 21:1
하나님과 함께 거함 창 2:16-실패	하나님이 함께 계심 21:3-성취
→ 주님은 에덴을 회복하는 꿈을 이 땅에 이루기 원하셨고 이루실 것이다	

ⓒ 믿소사랑 성경 관통 by 신주식

누구나 최후의 승리를 꿈꾼다. 인생은 기대를 따라 살게 된다. 놀랍게도 정말로 인생은 기대하는 대로 흘러간다. 승리의식을 품으면 승리하는 인생으로 살게 되지만 패배의식에 사로잡히면 패배하는 삶을 살게 된다. 요한계시록을 읽으면 사람들의 반응은 두 가지로 나타난다. 두려움의 마음을 가지고 "혹시 마귀의 유혹이나 환란 등으로 믿음을 저버리지 아니할까?"라고 하는 자도 있지만, "예수님이 반드시 승리 하실 것이다. 나는 믿음으로 살 것이다"라는 승리의식으로 사는 사람들도 있다. 승리의식으로 살기를 선택하라. 하나님이 요한 계시록을 주시는 목적은 "너희는 승리자이다. 그러므로 두려워하지 말고 승리자답게 살라"고 격려하기 위함이다. 예수님은 우리가 하나님의 나라 완성을 이루기 위한 목적을 가지고 살기를 원하신다.

당신은 최후의 승리 인생이 되기 위해 무슨 목표를 가지고 살고 있는가? 카데린 앤 포터는 "나는 대부분의 사람들의 삶에서 목적의식이 없음에 놀라워합니다. 50%의 사람들은 자신이 어디로 가고 있는지에 대해 관심이 없고, 40%의 사람들은 결정을 하지 않고 무조건 아무 방향으로 나아갑니다. 오직 10%의 사람만이 자신들이 원하는 것을 알고 있지만 그들마저도 그 목적을 향해 가고 있지 못하고 있습니다"라고 말했다. 따라서 무엇을 향해 달려가야 할지를 알고 가는 사람은 행복한 사람이다.

주님이 최후의 승리자시면 우리도 최후의 승리자다. 최후의 승리자가 되려면 고난도 있다는 것을 알아야 한다. 주님도 예고하셨다. 최후의 승리를 향해 가는 길에 시련과 고난이 있다. 오늘 닥친 현실 문제로 고민하는가? 우리에게 닥친 일들은 최후의 승리를 위한 과정이다.

오늘은 하나님이 주신 위대한 날로 여기라. 영원한 축복을 누리는 길이 있음을 믿는다면 오늘 하루 최선을 다하는 삶을 선택하라. 최후의 웃는 자가 되기 위해 결코 후회하지 않는 삶을 살자!

요한계시록은 666이나 십사만 사천, 아마겟돈 같은 많은 논란이 있어왔다. 요한계시록에서 말하고자 하는 핵심은 이런 내용이 아니다. 요한계시록은 '예수 그리스도의 계시', 즉 예수 그리스도가 어떤 분이신지를 설명하는 책이다. 요한계시록을 '제5의 복음서'라고 부른다. 사복음서는 그리스도의 초림에 대해 집중적으로 다루면서 고난 받는 종의 모습으로 모든 사람들의 죄를 대신 지고 돌아가신 어린양의 모습을 보여준다.

그러나 요한계시록은 '다시 오실 예수 그리스도', 즉 그리스도의 재림에 초점을 맞춘다. 주께서 유다의 사자로 등장한다. 고난 받는 종이 아니라 '만왕의 왕'으로 오신다. 악에 대해 심판하시며 승리자의 모습으로 오신다. 요한계시록을 볼 때 우리의 시선이 악이 판치는 세상을 다스리고 통치하시는 주님이 결국은 승리를 주실 주님으로 보아야 한다. 요한계시록을 기록할 당시의 배경을 잘 알아야 이해하기 쉽다. 요한이 기록할 당시 로마 황제인 도미티안은 기독교를 대대적으로 박해하였다. 도미티안 황제는 유일하게 살아 있을 동안 스스로를 신으로 선포하도록 하며 강제로 황제 숭배를 강요하였다. 그는 신하와 백성들에게 자신을 '우리 주, 우리 하나님'으로 부르게 하였다. 황제가 죽으면 그를 신으로 추대하는 로마 관습이 있었기 때문에 황제를 신으로 추대하는 것에 로마인들은 큰 신경을 쓰지 않았다. 하지만 기독교인들은 황제를 신으로 숭배하는 것을 거부했다. 그들은 결국 재산을 몰수당하거나 로마제국 밖으로 추방을 당하였다. 추방을 당하면 생존하기가 힘들어 추방은 곧 죽음을 의미하는 것이었다. 순교 당하거나 배교하는 일이 많아지면서 밧모 섬에 유배당한 요한은 "잠시 고난은 장차 나타날 영광과 족히 비교 할 수 없다. 곧 예수님이 오실 것을 기대하며 살아라"는 편지를 보냈다.

95년경, 요한은 대 핍박으로 인해 고난당하는 성도들에게 용기를 잃지 말고 그리스도를 섬기며, 소망을 두고 살라고 권면한다. 예수님 승천 이후, 믿는 사람들은 자신의 생존을 염려할 만큼 기득권 세력과 로마 제국으로부터 핍박이 심했다. 성도들 중에 순교를 당하거나 도망가서 살아야 하는 위기에 있었다.

요한도 밧모섬에 있는 감옥에 갇혔다. 그는 노인의 몸으로 교회들을 격려하는데 힘을 쏟았다. 당시 아시아에 대표되는 7교회에 예언의 말씀을 주었다. 그리고 앞으로 올 일에 대해 걱정하지 말고 믿음에 굳게 버티기 위해 요한계시록을 기록한다.

세상 종말에 신자들은 어떻게 될 것인가? 하나님은 하나님의 백성들이 고통을 당하고 있을 때에 뒷짐만 지시고 계신가? 아니다. 만일 그리하셨다면 심각한 문제가 일어났을 것이다. 하나님은 지금도 지구를 붙들고 계시듯이 역사를 운행하고 계신다. 계시록 1장에 나타난 대로 주님은 마지막 시대에 교회들을 붙잡고 계신다. 계시록은 우주 만물을 경영하시는 하나님의 경영학이다. 모든 역사는 하나님의 의도를 이루어 가고 있는 것이다.

요한은 예수님의 영광과 승리의 모습을 미리 보여 주면서 우리들에게 외친다. "모든 시험과 고통을 이겨 내십시오 곧 오실 주님이 어둠의 영을 반드시 멸하시고, 여러분을 영광 가운데 살게 할 것입니다. 어린 양의 혼인잔치는 준비되어 있습니다. 끝까지 믿음으로 승리하십시오!"

구원 계획은 반드시 성취된다				성취 | 1:7 | 요한 | 95년	
믿음	1장	내가 본 일	계시	환상	계시
소망	2-3장	이제 있을 일	일곱교회	권면	격려
사랑	4-21장	장차 될 일	심판 시리즈	완성	승리

		드디어 하나님 나라가 회복되다 대칭병형 순환구조	
A	1 : 1-8	복된 자	예배 시작
B	1:9-20	영광스러운 모습	일곱 별,촛대
C	2:1-3:22	축복과 심판 메시지	이기는 자
X	4:1-19-21	세상 나라를 주의 나라로 회복시킴	악 멸망 심판
			구속 영광
C	20:1-21:8	축복과 심판	승리자의 영광
B	21:9-22:5	성도들의 영광	주의 신부
A	22:6-21	복된 자	예배 종결

마지막 시대에 사는 우리에게 하신 말씀

초대 7교회 가운데 마지막 교회인 라오디게아교회는 오늘날 우리가 사는 교회의 모습을 잘 반영해 준다. 라오디게아는 에베소를 연결하는 교통의 요충지로 무역이 발달한 부유한 도시였다. 큰 은행이 있는 금융 사업이 활발한 도시로 오늘날의 뉴욕이나 홍콩 같은 금융허브 도시였다. 또한 라오디게아는 유명한 의과 대학도 있었는데 이곳에서 생산된 '부르기아 안약'은 세계적으로 각광을 받는 의약품이었다. 양모 의류 기술도 발달하였으며 온천이 유명하였다.

라오디게아는 '인간의 의'라는 뜻으로 자신들의 공로로 부족함을 느끼지 못하는 부유함이 넘쳤다. 하지만 주님의 진단은 냉혹하였다. "네가 차지도 아니하고 뜨겁지도 아니하도다 네가 차든지 뜨겁든지 하기를 원하노라"3:15 하셨다. 라오디게아 교회의 신도들은 스스로를 '나는 부자라 부요하여 부족한 것이 없다'라고 인식하였다. 교회에 헌금을 많이 했기 때문에 자기는 신앙생활의 의무를 다했다고 생각한 것이다. 그러나 라오디게아 교회는 물질적 부요에도 불구하고 영적으로는 심각한 가난에 직면해 있었다. 그리고 더 큰 문제는 그러한 영적인 가난함에 대해 무감각했다는 것이다. 이것이 가장 큰 문제이다.

"내가 너를 권하노니 내게서 불로 연단한 금을 사서 부요하게 하고 흰 옷을 사서 입어 벌거벗은 수치를 보이지 않게 하고 안약을 사서 눈에 발라 보게 하라"3:18 이것이 라오디게아 교회에게 내린 처방이다. 첫 번째로 '불로 연단한 금'이란 표현은 뜨거운 열을 가하여 '불순물이 제거된 정결함'을 상징한다. 신앙의 연단을 필요로 하며 그를 통해 그 믿음은 순전한 믿음으로 변화될 것을 촉구하셨다. 두 번째로 그들은 멋진 육신의 의복은 걸쳤을지 몰라도 그리스도인으로서 반드시 갖추어야 할 주님이 주시는 의의 옷을 입지 않았다. 그들은 그리스도의 보혈로 만든 칭의를 가리키는 '흰 옷을 사서 입어 영적 수치를 보이지 않게' 해야 했다.

세 번째 처방은 '안약을 사서 눈에 발라 보게 하라'는 것이다. 라오디게아 교회가 지닌 가장 근원적인 영혼의 질병은 자신들의 영적 처지에 대해 무감각했다. 그러므로 그들에게 있어 영적 소경됨을 치료할 안약은 필수적이었다.

우리가 "네가 차든지 뜨겁든지 하기를 원하노라"3:15는 설교를 들을 때, "하나님은 당신이 미지근한 신앙에서 벗어나 뜨겁게 되기를 원하십니다. 믿습니까! 아멘!"하면 은혜를 받았다. 한국 교회는 '뜨겁고', '열정적인 신앙'을 아주 좋아한다. 과연 이 말씀은 무엇을 말하고 있는 것인가? 이 말씀이 '미지근한 신앙이 아닌 뜨거운 신앙을 가지라'는 것이

성취의 힘

아니다. 그러나 '차가운 신앙을 가져라'는 것도 아니다. 성경은 분명히 미지근하여 토할 지경이 된 것을 책망하는 것이지 "뜨거워져라"고 말하지 않았다는 것이다. 성경은 "뜨겁든지 아니면 차든지"하라고 촉구하신다. 이것을 이해하기 위해서는 라오디게아의 지리적 배경을 알아야 한다. 라오디게아에서 9km 떨어진 히에라 폴리스에는 뜨거운 온천물이 나왔다. 여기서 흘러나온 뜨거운 물이 라오디게아에 오면 식어서 미지근해진다. 또 골로새는 14km 떨어져 있는 산골짝에서 흘러내려오는 차가운 물이 라오디게아에 오면 미지근한 물로 변했다.

우리는 주로 뜨거운 커피나, 차가운 얼음이 든 냉커피를 마신다. 미지근한 물에 탄 커피를 좋아하는 사람들은 드물다. 요한이 라오디게아 교회를 책망한 것은 뜨겁고 찬 신앙을 지적한 것이 아니라 마치 식어 빠진 온천수, 미지근해진 얼음물처럼 다른 것이 섞여 들어간 '절충주의'와 '혼합주의'의 위험성을 지적하신 것이다. 이것을 예수님께 드리면 입에서 내뱉어 버리시리라는 무서운 경고이다. 오늘날 교회에서도 뜨거운 십자가 복음 대신 '긍정의 힘'을 차용한 혼합주의와 심리학이라는 도구를 사용한 '절충주의'가 판을 치고 있다. 바로 이런 것이 위험한 것이다.

긍정의 힘이나 내적치유는 당장 효과가 나타나 좋아 보인다. 하지만 '성경만으로 충분하지 않고 내적 치유를 받아 긍정의 힘으로 살아야 살맛이 난다'라는 이 시대의 사상은 모래위에 세운 집처럼 위태로울 뿐이다.

요한은 7교회에 편지를 마치면서 모든 교회를 향한 성령의 말씀 청종을 촉구하는 내용이 나온다. "볼지어다 내가 문 밖에 서서 두드리노니 누구든지 내 음성을 듣고 문을 열면 내가 그에게로 들어가 그와 더불어 먹고 그는 나와 더불어 먹으리라"3:20. 우리는 예수님이 추운 날 문 밖에서 '애야 제발 문 열어다오. 네가 열어 주면 들어 갈 수 있단다'라고 생각하는 사람들이 있다. 많은 사람들이 이 말씀을 새 신자 전도 초청시 사용하는 구절로 해석하는데 사실은 잘못된 해석이다. 왜냐하면 이 말씀은 라오디게아 교회 성도들처럼 주님과 세상에 양다리를 걸친 세속적 교인들에게 이제는 너희 마음 문을 열고 그 안에 주님만을 주인으로 모시라는 말씀이다. 이 말씀의 배경은 믿는 자가 범죄한 상황에서 회개를 요청하는 것이다.

라오디게아교회를 향해 예수 믿으라고 초청하는 것이 아니라 회개하도록 권고하고 계신 것이다. 문을 열었을 때 "나와 더불어 먹으리라"고 하시며 주님과 함께 식사하게 될 것이다. 이제까지 너희의 마음이 어둠과 세상의 정욕에 중독되었다면 이제는 빛 되신 예수 그리스도를 주인으로 모셔야 한다는 것이다.

마음 문을 여는 자마다 예수 그리스도와 더불어 먹는다고 했는데 이것은 그리스도와 더불어 긴밀한 '영적 교제를 나누는 것'이다.

1. 내가 본 일 1장 : 예수 그리스도의 계시

요한은 밧모 섬에서 앞으로 일어날 일에 대해서 그리스도의 "계시"를 받았다. "이 예언의 말씀을 읽는 자와 듣는 자들과 그 가운데 기록한 자들이 복이 있나니 때가 가까움이라"고 하셨다. 요한은 일곱 교회들에게 편지를 보내어 하나님의 의도를 전달하였다.

2. 이제 있을 일 2-3장 : 일곱 교회

당시 교회가 겪었던 가장 크고 어려운 문제는 '왜 속히 오시겠다고 약속하신 주님은 오시지 않는가' 하는 것이었다. 요한은 이에 일곱 교회에게 편지를 보내면서 위로와 격려의 말씀들을 전해 주셨다. 흥미로운 사실은 각 메시지의 서두에 그리스도의 이름, 칭찬과 책망, 그리고

성취의 힘

이기는 자에게 주어지는 약속들이 있었다는 것이다. 서머나 교회와 빌라델비아 교회를 제외하고는 모두가 책망을 받았다. 에베소 교회는 첫 사랑을 잃어버렸고, 버가모 교회는 니골라 당의 교훈을 지키는 자들이 교회 안에 있음을 책망 받았고, 두아디라 교회에게는 자칭 선지자라 하는 여자 이세벨을 용납한 것에 대해서, 사데 교회는 살았다고 하지만 실제로 죽은 행실을 하고, 라오디게아 교회는 믿음이 차지도 덥지도 않은 미지근함을 책망 받았다. 반면에 서머나 교회는 궁핍한 가운데서도 믿음을 저버리지 않고 지키고 있음을 칭찬하고 "죽도록 충성하라, 그리하면 생명의 면류관을 주리라"는 약속을 해준다. 빌라델비아 교회에게는 적은 능력으로도 사단의 회당을 물리치고 믿음의 승리자가 된 것을 칭찬한다. 이러한 상황에 처한 교회들에게 주시는 위로와 격려의 말씀들은 오늘날도 여전히 우리에게 주시는 말씀들이다.

3. 장차 될 일 4-21장 : 세 개의 심판시리즈와 승리 시리즈

계시록의 처음 2-3장과 마지막 21-22장은 당시 고난과 핍박을 받고 있는 그들을 위로해 주기 위해 교회의 모습을 보여 준다. 전투하고 있는 현재의 교회2-3장는 미래에 승리하는 교회21-22장로 나타날 것이다. 반면 악의 세력은 세 개의 심판 시리즈를 통해 제거될 것이다. 또한 그 악의 세력을 완전히 제거함으로써 새 예루살렘은 에덴을 회복하게 될 것을 약속하고 있다.

당시 전 세계는 로마가 지배하고 있었다. 그런데 하나님께서는 환상을 통하여 로마 위에 하나님의 더 높은 통치가 있고, 자기 백성을 지키시며, 여전히 영광과 존귀와 능력을 받기에 합당하신 분이라는 것을 '하늘 보좌 모습'을 통해 보여준다4장.

인 재앙, 나팔 재앙, 대접 재앙

가장 해석하기 어려워하는 부분이며 오해 받는 것이 7개의 인, 나팔, 대접 재앙이다. 학자들은 세 번의 재앙으로 해석했다. 이것이 큰 오해를 불러왔다. 많은 학자들이 계시록을 문자적이고 순차적인 것으로 해석한 결과 엄청난 오해를 불러일으키며 극단적인 종말론자들이 등장하였다.

많은 신학자들은 세 개의 재앙이 점층적으로 심판의 강도가 커지는 것으로 해석을 했다. 지금까지 신학자들은 재앙 해석 자체에 대한 해석을 하므로 세 개의 동사의 의미를 잃어버림으로 중요한 것을 놓쳤다. 세 번의 재앙이 아니다. 단 한 번의 재앙이다. 주님은 좀 더 구체적이고 분명하게 알려 주기 위해 한 번에 일어난 사건을 세 번의 다른 의미의 재앙으로 설명해 주고자 하신 것이다. 한 번의 재앙에 대한 세 번의 다른 각도의 설명이다. 하나의 재앙에 대한 히브리 문장 구조가 가지고 강조하는 형태로 그들만의 특별한 설명 기법이다.

세 개의 재앙은 인은 항상 '떼다', 나팔 재앙은 '불다', 대접 재앙은 '쏟다'라는 동사를 사용하면서 제한하고 있다. 당시 로마의 유언장은 보통 일곱 개의 봉인으로 인 쳤다. 이 서류에는 억압받고 고난 받는 사람들에게 '원수를 갚아 주겠다'는 약속 등이 담겨 있다. 문서가 봉인되는 것은 소유권과 진정성을 보장하기 위한 무언가가 첨부되어 있다는 뜻이다. 문서에 왕의 인장이 찍힌 것은 왕의 권세가 있다는 의미이며, 인장을 떼는 것은 유언을 공개한다는 것이다.

옛날 왕이 죄인에게 사약을 줄 때 순서가 있다. 먼저 왕의 도장이 찍힌 문서가 인봉되어 있었다. 죄인이 오면 인봉된 문서를 '뗀다' 그리고 나팔을 불어 사람들에게 지켜보는 가운데 죄목을 읽어준다. 그리고 사약 대접을 마시게 한다. 이와 같이 재앙을 내리는 과정에서 인을 떼는 것은 마지막 심판이 시작될 것이라는 '우주적 공개 선언'이다. 이것은 이 땅에 사탄과 사람과 자연에게도 공개 선언하는 자리이다.

나팔을 부는 것은 이제부터 심판이 시작된다고 선언하는 것이다. 나팔은 항상 시작을 알리는 것이다. 나팔재앙과 대접재앙은 서로 마지막까지 병행적 관계로 설명해 준다. 대접재앙은 심판이 구체적으로 펼쳐지고 진행되어 마감하는 재앙의 전 과정이다. 이 재앙은 출애굽을 위한 10가지 재앙과 거의 닮았다. 이러한 심판을 공개하는 것은 성도들로 미리 준비하게 하는 하나님의 배려이다. 하나님의 구원 역사, 제 2의 출애굽이 있을 것임을 알려 주는 신호탄이다.

경고음을 통해 미리 준비하게 하신 것이다. 두려워 할 것이 없다. 출애굽에서 대적하는 세력을 완전히 멸하하듯이 하실 것이다. 세 개의 일곱 심판 시리즈는 출애굽 사건 중 애굽에 떨어진 열 가지 재앙이다 6-16장. 요한은 하나님이 출애굽 할 때와 같이 원수를 갚아 주고 백성들을 구출해 주실 것을 말한다. 그 심판들 가운데에서도 하나님의 백성들을 고센 땅보호처에서 철저하게 보호하듯이 지켜 주실 것이다.

일곱 재앙으로 지구에 자연의 파괴와 기근이 있을 것을 예고한다. 그에 따라 전쟁이 있을 것임을 보여 준다. 첫째 재앙은 땅과 수목의 1/3이 타게 될 것이다. 둘째는 전쟁으로 인한 환경오염으로 바다의 1/3이 파괴된다. 셋째는 강과 물의 1/3에 수질 오염이 있게 된다. 넷째, 해와 달과 별 1/3이 비췸이 없어 어두워지는 대기 오염과 영적 오염도 있을 것이다. 지구에 임한 재앙은 결국 인간의 욕심 때문이고, 이 때문에 자연의 심판이 있을 것이다. 곳곳에 기근과 지진 그리고 전쟁은 재난의 시작을 알리는 신호이다. 하지만 이것은 땅 끝까지 복음이 전파되고 나면 그제야 끝이 올 것이라고 예수님은 분명히 말씀하셨다. 그래서 마지막 성령께서 주도하시는 대 부흥이 일어나 열방이 대규모로 회개하며 주께로 돌아올 것이다6-16장. 특히 아랍의 여자들과 어린이들이 수많은 영혼들이 주께 돌아오는 역사가 있을 것이다. 앞으로 약 10억의 가까운 인구가 주께 돌아올 것을 준비해야 할 것이다.

반면 '음녀 바벨론'은 결국 하나님의 심판으로 무너질 것이다17-18장. 그러나 하나님의 백성들은 에덴동산이 완전히 회복된 새 하늘과 새 땅에서 살게 될 것이다. 이 땅에서의 사망이나 애통, 아픈 것이 사라지고, 하나님과 함께 살게 될 것이다. 하나님과 영원한 기쁨을 누리는 참 평안과 안식을 누려보지 않겠는가?

사탄의 삼위일체 13장		
사탄	용, 옛 뱀, 마귀	짐승에게 권세를 주어 경배하게 함
적그리스도	바다에서 올라온 짐승	사탄의 능력을 받아 성도 대적함
거짓 선지자	땅에서 올라오는 짐승	짐승을 경배하게 함, 이적 행함

ⓒ 믿소사랑 성경 관통 by 신주식

음녀와 두 증인의 실체

음녀는 하나님의 말씀을 왜곡시키며 비진리로 배교를 일으키는 세력이다. 이 시대에 종교다원주의 사상이 음녀 역할을 하고 있다. 종교다원주의 사상이란 타종교의 다양성을 인정하고 세계화를 이루자는 것이다. 그리하여 음악, 경제, 종교의 통합운동을 유도하는 이론으로 모든 종교에 구원이 있다는 주장이다.

최초의 음녀를 예표하는 하와는 "동산 각종 나무의 실과는 네가 입으로 먹되 선악을 알게 하는 나무의 실과는 먹지 말라 네가 먹는 날에는 정녕 죽으리라"는 말씀을 마음대로 빼고 더하기도 하였으며 '죽을까 하노라'로 하며 말씀까지 약화시켰다. 앞으로 거짓 선지자와 선생이 많이 나타나 큰 표적과 기사를 행하여 할 수만 있으면 성도들을 미혹하려 할 것이다. 말씀으로부터 멀어지게 하고 하나님을 등지게 만들려고 할 것이다.

그러나 두려워하지 말라. 하나님은 음녀와 거짓 선지자들을 이길 수

성취의 힘

있는 일꾼들을 세워 반드시 승리하도록 하실 것이다! 이 일꾼이 바로 '두 증인'이다. 그들은 예수님으로부터 권세를 받아 놀라운 성령의 대 부흥의 역사를 일으킬 것이다. 두 증인은 다시 오실 예수님을 예비하며 추수의 사명을 감당하는 일꾼들이다.

	세례요한	두 증인
시작	회개하라 천국이 가까왔느니라	권세를 가지고 땅을 칠 것이다
사역	초림 예수를 선포	다시 오실 예수를 선포
결과	예수님이 큰 자라는 칭찬 받음	하늘로 올라감, 영광 돌림

© 믿소사랑 성경 관통 by 신주식

이 세상에서 가장 관심 받는 숫자 666

요한계시록에 나오는 666은 세상에서 가장 논란이 되며 가장 유명한 숫자이다. 도대체 666의 의미는 무엇인가? 666은 베리칩이나 바코드, 컴퓨터가 아니다. 성경은 분명하게 네 가지로 설명해 주고 있다[13:16-18]. 짐승의 이름, 이름의 수, 짐승의 수, 사람의 수이다. 이것을 종합해 보면 666은 '어떤 짐승 같은 사람의 이름을 의미하는 수'라고 할 수 있다. 히브리어는 독특하게 히브리어 알파벳으로 숫자를 표현한다. 마태복음에서 족보를 14대로 3번이나 반복해서 나온다. 이렇게 구분한 것은 14는 바로 '다윗'을 말한다.

666의 이름은 누구를 가르키는가? 바로 로마의 황제이자 기독교를 탄압한 네로 시저이다. 네로의 이름이 바로 666이다. A.D 64년 로마 대화재 대문에 네로 황제가 그리스도인들에게 상상할 수 없는 어마어마한 박해를 가하자 "666을 조심해라. 666이 언제 들이닥칠지 모른다."

계시록은 앞으로 일어날 예언으로 우리가 알고 준비해야 할 책으로 『현실 문제를 극복하는 감정, 성경이 관통되네!』에서도 다룬다.

성경 통독 시간표 _ 3개월 90일 통독, 6개월 180일 통독 코스

구약 총 929장 52시간
신약 총 260장 18시간

주	본문	장	시간	월	화	수	목	금	토	암송	점검
1	창	50	2:40	1-11	12-21	22-27	28-36	37-45	45-50	1:2:2-3	
2	출	40	2:10	1-8	9-18	19-24	25-29	30-34	35-40	19:5-6	
3	레	27	1:32	1-5	6-10	11-16	17-22	23-25	26-27	19:2	
4	민	36	2:12	1-5	6-12	13-19	20-22	23-27	28-36	20:12	
5	신	34	2:00	1-4	5-11	12-18	19-26	27-31	32-34	10:12-13	
6	수	24	1:20	1-4	5-8	9-12	13-17	18-21	22-24	수1:8	
7	사.룻	25	1:32	1-2	3-8	9-12	13-16	17-21	룻기	룻1:16	
8	삼상	31	1:50	1-5	6-10	11-15	16-20	21-27	28-31	18:7	
9	삼하	24	1:30	1-4	5-10	11-14	15-18	19-22	23-24	7:16	
10	왕상	22	1:35	1-4	5-7	8-11	12-16	17-19	20-22	9:4-5	
11	왕하	26	1:24	1-4	5-8	9-13	14-17	18-24	25-26	23:27	
12	스.느.에	33	1:40	스1-6	7-10	느1-7	8-13	에1-4	5-10	스7:10	
13	대상	29	1:35	1-4	5-9	10-16	17-21	22-25	26-29	29:11	
14	대하	36	1:50	1-4	5-9	10-16	17-25	26-33	34-36	7:14	
15	욥기	42	1:30	1-6	7-14	15-21	22-26	27-37	38-42	37:23-24	
16	시편	150	3:30	1-12	13-24	25-41	42-55	56-66	67-72	시1:1-3	
17	시편			73-89	90-106	106-118	119	120-135	136-150	시23:1-3	
18	잠언	31	1:12	1-4	5-9	10-16	17-23	24-29	30-31	잠1:5-6	
19	전.아	20	1:10	1-3	4-6	7-12	아1-3	4-5	6-8	잠12:13	
20	사	66	3:10	1-12	13-23	24-35	36-39	40-52	53-66	사53:6	
21	렘.에	58	3:00	1-12	13-25	26-36	37-44	45-52	애가	7:23-24	
22	겔	48	2:40	1-11	12-24	25-32	33-36	37-39	40-48	36:26	
23	단.호	26	1:30	1-4	5-7	8-12	호1-3	4-7	8-14	단2:21-22	
24	선지서	53	2:30	욜.옵	암	욘.나	미.합	습.학	슥.말	욘4:11	

주	본문	장수	시간	월	화	수	목	금	토	암송	점검
1	마	28	1:40	1-4	5-10	11-15	16-20	21-24	25-28	16:16-17	
2	막	16	1:06	1-3	4-6	7-8	9-12	13-15	16	10:43	
3	눅	24	1:50	1-4	5-9	10-13	14-16	17-19	20-24	19:10	
4	요	21	1:30	1-4	5-9	10-12	13-14	15-17	18-21	3:16-17	
5	행	28	1:45	1-3	4-7	8-12	13-18	19-26	27-28	1:8,28:31	
6	롬	15	48	1-2	3-4	5-8	9-11	12-13	14-16	롬1:16-17	
7	고전후	29	1:20	1-6	7-11	12-16	고후1-7	8-9	10-13	고후5:17	
8	갈엡빌	15	45	갈1-4	5-6	엡1-3	4-6	빌1-2	3-4	갈2:20	
9	골살후	12	30	골1-2	3-4	살전1-3	4-5	살후1	2-3	살전3:13	
10	딤디빌	14	32	딤전1-3	4-6	딤후1-2	3-4	디도서	빌레몬	딤후3:16-17	
11	히.약	18	50	히1-3	4-7	8-10	11-13	약1-4	5-6	히12:2	
12	벧요유	16	40	벧전1-3	4-5	벧후1-3	요일	요이삼	유다	요일5:12	
13	계시록	22	48	1-3	4-5	6-9	10-14	15-20	21-22	계1:19	

* 참고 : 읽는 장절 수는 가급적으로 제목 단위 및 문맥 단위로 나누어 통독 할 수 있도록 하였음. ⓒ 믿소사랑 성경 관통 by 신주식

1. 구약 3개월 동안 12주 혹은 24주 성경 통독을 한다. 강의와 함께 하거나 혹은 방학 동안에 통독을 한다.
2. 신약도 3개월 과정 강의 동안 13주 동안 통독을 한다. 매주 성경 공부 할 경우 40-52주 강의 가능.
3. 일년 일독 통독을 해도 좋다. 구약 9개월 신약 3개월. 매일 3장씩 통독하여 일년 일독 하기.

믿소?사랑!
성경 관통

초판 1쇄 인쇄   2019년 8월 28일
초판 1쇄 발행   2019년 9월 2일
지은이   신주식
펴낸이   신찬미
펴낸곳   두란노하우스
등 록   2019000076호
총 판   비전북 031-907-3927
주 소   서울시 강서구 화곡동 강서로나길 130-0 두란노하우스 센터
이메일   825491@naver.com
홈페이지   www.3927ok.com

책 값   뒷표지에 있습니다.
ISBN   9791196775407